Christoph Ditter
Fallender Stern

Christoph Dittert

FALLENDER STERN

Roman

PIPER

Entdecke die Welt der Piper Science Fiction:
Piper✷Science-Fiction.de

Von Christoph Dittert liegen im Piper Verlag vor:
Splitterwelten
Splitterwelten. Nachtsturm
Splitterwelten. Flammenwind
Fallender Stern

MIX
Papier aus verantwor-
tungsvollen Quellen
FSC
www.fsc.org   **FSC® C083411**

Originalausgabe
ISBN 978-3-492-70537-0
© Piper Verlag GmbH, München 2020
Satz: psb, Berlin
Gesetzt aus der Whitman
Druck und Bindung: CPI books GmbH, Leck
Printed in the EU

Der 16. Mai 2033 veränderte die Welt, obwohl wir alle wussten, dass wir noch dreißig Jahre warten mussten. Drei Jahrzehnte. Und weil nicht genug Zeit blieb, brach Hektik aus.

Holovideo aus dem Oval Office
zum Jahrestag der Entdeckung,
abrufbar seit 16. Mai 2053

Inhalt

Prolog: Ein Stück des Himmels

17. August 2066

Während er von einer Tür zu den Sternen träumte, hörte er in der Ferne das Kreischen von Maschinen.

Der Lärm änderte nichts an der Schönheit der Natur um ihn herum, an den feuchtglänzenden Bäumen und den wild wachsenden Kapstachelbeeren inmitten leuchtender Büsche voller Wandelröschen. Und ebenso wenig an dem allgegenwärtigen Tod, sobald die Waffen sprachen.

Eric versuchte zu entspannen, aber diesmal half ihm nicht einmal das Rauschen seines geliebten Wasserfalls. Er saß so nah daran, dass ihm der Wind hin und wieder einen Tropfen auf das Gesicht blies, als würde eine Träne die Wange hinabrollen. Sie fühlten sich so kalt an wie in seiner Vorstellung die Leere zwischen den Sternen. Vielleicht wäre es besser, dort zu sein: Ein einziger, ewiger Blick, der letzte entweichende Atem, und sein Körper trieb für immer dahin.

»Was denkst du?«

Beim Klang der Worte erschrak er. Jemanden so dicht an sich heranzulassen, ohne ihn zu bemerken, konnte leicht tödlich sein, seit sich der Krieg nicht mehr im Verborgenen abspielte, sondern die ganze Welt in Brand setzte. Früher, als Kind, hätte sich höchstens seine Schwester an ihn herangeschlichen, um ihm einen Schrecken einzujagen oder ihn zu kitzeln. Damals, als er noch in einem Haus wohnte, sich jederzeit im Supermarkt ein Mikrowellengericht kaufen konnte und die größte Gefahr darin bestand, die neuste Folge seiner Lieblingsserie zu verpassen, ehe sie wieder aus den Streamingportalen verschwand.

Das lag lange zurück.

Eric wandte sich um. Er hatte Amys Stimme sofort erkannt. Immerhin sie war ihm geblieben, seine Zwillingsschwester. Sein Herz raste, als er nach der passenden Antwort suchte.

»Du hast Glück, weißt du das?«, fragte sie, des Wartens überdrüssig.

»So?«

»Jemand wie du müsste längst tot sein.«

Eric versuchte zu lächeln. Er konnte sich vorstellen, wie es aussah: alles andere als amüsiert. »Jemand wie ich?«

»Ein Narr, der hier sitzt, nachdenkt und nicht bemerkt, dass sich ein Feind nähert.«

»Du bist kein Feind.«

»Ich hätte aber einer sein können.«

Der Maschinenlärm heulte wieder auf, dieses seelenlose Knacken und Rattern, das Schutz und Rettung verhieß. Oder den Tod. Am Himmel trieben die altbekannten Schleier und verdunkelten Wolken, die im Licht der Sonne eigentlich in herrlichem Rot erstrahlten. Doch durch die Schatten dort oben wirkten sie wie Blutseen. Angeblich behaupteten die Wissenschaftler, die noch übrig waren, dass die dunklen Felder von dem Staub in der Atmosphäre herrührten. Aber vielleicht hatten die Prediger genauso recht, wenn sie von den *schwarzen Kindern des Krieges in der Luft* sprachen. Womöglich gab es gar keinen Unterschied zwischen diesen Behauptungen.

Eric stand auf und nahm Amys Hand. Sie ließ es zu, was ihn überraschte. »Wir haben uns einmal vertraut«, sagte er.

»Tun wir das nicht immer noch?«

Er schwieg.

Eine der gewaltigen Maschinen wälzte sich auf den Kraterrand. Für einen Augenblick verdunkelte sich die Sonne dicht über den Wipfeln endgültig. Der Anblick der schweren Apparaturen hatte ihn von Anfang an beunruhigt. Sie sahen wie unwirkliche Tiere aus. Angeblich stammten sie von irgendeinem asiatischen Volk. Aus China? Gesamtkorea? Japan? Den Philippinen? All diese Unterschiede blieben ohnehin bedeutungslos.

»Erinnerst du dich?«, fragte er. »Heute vor drei Jahren war Stichtag.«

Sie lächelte, blickte aber ins Leere.

Nach wie vor hielt er ihre Hand. »Fürchtest du dich?«

»Nur ein Idiot hätte keine Angst.«

»Weißt du noch, was du mehr als alles andere wolltest, als wir klein waren?«

Amy zog die Hand zurück, sah sie an, als müsste sie sich überzeugen, ob nicht etwa ein Brandmal von seiner Berührung zurückgeblieben war. »Ein Stück des Himmels.« Die Worte kamen in zu hohem Tonfall aus ihrem Mund, und ihr Blinzeln verriet ihre Erregung. »Der dumme Wunsch eines Kindes. Irgendwann ist es zu uns gekommen, das Stück des Himmels. Und?«

Er wollte widersprechen, betonen, dass sie damals natürlich keinen Gesteinsbrocken gemeint hatte, der durchs All reiste. Doch er schwieg. Sie wusste es ohnehin, und sie hatte sich an ihrem zehnten Geburtstag entschieden, ihren kindlichen Glauben abzulegen.

Ganz anders als er.

»Was ist daraus geworden, Eric?«, fragte sie leise.

Am Kraterrand zerbrachen Bäume. Etwas heulte in der Luft, das Sirren eines Doppelmantelgeschosses, und eine Explosion tauchte den Himmel in grelles Flammenlicht.

»Ein Stück des Himmels«, sagte Amy nachdenklich, »das uns allen gezeigt hat, wie wir wirklich sind.«

Teil 1:

Entdeckungswehen

15. Mai 2033 – 16. August 2063

Kapitel 1: Rauschen

15. Mai 2033

1

Amy lief Schlittschuh, und Eric sah ihr zu.

Sie konnte es gut, aber er freute sich nicht darüber. Denn das bedeutete, dass er nicht so geschickt darin war wie sie. Mal wieder. Hier in der Eishalle fror er und sehnte sich nach draußen. Viel lieber mochte er Wärme, sogar die Hitze, wegen der seine Mutter gern jammerte. Er lehnte sich auf das Geländer, das sich rund um die Eisfläche zog. Der Atem tanzte als eine kleine Wolke vor seiner Nase.

Direkt vor ihm fiel ein Junge hin, der ein paar Jahre älter als Eric aussah. Erst landete er mit den Ärmeln seines braunen Mäntelchens auf dem Boden, dann mit dem Gesicht. In der Nähe kicherten zwei Mädchen. Bestimmt wäre Eric auch ausgelacht worden, hätte er sich überhaupt auf die Schlittschuhe getraut. So ging es ihm meistens. Im Gegensatz zu seiner Schwester konnte man ihn nicht gerade einen Glückspilz nennen.

Amy drehte eine Pirouette auf einem Bein. Ihre lila Augen strahlten, als die Lichtsteuerung einen der Scheinwerfer auf sie lenkte. Wahrscheinlich freute sie sich darüber. Sie breitete die Arme aus und fühlte sich jetzt wahrscheinlich wie eine Prinzessin. Eric wäre vor Scham gestorben.

Das Signal zum Besucherwechsel schnarrte durch die Halle, und gleichzeitig lief auf einer der Seitenwände Werbung ab. Für Ranga, was sonst.

Seltsam, dass Mama noch nicht wieder zurückgekommen war. Sie verspätete sich eigentlich nie, aber heute hatte sie furchtbar viel zu tun, wegen des Geburtstags morgen. *Ich tu es für euch*, hatte sie gesagt. *Werdet ihr übermorgen zehn Jahre alt oder ich? – Wir werden zwanzig*, hatte Klugscheißer-Amy geantwortet. *Bei Zwillingen zählt man das zusammen!*

Alle rutschten auf ihren Schlittschuhen von der Eisfläche. Amy kam fast als letzte zum Rand. Sie seufzte übertrieben. »Die Zeit ging so schnell um! Ich kann gar nicht verstehen, dass du nicht Schlittschuh laufen willst.«

Eric verstand auch so manches nicht. Zum Beispiel, warum Amy monatelang mit Papa gestritten hatte, nur damit er ihr diese bunten Kontaktlinsen erlaubte, die doch einfach nur hässlich aussahen. Dass die Hälfte aller Kinder in ihrer Schule so herumlief, zählte für ihn nicht. Hässlich blieben sie trotzdem. Noch weniger konnte er sich vorstellen, warum man solch einen Aufstand um seinen zehnten Geburtstag machte. Ihm, Eric, war es egal. Ein Tag wie jeder andere. Viel lieber hätte er einfach seine Ruhe gehabt. Und ein paar Geschenke, natürlich. Aber keinen Trubel drumherum.

»ISS an Eric!« Sie tippte ihm dreimal gegen die Brust. »Jemand zuhause auf deinem Planeten?«

»Jaja«, sagte er mürrisch. »Du kannst nicht verstehen, wieso ich nicht Schlittschuh laufe, bla, bla.« Was sollte er darauf groß antworten?

»Sei nicht so frech zu deiner Schwester«, hörte Eric, und eine Sekunde später legte sich eine Hand auf seine Schulter, während sich rechts und links Ströme von Kindern entlangschoben. Die einen mussten die Eisfläche verlassen, die anderen sahen besser gelaunt aus, weil sie endlich anfangen durften.

»Wo ist Mama?«, fragte er seinen Vater. Er fror immer noch. Seine Finger taten sogar ein bisschen weh, und als er sie bewegte, kam es ihm vor, als könnte er sie kaum knicken. Der kleine Finger machte einen Sprung im knubbeligen ersten Gelenk.

»Ich weiß, eigentlich wollte sie euch abholen. Aber ihr Chef hat angerufen.«

Amy ließ ihre Handschuhe in der Manteltasche verschwinden. »Heute? Was ist denn da oben los, dass es nicht bis nach dem Wochenende warten kann?«

»Es hat eine aufregende Entdeckung gegeben.«

»Haben sich Aliens gemeldet?«, fragte Eric.

Papa grinste. »Nö.«

»Dann ist es auch nicht interessant. Warum beobachtet ihr den Weltraum, wenn nicht deswegen?«

»Aus vielen Gründen.«

Einen Augenblick lang befürchtete Eric, Papa könnte einen seiner Vorträge halten. Darauf hatte er aber wirklich keine Lust. Die Werbung für Ranga zeigte inzwischen ein paar Schuhe, die genauso langweilig aussahen wie die Hosen vorher. Und dazu lief jetzt irgendwelche Musik, die sich noch langweiliger anhörte. Immerhin übertönte sie das Gekreische der Kinder, die sich um die besten Plätze auf der Eisbahn rissen.

Zum Glück summte Papas Pod – dieses geheime NASA-Ding, das er nur für seine Arbeit nutzen durfte. »Das wird eure Mutter sein.« Er blickte sich um, als hätte er Angst davor, dass irgendwer sein kostbares Superhandy sehen und auf die Idee kommen könnte, es ihm zu stehlen. Inzwischen hatten sich jedoch alle an ihnen vorbeigedrängt, und niemand scherte sich um ihn, seine Kinder oder das Pod. Papa ging ran. »Ja, Liebes?« So nannte er Mama. Peinlich. Er hörte ein wenig zu, dann sagte er: »Oh.« Wieder eine Pause, und: »Klar, ich bring die beiden heim und kümmere mich um sie.«

»Was ist mit ihr?«, fragte Eric.

»Sie kommt spät zurück.«

»Karottenkacke«, sagte Amy.

Papa sah sie verwirrt an. »Was soll das denn heißen?«

»Du weißt echt gar nichts«, urteilte Amy.

»Was irgendwelche Modewörter angeht, die ihr in der Schule verwendet, stimmt das wohl. Aber eins weiß ich schon.«

»Und zwar?«

»Wenn Mama nicht da ist, schieben wir uns eine Pizza in den Ofen und sehen uns einen Film an.«

Nicht schlecht, fand Eric. Das hätte schlimmer kommen können.

2

Das war typisch für Eric. Manchmal hasste Amy ihn. Wahrscheinlich blockierte er das Bad bloß, um sie zu ärgern. Und um Ewigkeiten auf der Toilette zu sitzen und sich vom Wärmefeld den Rücken brutzeln zu lassen. Wenn er nachher wieder rauskam, würde es da drin nicht nur stinken, sondern auch noch viel zu heiß sein.

Sie klopfte gegen die Tür.

Er reagierte nicht.

Sie *hämmerte* gegen die Tür.

Im Badezimmer blieb alles still.

»Eeee-ric!«, rief sie. Mama nannte diesen Tonfall *theatralisch*. Das Wort gefiel ihr, wenn sie es auch nicht ganz verstand.

Es tat sich immer noch nichts, und irgendwie machte

ihr das allmählich Angst. Normalerweise kam er angestapft, schloss auf, meckerte irgendetwas vor sich hin und verzog sich in sein Zimmer.

»Eric?«

»Amy, was hast du denn?«, rief Papa von unten. Sie drehte sich um, sah die Treppe hinunter. Er stand vor der offenen Küchentür, den Türknopf noch in der Hand. Das hieß wohl, dass er schnell zurück an den Ofen musste. Als wäre es ein Wunderwerk, eine Tiefkühlpizza aufzubacken. Das konnte sie, seit Mama sie mit vier Jahren als Nutzerin dem Sprachmenü der Küche hinzugefügt hatte.

»Eric kommt nicht raus!« Ihre Stimme klang wie das Piepsen einer erschrockenen Maus.

»Was?« Ihr Vater winkte ab. »Ach, kümmert euch selbst drum! Ich muss ...«

»Schon gut!« Sie klopfte wieder. »Eric? Komm, mach auf.«

Unten schloss sich die Küchentür. Hier oben blieb es still. Und nun bekam Amy *wirklich* Angst. Sie spürte ihr Herz schmerzhaft im Hals schlagen.

Endlich hörte sie etwas. Aber es gefiel Amy gar nicht. So musste sich das Geräusch anhören, mit dem sich irgendwelche Horrorgestalten vorwärtsschoben, wenn in ihren Monstercomics *Schlurf!!* stand.

Sie biss sich auf die Unterlippe und drehte den Türknopf. Eric hatte natürlich abgeschlossen. Sie drehte noch mal, fester. Logisch, dass sie trotzdem nicht öffnen konnte, auch nicht, als sie an der Tür rüttelte. »Eric, mach auf!«

Schlurf.

Das Comicheft, das sie gestern Abend gelesen hatte, musste noch unter ihrer Matratze stecken. Mama sah die Dinger gar nicht gern, weshalb Amy sie vor ihr versteckte. Doch mit Papa saß sie manchmal auf dem Bett, und sie grinsten über die Fratzen der Monster, die zu dämlich aussahen, als dass man sich hätte vor ihnen fürchten können. Normalerweise. Aber als sie jetzt das Geräusch hinter der Tür hörte, fand sie es gar nicht zum Grinsen.

Es kratzte auf dem Türblatt.

Von innen.

Amy wich einen Schritt zurück. Oder doch mehrere? Jedenfalls stieß sie gegen das Treppengeländer. Der Türknopf drehte sich. Es klackte. Die Tür flog auf, und etwas klatschte auf den Boden. Es war Eric.

Amy schrie.

Ihr Bruder lag vor ihr auf dem Bauch, mit den Beinen noch im Badezimmer. Er drehte sich so zur Seite, dass sie sein Gesicht sehen konnte. Die Augen standen weit offen, die Pupillen waren riesig. Er war fast so weiß wie die Wand hinter ihm.

Ihr Vater hetzte die Treppe hoch und trat dabei auf die Stufe, die immer knarrte. »Was ist los?«

Amy antwortete nicht. Was sollte sie auch sagen, außer dem, was Papa sowieso sah.

Er kniete sich neben ihren Bruder, legte ihm die Hand an die Wange, dann an die Stirn. Es sah so aus, als wüsste er, was er tat, wenn er auch blass war und seine Finger ein wenig zitterten. Amy hockte sich hin. Alles war gut. Papa kümmerte sich darum. Am Kinn fühlte sich etwas kalt an. Sie wischte darüber. Ihr Daumen war blutverschmiert. *Das Beißen*, dachte sie. *Ich hab mich wieder gebissen.*

»Sag was!«, forderte Papa. »Eric! Siehst du mich, Eric?«

»Hm.«

»Hast du dich verletzt?«

»Keine … Ahnung.« Zwischen den beiden Wörtern lag eine lange Pause, als müsste er nachdenken.

»Er muss zur Tür gekrochen sein«, sagte Amy. Sie glaubte,

das schlurfende Geräusch noch hören zu können. Jetzt, da sie ihren Bruder sah, verstand sie: Er war mit nackten Beinen und Füßen über die Fliesen gerutscht, und mit verschwitzten oder nassen Händen. »Und hat sich irgendwie an der Tür hochgezogen.«

Papa stand rasch auf, sah ins Bad. »Kein Blut.« Er klang erleichtert. Und ging wieder auf die Knie und nahm Erics Hand. »Drück mal fest zu.« Kurz darauf: »Noch fester.«

Amy fühlte sich schrecklich nutzlos, doch plötzlich kam ihr eine Idee. »Soll ich einen Krankenwagen rufen? Ich kann das!«

»Brauchst du nicht. Er hat uns einen Riesenschreck eingejagt, aber ich glaube, ihm geht es schon wieder besser. Das war halb so schlimm.«

»Ach?«

»Sieht wie ein Kreislaufproblem aus. Das hatte ich als Kind auch.«

Eric zog die Beine an und setzte sich hin. »Ich bin umgefallen, als ich vom Klo aufgestanden bin.«

»Ist dir schwindlig?«, fragte Papa.

»Vielleicht brauch ich nur einen Kaffee.«

»Wie kommst du denn darauf?«

»Sagt Mama immer, wenn sie morgens im Bad steht.« Er grinste, aber seine Lippen zitterten ein bisschen.

»Bleib noch sitzen. Amy, kannst du schnell runtergehen, sonst verbrennt die Pizza.«

»Klar.« Als die halbe Treppe hinter ihr lag, fragte sie: »Geht's ihm wieder gut?«

»Denk schon«, sagte ihr Bruder.

»Prima«, meinte sie. »Dann kann ich endlich auch ins Bad.« Wie erleichtert sie sich fühlte, zeigte sie nicht. Sonst bildete er sich noch was drauf ein.

»Morgen ist der 16. Mai 2033! Ein wahrhaft denkwürdiger Tag!« Ihr Vater bedachte sie mit einem ehrfürchtigen Blick, während er nach einem Stück Pizza griff.

Eric fühlte sich noch ein wenig mulmig im Bauch, aber er kaute trotzdem an seiner Pizza. Sie war einfach zu lecker. »Warum?«

»Na, weil ihr beide zehn Jahre alt werdet! Ein Supergeburtstag! Den gibt's nur einmal!«

»Wie jeden«, meinte Amy. »Man wird auch nur einmal neun oder elf.« Sie war eine echte Spielverderberin.

Papa grinste und sah fast so aus, als fände er es lustig; aber eben nur fast. Das war seine Art, mit solchen superlogischen Bemerkungen von Amy umzugehen. »Ihr müsst mir jetzt wirklich sagen, wie viele von euren Freunden kommen, damit ich die Tickets kaufen kann.«

Während seine Schwester die Namen ihrer Freundinnen aufzählte, die den Kinobesuch mitmachen wollten und dabei Mädchenkram wie ›Chayne freut sich schon so‹ oder ›Aira überlegt seit Tagen, was sie anziehen soll‹ von sich gab, sagte Eric nur: »Drei, wie geplant.«

»Amy, du weißt doch, dass wir die Tickets nicht für alle deine Freundinnen bezahlen können, das wäre unfair gegenüber deinem Bruder.«

»Dann zahl ich zwei eben selbst.«

»Aber ...«

»Ich hab das Geld!«

Papa nahm sich eins der letzten Stücke Pizza und fischte die Seetang-Salami herunter. Darunter dampfte es. Amy schnappte sich die Salami, kaum dass sie auf dem Teller lag. »Eric, was meinst du?«

»Wenn sie selbst bezahlt, ist mir das egal.« Insgeheim hoffte er, dass Chayne auf jeden Fall mitkam. Er mochte sie. Sie war schon elf und sah wirklich gut aus.

»Worüber denkst du nach?«, wollte Papa wissen.

Er fühlte sich ertappt. »Wieso glaubst du, dass ich ...«

»Ich seh es dir an.« Papa grinste. »Elternradar. Stell dir vor, dass ich so einen kleinen Chip im Ohr habe, und wenn du traurig bist, fängt er an zu piepsen.«

Seltsam, dass das vorhin nicht funktioniert hatte, als Eric im Badezimmer zusammengebrochen war. »Ich frag mich, ob Mama morgen wieder da ist. Oder ob sie immer noch bei der Arbeit sitzt, weil die ja so superwichtig ist.« *Anders als wir.*

»Sie wird da sein.« Papa klang nicht so überzeugt, wie er wahrscheinlich klingen wollte.

Eric überlegte noch, was er sagen sollte, als Amy die Sache auf ihre Weise auf den Punkt brachte: »Wieso bist du eigentlich hier und nicht mit Mama zur NASA, obwohl du das viel lieber wolltest?«

»Wie kommst du darauf?«

»Ich sehe es dir an.«

Papa legte das Stück Pizza, in das er gerade hatte beißen wollen, auf den Teller zurück. »Da täuschst du dich. Und überhaupt ...«

»Was?«

Mit aufeinandergepressten Lippen schüttelte er den Kopf. »Egal.«

»Wa-ha-as?«

»Für eine Zehnjährige bist du ganz schön schlau.«

»Ich bin neun.«

Papa sah auf die Uhr. »Nur noch drei Stunden. Das gilt. Mama wird morgen da sein. Ich werde da sein. Und wir gehen mit euren Freunden ins Kino.«

»Ganz sicher ... wirklich?«, fragten Amy und Eric gleichzeitig und mit exakt denselben Worten, wie sie es schon manchmal getan hatten. Das war so ein Zwillingsding, erzählten ihre Eltern oft irgendwelchen verblüfften Erwachsenen, wenn die es mitbekamen.

»Bestimmt. Kann sein, dass sie schon unterwegs ist. Ich ruf sie an.«

»Darf ich mit ihr sprechen?«, fragte Eric.

Papa zögerte kurz, dann: »Klar.«

Amy stand auf und rauschte mit einem »Ich geh das Geld für die anderen Tickets holen« aus dem Wohnzimmer.

Papa holte sein Pod und tippte auf das kleine Foto von Mama rechts oben in der Ecke.

Es dauerte nur ein paar Sekunden, bis sie das Gespräch annahm. Noch während sich der Bildschirm kurz schwärzte, sagte sie: »Endlich, Ethan! Es ist unfassbar! Wir ...« Ihr Bild erschien, und in diesem Moment sah sie auch Papa und ihn. »Oh, hallo, Eric, Schatz.«

»Wie geht's dir, Mama?«

Sie lächelte. »Bin ein bisschen müde.« Sie trug eines dieser grau-blauen Hemden, die sie fast immer anhatte, wenn sie arbeitete. *Isabella Allamore*, stand auf der Karte, die an einem Lederband um ihren Hals baumelte. »Und dir?«

Es klang zwar nicht so, als ob sie es wirklich wissen wollte, aber er antwortete: »Wieder gut. Ich hab es überlebt.«

»Was meinst du damit?«

»Bin im Bad zusammengebrochen«, sagte er und ergänzte, weil es sich so lässiger anhörte, obwohl es nicht ganz stimmte: »Hab mir fast den Kopf am Rand der Badewanne aufgeschlagen.«

»W... wie? Was? Ethan, ist das ...«

»Es geht ihm gut«, versicherte Papa. »Keine Sorge!«

»Das sagst du so einfach. Ich bin hier ...«

»Ich habe es im Griff.«

Sie schloss die Augen. »Tut mir leid, dass ich nicht da war, Schatz.«

War ja nicht das erste Mal, dachte Eric. »Schon gut. Wann kommst du?«

»Es wird spät. Aber morgen, wenn du aufwachst, bin ich da. Ich darf doch euren zehnten Geburtstag nicht verpassen!«

Amy hätte wahrscheinlich gesagt: *So wie unseren neunten – Übung macht den Meister.* Doch er verkniff sich die Bemerkung. »Stimmt! Das geht ja gar nicht!«, meinte er stattdessen.

»Darf ich kurz mit Papa sprechen?«

»Klar.« Er winkte, stand auf und ließ sich auf die Couch fallen.

»Konntest du Bilder des Asteroiden sehen?«, fragte Papa.

Über solchen Weltraumkram sprachen sie ständig. Nur ging es nie um wirklich coole Sachen wie die Mars-Mission. Darum kümmerten sich ihre Arbeitskollegen. Typisch. Eric hörte nicht richtig zu, sondern wühlte sich durch die Zeitschriften, die sich auf dem Couchtischchen verteilten. Langweiliges Erwachsenenzeug. Aber irgendwo musste eins von seinen Comics liegen. Der Stapel kam ins Rutschen und platschte auf den Boden.

Papa kümmerte sich nicht drum, sondern hörte gerade Mama zu: »Er kommt nicht aus unserem Sonnensystem!« – »Wie kann es dann ...« – »Ich stelle mir genau dieselben Fragen, aber es stimmt, Ethan! Aus dem interstellaren Raum, und er wird ...«

Endlich fand Eric das Comicheft. *Perry Rhodan Origins: Gucky* erzählte die Geschichte des Films nach, den er vor ein paar Monaten gesehen hatte, obwohl er PG-13 war. Der alte Ezra an der Kasse hatte ein Auge zugedrückt. Das machte er gern und gab dabei solche Weisheiten von sich wie: »Ich könnt' schwör'n, du bis' schon minnestens vierzehn« oder »Der Streif'n ist *gut* für dich!« Eric kannte sonst niemanden, der einen Film als Streifen bezeichnete. Er blätterte und versank in den bunten Bildern.

»Die beiden warten«, sagte Papa irgendwann, und als er merkte, dass es um ihn ging, lauschte Eric wieder genauer. »Wann fährst du los?«

»Ich habe Mason gesagt, dass ich um zehn aufbreche.«

»Da wird er nicht gerade jubeln, wie ich ihn kenne. Hat er versucht, dich umzustimmen?«

»Hat er.«

»Und?«

»Ich wollte von ihm wissen, ob er weiß, worin das Geheimnis eines friedlichen Lebens besteht.«

»Und?«, fragte Papa noch mal.

»Er hat verneint. Also habe ich gesagt: Darin, nicht mit Idioten zu diskutieren. Er meinte, das sähe er ganz anders. Da habe ich ihm recht gegeben.«

Papa lachte so prustend, dass ein Krümelchen Pizza gegen das Display des Pods platschte. Eric begriff nicht, was daran so witzig sein sollte.

»Wie hat er reagiert?«, fragte Papa, während er den nassen Krümel beiseite wischte.

»Er hat gedroht, mich rauszuschmeißen. Wie immer. Im Grunde weiß er ja, dass ich recht habe.«

»Damit, dass er ein Idiot ist?«

»Damit, dass ich zu meinen Kindern muss, wenn sie zehn Jahre alt werden. Den Fehler vom letzten Mal mach ich nicht noch mal. Aber morgen Abend fahre ich wieder hierher.«

»Hat Mason dich dazu verdonnert?«

»Das kann er nicht. Ich will es selbst. Dieser Asteroid, Ethan … er ist faszinierend.«

»Amy!«

Sie ignorierte Papas Ruf. *Eric ist in sie verknalt*, tippte sie und sah den Schreibfehler zwar, verbesserte ihn aber nicht, ehe sie die Nachricht an Aira abschickte, gefolgt von dem Blödgrins-Emoticon. Und dem Knutschgeräusch-Audio. *Arme Chayne*, antwortete ihre Freundin sofort. Keiner konnte so schnell tippen wie Aira. *Ausgerechnet dein Ätzbruder!*

Während Amy noch überlegte, was sie schreiben sollte, rief ihr Vater sie schon wieder, und diesmal so laut, dass er gleich vor der Tür stehen würde, wenn sie nicht reagierte. Sie kannte seinen Tonfall genau und wusste, wann es ihm ernst genug war, die Treppen hochzukommen. *Gg*, tippte sie rasch: *Gotta go*, ich muss jetzt gehen. Das hatte sich Chayne mal ausgedacht. Sie ließ das Handy liegen, beeilte sich, ihr Zimmer zu verlassen und »Ich komm ja!« zu knurren.

Papa wartete im Badezimmer und hielt seine übliche Predigt zum Thema ordentliches Zähneputzen. »Und danach müsst ihr sofort ins Bett. Es ist schon nach elf! Vielleicht hätten wir den Film doch nicht sehen sollen.« Er zwinkerte. »Sagt Mama nichts davon.«

Der Film war sowieso langweilig gewesen, irgend so ein blödes Action-Ding mit Finn Wolfhard, der eben auch nicht mehr der Jüngste war, obwohl er in seinen Rollen immer so tat. Deshalb hatte sich Amy ja in ihr Zimmer zurückgezogen und mit ihren Freundinnen geschrieben.

»Was hat Mama vorhin gemeint?«, fragte Eric.

»Hm?«, machte Papa.

»Mit dem Kometen?«

»Ein Asteroid«, verbesserte Papa. Typisch für ihren Bruder, dass er den Unterschied nicht kannte. »Stell dir vor, sie haben einen Asteroiden entdeckt, der nicht aus unserem Sonnensystem stammt.«

»Cool«, meinte Eric.

»Das ist doch nicht der erste«, sagte Amy, während sie die Augen weit aufriss und die gerade lilafarbenen Kontaktlinsen herauspfriemelte. Ein ekliges Gefühl, aber was tat man nicht alles! Was hatte sie mit Papa gestritten, bis er ihr endlich die Erlaubnis gegeben hatte, schillernde Linsen zu tragen. *Sei lieber froh, dass du keine Brille mehr brauchst seit der Operation!* Er verstand echt gar nichts.

Papa nickte. »So viele kennt man allerdings auch wieder nicht. Und der wird ziemlich nah an der Erde vorbeiziehen.«

»Muss man ihn abschießen?«, fragte Eric.

»Was?«

»Er meint, wie in dem blöden Film«, erklärte Amy. »Weil der Asteroid sonst auf die Erde einschlägt und uns alle umbringt. Bumm!«

»Neinneinnein«, sagte Papa. »So groß ist er nicht. Und wir wissen auch nicht viel über ihn. Er ist noch richtig weit weg, am äußersten Rand unseres Sonnensystems. Fast zehn Milliarden Kilometer. Die genaue Bahn kennen wir auch nicht. Ziemlich nah bei der Erde heißt ja nicht, dass wir ihn sehen werden. Also, mit bloßem Auge, meine ich.«

»Und wann kommt er?«, fragte Eric.

»Das ist ja das eigentlich Interessante.«

Das sah Amy gar nicht so. Was konnte an so einem Steinbrocken dort oben im All überhaupt interessant sein?

»So ein Asteroid fliegt ziemlich schnell, aber er braucht bestimmt zwanzig oder dreißig Jahre, bis er …«

»Und dann musste Mama ausgerechnet heute zur Arbeit? Am Sonntag? Wenn es noch Jahrzehnte dauert, bis er hier ist?« Amy griff nach ihrer Ultraschallzahnbürste.

»Sie haben ihn ganz frisch entdeckt.«

»Und was heißt das?« Sie quetschte einen Tropfen Zahncreme auf den Bürstenkopf: ein winziges gelbes Bällchen.

»Er ist so weit weg, dass wir ihn eigentlich gar nicht hätten finden dürfen.«

»Aber?«, fragte Amy gelangweilt, aus Höflichkeit Papa gegenüber. Und auch ein bisschen aus Berechnung. Wenn sie nett war, würde er morgen vielleicht doch noch die anderen Karten für ihre Freundinnen bezahlen. Sie nahm die Bürste in den Mund, schaltete sie ein und spürte die Frische des Gels, das sich automatisch zerstäubte.

»Der Asteroid scheint mit irgendeiner Strahlung aufgeladen zu sein. Es stimmt zwar nicht genau, aber stellt euch eine Art Atomverseuchung vor, bei der die Geigerzähler der NASA ausgeschlagen haben.«

»Hä?«, machte Eric.

Papa beugte sich zu ihm. »Der Asteroid rauscht ganz laut, und wir würden gerne wissen, warum.«

Kapitel 2: Erkenntnis

16. Mai 2033

1

Der Tag begann mit einem Knall.

Im Wohnzimmer ging eine Tischrakete hoch, wenn auch nicht sonderlich spektakulär. Eric war gerade in den Raum geschlurft und fand die paar Funken, die verpufften oder vereinzelt noch glühend auf den Fliesenboden regneten, sogar ziemlich langweilig. Aber ihm gefiel, dass ein großes Geschenk auf seinem Stuhl darauf wartete, ausgepackt zu werden.

Amy saß bereits am Tisch und widmete sich ihren Frühstücksflocken. »Tolles Feuerwerk«, nuschelte sie.

»Hast ja nicht mal hingesehen«, meinte Mama. Sie sah müde aus.

Statt einer Antwort aß Amy weiter. Sie kippte sich Blue Orange in ein Glas.

Eric umarmte seine Mutter. »Wann bist du gestern nach Hause gekommen? Ich muss schon geschlafen haben.«

»Zum Glück.« Mama lächelte. »Es war eher heute.«

»Nach Mitternacht?«

Sie sah auf die Uhr. »Vor drei Stunden.«

»Um vier?«, fragte Eric. »Da musst du ja scheißmüde sein.«

»Eric Ben Allamore!«

»Dann bist du wohl *ziemlich* müde?«, verbesserte er sich,

fand jedoch, dass das bei Weitem nicht so gut klang. Er an ihrer Stelle wäre jedenfalls *scheiß*müde.

Papa gab Mama einen Kuss auf die Wange. »Hast du überhaupt geschlafen?«

»Die Augen sind mir zugefallen, aber mir ging zu viel durch den Kopf.«

»Wegen eines Kometen, irgendwo da draußen?«, fragte Eric.

Amy schüttelte den Kopf. »Ein Asch-te-ro-i-hid!«, nuschelte sie kauend. Etwas Milch lief ihr aus dem Mundwinkel. Sie wischte die Flüssigkeit weg.

Eric kannte den Unterschied nicht. Es war ihm auch egal. Mama strich ihm durch die Haare. »Ich bin da«, meinte sie. »Und heute zählt nur ihr.« Das klang gut, allerdings glaubte er es ihr nicht. Dass seine Eltern zu allem Überfluss nun ein Geburtstagslied sangen, war der Gipfel der Peinlichkeit. Das passte bei kleinen Kindern. Aber Amy sagte nichts, also ließ auch er es über sich ergehen.

Danach konnte er endlich das Geschenk auspacken – genau die Batman-Figur, die er sich gewünscht hatte – und schaufelte sich ebenfalls eine Schüssel voller Flocken zufrieden in den Mund. Zeit zum Kauen blieb wenig. Egal, ob sie Geburtstag feierten, der Schulbus würde nicht auf sie warten.

Amy ging vor ihm ins Bad, um sich die Zähne zu putzen. Mama setzte sich neben ihn, kaum dass sie allein waren. »Geht es dir gut?«

»Klar.«

»Wegen gestern ...«

»Hm?« Er wusste nicht, was sie meinte.

»Ich war nicht da, als du ohnmächtig geworden bist.«

Daran hatte er gar nicht mehr gedacht. »Ist okay.«

»Es tut mir leid, dass ...«

»Du bist halt erwachsen«, fiel er ihr ins Wort.

»Wie meinst du das?«

»Ihr nehmt so was furchtbar ernst. Mir geht's wieder gut. Alles prima.«

»Trotzdem. Ich hätte da sein sollen.«

»Hast es ja nicht im Voraus gewusst.«

Sie lachte. »Danke.«

Das gefiel ihm fast so gut wie die Batman-Figur. »Ich muss hoch, sonst verpassen wir den Bus.«

»Ich fahr euch«, sagte Papa. »Heute bist du der König.«

»Und Amy?«

»Die Königin.«

»Hm«, machte Eric, packte die Dose mit den Flocken und ließ eine zweite Schüssel vollrieseln.

Papa ging in den Flur und rief nach oben, dass Amy sich nicht beeilen müsste. »Ich bring euch zur Schule!«

Amy hastete ein paar Sekunden später die Treppe runter. Jeder Schritt ließ die Stufen knarzen. »Sorry, hab mich mit Chayne im Bus verabredet.«

»Wenn du meinst.« Papa kam ins Esszimmer zurück.

Eric sah kurz durch die offene Tür in den Flur. Amy saß auf dem Schubladenschränkchen und knibbelte an ihren Schnürsenkeln. Die Vorstellung, dass sein Vater nur ihn fahren würde, gefiel ihm. Dann brauchte er die Aufmerksamkeit mal nicht zu teilen. Schlimm genug, dass er sich danach den ganzen Vormittag mit Sport, Englisch und Er-wusste-gar-nicht-was quälen musste.

»Ich komm auch mit«, sagte Mama.

Noch besser.

2

Amy tippte auf ihrem Handy, als der Bus nahezu lautlos neben ihr anhielt. Sie hätte es fast nicht gemerkt. Sie war die Einzige an der Haltestelle – ihr Haus lag so weit abseits am Rand des Naturschutzgebiets, dass der Bus extra für Eric und sie hielt.

»Guten Morgen, Prinzessin«, sagte Beryl. Sie fuhr den Bus schon immer, und sie war nie krank. Amy konnte sich nicht erinnern, jemals jemand anderes hinter dem Lenkrad gesehen zu haben. Beryl redete über alles, nur nicht darüber, wie sie ihr linkes Bein verloren hatte. Sie war stolz auf ihren Job in diesem speziell für sie umgebauten Bus, den sie sich *erstritten* hatte, wie sie es nannte, was immer das genau bedeuten sollte.

»Morgen«, grummelte Amy, den Blick unablässig auf das Display gerichtet.

»Muss ja spannend sein, was du dir da anschaust.«

»Hm-m«, machte Amy, während sie durch die dicht besetzten Reihen nach hinten ging. Chayne hatte ihr einen Platz freigehalten, in der letzten Bank. Dort hatte man am ehesten seine Ruhe. Tatsächlich las sie eine total bescheuerte Meldung auf dem Onlinepad, das täglich alle Geburtstage der Schüler der *MI Elementary School* auflistete – außer ihr und Eric waren es heute noch zwei andere. Sie wollte nur nicht mit Beryl reden. Oder mit irgendjemandem sonst, abgesehen von Chayne natürlich.

Aber ihre Freundin sah nur für etwa eine Sekunde von ihrem eigenen Handy auf. Der schnurgerade rote Pony wippte, als sie sich wieder nach unten beugte und ein beiläufiges »Hi« nuschelte.

»Chayne, ich …«

»Wart kurz.«

Amy setzte sich und ließ ihr Handy in der Hosentasche verschwinden. »Heute Mittag ist …«

»Gleich!« Chayne tippte etwas. Wie immer musste sie dazu aufs Display sehen und war trotzdem langsamer als die meisten.

Der Bus fuhr längst wieder. Amy lehnte sich zurück. Das lief ja super. Ein wenig mehr Begeisterung hätte ihr schon gefallen. Klar, die anderen im Bus wussten nicht, dass sie heute Geburtstag feierte, oder es interessierte sie nicht … aber Chayne? Ihre beste Freundin? Dass sie überhaupt nicht reagierte, versetzte Amy einen Stich. Hätte sie sich vielleicht doch von Papa fahren lassen sollen? Eric lungerte wahrscheinlich noch auf der Couch herum, und damit kam er blöderweise besser weg als sie.

»Amyyyy!«, kreischte ihre Freundin plötzlich und fiel ihr um den Hals. »Alles Guteeee!« Sie küsste sie – rechts, links, rechts – und strahlte sie an. Natürlich übertrieb sie wieder mal.

Gut so.

»Ach, Chayne«, sagte Amy, als wäre es ihr peinlich. Wahrscheinlich sah inzwischen jeder im Bus her. Sie grinste. »Lass doch!«

Ein paar schauten kurz rüber, auch Logan. Amys Herz holperte ein wenig, aber der Blick dauerte nicht sonderlich lange.

Mist.

»Wo hast du Eric gelassen?«, fragte Chayne.

»Sei doch froh, dass er nicht da ist.«

»Wieso?«

»Hast eh keinen Platz für ihn freigehalten.«

Chayne hob die Schultern. »Und?«

»Nix *und*.«

»Also, wo ist er? Krank? An seinem Geburtstag?« Sie sagte es mit ungefähr so viel Mitleid, als hätte sie gerufen: ›*Heute fällt die Doppelstunde Sport aus.*‹ Sie hasste Sport in jeder Form, vor allem aber in der Schule.

»Papa fährt ihn. Warum fragst du? Willst du dich wieder von ihm anhimmeln lassen?«

»Vielleicht gefällt's mir ja.«

»Echt?«

»Nö. Ist eklig.«

»Hey, er ist immer noch mein Bruder.«

»Und?«, fragte Chayne wieder.

»Nix *und*«, wiederholte Amy. »Dachte nur, ich könnte mal drauf hinweisen, wenn du dich über ihn lustig machst.«

»Er ist nur ...«

»Ja?«

»Er nervt.«

»Sag bloß. Ist mir ja noch nie aufgefallen.« In Amys Tasche vibrierte das Handy. Sie ignorierte es. Wer immer ihr eine Nachricht schickte, konnte warten. Wahrscheinlich eh nur ein Geburtstagsglückwunsch aus einer der dämlichen Socialgroups. Vielleicht sogar so ein bescheuertes automatisch einprogrammiertes Ding. Oder noch schlimmer, von irgendeinem dieser Verwandten, die sich zweimal im Jahr meldeten – heute und an Weihnachten. *Liebe Amy, bla-bla-bla-und-Gottes-Segen.* Manchmal schickten sie auch eins dieser Videos, von denen Erwachsene dachten, es wäre für eine Zehnjährige witzig; Babykram eben.

Chayne plapperte drauflos, über ihre kleine Schwester, den Film, den sie gestern Abend gesehen hatte und wie sehr sie sich auf Amys Party am Nachmittag freute.

Amy konnte sich nicht konzentrieren. Das zweite Handyvibrieren lenkte sie ab, das dritte erst recht.

Chayne zupfte sie am Arm. »Amy?«

»Hm?«

»Was meinst du dazu?«

»Ja, klar, ist gut«, sagte sie.

»Du findest es *gut?*«

Dummerweise hatte Amy keine Ahnung, wovon ihre

Freundin sprach. »Ach, vergiss es, ich …« Sie schnappte sich ihr Handy. Die Nachrichten kamen von Mamas NASA-Super-handy-Dings. Die neueste war geöffnet.

Ruf bitte sofort an.

Noch während Amy draufschaute, ging die nächste Mitteilung ein.

Amy, ruf an.

Da musste was passiert sein. Und wieso sah sie plötzlich Eric vor sich, ganz bleich, auf dem Boden vor dem Badezimmer? Ihr Magen fühlte sich seltsam hohl an, als sie sich den Tonempfänger ins Ohr drückte, ihn aktivierte und die Kurzwahltaste tippte. »Muss schnell zu Hause anrufen, Chayne. Sorry, wichtig.«

Mama ging sofort dran, und Amy sah auf den ersten Blick, dass sie müde war. Oder furchtbar erschrocken, wie neulich, als sie Papas Lieblings-Espressotasse hatte fallen lassen, die mit dem witzigen Gesicht. Nein, noch schlimmer. »Danke«, hörte Amy.

»Was ist denn los?«

»Tut mir leid, ich …« Mama stockte. Im Hintergrund sah Amy, dass sie gerade im Freien war und lief. Ziemlich schnell sogar.

Das Gefühl im Magen verwandelte sich in einen Stich, der sie bis ins Herz traf. Amy schloss die Augen, und als alles andere verschwand, sah sie Erics bleiches Gesicht. Nur waren in der Erinnerung die Augen größer als normal, und grau, und sie standen die ganze Zeit über offen.

»Amy, ich weiß, dass das ungerecht ist, und es ist der falsche Tag und all das.« Die Worte kamen ein bisschen undeutlich, weil Mama beim Rennen schnell atmete. »Ich habe euch etwas anderes versprochen, und es tut mir wirklich leid, aber ich muss weg. Ich *muss*.«

»Weg?«

»Zur Arbeit.«

»Du hast gesagt…«

»Ich weiß, Amy. Es… es geht aber nicht anders. Der Asteroid.«

»Was ist damit?«

»Ich darf es nicht sagen.«

»Nicht mal *mir*?«

Mama zögerte kurz. »Nein. Und schon gar nicht hier am Telefon.«

»Weiß es Papa?«

»Ja.«

»Aber…«

»Vielleicht können wir morgen drüber reden. Oder übermorgen.« Ihre Mutter lachte, doch es klang nicht so, als fände sie etwas lustig. »Dann weiß es sowieso die ganze Welt. So was kann man nicht lange geheim halten. Unmöglich.«

»Was…«

»Ich muss weg. Am zehnten Geburtstag meiner Zwillinge.« Mama hörte sich an wie in einem Film, wenn die Leute mit sich selbst redeten, um sich von etwas zu überzeugen, was sie eigentlich nicht glaubten. So wie Han Solos Avatar in *Star Wars XV* in dieser kitschigen Vergangenheitsszene mit Leia. »Tut mir leid, Schatz.«

»Das sagst du ständig. Und es ändert nichts.«

»Ich weiß. Papa bleibt bei euch, und in zwei oder drei Tagen erzählst du mir alles von der Feier, ja?«

»So lange bleibst du fort?«

»Ich komme zurück, so schnell es geht.«

»Was ist los? Das ist doch nicht normal.«

»Nicht normal. Ja. Ich glaube, es ist jetzt wirklich was anderes. Für jeden.«

»Mama, wieso …«

»Ich liebe dich, Amy. Ich muss aber los. Der Hubschrauber setzt zur Landung an.«

»Der Hubschrauber?« Amy hörte ein Brummen und Knattern, das ständig lauter wurde.

Mamas Haare wehten ihr um den Kopf. »Bis bald!« Der Bildschirm wurde dunkel, und im Empfänger blieb alles still.

Was sollte sie damit anfangen? Im Bus sitzen und weiterfahren? Amy tippte auf Wahlwiederholung. Niemand nahm das Gespräch an. Hatte sie eben noch Angst um ihren Bruder gehabt und war im nächsten Augenblick sauer auf Mama gewesen, war sie jetzt zornig. Am liebsten würde sie aufspringen und Beryl sagen, dass sie anhalten sollte, damit sie nach Hause rennen konnte.

Nach Hause …

Sie rief dort an.

»Amy!« Papa hatte nur Sprechverbindung angenommen, ohne Bildübertragung. »Hast du mit Mama gesprochen?«

»Was ist los? Sie war draußen, und da kam ein Hubschrauber, und …«

»Ich seh ihn durchs Fenster, ja«, sagte Papa. »Mama ist hinten raus, aufs Feld, um sofort einsteigen zu können. Gerade gehen sie hoch. Die Zeit drängt wirklich, weißt du?«

»Sie hat den Asteroiden erwähnt. Was kann daran so eilig sein? Der ist doch ewig weit weg!«

»Wir reden drüber, wenn wir uns sehen. Ich fahre gleich mit Eric los zur Schule. Warte draußen auf uns.«

»Dann ist keine Zeit. Die erste Stunde fängt bald an.«

»Wir haben so viel Zeit, wie wir wollen. Ich nehme euch mit nach Hause. Zur Schule könnt ihr morgen wieder.«

Amy wusste nicht, was sie sagen sollte.

»Wir sprechen gleich drüber«, sagte ihr Vater. »Es geht uns

allen gut. Auch Mama. Was sie tut, ist wichtig. Noch wichtiger als gestern irgendjemand geglaubt hätte.«

»Aber ...«

»Wir sehen uns, Amy.« Papa legte auf.

Sie steckte das Handy ein.

»Was war los?«, fragte Chayne, die natürlich immer nur gehört hatte, was Amy gesagt hatte.

»Keine Ahnung«, meinte Amy.

3

»Viele Dinge passieren, die wir nicht verstehen«, sagte Papa.

»Zum Beispiel, dass der Asteroid so furchtbar wichtig ist. Ist er wirklich so wichtig, dass Mama doch weggehen muss, obwohl sie es uns anders versprochen hat?«, fragte Eric. Immerhin ging es um einen Felsklumpen, der ein paar Milliarden Kilometer entfernt seine Bahn zog.

Papa sah ihn nur kurz an, denn er musste natürlich auf die Straße achten, während sie zur Schule fuhren. »Ihr werdet das verstehen, später. Sie konnte nicht anders.«

»Ach?«, machte Eric. Er legte gar keinen Wert darauf, es zu verstehen. Weil er nicht erwachsen werden wollte. Er fand es prima, ein Kind zu sein. Das sprach er aber lieber nicht aus, denn Papa würde sich über so einen Gedanken nur wundern.

Quälend langsam kamen sie voran. Jede Ampel schien rot zu sein. Wahrscheinlich wartete Amy längst. Eric hatte zu Hause bleiben wollen, aber sein Vater hatte es ihm verboten. Eric begriff nicht, was das alles sollte, warum Mama sogar mit einem Hubschrauber abgeholt worden war. Papa jedenfalls war nervös und deshalb noch ungeduldiger als sonst. Er trommelte auf dem Lenkrad, bis die Ampel endlich auf Grün schaltete.

Sie bogen ab. Das Schild auf der anderen Seite der Kreuzung wies zum Cape Canaveral mit dem Symbol des Kennedy Space Center. Es lag ein ganzes Stück entfernt, aber alle Touristen, die nach Merritt Island kamen, besuchten es, weshalb Wegweiser an jeder Ecke standen.

»Würdest lieber dahin fahren, was?«, fragte Eric.

»Wohin?«, wollte Papa verwirrt wissen.

»Zum KSC.«

»Nein.«

»Echt nicht?«

»Es reicht, dass Mama hinmusste. Ich möchte bei euch bleiben.« Er bremste, weil ein Fahrradfahrer auf sein Handy starrte, das vor ihm in einer der verbotenen Lenkradhalterungen steckte, und ins Schlingern kam. Papa hupte, der Typ auf dem Fahrrad schlingerte stärker, hielt an und schimpfte mit erhobener Faust hinter ihnen her, während sie ihn überholten. Um sie herum hupten noch mehr Autos – Eric hatte nie begriffen, warum sich bei so was immer andere Fahrer anschlossen.

»Der sollte eine saftige Strafe zahlen«, murmelte Papa vor sich hin und schaute über die Schulter zurück. »Egal. Ehrlich – Mama musste weg, ich aber nicht. Und das bleibt auch so.«

»Musste sie wirklich?«

»Ja.«

»Dann sag mir, warum! Was habt ihr vorhin miteinander geflüstert?«

»Später. Wenn Amy dabei ist. Ich möchte es nicht zweimal erzählen.«

Wahrscheinlich wusste er nur nicht, wie er es so verpacken konnte, dass er am Ende eben doch kaum etwas verriet – ihm fehlte noch die passende Ausrede.

Bis zur Schule dauerte es nicht mehr lange. Sämtliche Busse waren weg, ebenso die Kinder. Schade, er hatte gehofft, Chayne zu sehen. Aber die erste Stunde lief bereits – in diesem Fall Spanisch. Konnte gut sein, dass Mrs Carrons gerade irgendwelche Satzstrukturen abfragte, die Eric sowieso nicht begriff. Was brachte es ihm auch zu wissen, welche Zeitform nach …

»Da vorn ist sie«, riss sein Vater ihn aus den Gedanken.

Amy saß auf dem Mäuerchen hinter der Gitterabsperrung an der Haltestelle. Sie legte den Kopf in den Nacken und warf einen Blick in die Baumkrone über ihr. Als Papa näher heranfuhr, verrenkte sich Eric den Hals, um zu sehen, was seine Schwester dort oben so sehr interessierte. Ein Vogel mit blau glänzendem Brustgefieder und schwarzen Flügeln hockte auf einem Ast. Sie hielten an, die Handbremse quietschte ein wenig, und das Tier flog davon.

Amy stand auf, kam zu ihnen, öffnete und ließ sich neben ihren Bruder auf die Rückbank fallen. »Ihr habt den Grackel vertrieben!«

»Den was?«, fragte Eric.

»Den Bootschwanzgrackel! Wisst ihr, wie selten man die zu sehen bekommt? Nein, das wisst ihr natürlich nicht.«

»Kann sich ja nicht jeder so sehr für Vögel interessieren wie du.«

»Die waren so gut wie ausgestorben! Es gab sie nur noch in einem einzigen Zoo, aber man hat sie vor acht Jahren hier ausgewildert.«

»Hast du ein Bild gemacht?«, fragte Papa.

»Wollte ich. Aber dann kamt ihr.«

»Tschuldige.«

Amy grinste. »Muss wohl.«

»Wenn du willst, gehen wir am Wochenende zusammen im

Naturschutzgebiet auf die Suche. Wir nehmen die Ferngläser mit und ...«

»Ich glaube, da wirst du keine Vögel mit mir beobachten, sondern mit Mama Asteroiden jagen.«

»Bis dahin ist sie längst zurück«, sagte Papa.

»Und er wird uns nicht allein lassen«, ergänzte Eric. »Hat er mir versprochen.«

»Und? Glaubst du's?«

»Klar.«

»Ich nicht«, meinte Amy.

»Sei doch nicht so«, forderte Papa.

»Wie denn?«

Er antwortete nicht, sondern fuhr los und sagte: »Ich habe in der Schule Bescheid gesagt, dass ihr nicht kommen könnt.«

»Wieso?«

»Offiziell wegen eines plötzlichen, unaufschiebbaren Familientermins, bla-bla. Eigentlich halte ich es für wichtig, in Ruhe mit euch zu reden, bevor ...« Papa stockte.

»Bevor *was*?«, fragte Eric.

»Bevor es sowieso bekannt wird und alle wissen, worum es geht«, sagte Amy. »Stimmts?«

»Wie kommst du darauf?«

»Mama hat am Telefon gesagt, es wird sich nicht lange geheim halten lassen.«

»Das ist richtig. Wir rechnen mit ein oder zwei Tagen, bis es irgendwie durchsickert. Aber genauso gut könnte es jederzeit so weit sein. Deshalb musste die NASA auch sofort reagieren und hat eure Mutter ins Büro gerufen. Und eine Menge anderer Leute auch. Sie wollen so viele Informationen sammeln, wie es nur geht, bevor der Trubel beginnt.« Papa lenkte den Wagen in eine Nebenstraße. »Ich möchte auf jeden Fall vorher mit euch sprechen. Ihr sollt nicht in der Schule sitzen und ... es dort hören. Sondern von mir. Auch, damit ihr versteht, warum Mama gegangen ist.«

Eric kannte die Strecke – sie war ein wenig länger, aber nicht so stark befahren. Später ging es etwa einen Kilometer am Rand des Naturschutzgebietes entlang.

»Was für ein Trubel?«, fragte Eric. »Was kann denn an dem Asteroiden so besonders sein?«

Papas Hände umklammerten das Lenkrad fester. »Es geht etwas davon aus. Ein Funksignal.«

4

Amy dachte keine Sekunde mehr an den Bootschwanzgrackel und die verlorene Chance, ihn sich genauer anzusehen. »Ein Funksignal?«

»Wie soll das denn gehen?«, fragte Eric. »Ich dachte, der kommt von irgendwo weit weg.«

Amy knuffte ihn. »Eben, du Idiot! Darum geht es ja! Auf dem Asteroiden kann kein Funksender von uns sein.« Sie packte die Rückenlehne von Papas Sitz. »Oder? Das ist doch richtig? Es stammt nicht aus einer Rakete von uns?« Kaum waren die Worte draußen, merkte Amy, wie lächerlich sie sich anhörten. Wie aus einem Zeichentrickfilm für Vorschulkinder. Eine Rakete, die mit einem Asteroiden außerhalb des Sonnensystems zusammenstößt, sodass das Funkgerät herauskullert und weiter funktioniert. Und danach saust der Asteroid ausgerechnet hierher zurück. So ein Quatsch!

»Ja, Amy, das ist richtig. Was auch immer auf diesem Gesteinsbrocken ein Signal abgeben mag, es kann nicht von der Erde stammen.«

»Also von Aliens?«, fragte Eric. Seine Stimme schnappte über, und er wollte vor Aufregung aufstehen. Amy sah, wie er seine Beine durchdrückte und sich der Oberkörper ein wenig abhob, ehe der Sicherheitsgurt einrastete und ihn festhielt.

»Wir … wir wissen es nicht.«

»Von wem denn sonst?«, fragte Amy. Das war das Coolste, das sie je gehört hatte. Ganz automatisch wollte sie ihr Handy zücken und ihren Freundinnen schreiben, aber das durfte sie nicht tun. Mit einem Mal konnte sie sich den Trubel, den diese Nachricht auslösen würde, sehr gut vorstellen. Wie in Filmen. Nur … echter.

»Das Signal ist vielleicht auch natürlichen Ursprungs«, sagte Papa. »Irgendeine Schwingung. Eine seltsame radio-aktive Strahlung. Davon ist die NASA jedenfalls gestern noch ausgegangen.«

Mit einem Mal begriff Amy. »Aber heute nicht mehr. Sonst hätten sie wohl kaum einen Hubschrauber geschickt, um Mama abzuholen.«

»Inzwischen vermuten sie, dass es keinen natürlichen Ursprung gibt«, gab Papa zu.

»Sondern?«, fragte Eric.

»Na, dass uns jemand eine Nachricht schickt!«, rief Amy.

Ihr Vater umklammerte das Lenkrad noch fester. Die Knöchel traten weiß hervor. »Könnte sein, ja.«

»Und du? Glaubst du das?«

Papa nickte, und dabei zögerte er keine Sekunde.

»Was sagen die Aliens?«, fragte Eric.

Amy verdrehte die Augen. »Du bist so doof! Natürlich versteht es niemand! Wie alt bist du? Ein Baby, oder was?«

»Er ist nicht doof! Sondern zehn Jahre alt. Genau wie du, übrigens. Seine Frage ist exakt diejenige, die sich ein Zehnjähriger eben stellt!«

Ich nicht, dachte Amy. *Und wieso sollte sonst irgendwer darüber nachdenken, ob es wirklich von Außerirdischen stammt? Würde man es verstehen, wär das ja wohl klar.*

»Ihr sagt es keinem«, forderte Papa. »Amy, auch du deinen Freundinnen nicht. Es bleibt unser Geheimnis.«

»Bis es sowieso die ganze Welt weiß?«, fragte Amy.

»Genau richtig.«

»Es gibt immer eine undichte Stelle«, sagte Eric altklug. »Das ist in jeder Serie so.«

»Und im echten Leben auch, fürchte ich«, meinte Papa. »Aber das ist dann nicht unser Problem.« Als die Ampel vor ihm auf Rot schaltete, bremste er scharf. Die Reifen quietschten sogar ein wenig. Eine Frau schob einen Kinderwagen über die Straße. Der UV-Plastikschutz schillerte in allen Farben des Regenbogens. »Wir kümmern uns um euren Geburtstag.«

»Wir sollen so tun, als wäre nix?«, fragte Amy.

»Es *ist* nichts«, sagte Papa. »Nur ein Asteroid, ganz weit draußen. Wenn überhaupt, wird in dreißig Jahren etwas sein.«

»Aber da sitzt ein Außerirdischer drauf, der mit uns reden will!« Erics Stimme schnappte fast über.

»Es gibt ein Funksignal, sonst nichts«, stellte Papa klar. »Kein Alien, der das Ding als Surfbrett benutzt.«

»Das weißt du doch gar nicht.« Amy fühlte sich seltsam leicht. Ihr war ein bisschen schwindlig, als hätte sie zu viele Pirouetten auf dem Eis gedreht.

In dreißig Jahren würde sie vierzig sein.

Und ich werde dabei sein, dachte sie.

Sie wusste, dass sie ihren Eltern nichts davon sagen durfte – sonst musste sie sich wieder die ewige Leier anhören, dass sie noch ein Kind war und ihr Leben nicht so weit planen konnte. Mama und Papa hatten eben keine Ahnung.

Wenn der Asteroid kommt, werde ich ganz vorne stehen.

Solange die Aliens nicht hier auftauchten, fand Eric es zwar irgendwie faszinierend, aber seiner Meinung nach gab es Wichtigeres.

Mal ehrlich: eine Funkanlage auf einem Felsbrocken ... oder ein zehnter Geburtstag mit Chayne. Da fiel es ihm nicht schwer, sich zu entscheiden, was sich besser anhörte, zumindest für heute. In dreißig Jahren mochte das ganz anders aussehen, doch bis dahin dauerte es ja noch eine Ewigkeit.

Amy hingegen hatte nur diesen Asteroiden im Kopf. Ständig plapperte sie ihn damit voll.

Ich werd mit Mama zur NASA fahren und mir die Botschaft anhören.

Wie nah er wohl an die Erde rankommt?

Und überhaupt, wie hört sich die Sprache an und dies und das und alles.

Es hing ihm zum Hals raus! Immerhin hatte Papa ihr verboten, weiter drüber zu reden, sobald die ersten Kinder ankamen. Und das dürfte nicht mehr lange dauern. Aiden hatte ihm den Zugangslink zum Auto-Computer für die aktuelle Fahrt geschickt. Seine Eltern hatten Lucas und Samuel bereits eingesammelt. Noch sechs Minuten bis zur Ankunft. Wie es mit Chayne und den anderen Mädchen aussah, wusste er nicht, aber die würden garantiert auch nicht mehr lange auf sich warten lassen.

Tatsächlich tauchten die ersten Freundinnen seiner Schwester noch vor den Jungs auf – gleich vier auf einmal, wahrscheinlich von Airas Mutter nacheinander abgeholt und hierhergefahren, so wie meistens, denn die ging als Einzige nicht arbeiten. Nur Chayne fehlte. Sie wohnte so nah, dass sie immer mit dem Fahrrad herfuhr. Oft waren dann ihre Haare ganz verschwitzt.

Sofort startete das Geplapper. Jede von Amys Freundinnen versuchte sich vorzudrängeln, um als Erste zu gratulieren, bis sich schließlich alle in den Armen lagen und Küsschen gaben. Eric hielt so viel Abstand wie möglich – er verzog sich in die Küche, füllte ein Glas mit VitaWasser und gab einen Schuss Himbeersirup dazu. Damit stellte er sich ans Fenster und sah nach draußen in den Vorgarten.

Er hatte Glück.

Chayne kam in diesem Moment an, bremste, schob das Rad wie immer über das gerade mal wieder vertrocknete Gras und lehnte es an die Hauswand. Dabei ging sie direkt am Fenster vorbei. Als sie den Helm abnahm, glänzten ihre Haare tatsächlich verschwitzt. Der Pony klebte ihr an der Stirn.

Eric klopfte und grinste.

Sie grinste zurück, aber nur ganz kurz und … genervt. So war es meistens.

Mist.

Eric genoss es trotzdem, wenn er sie sah. Er hastete zur Haustür und öffnete. »Hi.«

»Hi.« Sie drückte sich an ihm vorbei und eilte zu Amy, die eben wieder frei war, sodass sie ihr um den Hals fallen konnte.

Hi. – Hi.

Nicht gerade das tollste Gespräch aller Zeiten. Aber besser als nichts. Eric tröstete sich mit dem Gedanken, dass Chayne ihn eben als eine Art Bruder betrachtete – Mama und Papa sahen in ihr ihr drittes Kind. Solange er sich erinnern konnte, kam sie ins Haus, um Amy zu besuchen, hatte unzählige Male bei ihr übernachtet und noch öfter am Tisch mitgegessen.

Gab es das überhaupt – noch öfter als unzählig? Er schob den doofen Gedanken beiseite, wie eben Chayne ihn beiseitegeschoben hatte.

Kurz darauf kamen Erics Freunde.

Samuel drückte ihm eine Geschenktüte in die Hand, an der oben ein paar schiefe Streifen Klebeband baumelten. Es sah aus, als hätte er sich höchstens zehn Sekunden Zeit genommen. »Ist auch von den andern beiden!«

»Jo, Chef«, nuschelte Aiden auf seine Cooler-Drogendealer-Art, die außer ihm keiner witzig fand.

Lucas umarmte ihn beim Gratulieren, aber zum Glück so kurz, dass es nicht peinlich werden konnte.

»Alle da?«, rief Papa über das Stimmengewirr der inzwischen zehn Kinder im Haus hinweg. »Aiden, wartet deine Mutter draußen, um ...«

»Jo, Chef! Sie steht bereit. Die Jungs fahren bei mir mit, und noch eine von euch Hübschen!« Er machte drei Schritte auf Aira zu und streckte ihr die Hand entgegen. Er war einfach furchtbar. »Wie wär's, Lady?«

Aira verdrehte die Augen. »Nur wenn ich vorn sitze und du auf der anderen Seite.«

Aiden nahm die Abfuhr gelassen. Das war er ja gewöhnt. »Sie liebt mich! Kein Wunder, wir haben ja auch dieselben Initialen.«

»Ach, das wusste ich ja gar nicht«, meinte Aira spöttisch.

»A-i-den und A-i-ra«, sagte er gedehnt. »Noch Fragen?«

»Frag du dich lieber, was Initialen sind. Meine lauten A. W. Deine aber A. D. Klingt nicht ganz gleich.«

»Egal, Kinder!«, rief Papa dazwischen. »Ab in die Autos! Wer nicht bei Aiden mitfährt, quetscht sich bei mir in den Wagen.«

Die Fahrt zum Kino dauerte eine halbe Stunde, in der die Jungs im hinteren Teil des Vans ausgelassen rumquatschten und Aira hin und wieder ein Wort zu Aidens Mutter sagte.

Auf dem Parkplatz lief Aira schnell zu den Mädchen. Papa winkte Richtung Eingang – er ging als einziger Erwachsener

mit. Aidens Mutter würde später zur Rückfahrt wiederkom-
men.

Eric wollte sich an Lucas hängen. Sie waren alle vier Kum-
pels, aber Lucas war eben sein bester Freund. Doch etwas kam
ihm dazwischen. Genauer gesagt – Chayne.

»Eric«, sagte sie.

»Äh ...?« Das wurde ja immer besser. Fast so toll wie *Hi*. Er
fühlte sich ein bisschen schwindlig, ähnlich wie gestern im Bad,
bevor er umgefallen war.

Sie blieb stehen, und er natürlich auch. So waren sie bald
die Letzten, während die Ersten vorn über die Wiese vor dem
Haupteingang rannten. »Amy verheimlicht was«, sagte Chayne.
»Es macht sie ganz verrückt, aber sie spricht nicht darüber.«

»Stimmt«, sagte er.

»Was ist es?«

»Ich darf's nicht sagen.« Wie blöd war das denn? Warum
ging sein Mund schneller als sein Gehirn? Wieso hatte er nicht
einfach behauptet, dass er es auch nicht wisse, dann könnte
Chayne nicht weiterbohren.

»Aber mir kannst du es doch ...«

»Nein.« Er fand, dass seine Stimme sich wie ein Fisch anhörte, der an den Strand gespült worden war und nach Wasser
schnappte.

Sie nahm seine Hand.

Er hielt die Luft an.

»Eric«, sagte sie.

Ihm war klar, dass sie das nur tat, um es aus ihm heraus-
zulocken. Er hatte genug Filme gesehen, in denen Frauen
irgendwelchen Männern große Augen machten oder sie zu sich
ins Bett zogen – und er wusste, was sie dort taten. Und danach
verhielten die sich wie Idioten.

»Bitte, Eric.«

Er hielt immer noch die Luft an.

»Mir zuliebe.«

Er atmete aus und sagte es ihr. Er konnte nicht anders. Sein Gehirn war erstarrt.

Chaynes Gesicht blieb bewegungslos, und ihre Pupillen vergrößerten sich. »Du verarschst mich.«

Eric schüttelte den Kopf. »Sag es keinem, bis es in ein-zwei-drei Tagen sowieso jeder weiß. Bitte.«

Sie lächelte ihn an, und das war der schönste Anblick der Welt. »Ich versprech's dir.«

»Ehrlich?«

»Ehrlich.« Dann sagte sie: »Danke«, beugte sich zu ihm und küsste ihn. Und das nicht auf die Wange, wie sie ihre Freundinnen küsste.

Von dem Film danach bekam er gar nichts mit, aber er merkte ganz genau, dass sie im Kino neben ihm saß. Nach etwa einer Stunde traute er sich und legte ihr die Hand auf den Unterarm. Es war ja dunkel, und die anderen sahen nach vorn.

Sie schob ihn nicht weg.

»Du vertraust mir mehr, als Amy es tut«, sagte sie. »Das vergess ich dir nie.«

Kapitel 3: Erschütterung

17. Mai 2033

1

Der Schulvormittag war eine einzige Qual. Eric interessierte sich kein bisschen für die Rassenunruhen von 2025, und schon gar nicht für den Vergleich mit der Sklavenbefreiung von mir-doch-egal-wann. Es lag auch verdammt lang zurück. Wie kamen irgendwelche Leute im Weißen Haus – oder wo auch immer sie saßen – nur darauf, dass man Zehnjährigen so was beibringen sollte?

Er konnte noch Chaynes Hand zwischen seinen Fingern spüren. Gestern war der beste Geburtstag seines Lebens gewesen, und wahrscheinlich gab es nie wieder einen besseren.

Später, als Mrs Freeman sie dämliche Rechenaufgaben aus der Cloud in die Pads laden ließ, fragte sich Eric, ob er mit Lucas darüber reden sollte. Er entschied sich dagegen. Lucas war sein bester Freund, aber *damit* konnte er garantiert nicht umgehen, denn er hatte statt Mädchen nur Online-Games im Kopf. Eric wollte keine Weisheit wie ›*Hey, wir sind zehn, frag mich in sechs Jahren noch mal*‹ hören. Und irgendwie hatte Lucas ja sogar recht. Wenige Zehnjährige verstanden es, wenn man nicht nur verknallt, sondern verliebt war.

»Mr Allamore!«, hörte er plötzlich Mrs Freemans Stimme in ihrem typisch spöttischen Tonfall. »Ich weiß ja nicht, wie es

Ihnen geht, aber die meisten in unserer geliebten *Merritt Island Elementary School*« – bei jedem der vier Worte tippte sie mit dem langen Nagel ihres Zeigefingers auf den Tisch – »sind der Meinung, man sollte während des Unterrichts nicht schlafen.«

Er hob den Blick.

Sie stand direkt vor ihm, die Hände auf die Tischkante gestützt, ihre Augen glitzerten kalt wie Eis. Alle glaubten, dass sie Kinder hasste, und jeder fragte sich, warum sie ausgerechnet Lehrerin geworden war.

»Ähm, ja«, sagte er.

»Also, wie lautet die Antwort?«

Sie wusste genau, dass er die Frage nicht gehört hatte. Es machte ihr Spaß, ihn zu quälen. Er überlegte, was er sagen sollte, und entschied sich für die wahrscheinlich dümmste aller Möglichkeit: »Kuchen.«

Das erntete grölendes Gelächter. *Jeder* kannte »Kuchen ist immer eine passende Antwort« aus *cHaOsWaR4D*, der im letzten Jahr angelaufen war.

Jeder, außer so vertrockneten Lehrerinnen wie Mrs Freeman. »Du hältst dich wohl für besonders witzig?«, zischte sie ihn an. Es klang wie eine angreifende Schlange.

»Eigentlich nicht«, quetschte er leise heraus, aber jede Menge »Ja!«-Rufe aus den hinteren Reihen übertönten es.

Die Freeman ging zu ihrem Schreibtisch zurück. »Ganz übel, Eric«, sagte sie, ohne sich zur Klasse umzudrehen. »Mir soll aber niemand nachsagen können, ich hätte keinen Humor. Also gebe ich dir noch eine Chance. Wie ist die Antwort?«

Amy saß in der Reihe hinter ihm. Sie stupste ihn an und drückte ihm einen Zettel in die Hand, noch ehe Mrs Freeman sich umdrehte. Er sah drauf.

17 stand dort.

Wollte ihm seine Schwester eins auswischen?

»Ich muss kurz nachdenken«, sagte er. Aber nicht wegen der Aufgabe, sondern darüber, ob Amy ihn reinlegte und ins offene Messer rennen ließ. Er entschied sich, dass er nichts zu verlieren hatte. »17«, sagte er deshalb.

Die Lehrerin drehte sich um. »Richtig.«

Eric fragte sich, ob es enttäuscht klang. Jedenfalls hörte es sich nicht nach Lob an. Der Zettel verschwand in der Hosentasche.

Mrs Freeman machte weiter, als wäre nichts passiert. Was für die meisten ja auch zutraf. Dank seiner Schwester hatte Eric den Kopf gerade noch mal aus der Schlinge ziehen können.

Wenige Minuten später, in der Pause, bedankte er sich bei ihr.

»Weiß nicht, was mich geritten hat«, meinte sie.

»Dummheit?«, schlug Aira vor, die mit dem Schloss ihres Spinds kämpfte.

»Dachte eher an Freundlichkeit«, sagte Eric. »Immerhin sind wir Zwillinge.«

Aira drehte sich zu ihm um. »Eben.« Gleichzeitig trat sie gegen die Spindtür. Sie schien nicht sonderlich gut gelaunt zu sein. Die Tür schwang quietschend auf. »Ob das mal irgendjemand reparieren wird, bleibt wohl ein Geheimnis. Aber damit kennst du dich ja aus, Amy – mit Geheimnissen.« Sie griff sich ein Buch, schloss den Spind und rauschte davon.

»Ist sie sauer auf dich?«, fragte Eric.

»Wie kommst du darauf, du Genie?«

Okay, Treffer. »Warum?«

»Weil sie gestern im Auto alle gemerkt haben, dass ich ständig über etwas anderes nachdenke. Und ich ihnen nichts verraten wollte.«

Es versetzte Eric einen Stich. Er sah Chayne vor sich, hörte wieder, wie sie »Mir zuliebe« gesagt hatte. Und wie er es ihr erzählt hatte, im Unterschied zu Amy, und das, obwohl seiner Schwester diese Asteroidensache viel mehr bedeutete als ihm.

Amy starrte Aira hinterher, die längst um die Ecke verschwunden war. »Sie denken, ich hab einen Freund oder so was.«

Und noch ein Stich.

»Alle meine Freundinnen sind sauer auf mich. Toller Geburtstag.«

Und er hatte es nicht gemerkt, weil er zu sehr mit anderen Dingen beschäftigt gewesen war. Um genau zu sein: mit Chayne. »Tut mir leid.«

Sie blinzelte, vielleicht etwas zu häufig, und ihre Regenbogen-Kontaktlinsen glänzten stärker als sonst. »Kannst ja nichts dafür.«

Oder doch? Schuldig genug fühlte er sich jedenfalls.

»Dir geht's ja genau wie mir«, meinte Amy.

Er brachte kein Wort heraus.

Später saßen sie zusammen in der Cafeteria und aßen ihre Lieblings-Käse-Bagel. Irgendwie lagen sie Eric schwer im Magen.

2

Amy hätte heulen können, aber erstens wäre das zu peinlich gewesen, und zweitens gingen ihr diese blöden Zicken am Arsch vorbei. Zumindest redete sie sich das ein, und sie stellte sich dabei nicht besonders gut an, denn sie überzeugte nicht mal sich selbst.

Wenigstens musste sie jetzt im Sportunterricht neben niemandem sitzen – und war so zornig, dass sie im Weitwurf sagenhafte sieben Meter weiter kam als je vorher – das würde ihre Note aufpolieren. Alles hatte etwas Gutes.

Danach joggte sie um den Sportplatz.

»Amy.« Das war Chayne, die von hinten an sie rankam. Sie rannte die gefühlt tausendste Runde und wirkte immer noch nicht erledigt. Ein paar Mädchen quälten sich derweil beim Hürdenlauf ab.

»Was?«

»Ich glaub, Eric ist gar nicht so übel.«

»Was?«, entfuhr es ihr erneut – aber diesmal nicht genervt, sondern überrascht.

»Ist mir gestern aufgefallen, im Kino. Wir saßen zufällig nebeneinander.«

»Moment – du redest von Eric Allamore, dem Stinker, meinem Bruder, den du noch nie hast leiden können?«

»Man kann seine Meinung ja ändern.«

Sie kamen zur Sandgrube für den Weitsprung. Kevin, der deutsche Austauschstudent, gab gerade der dürren Heather Anweisungen, wie sie am besten Anlauf nehmen sollte. Alle liebten Kevin, besonders im ärmellosen Shirt bei dieser brütenden Vormittagshitze. Seine Muskeln waren unverschämt. Noch ein paar Schritte, ein paar Atemzüge, und sie ließen die Grube hinter sich.

»Du hast deine Meinung also geändert.«

»Hm-m«, machte Chayne. Jetzt, beim Joggen, wippten ihre winzigen Brüste, auf die Amy neidisch war. Bei ihr tat sich noch gar nichts. »Er ist nicht so doof, wie ich dachte. Und er stinkt auch nicht mehr, seit er seine Windeln los ist.« Chayne lachte so hell wie eine Glocke. »Also schon ziemlich lange.«

»Und wie kommst du zu dieser Erkenntnis?«

Sie überholten Finja, die stehenblieb und ihre Arme

hechelnd auf die Oberschenkel stützte. Erst als sie vorbei waren, sagte Chayne: »Einfach so.«

»Hat er dir wieder mal gesagt, dass er in dich verknallt ist?«

»Nein.« Nach diesem Wort kaute sie kurz auf der Unterlippe.

»Aha«, machte Amy. »Und wieso lügst du mich an?«

»Tu ich nicht.«

»Du kaust auf deiner Lippe.«

»Was?«

»Tust du immer, wenn du lügst.«

»Er hat's mir nicht gesagt.«

»Ach?« Amy blieb stehen.

Chayne auch.

»Ich brauch eine Pause«, behauptete Amy.

»Du hast gerade erst angefangen zu joggen.«

»Trotzdem. Kannst ruhig weiterlaufen.«

»Amy, warum ...«

»Lauf einfach weiter.«

»Ach komm, wir haben uns gestern gestritten, aber ...«

»Wusste ich gar nicht.«

»... sei doch nicht so kindisch.«

Klasse. Das war ungefähr das Gegenteil von dem, was Papa und Mama immer nervte. Für die verhielt sie sich meistens zu erwachsen. Recht machen konnte man es offenbar keinem.

»Lass gut sein, Chayne.«

Ihre Freundin streckte ihr die Hand entgegen.

Amy drehte sich um und ging weg. Sie wollte sich in die Toilette verziehen und später nach Möglichkeit still und allein ihre Runden joggen.

Aber ihre Lehrerin Mrs Grey pfiff dreimal laut. Austausch-Kevin sammelte gleichzeitig am anderen Ende des Sportplatzes Kinder ein und deutete zur Baseball-Abschlagmarke. Auch Mrs Grey rief alle dorthin. Sie sah ernst aus.

Konnte es sein, dass ...?

Aber nein, so schnell war die Sache mit dem Asteroiden garantiert nicht durchgesickert. Wahrscheinlich durften sie sich nur wieder eine Rede anhören, wie sehr es doch über das Leben *entschied*, dass sie sich Mühe gaben, weil Sport super war und nur in einem gesunden Körper ein gesunder Geist wohnte und diesunddasundüberhaupt.

Amy sah zur Uhr am Umkleidehäuschen: 11:27 Uhr.

Später bezeichnete man genau diesen Augenblick als die Minute, in der die ganze Welt den Atem anhielt.

3

11:26 Uhr: Der Blick auf die Uhr zeigte, dass die Zeit quälend langsam voranging. Die Stunde zog sich ewig. Während die Mädchen auf dem Sportplatz schwitzten, quälten sich die Jungen durch die Genderstunde, und das war ungefähr das Langweiligste, was die Woche zu bieten hatte. Selbst wenn er nachdachte, fiel Eric nichts ein, was noch dröger war. Aber seit den Trans-Aufständen von 2027 und dem Attentat im Weißen Haus war das Thema Pflicht in allen Schulen. Erics einziger Trost bestand darin, dass nachher die Rollen getauscht wurden – Jungs nach draußen, Mädchen zum Gendern.

11:27 Uhr: War es nicht seltsam, dass ausgerechnet zur Genderstunde die Geschlechter getrennt unterrichtet wurden?

11:27 Uhr (immer noch): Was Chayne wohl gerade machte? Ob sie auch an gestern dachte?

11:28 Uhr: Der Versuch, Mr Sanchez zuzuhören, brachte irgendwas über Regenbögen, die man ja ganz unterschiedlich

interpretieren könne. Und ein Gähnen, das Eric mühsam unter-
drückte.

11:29 Uhr: Das ramponierte Uralt-Smartboard – müsste
dringend ausgetauscht werden, aber die Schule hatte einfach
kein Geld – sprang automatisch an. Das hatte Eric bis jetzt erst
einmal miterlebt, damals, bei der nicht angekündigten Feuer-
alarmübung.

Mr Sanchez hörte mitten im Satz zu reden auf, und sein ver-
blüffter Gesichtsausdruck ließ ihn fast sympathisch erscheinen.
Zwar nur fast, aber immerhin.

Das Gesicht der Rektorin erschien auf dem Board. »Liebe
Schüler und Kollegen«, sagte Miss Hanthorpe. Mit richtigem
Gendern hatte sie es nicht so, wahrscheinlich war sie zu alt
dafür; Eric fand, dass sie wie mindestens hundert aussah. »Ich
halte es für notwendig, eine Durchsage an alle zu machen.
Sonst würden auch hier in der Schule trotz des Handyverbots
bald die ersten Gerüchte umgehen. Sämtliche Kollegen beenden im Anschluss an diese Nachricht bitte sofort den normalen Unterricht und stehen zum Gespräch mit den Schülern
zur Verfügung. Auch Klassenarbeiten werden hiermit unterbrochen und an einem anderen Tag wiederholt. Das ist eine
verbindliche Anweisung.«

»Oh«, machte Mr Sanchez, und aus irgendeinem Klassensaal in der Nähe kam gedämpfter Jubel.

Dann sprach die Rektorin nach einer kurzen Pause weiter.
Sie wirkte unruhig. So als wisse sie nicht, was sie sagen sollte.
Oder *wie* sie es sagen sollte. Eric konnte sich denken, worum es
ging. Hatte die NASA also recht gehabt: Es war schon durch-
gerutscht, nach nur einem Tag.

»Vor allem in den Sozialen Medien« – ein Wort, das nur
noch alte Leute wie Miss Hanthorpe verwendeten – »gibt es aktuell viele Sensationsnachrichten. Ich verfolge die Entwicklung

seit etwa zwei Stunden. Darum vorab eine Erklärung von mir. Fakt ist, dass keine echten Fotos von außerirdischen Raumschiffen existieren. Fakt ist, dass keine Drohnachrichten oder Ultimaten von Aliens existieren. Fakt ist, dass kein Grund zur Sorge besteht. Fakt ist aber auch, dass die Weltraumbehörde NASA vorhin eine offizielle Stellungnahme veröffentlicht hat, um 11:27 Uhr. Ich gebe eine Zusammenfassung davon, die alle Tatsachen präsentiert.«

Sie räusperte sich. Die Augen schienen unter ihrer Brille hervorquellen zu wollen.

»Ein Asteroid ist ein Felsbrocken, der durch das All treibt. Nun ist ein solcher Asteroid entdeckt worden, der nicht aus unserem Sonnensystem stammt, aber auf seinem Weg durch den Weltraum in es eingeflogen ist. Das kommt hin und wieder vor. Dieser Felsbrocken ist noch sehr weit von der Erde entfernt – es wird dreißig Jahre dauern, bis er uns erreicht hat, und dann wird er an unserem Planeten vorbeiziehen. Die NASA hat Funkwellen aufgefangen, die von diesem Asteroiden ausgehen. Das heißt, dass darauf etwas existiert, das eine Funkbotschaft absendet.«

Alle blieben ganz still. Seltsam. Nicht mal Mike, der neben Eric saß, gab eine seiner endlosen, unlustigen Bemerkungen von sich, über die nur er selbst lachte.

»Und diese Funkanlage, wie immer sie aussehen mag, stammt nicht von Menschen. Es handelt sich nicht um ein natürliches Phänomen. Daran besteht kein Zweifel. Etwas strahlt von diesem Asteroiden eine Botschaft ab. Sie ist nicht unbedingt an uns gerichtet, und bislang versteht sie auch niemand. Wie diese Nachricht aussieht, ist noch nicht öffentlich bekannt. Aber es gibt sie, und man kann daraus eindeutig schlussfolgern, dass sie von intelligenten Wesen herrührt, die nicht von der Erde stammen. Also von ...« Ihre Zunge huschte über die Lippen. »... Außerirdischen.«

Im Klassensaal blieb es nach diesen Worten so still, dass das »Hä?«, das irgendwer hinter Eric ausstieß, wie ein Donnerschlag klang.

»Ich bitte nun die Lehrer, ein Gespräch mit den Schülern zu führen. Auf jedes Dienst-Pad schicke ich weitere Informationen, sobald sie mir vorliegen. Noch einmal und in aller Deutlichkeit: Es gibt keinen Angriff, es droht keine Gefahr, niemand versteht die Botschaft, es wurden auch keine Außerirdischen gesehen, und es wird dreißig Jahre dauern, bis der Asteroid hier ist. Außerdem wird er an der Erde vorbeiziehen. Aber hiermit liegt ein Beweis für intelligentes Leben vor, das nicht von unserem Planeten stammt.«

Das Bild verschwand vom Smartboard, die Tafel schaltete sich ab.

Irgendwie erleichterte es Eric, dass die anderen das nun wussten. Er kam sich nicht mehr so schurkisch vor, dass er es Chayne gesagt hatte. Er hielt sich zurück, als ein Dutzend Finger gleichzeitig nach oben schossen.

»Ich bin genauso überrascht wie ihr«, sagte Mr Sanchez. Er machte eine Handbewegung, die alle bat, die Finger zunächst noch runterzunehmen. »Das ist ... also, ihr habt wahrscheinlich Filme gesehen, die dieses Thema behandeln. Nämlich dass sich Außerirdische bei uns melden. Ich glaube nicht, dass ...« Mitten im Satz brach er ab und wischte sich mit dem Handrücken über die Stirn. Er hatte eine Halbglatze, auf der ein paar Schweißperlen glitzerten. »Ich will ehrlich sein, Kinder.« So nannte er sie sonst nie. »Ich bin ausgesprochen verwirrt und weiß selbst nicht, was ich sagen soll. Lasst uns ernsthaft darüber sprechen. Oder einfach zuerst mal einen Augenblick still nachdenken.«

Eric hatte sich diese Gedanken schon gemacht – garantiert als Einziger im Raum, weil nur er gewusst hatte, was dort draußen vor sich ging. Aber es interessierte ihn, was die anderen nun dachten. Wie sie damit umgingen. Ob sie es wie Amy für das Wichtigste auf der ganzen Welt hielten. Er hielt Chayne für das Wichtigste auf der ganzen Welt, und sie befand sich nicht am gegenüberliegenden Ende des Sonnensystems, sondern nur dreihundert Meter weit entfernt auf dem Sportplatz.

Tatsächlich schwiegen alle. Eric sah sich um. Ein paar kritzelten etwas auf ihr Pad. Samuel drehte einen Stift zwischen den Fingern.

Die Stille kam ihm unangenehm vor. Was ging in all den Köpfen vor? Hatten sie Angst? Warteten sie nur darauf, dass sie endlich nach Hause gehen konnten? Fragten sie sich trotz der Erklärungen, wann die Aliens landen würden? Oder war es ihnen völlig egal und dachten sie lediglich darüber nach, was es später im Shop zu essen gab?

Kurz darauf kam die erste Frage – ausgerechnet von Mike. Erstaunlicherweise versuchte er nicht, irgendeinen Witz zu reißen. »Ich habe immer gedacht«, sagte er, »dass Gott nur uns Menschen intelligent erschaffen hat und es dort draußen kein Leben gibt. Können Sie mir das erklären?« Er klang richtig schockiert, als hätte er eben etwas Furchtbares erfahren, etwa, dass seine Eltern bei einem Autounfall gestorben waren.

Irgendwo hinter ihnen kicherte jemand. Mikes Wangen wurden ganz blass, seine Augen glänzten.

Eric drehte sich um. Der Kicherer war Franky. Wie immer hingen ihm seine fettigen Haare in die Stirn. »Was gibt's da zu lachen?«, schnauzte Eric ihn an.

»Gott hat nur uns geschaffen«, äffte Franky nach. »Weil wir so super sind.«

»So etwas will ich hier nicht hören!«, sagte Mr Sanchez scharf.

»Ich auch nicht«, meinte Franky. »Religiöses Geschwafel! Daran glaubt doch niemand mehr.«

»Ich meine dich, Franky!«, stellte der Lehrer klar. »Was Mike glaubt oder nicht, ist allein seine Sache, und keiner von uns macht sich deshalb über ihn lustig! Hast du das kapiert?«

»Aber ...«, setzte Franky an.

»Hast du das kapiert?«

»Ja, Sir.«

»Und ganz davon abgesehen, ist Mike der Erste, der eine Frage gestellt hat. Und zwar eine verdammt gute!«

Eric hatte Mr Sanchez noch nie so aufgeregt gesehen. Seine letzten Worte kamen schon fast einem kleinen Fluch gleich. Sonst drückte er sich sehr gewählt aus.

Lucas meldete sich. »Ich weiß nicht, ob ich an Gott glaube«, sagte er. »Ist mir irgendwie egal. Aber an Aliens hab ich nie geglaubt, aber da hab ich mich wohl getäuscht.«

Mike war noch immer blass. Sogar blasser als vorher. Er atmete mit offenem Mund. Eric konnte eine Schokoladencreme riechen. »Mir ist schlecht«, sagte Mike, allerdings so leise, dass wahrscheinlich nur er ihn hörte.

Eric stand auf. »Darf ich mit ihm nach draußen an die Luft? Er fühlt sich nicht gut.«

Mr Sanchez sah her. »In Ordnung. Im Notfall ruft ihr mich!«

Sie verließen das Klassenzimmer und eilten durch den Flur. Im Freien setzte sich Mike auf den Boden, mit dem Rücken an der Wand. Die Beine zog er an und umschlang die Unterschenkel.

Eric hockte sich neben ihn. »Ich versteh dich.«

»Echt?«

»Ich glaub nicht an Gott, aber irgendwas bedeutet es schon, dass da draußen Außerirdische sind. Auch wenn ein Idiot wie Franky das nicht kapiert.«

Mike schniefte. »Danke.«

Dann saßen sie still nebeneinander.

Für jeden bedeutet es etwas anderes, dachte Eric. *So wie für Amy und mich. Für Mike und Franky. Weil wir unterschiedlich sind. Jeder ist einmalig. Und trotzdem geht es uns alle etwas an, ob wir wollen oder nicht.*

Jahre später dachte Eric, dass sich in diesem Augenblick, mit dieser Erkenntnis, vieles verändert hatte. Vielleicht war es übertrieben zu sagen, dass seine Kindheit in diesem Moment endete.

Aber irgendwie stimmte es eben doch.

4

»Das also war es«, sagte Aira später, nach Schulende, als sie ihre Sachen im Spind einschlossen. »Du hast es gestern schon gewusst! Deine Eltern arbeiten ja bei der NASA. Gib's doch zu!«

Amy sah ihre Freundin trotzig an. »Ich durfte es nicht sagen!«

Aira knallte ein paar Bücher ins obere Fach. »Ach, wirklich?«

»Es war geheim. Wenn ich was verraten hätte …«

»Gestern wars noch so ultrageheim wichtig, dass du es unmöglich verraten durftest. Nicht mal deinen besten Freundinnen! Und heute weiß es die ganze Welt. Ja? Versteh ich das richtig?«

»Niemand hat gewusst, dass es so schnell …«

Wieder fiel ihr Aira ins Wort. »Schon klar. Konnte ja auch keiner wissen, dass wir doch keine so guten Freundinnen sind.« Sie wuchtete die Tür des Spindes zu, ließ das Schloss einrasten und rauschte davon.

Amy blieb zurück und starrte in ihre Fächer, als gäbe es dort etwas Tolles zu entdecken. Gleichzeitig versuchte sie, sich nicht aufzuregen.

Es war unfair!

»Elender Scheiß, was?«

Amy drehte sich um. Heather stand neben ihr. Sie war gestern auch dabei gewesen. »Hm?«

»Wenn man merkt, wie ungerecht alles ist.«

»Ich durfte euch nichts sagen.«

»Mir egal.«

»Echt?«

»Du hast das Coolste überhaupt gewusst und uns nichts gesagt. Hätte ich an deiner Stelle genauso gemacht.«

Amy nickte. »Danke.«

»Ich verarsch dich«, sagte Heather. »Ich hätt's euch garantiert gesagt, weil wir zusammenhalten. Aber egal. Jeder macht mal Fehler. Was weißt du sonst noch?«

»Nichts.«

Heather sah sich um. »Wir sind unter uns, Amy. Wenn wir nicht gerade rumschreien, hört uns keiner.«

»Was sollte ich denn wissen?«

»Gibt's ein Raumschiff? Irgendwelche Bilder? Wie lautet die Botschaft?«

»Es ist viel zu weit weg für Bilder! Wie stellst du dir das vor?«

»Ja klar. Alle außer Princess Amy kapieren das sowieso nicht. Wir sind halt zu doof. Immerhin das versteh ich.« Sie tippte sich an die Stirn. »Und tschüss!«

Amy packte sie am Arm. »Heather, das ist doch …«

»Lass mich los!«

Und wieder blieb Amy allein. Sie schloss ihren Spind und ging nach draußen. Normalerweise wartete dort Chayne. Diesmal wahrscheinlich nicht. Zumal Amy vorhin so blöd gewesen war, ihre beste Freundin anzugiften, als sie von Eric gesprochen und gelogen hatte. Falls das überhaupt stimmte – Amy war sich gar nicht mehr so sicher.

Langsam regte das alles sie furchtbar auf. Ständig musste sie über so viele Sachen nachdenken. Wie die Nachricht der Außerirdischen wohl klang? Was die NASA schon wusste? Konnte man die fremde Sprache irgendwie übersetzen, und wenn ja, wie? Wann genau würde der Asteroid hier ankommen? Und er zog doch bestimmt einfach an der Erde vorbei ... oder? Es gab tausend Fragen, und die machten sie ganz verrückt.

Dort vorn stand tatsächlich Chayne, aber nicht an ihrem üblichen Treffpunkt, an dem sie gemeinsam auf den Bus warteten. Sondern auf der Wiese, vor der Tischtennisplatte.

Bei Eric.

Amy drehte sich um und ging zur Bushaltestelle.

Die anderen plapperten über den Asteroiden, aber die meisten redeten bloß Unfug von Aliens und Raumschiffen. Irgendwer – ein Junge, natürlich – meinte, das Gute daran wäre, dass der Unterricht ausfiel. Toll. Begriffen sie nicht, welche Bedeutung das alles hatte? Dass es die ganze Welt auf den Kopf stellte? Amy beantwortete sich die Frage selbst: Nein, denn sie waren noch Kinder. Klar, sie selbst eigentlich auch, aber sie fühlte sich älter.

Es machte nichts, wenn ihre Freundinnen ihr davonliefen. Sie brauchte sie sowieso nicht. Es gab Wichtigeres zu tun. Sie stopfte sich die Tonempfänger ihres Handys ins Ohr, klickte das neue Album der Sis'an'bros an – weder ihre Eltern noch Eric konnten deren Musik leiden, weshalb Amy sie umso mehr mochte – und schaltete so laut, dass sie sonst nichts hören musste.

Als der Bus kam, setzte sie sich vorn in die erste Reihe,

lehnte den Kopf ans Fenster und schloss die Augen. Irgendwer hockte sich neben sie, sprach sie aber nicht an.

Die Fahrt verlief so ruhig, wie sie nur laufen konnte mit den Sisbros in voller Lautstärke.

An ihrer Haltestelle stiegen wie immer nur sie und Eric aus – so weit abseits, am Rand des Naturschutzgebiets, gab es lediglich drei Häuser, und in keinem der beiden anderen wohnten Kinder.

Ihr Bruder ging neben ihr. Sie sah, dass sich sein Mund bewegte – und ließ ihn reden. Erst als der Bus längst weg und sie die Straße entlang bis zur zweiten Laterne gegangen waren, nahm Amy die Empfänger aus dem Ohr. »Was?«, fragte sie unschuldig.

»Echt jetzt? Du hast mich die ganze Zeit reden lassen und nichts gehört?«

Amy zuckte mit den Schultern. »Was ist los mit Chayne?«

Er blieb stehen. »Wir ... mögen uns.« Auf einmal war sein Kopf knallrot.

So schlecht Amy auch gelaunt war, sie musste grinsen. »Sie findet dich ätzend, weißt du doch. Sie tut das nur, um mich zu ärgern.«

Er schüttelte den Kopf.

»Sie nennt dich Stinker«, sagte Amy, aber dann fiel ihr wieder ein, was Chayne vorhin auf dem Sportplatz gesagt hatte.

»Wir haben uns unterhalten, gestern, vor dem Kino, weil sie auf dich sauer war. Und jetzt ...«

»Findet sie dich auf einmal nett. Haltet ihr Händchen, ja?«

»Wir ...«

»Sie wollte nur mich nerven und hat deshalb ...« Sie brach mitten im Satz ab.

Nein.

Sie kannte Chayne gut genug, um zu wissen, wie sie tickte.

Ihre sogenannte beste Freundin war nicht zu Eric gegangen, um sie zu ärgern, sondern um herauszufinden, was Amy ihr verschwieg. Und das wiederum bedeutete ...

Amy schnappte nach Luft. »Hast du es ihr gesagt?«

»Wa-wa... Was denn?«, stotterte er.

Das war ihr Beweis genug. »Ich hab dichtgehalten, und alle sind sauer auf mich! Aber du plapperst es einfach aus, nur weil Chayne einmal mit den Augen klimpert!«

Ihr Bruder sagte nichts.

Amy war schwindlig vor Wut. Sie steckte den Empfänger wieder ins Ohr und rannte los, nach Hause. Sie schloss auf, und noch ehe Eric ankam, knallte sie die Tür hinter sich zu und verzog sich in ihr Zimmer.

5

»Hol Amy her«, sagte Papa. Er saß im Wohnzimmer, in dem Ledersessel, der angeblich noch von seinem Ur-Opa stammte, und hielt sein NASA-Pad in der einen Hand, während er mit der anderen darauf herumtippte.

Eric wusste nicht, ob man das eine gute Idee nennen konnte. »Sie ist total sauer auf mich und ...«

»Wir essen zusammen«, meinte sein Vater. Er sah nicht mal auf, sondern tippte weiter.

»Da wird sie sagen, dass sie keinen Hunger hat.«

»Von mir aus soll sie fasten, wenn sie beleidigt ist. Aber danach wird Mama anrufen, dann muss sie dabei sein. Jetzt geh sie holen.«

»Ich kann sie nicht ...«

»Bitte!« Endlich blickte er her, doch er sah so aus, als würde er Eric nicht richtig wahrnehmen. »Mir wächst das Ganze über den Kopf. Die NASA flippt gerade aus. Ich bekomme ungefähr dreitausend Nachrichten pro Minute, weil die Welt noch viel mehr ausflippt. Wegen einer einfachen Funknachricht, die kein Mensch versteht!« Er legte das Pad auf die Knie. »Tut mir leid. Ich hab nicht gedacht, dass ...«

»Schon gut, Papa. Ich hab ja sowieso nichts Besseres zu tun.« Eric hatte nur aus dem Fenster gesehen. Genauer gesagt, er hatte über Chayne nachgedacht. Was sonst? Über den Asteroiden zerbrachen sich sowieso alle anderen den Kopf, da kam es auf ihn nicht an.

Er ging durch die Küche in den Flur und nach oben. Aus Amys Zimmer kam kein Laut. Er klopfte, und weil sie nicht reagierte, klopfte er wieder. Und noch mal.

»Lass mich in Ruhe«, sagte Amy.

»Ich bin's.«

»Ach ja? Darauf wär ich ja nie gekommen. Hör zu: Lass mich in Ruhe!«

»Papa meint, du sollst runterkommen.«

Sie schwieg.

»Weil Mama gleich anruft.«

Drei Schritte, dann öffnete sich die Tür. Ihre Augen glänzten. »Gut. Ich komme.«

»Hast du geheult?«

Amy ging an ihm vorbei. »Lass mich in Ruhe.« Sie trampelte die Treppe hinunter, ungefähr so leise wie ein Elefant.

Eric folgte ihr. Sie übertrieb mal wieder. Amy stand schon bei Papa und sagte: »Wie findest du es eigentlich, dass Eric jetzt mit Chayne knutscht?«

Ihr Vater erstarrte, aber nur eine Sekunde. »W-was?« Sein rechter Mundwinkel zuckte.

Eric lag ein *Tu ich gar nicht* auf der Zunge, aber er schluckte es runter. Wenn sich seine Schwester auf ihn eingeschossen hatte, gewann sie immer. Widerspruch war zwecklos. Sie konnte einfach besser reden als er.

»Ach egal«, meinte Amy. »Ruft Mama bald an? Ich hab tausend Fragen.«

»Nur raus damit.«

»Wann kann ich mir die Funknachricht anhören? Im Netz ist sie nirgends zu finden.«

»Die NASA hat sie nicht nach draußen gegeben, und noch gibt es keine undichte Stelle. Und sonst hat sie niemand aufgefangen. Bis jetzt. Wird wohl nicht mehr lange dauern.« Papa stand auf und ergänzte im Verschwörerton: »Die Nachricht wird vom Asteroiden ständig gefunkt. Scheint so, als würde sie sich andauernd wiederholen. Das ist aber auch das Einzige, was wir wissen.«

»Hast du gehört, Eric? Kannst du gleich deiner Freundin verraten. Vielleicht ist sie so dankbar, dass sie dich erst in ein paar Tagen abserviert.«

Es tat ihm weh, doch er wollte es nicht zugeben.

»Amy! Lass deinen Bruder in Ruhe!«

»Wenn du meinst.«

Sie aßen, und Eric brachte fast keinen Bissen herunter. Amy plapperte die ganze Zeit über den Kometen – den *Asteroiden!* – und stellte unablässig Fragen. Eric hörte nicht richtig zu. Was war daran so spannend, wie groß dieser Felsklumpen war, welche Bahn er durch das Sonnensystem nahm, wie lange ein Funksignal von dort nach hier brauchte, ob es schon einen Namen gab, zu welchem Team Mama gehörte, was die Weltraumprogramme der anderen Länder dazu sagten?

Weltraumprogramme. Ein ziemlich schlaues Wort. Aus Amys Mund klang es ganz natürlich.

Irgendwann nahm Eric sein Handy. Papa war so ins Gespräch mit Amy vertieft, dass er es nicht bemerkte – sonst hätte er es am Essenstisch verboten.

Auf der Startseite ploppte sofort die aktuelle Supernews auf:

1.000 Selbstmorde wegen der Aliens

Eric tippte die Schlagzeile an, schob sich unauffällig den Empfänger ins Ohr und hörte sich die News an.

Überall auf der Welt, vor allem jedoch in der Erweiterten Europäischen Union, brachten sich demnach Leute um. Mehr Männer als Frauen, übrigens. Als häufigste Ursache galt die Angst vor einer Invasion und die Verzweiflung darüber, nicht allein zu sein.

Eric fand das seltsam, bis ihm Mike in den Sinn kam, den es völlig aus der Bahn geworfen hatte, dass Gott nicht nur die Menschen geschaffen hatte. Oder fragte er sich, ob es Gott dann überhaupt geben konnte? Aber warum nicht? Was hatte es damit zu tun?

Jedenfalls *bedeutete* es irgendwas, wenn er auch noch nicht begriff, was. Er hörte sich den Bericht zu Ende an, sah ein paar unscharfe Bilder von Toten und eine Aufnahme des Sternenhimmels.

Papas NASA-Pod gab das *Mama-Signal*. Papa ging ran, und Amy quetschte sich neben ihm, um gut sehen zu können und gesehen zu werden. Eric blieb am Tisch sitzen. Sollten sie ruhig ihr kluges Zeug reden. Sobald das alles erledigt war, würde er Chayne anrufen. Vielleicht konnte er mit ihr darüber sprechen, was dieser Asteroid und seine Nachricht bedeuteten – außer Zahlen, Daten und Fakten. Amy verstand das nicht, Mama garantiert auch nicht ... wenn es einer verstand, dann Papa, aber der sagte ja selbst, dass ihm gerade alles über den Kopf wuchs.

Eric klickte sich auf die allgemeinen News. So gut wie alle drehten sich um das eine Thema, als gäbe es nichts anderes mehr. Mit einem Ohr bekam er mit, wie Amy nun Mama mit ihren seltsamen Fragen löcherte. Die Antworten hörte er sich gar nicht an. Wahrscheinlich würden sie das in den nächsten Tagen in der Schule sowieso andauernd durchkauen müssen.

Bald hatte er genug und rief seinen interaktiven Lieblingscomic auf. Er konnte stundenlang durch die Panels navigieren und die Figuren befragen. Als Papa ihm die Hand auf die Schulter legte, zuckte er zusammen und hatte keine Ahnung, wie viel Zeit vergangen war.

»Mama will mit dir sprechen.«

Er schaltete den Ton ab. »Hm-mh.«

Sein Vater hielt ihm das NASA-Handy vors Gesicht. Auf dem Display lächelte ihn Mama an. Sie sah müde aus. Dunkle Ringe lagen unter den Augen.

»Hast noch weniger geschlafen als gestern, was?«, fragte er. Jetzt erst fiel ihm auf, dass Amy gar nicht im Raum war.

»Überhaupt nicht«, sagte Mama. »Aber lange halte ich ohne ein Nickerchen nicht mehr durch. Was sagst du, Eric?«

»Wozu?«

»Er hat es nicht mitbekommen«, erklärte Papa. »Nicht mal, als Amy beleidigt hochgestürmt ist.«

Mama sah ihn an. Ihre Pupillen waren größer als sonst. Wahrscheinlich glaubte sie, er würde es nicht bemerken oder nicht wissen, dass es von einem Aufputschmittel herrührte. Für sie war er in mancher Hinsicht immer noch ein Baby. »Amy wollte zu mir ins NASA-Zentrum, aber das geht natürlich nicht. Ich habe so etwas noch nie erlebt. Hier ist es wie in einem Bienenschwarm, der gleichzeitig einem Hochsicherheitstrakt gleicht.«

Er nickte. »Wann kommst du?«

»Deshalb will ich mit dir sprechen.«

Das gefiel ihm gar nicht, und er ahnte schon, nein, er wusste, worauf das hinauslief.

»Ich muss noch länger hierbleiben«, sagte sie. »Weißt du, die ganze Welt steht gerade Kopf, und da ist irgendjemand nötig, der versucht, Ordnung zu schaffen. Und den Überblick zu behalten.«

»Und das bist ausgerechnet du?«

»Nicht nur ich. Eine Menge Leute hier. Die NASA ruft alle Mitarbeiter zusammen.«

»Dann würde Pap...« Eric brach mitten im Wort ab. »Stimmt das? Gehst du auch?«

Papa nahm seine Hand. »Ja.«

»Und wir?«

»Ihr bleibt hier. Oma kommt. Sie ist schon unterwegs.«

»Wie lange?«

»Ein paar Tage. Wir können jeden Tag miteinander sprechen.«

Nun verstand Eric, warum Amy weggestürmt war. »Klar.«

»Ihr seid das Wichtigste für uns«, sagte Papa.

»Ich weiß.« *Bis auf den Asteroiden.*

»Verstehst du das?«

»Ja.« Eric stand auf. Vielleicht hätte er ehrlich sein sollen: *Nein.*

»Aber auch das hier ist wichtig«, erklärte Mama. »Für die ganze Welt!«

»Wann? In drei Jahrzehnten?«

»Heute. Die Funkbotschaft ist ...«

»Schon gut. Ich freu mich auf Oma.«

In den nächsten Monaten und Jahren sah er seine Großmutter sehr oft.

Heute vor sieben Jahren hat die Welt den Atem angehalten. Ein Teil davon tut es immer noch.

Ein Kollege hat mich gefragt, wo ich damals gewesen bin. Die Antwort ist für viele meiner Leser vielleicht langweilig – sie klingt fast wie ein Klischee von Langeweile.

Kurz und knapp und auf den Punkt gebracht: Ich war angeln. Ich besaß zu der Zeit bereits meine kleine Hütte, von der kaum jemand weiß (und ich werde mich hüten, ihren Standort hier mitzuteilen). Sie steht ganz nah an einem Fluss, tief in einem Wald, und manchmal kommt es mir so vor, als wäre es der letzte Ort auf der Welt, an dem man sich nicht ins Netz einklinken kann. Immer noch nicht, und damals konnte man es erst recht nicht.

Darum habe ich am 17. Mai 2033 auch nicht mit allen anderen die Luft angehalten, sondern saß am Ufer, die Angel vor mir, ein Buch in der Hand. Ob ich etwas gefangen habe, weiß ich nicht mehr, wohl aber erinnere ich mich, was ich gelesen habe: *The Stand* von Stephen King – einer der großen Klassiker des späteren 20. Jahrhunderts, eine Geschichte, in der die Menschheit untergeht. Dazu sind gar keine Außerirdischen nötig, nur ein Grippevirus.

Und bei uns, in der echten Welt?

Nun, wir wissen jetzt exakt seit sieben Jahren von der Existenz außerirdischen intelligenten Lebens, aber die Welt ist noch nicht untergegangen, und das wird sie in absehbarer Zeit auch nicht, wenn Sie mich fragen.

Damals habe ich erst nach zwei Tagen, als ich meine Hütte abgeschlossen hatte und in die Zivilisation zurückgekehrt war, von der Funkbotschaft erfahren. Hochrechnungen behaupten, dass ich damit später dran war als sagenhafte 99,75 Prozent der gesamten Menschheit.

Was hatte ich in diesen beiden Tagen verpasst?

Nichts.

Stattdessen hatte ich ein gutes Buch gelesen und die erste Aufregung, die ersten Wellen von Panik und Begeisterung nicht mitbekommen. Es hat mir nicht geschadet.

Als Leser meiner Kolumne kennen Sie mich ein wenig – Sie wissen, wie ich ticke. Daher wundert es Sie wahrscheinlich nicht, dass ich damals auf eine andere Art nachgedacht habe als die meisten Menschen. Ich wollte verstehen, wie sich diese neue Erkenntnis historisch einordnen lässt.

Und wissen Sie, worauf ich gestoßen bin? Auf ein Datum, das exakt einhundert Jahre früher liegt.

Also nicht der 17. Mai 2033, der sich in das Gedächtnis des Großteils der Menschheit eingebrannt hat, sondern der 17. Mai 1933. Damals hielt Adolf Hitler in Deutschland seine erste große außenpolitische Rede – der Mann, der später den Zweiten Weltkrieg ausgelöst und die Welt in ein Chaos gestürzt hat. Diese Rede ging als »Friedensrede« in die Geschichte ein. Hitler sprach versöhnlich und täuschte alles und jeden über seine wahren Ziele. Hätte diese Botschaft die Nationen wachrütteln sollen? Hätte man Lüge, Täuschung, Hinterlist erkennen können? Erkennen *müssen*?

Und wer ist »man«?

Politiker?

Soldaten?

Anführer anderer Länder?

Oder jeder Einzelne von uns?

Es liegt zu lange zurück, als dass ich mir darüber ein Urteil erlauben könnte. Aber was ist mit der Botschaft, die exakt einhundert Jahre später um die Welt ging? Es handelt sich um eine Nachricht, die auch niemand verstanden hat … und die immer noch niemand versteht, genau wie damals niemand Adolf Hitler verstanden hat.

Nur dass es zu jener Zeit keine sprachliche Barriere gab. Jeder konnte zumindest die Worte verstehen – oder eine Übersetzung davon.

Im Fall der ersten Botschaft, die wir von Außerirdischen aufgefangen haben, gilt das nicht. Niemand kann die Bedeutung der Worte entschlüsseln. Falls es sich überhaupt um Worte im herkömmlichen Sinn handelt. Die Anzahl der Bücher und Abhandlungen, die inzwischen darüber geschrieben worden sind, geht in die Tausende. Eine Legion von Forschern und Wissenschaftlern hat sich damit beschäftigt. Man versucht, eine Bedeutung zu erkennen, semantische Abschnitte – doch es fehlt jeder Bezug, der ein Verständnis ermöglichen könnte. Seit Kurzem beschäftigen sich immer mehr Philosophen mit dem Thema.

Die Frage, die sich mir stellt, ist die nach Bedeutung.

Nach Erkenntnis.

Oder, lassen Sie es mich beim Namen nennen, nach *Wahrheit*.

Die Menschheit hat nicht einmal die Wahrheit hinter Adolf Hitlers Friedensrede erkannt. Wie könnte sie da die Wahrheit hinter einer völlig fremdartigen Botschaft aus einer anderen Welt erkennen?

Zu einer Zeit, in der wir Übersetzungsprogrammen im Alltag vertrauen, zeigt uns ein noch immer viele Milliarden Kilometer entfernter Asteroid auch nach sieben Jahren wissenschaftlicher Forschung jeden Tag unsere Grenzen auf.

Können wir diese Grenzen überwinden? Sie wenigstens erweitern? Oder sollten wir sie einfach nur akzeptieren?

Dies fragt sich
Ihr
John Phillips

Kapitel 4: Pläne

2. Juni 2040

1

»Dein Haar«, sagte Eric.

»Was?«

»Ich glaube, es ist dein Haar.«

Chayne drehte sich zu ihm, lag jetzt auf der Seite. Das Kissen war so weich, dass ihr Gesicht bis zur Nase darin verschwand. »Was ist damit?«

Er grinste. »Ach nein, doch nicht.«

»Wovon redest du?« Sie stemmte sich ein wenig in die Höhe. Die Decke verrutschte bis zum Ansatz ihrer Brüste.

»Was ich mir am längsten anschaue, sobald du schläfst.«

Sie zupfte die Decke zurecht, sodass er mehr sehen konnte. »Und was ist es sonst?«

»Dein Gesicht. Ich liebe es, wenn du träumst und sich deine Augen unter den Lidern bewegen.«

»Dann sollten wir wohl ein wenig schlafen.«

»Klingt verlockend. Dummerweise ...«

»Ja, ich weiß.« Chayne schlug die Decke zurück, und wie immer war sie verflixt schnell damit, sich anzuziehen.

Eric hatte ungefähr so viel Lust auf einen weiteren Tag in der Highschool wie darauf, in dem Insektenrestaurant zu essen, von dem Amy so sehr schwärmte. Wenn sie überhaupt mit ihm redete – was sie nie tat, sobald Chayne zu Besuch kam. Also meistens. Aber das würde er garantiert nicht ändern, nur um seine Schwester zufriedenzustellen.

Er sah seiner Freundin nach, wie sie aus dem Zimmer schlüpfte und Richtung Bad ging. Er fühlte sich glücklich. Es war ein guter Tag. Oder zumindest der Anfang davon. Er war entschlossen, das Beste daraus zu machen. Dann öffnete er das Fenster, und schwüle Hitze schlug herein.

Chayne ließ sich aufs Bett fallen. Die Haare waren im Nacken zerzaust, fiel ihm jetzt auf.

»Schon wieder da? Das ging ja schnell«, sagte er. »Gut siehst du aus.«

»Ha ha. Amy ist im Bad.«

»Dachte ich mir.«

Sie ließ die Tür offen und setzte sich aufs Bett.

»Wollen wir zuerst frühstücken?«, fragte Eric.

Ohne einen Blick ins Zimmer zu werfen, huschte seine Schwester draußen im Flur vorbei. Chayne sah geknickt aus.

»Lass sie«, meinte er. Das waren zwar nicht gerade die intelligentesten Worte, aber er fühlte sich furchtbar hilflos, wie immer, wenn es um Amy und Chayne ging – die beiden Frauen in seinem Leben, nur dass er die eine liebte und die andere … na ja, die liebte er auch, aber eben so, wie man seine Zwillingsschwester liebte. Außerdem gab es noch seine Mutter, nicht zu vergessen. Er verdrängte den Gedanken so schnell, wie er gekommen war.

Es war ein guter Tag, und er wollte das Beste daraus machen.

Chayne verschwand wortlos im Bad. Also ließ er sich rückwärts aufs Bett fallen, verschränkte die Hände hinter dem Kopf und schloss die Augen.

»Eric?« Amy war zurückgekommen. »Du musst mir den Text noch schicken.«

»Mach ich«, sagte er. Manchmal teilten sie sich die Hausaufgaben. »Und … Amy?«

»Hm?«

»Du musst dich damit abfinden, dass Chayne und ich zusammen sind.«

»Ihr dürft tun und lassen, was immer ihr wollt. Ihr seid erwachsen.« Sie wickelte die Spitze ihrer langen Haarsträhne um den Zeigefinger. »Naja, fast. Irgendwie.«

»Aber du könntest etwas freundlicher sein.«

»Warum?«

»Sie ist meine Freundin. Und sie war deine.«

Amy hob die Schultern. »Und weiter? Ich lebe heute, nicht damals. Es gab auch andere Freundinnen, mit denen ich mittlerweile nichts mehr zu tun habe. Das ist doch normal, oder?«

»Nein.«

»Du findest das nicht normal?«

»Das meine ich nicht. Du lebst nicht heute, Amy. Sondern irgendwann in der Zukunft.«

Sie gab einen Laut von sich, der wohl ein spöttisches Lachen sein sollte. »Drehst du jetzt völlig ab mit deinem Sektenkram?«

Er verzichtete darauf, ihr zum hundertsten Mal zu erklären, dass ein wenig philosophisches Interesse nichts mit irgendeiner Sekte zu tun hatte. »Du lebst nur für diesen Augenblick, der irgendwann in zwanzig Jahren kommt, wenn dieser Asteroid an der Erde vorbeizieht. Deswegen verschenkst du die Gegenwart. *Dein Leben*, Amy!«

»Danke, dass du mich so überaus freundlich darauf hinweist, was in deinem Kopf vorgeht, herzallerliebster Bruder. Die beste Voraussetzung dafür, dass ich mich deiner Freundin gegenüber ab sofort viel höflicher verhalte.« Sie verneigte sich übertrieben. »Ansonsten dauert es noch ein bisschen mehr als dreiundzwanzig Jahre. Ein Minimum an Faktenwissen könnte ja auch für dich interessant sein. Aber zurück zum eigentlichen Thema: Schickst du mir den Text für die Hausaufgaben?«

»Tu ich«, sagte er.

»Meinen ehrerbietigsten Dank.«

Er hasste es, wenn sie ihn so herablassend behandelte. Doch er wollte sich diesen Tag nicht verderben lassen. Nicht wegen ihres dummen Streites, den sie seit sieben Jahren führten, als der Asteroid wie ein Schwert in ihre Familie gefahren war. Es genügte, dass dieser Felsklumpen Amy derart im Griff hielt. Und dass er zwischen ihren Eltern stand. Eric würde nicht zulassen, dass er auch noch sein Leben bestimmte.

2

Amy trat wie immer über die knarrende Treppenstufe. Dabei knurrte ihr Magen. Sie hatte elenden Hunger. Hoffentlich waren noch Käsebagels von gestern übrig. Seit dieser Darminfekt sie vor einigen Wochen gequält hatte, konnte sie morgens keinen Süßkram mehr sehen, obwohl sie ihn früher geliebt hatte.

Sie ging in die Küche und warf einen Blick in die Brotdose.

»Hallo, Amy.« Das war Papa aus dem Esszimmer, das sich offen an die Küche anschloss.

»Morgen«, nuschelte sie, ohne sich zu ihm umzudrehen. Viel wichtiger: Sie entdeckte zwei Käsebagels. Und nahm beide. Auf ihre Figur musste sie nicht achten; sie blieb schlank, auch wenn sie wie Tyler Batson fraß. Sie schob eine Tasse unter die altmodische Einzeltassenkaffeemaschine, die ihre Eltern immer noch nutzten. Nach all dem Mahlen, Knattern und Rattern dampfte es immerhin appetitlich. Aus alter Gewohnheit griff

Amy nach dem Zucker, ließ ihn jedoch stehen. Bei der Vorstellung drehte sich ihr der Magen um.

Erst als sie mit Tasse und Bagels zum Tisch ging, bemerkte sie, dass Papa nicht allein dort saß.

»Da du mich jetzt vielleicht wahrnimmst«, meinte Mama lächelnd. »Guten Morgen.«

»Hi.« Sie gab ihrer Mutter einen Kuss auf die Wange. »Seit wann bist du hier?«

»Kurz vor Mitternacht.«

»Freut mich.«

Papa reagierte nicht. Er saß am anderen Ende des Tisches.

Amy nahm vorsichtig einen Schluck Kaffee. Er war noch viel zu heiß. »Was gibt es Neues?«

»Es ist bestätigt. Ich mache mich bereit.«

»Super!« Amy strahlte, sie konnte sich an diesem Vormittag keine bessere Nachricht vorstellen. »Wann?«

»In knapp zwei Monaten. In einer Woche startet der erste Intensivtrainingskurs.« Mamas Hände zitterten leicht, als sie sich ein Stück Käsebagel abzupfte. »Ich gehe wirklich, Amy! Stell dir das vor – ich gehe wirklich!«

»Und ich bleibe hier«, murmelte Papa. »Mir gefällt es auf der Erde besser.«

In Mamas Gesicht zuckte etwas, aber sie drehte sich nicht zu ihm um. Stattdessen nahm sie Amys Hand. »Es ist gut, dass wenigstens du mich verstehst.«

»Immer«, sagte Amy. Und Eric verstand Papa. Es hätte fast witzig sein können: Männer gegen Frauen. Nur konnte niemand darüber lachen. »Kann ich dich im Training besuchen?«

»Ich mach es irgendwie möglich. Es wird mich zwar etwas Überredungskunst kosten, aber das sollte klappen. Schließlich brauchen sie mich, da werden sie ein Auge zudrücken.«

Papa stand auf und verließ den Raum. Kurz darauf knarrte die Treppenstufe.

»Wie hat er es aufgenommen?«, fragte Amy.

Mama fuhr mit dem Zeigefinger über den oberen Rand ihrer Teetasse. Einmal quietschte es. »Er sagt, es wäre ihm völlig egal.«

»Glaubst du das?«

Sie schüttelte den Kopf. »Er konnte mich noch nie gut anlügen. Sein Blick wird dabei immer so starr. Das war früher schon so, als ...« Mamas Stimme erstickte. Sie blinzelte ein wenig zu häufig, als dass es unauffällig geblieben wäre. »Ich glaube, er hat Angst. Um unsere Familie, sogar um mich, trotz allem. Mir tut es auch weh, dass es so gekommen ist, Amy. Ich hab es mir anders vorgestellt. Für ihn und mich, aber vor allem für euch beide.«

»Bei mir läuft alles gut«, behauptete Amy, und es fühlte sich noch nicht einmal wie eine Lüge an.

»Und dein Bruder?«

»Der auch«, sagte Eric zu Amys Überraschung. Er lehnte sich gegen den Kühlschrank. Sie hatte ihn nicht kommen gehört.

Als Mama aufsah, stand ihr die Verblüffung überdeutlich im Gesicht. »Eric.«

»Bleib ruhig sitzen«, sagte er.

»Bitte komm her.«

Er blieb stehen. Chayne kam ins Zimmer, drückte sich an ihm vorbei, fasste seine Hand und zog ihn mit sich bis zum Tisch. Sie setzte sich zuerst, Amy gegenüber. Eric nahm den freien Platz, auf dem vorhin noch Papa gesessen hatte.

»Ich bin definitiv in das Programm aufgenommen«, sagte Mama. »In gut zehn Wochen starte ich zur ISS. Bislang gibt es zwar kein bestätigtes Datum, aber es wird sich nicht groß verschieben.«

»Wie lange bleibst du dort oben?«, fragte Eric.

»Ein Vierteljahr.«

»Drei Monate, in denen du in einer Raumstation herumschwebst, dich beim Pinkeln festschnallen musst und ganz nebenbei nicht auf demselben Planeten bist wie ich? Klingt machbar.«

»Eric!« Chayne boxte ihn und wirkte dabei wütend.

Für einen Augenblick war sie Amy sogar sympathisch, zum ersten Mal seit damals.

Ihr Bruder sah Mama an. »Entschuldige.« Sonderlich aufrichtig klang es nicht.

»Ich weiß, dass du nicht verstehst, warum ...«

»Es ist großartig«, fiel er ihr ins Wort »Du erfüllst dir einen Traum. Ich gönn es dir. Was wirst du dort oben tun?«

»Ich habe mitgeholfen, einige Theorien zu entwickeln, die untersuchen, ob eine Landung auf dem Asteroiden am erdnächsten Punkt möglich sein wird. Es gibt eine Reihe von Experimenten, die ...«

»Ich habe nur aus Höflichkeit gefragt.«

Mama schwieg.

»Tut mir leid, wenn ich euch die Stimmung verderbe. Amy wird jede Einzelheit wissen wollen. Chayne und ich können auch in der Küche essen. Dann könnt ihr in Ruhe alles besprechen. Tut einfach so, als wären wir nicht da.«

»Lässt du mich da frühstücken, wo ich will?«, fragte seine Freundin.

Eric nickte. »Klar.« Er ging trotzdem in die Küche.

»Du blutest«, sagte Chayne.

Amys Hand fuhr zu ihren Lippen. Sie hatte sich tatsächlich wieder gebissen, ohne es zu merken, genau wie früher, wenn sie ungewöhnlich angespannt war oder sich aufregte. Wie lange war das jetzt her? Mindestens ein Jahr! Sie dachte, sie hätte es hinter sich.

Chayne nahm sich von der Fensterbank ein Taschentuch und reichte es Amy.

Sie griff danach. »Danke.«

»Es ist schön, dass ihr wieder miteinander redet«, sagte Mama.

»Finde ich auch«, sagte Chayne.

Amy tupfte sich Blut vom Kinn. Ein besonders tiefsinniges Gespräch würde sie das nicht gerade nennen. »Ich eigentlich nicht.«

Danach blieb es still am Tisch.

Und kalt.

Chayne stand auf. »Ich glaube, Eric hatte doch recht. Ich sollte lieber mit ihm in der Küche essen. Oder noch besser, irgendwo unterwegs, vielleicht im Coffeeshop. Die haben leckere Eiersandwiches. Freut mich für dich, Isabella, dass du auf die ISS gehen kannst.«

»Danke, Chayne. Das bedeutet mir viel. Du weißt ja, dass du immer wie eine Tochter für mich warst. Erst wegen Amy, und dann wegen Eric.«

Chayne öffnete den Mund, sagte aber nichts. Wahrscheinlich fehlten ihr die Worte. Gemeinsam mit Eric ging sie nach draußen.

3

Sie schwiegen, während sie die Haustür hinter sich schlossen und zu Chaynes Auto gingen. Und immer noch, als sie schon darin saßen und sie startete.

»Ich weiß, was du denkst«, sagte Eric endlich. »Ich bin nicht gerade nett gewesen.«

»Du warst ein Arsch.«

»Danke.«

»Aber irgendwie verstehe ich dich.«

»Noch mal danke. Diesmal ernst gemeint.«

»Dir ist schon klar, dass es für deine Mutter ein Wahnsinnserfolg ist? Sie wird die Erde verlassen. Hätte sich das vor dem Asteroiden irgendjemand vorstellen können, als die ISS auf dem besten Weg war, nur noch als Abschreibungsobjekt einer abgetakelten Behörde durchzugehen?«

»Wäre vielleicht besser so.«

»Glaub ich nicht.« Chayne bog in die Hauptstraße ein, aber sogar dort war kaum jemand unterwegs. Es gab auch Vorteile, so weit abseits zu wohnen – freie Straßen zu so gut wie jeder Uhrzeit gehörten dazu.

»Die Menschheit ist einfach nicht reif genug, Chayne! Wir erfahren, dass es irgendwo da draußen Leben gibt, dass uns irgendwer anfunkt – und was tun wir? Das, was wir offenbar am besten können. Wir streiten uns. Und damit meine ich nicht nur *uns*, und schon gar nicht uns beide, sondern die ganze Welt. Krieg in Asien, vollständiger wirtschaftlicher Zusammenbruch in Afrika, ein Selbstmordkult in Philadelphia, der religiös anerkannt wird, und ...«

»Und seit gut einem Jahr treten sich alle selbst in den Hintern und beginnen die größte internationale wissenschaftliche Zusammenarbeit der Menschheitsgeschichte. Vergiss das nicht in deiner Aufzählung.«

»Danke für den Hinweis, Amy. Ähm, Chayne.«

»Sehr witzig. Vielleicht streiten ja doch wir beide uns, Eric.« Sie fuhr ein wenig schneller als üblich.

»Entschuldige. Ernsthaft. Du weißt, dass ich nicht damit umgehen kann, wenn ...« Er suchte nach den richtigen Worten.

»Wenn es um deine Mutter geht?«

»Richtig.« Er merkte, wie sich seine Haltung verkrampfte, und entspannte die Schultern.

Sie lächelte ihn an, so hinreißend wie schon vor sieben Jahren, als er sie noch in der *Elementary* angehimmelt hatte und während ihrer Besuche bei Amy.

Vom Naturschutzgebiet zogen dunkle Wolken heran und ballten sich zusammen. Schatten legten sich über die Straße und die umgebenden Felder. Ein Auto kam ihnen entgegen und schaltete den Scheinwerfer an. Auch bei ihrem Wagen sprang das Licht mit dem typischen Signalton an, der wohl melodiös sein sollte. Eric fand ihn eher schrill.

»Entschuldigung akzeptiert«, sagte Chayne. »Aber dir ist schon klar, dass der Asteroid ganz nebenbei auch etwas Gutes bewirkt hat?«

»Ich höre.«

»Uns, du Trottel. Immerhin hast du mir damals verraten, was Amy verschwiegen hatte. Das fand ich süß.«

»Amy konnte besser mit dem Geheimnis umgehen als ich.«

»Finde ich nicht.« Sie suchte mit ihrer Rechten seine Hand. Er nahm und drückte sie.

»Versöhn dich mit deiner Mutter, bevor sie losfliegt. Vielleicht kommt sie nicht zurück.«

»Es gab schon lange keine Todesfälle mehr beim Transport.«

»Aber sie wird monatelang weg sein. Sprich dich mit ihr aus. Das heißt ja nicht, dass ihr die besten Freunde sein müsst.«

Über ihnen entlud sich eines jener Blitzgewitter, das mit etwas Pech für die nächsten Stunden einen Sturm ankündigte. Da der Wetterdienst aber keine Warnungen ausgab, blieb zu hoffen, dass sich die Windstärken in Grenzen halten würden.

»Können wir das Thema wechseln?«, bat er.

Chayne fuhr langsamer. Der Regen prasselte in solchen Mengen, dass bereits Bäche über die Straße rannen. Das Fahrlicht glänzte darauf. »Warnung«, sagte der Bordcomputer. »Aquaplaning wenige hundert Meter voraus.« Chayne ließ die automatische Geschwindigkeitsdrosselung zu – sie gondelten jetzt mit dreißig Meilen pro Stunde.

Jemand kam ihnen entgegen. Eins dieser protzigen Angeberautos mit den angedeuteten Flügeln über dem Dach. Es war knallrot und mindestens doppelt so schnell unterwegs – wahrscheinlich hatte der Fahrer das Warnsystem überbrückt; Eric kannte diverse Berichte darüber. Der Wagen schoss auf sie zu und verlor plötzlich die Spur. Eine Wasserfontäne spritzte auf. Das rote Ungetüm zog auf ihre Straßenhälfte.

Chayne trat auf die Bremse. Eric wurde in den Sitz gedrückt und zur Seite geschleudert, bis der Gurt ihn auffing – ein scharfer Schmerz im Hals. Chaynes Hände umklammerten das Lenkrad. Sie riss es nach rechts.

Ein Baum vor ihnen.

Zu nah! Sie rasten darauf zu.

Chayne schrie. Der Baum zog direkt an Eric vorbei. Eric krachte mit der Schläfe gegen die Scheibe. Sie holperten über die Wiese neben der Straße. Die Bremsen des roten Wagens kreischten, und – unglaublich! – der Fahrer hupte. Chayne brachte das Auto zum Stehen. Das Ungetüm fuhr weiter.

»Ist dir was passiert?«, fragte Eric. Ihm war schwindlig.

»N-nein.«

»Du hast fantastisch reagiert.«

»Was?«

Er wollte es wiederholen, aber sein Mund fühlte sich taub an. Hatte er die Worte überhaupt gesagt?

»Du blutest, Eric.«

Vielleicht hätte sie es nicht sagen sollen. Er sah das Rot an der Scheibe, und sofort kam dieses hohle Gefühl im Magen, und außerdem die unsichtbare Hand, die sein Gedärm durchwühlte. Es fiel ihm furchtbar schwer, Blut zu sehen. Bei seinem eigenen war es besonders schlimm. »Amy«, sagte er. Das Herz drehte sich in seinem Brustkorb.

Er sah noch ihre Finger auf sein Gesicht zukommen, dann wurde es dunkel.

Aber so blieb es nicht. Seine Finger kribbelten. Er öffnete die Augen und sah Chayne.

»Da bist du ja wieder«, sagte sie.

Er brauchte einen Moment, um zu begreifen. Sie hatte den Gurt gelöst. Sein Kopf lag in ihrem Schoß. »Wie lange war ich weg?«

»Halbe Minute.«

»Gut.« Er tastete nach der Wunde an seiner Schläfe.

»Lass das«, sagte sie. »Sonst kippst du mir noch mal um.«

»Ich liege doch schon.« Trotzdem ließ er zu, dass sie seine Hand nahm und zurückzog.

»Geht's wieder?«

Ihm war entsetzlich übel. »Ist okay«, log er. »Ich könnte mich hinsetzen.«

»Aber?«

»Ist bequem hier.«

Sie fuhr ihm durch die Haare.

»Ach, und übrigens ...«

»Ja?«, fragte sie.

»Danke für den Themenwechsel.«

4

Papa kam nicht zurück, aber Amy merkte es kaum. Sie konnte nicht fassen, dass Mama die Zusage erhalten hatte.

Ihre Mutter sprach begeistert von den Experimenten, die sie in der Schwerelosigkeit durchführen wollte. »Versteh mich nicht falsch – es ist alles andere als sicher, dass der Kontakt mit dem Asteroiden gelingt. Aber wenn, Amy, wenn wir es tatsächlich schaffen, müssen wir gewappnet sein!«

»Und wenn nicht?«

»Dann werde ich trotzdem keine Sekunde bereuen, mein Leben dafür eingesetzt zu haben.« Mama beugte sich zu ihr. »Keine – einzige – Sekunde.« Im Zurückgehen schnappte sie sich den Rest des letzten Käsebagels.

Amy ließ es zu. Es war ihr egal. Vor Aufregung kam es ihr schon nicht mehr so widerlich vor, etwas Süßes zu essen. Von Papa lag noch ein Schokomuffin auf dem Tisch. Sein Pech, dass er gegangen war wie ein beleidigtes Kind. Sie nahm sich den Muffin und biss ab. Er war fettig und überzuckert. Perfekt.

»Was immer wir auf dem Asteroiden finden, Amy, wir müssen darauf vorbereitet sein. Darum spielen wir die wichtigsten Szenarien durch.«

»Und welche sind das?«, fragte sie undeutlich mit vollem Mund: *Unwächeinda?*

»Angenommen, der Kontakt gelingt uns – ich erzähl dir später mehr über den aktuellen Stand –, gibt es ein paar Möglichkeiten. Stell dir folgendes Szenario vor: Wir finden ein Funkgerät, das wir auch als solches erkennen, was nicht selbstverständlich ist. Es könnte völlig anders sein als das, was wir uns vorstellen. Dann bleibt die Frage: Wie gehen wir damit um? Ist es transportabel? Können wir es mitnehmen oder wenigstens Daten aufzeichnen? Rückschlüsse ziehen? Vielleicht sogar eine eigene Botschaft hinterlassen, die danach auf eine unendliche Reise geht?« Mama war restlos begeistert. Die Worte sprudelten nur so aus ihr heraus. »Zweite Möglichkeit: Wir finden gar nichts.«

»Wie könnte da gar nichts sein?«, fragte Amy. »Es gibt doch die Funknachricht, oder etwa nicht?«

»Möglicherweise verstehen wir nicht, was wir sehen, weil wir zum Beispiel vor einem Felsen stehen und nicht mal merken, dass die Botschaft davon ausgeht. Oder die Quelle ist zu klein, als dass wir sie wahrnehmen könnten. Sie könnte ... verborgen sein. Uns bleibt nicht viel Zeit auf dem Asteroiden. Womöglich gibt es dort tausend bizarre Strukturen, die wir nicht zuordnen können.« Mamas Augen leuchteten. »All das glaube ich allerdings nicht. Das *will* ich einfach nicht glauben.«

Amy aß den restlichen Muffin. Er schmeckte gar nicht schlecht. »Dritte Möglichkeit?«

»Bitte halt mich nicht für bescheuert, aber ja – die NASA denkt darüber nach.«

»Du machst es ja spannend.«

»Drittes Szenario: Wir finden das Funkgerät. Und eine außerirdische Lebensform.«

»Glaubt ihr das ernsthaft?«

»Wir halten es für möglich.«

Natürlich hatte Amy diverse Theorien gehört – manche klangen einigermaßen vernünftig, andere waren eher abgedrehter Verschwörungskram. Sie reichten von *Der Asteroid ist eigentlich ein Raumschiff der Reptiloiden, die seit der Zeit der Ägypter verborgen unter uns leben* bis zu *Das war ein Geheimprojekt der Nazis, das nun zum ersten Mal seine Umlaufbahn beendet.*

»Und wenn es eine Lebensform darauf gibt ...« – Mama kaute auf ihrer Oberlippe – »... werde ich alles dafür tun, dass ich sie sehen kann. Und du auch. Und der Rest der Welt. Sogar dein Bruder und all die Leute, die das für Unsinn halten. Ihnen werden die Augen übergehen, sobald sie die Wahrheit erkennen.«

»Welche der Möglichkeiten erwartest du?«

»Ich weiß es nicht. Aber ich möchte an die dritte glauben.«

Mehr musste sie gar nicht erklären, denn Amy verstand genau, was ihre Mutter meinte. Es ging ihr genauso.

Draußen blitzte es plötzlich, nahezu gleichzeitig mit einem Donnerschlag. Ein Gewitter tobte sich direkt über dem Haus aus. Jetzt erst fiel Amy der prasselnde Regen auf. Egal, sie saßen im Trockenen und waren sicher.

»Wie sehen die Pläne aus, den Asteroiden abzufangen?«, fragte Amy.

»Wir stehen noch am Anfang. All die Streitigkeiten im Vorfeld haben die Weltforschungsgemeinschaft viel zu viel Zeit gekostet.«

»Aber es bleiben über zwanzig Jahre.«

»Verdammt wenig Zeit.« Mama stand auf und sah aus dem Fenster. Sie hatte Regen schon immer gemocht, obwohl er seit einigen Jahren schlimmer und unberechenbarer wurde. »Trotzdem sieht es gut aus. Stell es dir so vor: Auf der ganzen Welt bricht ein gewisser Enthusiasmus unter den Wissenschaftlern aus. Fast alle verstehen, dass wir zusammenarbeiten müssen. Es ist tief in uns verankert. Ein ... Forscherdrang. Endlich gibt es wieder etwas zu entdecken, Amy! Dieser Planet ist uns bekannt, und die einzelnen Fachgebiete spezialisieren sich immer weiter, sodass man von außen einfach nicht mehr versteht, worum es eigentlich geht – aber nun kennen wir ein gemeinsames Ziel. Eines, das nicht in unverständliche Tiefen reicht, sondern jeden angeht. Etwas, für das es sich lohnt, sämtliche Energien zu bündeln. Der Asteroid kann unseren Blick auf die Welt und das Verständnis von uns selbst auf den Kopf stellen. Alles neu machen, Amy. Einfach alles!«

»Klingt wie ein Werbetext.«

»Ich habe auch dafür geworben. Monatelang. Bis man mich für den nächsten ISS-Einsatz akzeptiert hat.«

»Mich musst du jedenfalls nicht überzeugen. Aber du wolltest mir mehr über die Pläne erzählen, den Asteroiden abzufangen.«

»Das ist eigentlich das falsche Wort. Natürlich kann man ihn nicht abfangen oder anhalten oder sonst etwas.«

Das war Amy auch klar, aber sie ließ Mama einfach weiterreden, ohne sich zu rechtfertigen.

»Den neuesten Berechnungen der Flugbahnen zufolge gibt es allerdings eine Chance, darauf zu landen.«

»Wenn der Asteroid seinen erdnächsten Punkt erreicht«, sagte Amy.

»Ein bisschen früher. Man könnte landen, kurze Zeit bleiben, und wieder starten. Die Betonung liegt allerdings auf *könnte*. Kein aktuelles Raumfahrzeug ist dazu in der Lage. Aber vielleicht kann eines zu exakt diesem Zweck konstruiert werden. Wir brauchen einige Weiterentwicklungen und etliche Erfindungen, von deren Notwendigkeit man vor ein paar Jahren noch nichts ahnte. Außerdem unfassbar viele Bahnberechnungen und noch mehr Geld.«

»Wie lange?«

»Was meinst du?«

»Wie lange könnte man sich auf dem Asteroiden aufhalten, ehe man wieder starten muss?«

»Einigermaßen realistische Hochrechnungen gehen momentan von mindestens einer und höchstens vier Stunden aus. Unsere frühen Simulationen rechnen mit zwei Stunden, bevor der Asteroid für eine Rückkehr zu weit entfernt sein wird.«

Zwei Stunden, auf die sich die ganze Welt noch dreiundzwanzig Jahre lang vorbereiten konnte.

Zwei Stunden, die die Sicht der Menschheit auf das Leben an sich für immer verändern würden.

Der Regen ließ etwas nach, und es blitzte auch nicht mehr. Dafür hörte Amy das Geräusch eines anfahrenden Autos.

Mama, die noch immer durch das Fenster sah, sagte: »Chayne kommt zurück.«

»Echt?« Amy stand auf. Dabei wurde ihr übel; sie hätte sich zusammenreißen und das süße Zeug nicht essen sollen. Sie musste aufstoßen und schmeckte es beißend sauer im Mund. Sie schluckte, und es brannte in der Kehle.

Ihr Bruder und Chayne verließen den Wagen. Amy sah auf die Uhr – eigentlich war es höchste Zeit, um zum Bus aufzubrechen. Dass Eric mit Chayne fuhr, kam häufig vor, aber warum kehrten sie zurück?

Dann entdeckte sie das Blut an der Schläfe ihres Bruders. Mama hatte es wohl auch gesehen, denn sie eilte zur Haustür. Amy wollte hinterher, doch die Übelkeit war zu schlimm. Außerdem hatte sie noch den schlechten Geschmack im Mund. Sie nahm einen Schluck Kaffee, der ihn wenigstens ein bisschen vertrieb.

Vom Flur hörte sie, wie Chayne von dem Beinahe-Unfall erzählte. »Nur Eric ist mit dem Kopf gegen die Scheibe gestoßen.«

»Zum Glück nicht schlimm«, ergänzte er.

Als Amy nach draußen ging, kam gerade Papa von oben – vorher hatte er sich nicht mehr blicken lassen.

»Wir sollten die Wunde säubern und verbinden«, meinte Mama.

»Ein Pflaster tut's auch«, wimmelte Eric ab. »Ich werd bestimmt nicht wie eine Mumie mit einem Kopfverband in der Schule rumlaufen.«

»Wenn es sein muss ...«

»Ich kümmre mich darum«, unterbrach Chayne. »Wir gehen nach oben. Sonst ist nichts passiert.«

»Und der andere?«, fragte Papa.

»Ist mit seinem Protzwagen einfach weitergefahren.«

»Wir können ...«

»Vergiss es«, bat Chayne. »Ist ja nichts passiert.«

»Fast nichts«, ergänzte Eric. Er klang gut gelaunt. »Für so früh am Morgen reicht es allerdings schon.«

Amy wollte sich Schuhe anziehen, um zum Bus zu gehen, als ihr Magen endgültig revoltierte. Sie huschte an den anderen vorbei, die Treppe nach oben, und schaffte es in letzter Sekunde zur Toilette, wo sie sich übergab.

Nichts Süßes mehr zum Frühstück, schwor sie sich. Und kotzte gleich noch einmal.

Danach fühlte sie sich besser. Während sie die Klobrille umklammerte, dachte sie wieder an das Gespräch mit Mama und an die beiden Stunden. Sie bezweifelte keine Sekunde, was das bedeutete – für sie. Sie wollte so nah dran sein, wie es nur irgendwie ging ... auf der ISS, wie es ihre Mutter in wenigen Monaten sein würde. Oder, noch besser, in dem Raumfahrzeug, das auf dem Asteroiden landete.

Sie begriff, dass genau da der Sinn ihres Lebens lag.

In diesen beiden Stunden.

Kapitel 5: Abschied

1

18. Juni 2040

»Wann?«, fragte Amy.

»Noch bevor ich zur ISS aufbreche.« Mamas Blick sah verschleiert aus, als wäre sie in großer Trauer. Vielleicht traf das sogar zu. »Dein Vater und ich sind uns einig.«

»Wann habt ihr es entschieden?«, fragte Eric.

Sie saßen zu viert am Esstisch; selten genug, dass das vorkam. Amy hatte gleich gewusst, dass etwas Besonderes anstand, als Papa zur *Familienzusammenkunft* rief. Dass es um die Scheidung ihrer Eltern ging, überraschte sie aber doch. Das hätte sie nicht für möglich gehalten. Man lernte eben nie aus.

»Schon vor Wochen«, erklärte Mama. »Es ist kein Schnellschuss, falls ihr das denkt, auch wenn wir bis jetzt nicht mit euch darüber gesprochen haben. Wir haben die Konsequenzen durchdacht und gerade deswegen bislang geschwiegen. Und mittlerweile sind wir uns über den Ablauf einig. Wir wollen einen sauberen Schnitt.«

»Wie passend, das noch schnell zu erledigen, bevor du die Erde verlässt«, sagte Eric. »Vielleicht triffst du im All ja einen geeigneten Typen. Sag mal, wie viele Männer gibt es eigentlich da oben?«

»Das ist nicht witzig.« Papa sah ihn bei diesen Worten nicht an.

»Habe ich das etwa behauptet?«

»Und es ist gehässig«, ergänzte Amy.

Ihr Bruder wandte sich zu ihr. »Hab ich von dir gelernt, wie so was geht.«

Amy fand, dass alle so aussahen, wie sie sich fühlte: als suchten sie nach passenden Worten. Also nach gemeinen und verletzenden Worten. Und das müssten welche sein, die die Situation beschwichtigten, vielleicht die anderen zum Lachen brachten. Oder solche, die klug klangen. Es gab so viele Möglichkeiten, und Amy wusste gar nicht, was ihr am liebsten wäre. Ihrem Zorn freien Raum geben? Versöhnung suchen? Sich einfach irgendwo in eine Ecke verkrümeln?

Stattdessen schwiegen sie, und die Stille fühlte sich schwer an. Eric brach sie zuerst. »Du bist sowieso mit dem Asteroiden verheiratet.«

Amy hielt sich mit Mühe davon ab zu schreien. »Sie kümmert sich um die Zukunft! Für uns alle! Für die ganze Menschheit!«

»Ich für meinen Teil lebe nicht in der Zukunft«, sagte ihr Bruder, »sondern in der Gegenwart.«

»Und in dieser Gegenwart haben wir die verdammte Pflicht, die Zukunft vorzubereiten!«

»Findest du? Soweit ich weiß, vergeht die Zeit ganz von allein, und die Zukunft kommt, ob wir sie nun vorbereiten oder nicht. Aber das Hier und Jetzt ist der Ort und der Augenblick, da leben wir. Ich zumindest tue das.«

Papa schwieg immer noch. Er sah alt aus, älter als Amy ihn je gesehen hatte. Seine Lippen waren grau.

»Euer Vater und ich, wir trennen uns. Tut das nicht auch. Und wir bleiben eure Eltern, egal ob ...«

Eric stand auf.

»Bitte«, sagte Mama.

Er ging aus dem Zimmer.

»Eric, komm zurück.« Die Worte klangen kraftlos.

Er zog die Tür hinter sich zu. Sie fiel mit einem Klacken ins Schloss, das noch schwerer wog als die Stille zuvor.

Amy stand auf. »Ich rede mit ihm.«

»Danke.« Das kam von ihren beiden Eltern gleichzeitig.

Amy versuchte zu lächeln, aber es fühlte sich nicht richtig an. »Gut zu wissen, dass ihr euch trotzdem mal einig sein könnt.« Als sie sich noch einmal umdrehte, sahen Mama und Papa in verschiedene Richtungen.

Sie ging nach oben und klopfte an Erics Tür. Er reagierte nicht. »Ich bin's«, sagte sie.

»Komm rein.«

Sie öffnete. Er saß auf dem zur Seite gedrehten Schreibtischstuhl, die Beine ausgestreckt auf dem Bett abgelegt. Durch das Dachfenster fiel ihm die Sonne auf den Hinterkopf. Seine Haare schienen zu leuchten.

Amy schloss die Tür und hockte sich auf die Bettkante. »In sechs Wochen fliegt Mama zur ISS. Bis dahin ist sie sowieso meistens in irgendwelchen Trainingsprogrammen. Wenn sie zurückkommt, werden wir uns anpassen müssen.«

Er schüttelte den Kopf. »Mir egal, wie sie sich einigen. Ich zieh sowieso aus.«

»Dir fehlt doch das Geld.«

»Vielleicht kann ich bei Chayne einziehen, bis ...«

»Du bleibst hier, ganz einfach. Genau wie ich, bis ich auf die Uni gehe. Wahrscheinlich nimmt Mama das Haus – du weißt doch, wie Papa ist. Er wird freiwillig in irgendeine kleine Wohnung ziehen. Oder kannst du dir vorstellen, wie er gegen Mama um irgendwelche Rechte kämpft?«

»Ich bleib nicht bei ihr.«

»Bist du so verbittert?«

»Überhaupt nicht. Aber ich denke anders als sie. Sie hat sich entschieden – ich auch. Wir passen nicht zusammen. Wenn, dann werde ich zu Papa ziehen, bis ich mit der Schule durch bin.«

»Mama tut das Richtige«, sagte Amy. »Wir sind nicht allein im Universum, und das ist die wichtigste Erkenntnis, die wir je hatten! Es wird alles noch viel mehr verändern.«

»Ist schon genug passiert, ohne dass es einen Grund dafür gibt.«

»Es gibt Millionen Gründe! Da draußen leben Außerirdische!«

»Und sie schicken eine Funknachricht, die keiner versteht. Die Außerirdischen werden auf einem Asteroiden an uns vorbeiziehen, auf Nimmerwiedersehen. Vielleicht haben sie ihn vor hunderttausend Jahren auf die Reise geschickt und sind mittlerweile ausgestorben. Ende der Geschichte.«

»Und damit würden wir die Chance unseres Lebens verpassen«, sagte Amy. »Genau das darf nicht geschehen! Deshalb muss Mama wie tausend andere Leute ...«

»Mir egal, Amy. Es ist mir egal, verstehst du das? Dann gibt es dort draußen eben Leben – wir werden es nie treffen. Das war's! Schluss. Wenn es überhaupt etwas bedeutet, liegt die Bedeutung nicht im All, sondern in unserem Verstand und in unseren Herzen.«

»Es geht nicht um Philosophie, Eric!«

Er nahm die Beine zurück, rollte mit dem Stuhl näher zu ihr hin. »Doch. Genau darum geht es, und nicht um einen Felsbrocken oder um die Datensammelei, der Wissenschaftler ihr Leben widmen!«

»Hast du immer noch deinen kindlichen Glauben?«, fragte Amy.

»Und du … bist du wirklich immer noch so naiv, dass du annimmst, irgendwelche Daten könnten Antworten liefern?«

»Sie *werden* Antwort geben, sobald wir auf dem Asteroiden landen und mit eigenen Augen sehen, was da auf uns wartet!«

»Nichts, Amy! Nichts wartet auf uns. Dort wird überhaupt nichts sein, das wir verstehen – und wenn doch, was ändert es denn? Was bringt ein Funkgerät? Keine Ahnung, aber ganz sicher nicht die Antwort darauf, was es für uns bedeutet, dass außer uns noch anderes intelligentes Leben existiert.«

»Und du glaubst, deine Mystik bringt uns weiter?«

Er grinste. »Du begreifst nicht im Geringsten, was Mystik überhaupt ist, Amy.«

»Ist mir egal.«

»Siehst du? Und mir ist egal, ob das Funkgerät aus Metall ist oder aus Alienschleim.«

Jetzt erst fiel Amy auf, dass sie schon die ganze Zeit am unteren Zipfel seiner Bettdecke nestelte. Sie überlegte, ob sie mit ihrem Bruder über das andere wichtige Thema sprechen sollte. Vielleicht wäre es gut, wenn wenigstens er Bescheid wüsste. Sie brauchte jemanden, der es mit ihr teilte.

»Ist noch etwas?«, fragte Eric. »Ich wollte nämlich dringend Musik hören.«

Dann eben nicht. »Tu das«, sagte Amy und verließ das Zimmer.

2

Es klingelte.

Zwei Mal.

Drei Mal.

»Ich bin nicht zu erreichen. Bitte hinterlassen Sie eine Nachricht – wenn die NASA und ihr irrsinniges Trainingsprogramm es zulassen, rufe ich irgendwann in den nächsten Monaten zurück.« Es piepte.

»Witzig, Mama«, sagte Eric. »Hör zu, ich habe mich eine Woche lang nicht gemeldet.«

»Zwei«, zischte ihm Chayne ins Ohr.

Er sah sie erstaunt an. »Okay, zwei Wochen, seit ihr uns das mit der Scheidung gesagt habt. Ich denke immer noch, dass du einen Fehler machst. Nicht mal unbedingt mit der Trennung, aber mit der Art, wie du dein Leben ausrichtest.« Es fiel ihm leichter als gedacht, etwas zu sagen. Bestimmt, weil er nicht mit einem Menschen, sondern mit einer Maschine sprach. Wie gut, dass seine Mutter nicht abgehoben hatte. »Ich will ehrlich sein. Ich wollte mich gar nicht melden. Chayne hat mich dazu gedrängt. Wahrscheinlich hat sie recht.«

»Wie immer«, flüsterte sie und grinste.

»Ich wünsche dir alles Gute für deine Zeit auf der ISS. Es ist eine großartige Leistung. Wenn du zurück bist, lass uns mal miteinander sprechen. Ich werde bei Papa wohnen, aber ich höre mir dann an, was du zu berichten hast. Damit ich bei meinen Freunden angeben kann, weil meine Mutter im All war.« Er legte auf.

»Und?«, fragte Chayne. »War das so schwer?«

»Schwer genug.«

Sie lagen nebeneinander auf den Holzpritschen vor dem

Tümpel im Naturschutzgebiet. Die Baumkronen über ihnen standen so dicht, dass kein Sonnenstrahl durchkam und man es deshalb im Freien gerade noch aushalten konnte. Ohne Schatten waren diese Temperaturen sogar für Eric kaum erträglich, obwohl er Hitze liebte.

»Sie denkt eben anders als du«, sagte Chayne.

»Und du?«

Im Tümpel quakten unablässig Frösche. Er mochte das Geräusch – manchmal hörte er es in der Dämmerung, wenn er das Fenster in seinem Zimmer öffnete. Es beruhigte ihn und erinnerte ihn an seine frühe Kindheit, als noch alles einfacher gewesen war. Als Mama und Papa immer die richtigen Entscheidungen getroffen hatten. Oder als er das zumindest noch geglaubt hatte.

Chayne drehte sich ein wenig auf die Seite, soweit es auf der Liege eben ging, ohne dass es allzu unbequem wurde. Die neue Haartönung verstärkte ihr natürliches Rot und ließ es schillern. »Ich verstehe deine Mutter, obwohl ich ihr nicht zustimme. Wie du ja auch ganz genau weißt.«

»Deswegen liebe ich dich.«

»Nur deswegen?«

»Auch weil du gut aussiehst.«

»Du Arsch.«

»Danke.«

Sie lauschten dem Quaken, und er fühlte sich wohl. Eins der Tiere war so zutraulich, dass es zwischen ihren Pritschen hindurchhüpfte. Konnte man das so sagen? Gab es *zutrauliche* Amphibien?

»Es war gut, dass ich angerufen habe«, sagte er. »Es hat eine Last weggenommen.«

»Siehst du.«

»Ich seh so Einiges.«

Sie lächelte. »Aber noch mal zu deiner Frage. Weißt du, was Isabella neulich zu mir gesagt hat, bevor sie zu ihrem Training aufgebrochen ist?« Sie wartete nicht auf eine Antwort, sondern sprach sofort weiter. Natürlich wusste er es nicht. »Dass dein Vater sich für die Familie entschieden hat, aber sie sich nicht gegen die Familie.«

»Sondern gegen was sonst?«

»Gegen gar nichts. Nur *für* etwas. Für die Zukunft und für die Menschheit.«

Eric dachte nach. Er wollte seine Mutter nicht verdammen, aber das fiel ihm schwer. Seit der Asteroid vor sieben Jahren aufgetaucht war, waren Amy und er nicht mehr die Nummer Eins im Leben ihrer Mutter. Dem zehnjährigen Jungen von damals, der immer noch in ihm steckte, halfen kluge Haarspaltereien wie Nicht-gegen-sondern-für-etwas zweifellos überhaupt nicht weiter. Kein Stück. Auch dann nicht, wenn ein Froschchor im Hintergrund mitsang.

»Irgendwie zerbrechen wir uns alle den Kopf«, sagte er endlich. »Amy und Mama über Bahnberechnungen, Daten und Rendezvouskurse von neu entwickelten Raumfähren ... und wir uns über die Frage, was es für uns bedeutet, dass dort draußen intelligente Wesen existieren.«

»Ich hätte da einen Vorschlag«, sagte Chayne.

»Ich höre.«

»Vergessen wir das. Der Tag ist viel zu schön. Deine Eltern lassen sich scheiden, deine Mutter fliegt ins All ... ganz nebenbei gesagt hat mein Vater mal wieder seinen Job verloren und heute früh nach Schnaps gestunken.«

»Chayne, das ...«

»Ist mir egal! Lass uns leben, nur wir beide. Wir warten ab, was morgen ist, und was in zwanzig Jahren sein wird, erfahren wir in zwanzig Jahren. Ich hab diese vielen Gedanken manchmal satt, Eric.« Sie drehte sich wieder auf den Rücken.

Er wusste auch, warum. Er hatte es in ihren Augen schimmern sehen. Und obwohl er sie gut genug kannte, um zu wissen, dass sie nicht getröstet werden wollte, fiel es ihm schwer, es zu ignorieren. »Du hast recht«, sagte er deshalb. »Gehen wir nach Hause und sehen uns einen Film an.«

»Welchen?«

»Irgendwas mit Aliens, die die Welt überfallen und weggeballert werden«, schlug er vor. »Wo es ganz einfach ist zu wissen, was richtig ist und was falsch.«

3

30. Juli 2040

»Danke«, sagte Mama. »Es ist wirklich schön, dass wir alle hier sind. Auch du, Ethan.«

»Ich freue mich.« Papa legte ihr die Hand auf den Unterarm, und sie ließ es zu. »Es ist richtig so. Und du hast es dir verdient, morgen aufzubrechen.«

»Hast du Angst?«, fragte Eric.

Das interessierte Amy zwar auch, aber sie hatte sich die Frage verkniffen. Sie wusste nicht, ob sie sich zu viele Gedanken machte, oder ob ihrem Bruder mal wieder das Herz auf der Zunge lag und er einfach schneller sprach, als er dachte.

»Warum?«, fragte Mama. »Nur weil ich in nicht ganz vierundzwanzig Stunden in einem Blechkasten sitzen werde, der irrsinnige Mengen an Treibstoff unter mir verbrennt, um mich und ein paar andere wie blöd zu beschleunigen und ins All zu schießen?«

»Du übertreibst«, meinte Eric.

»Findest du?«

»Das Teil ist nicht aus Blech. Oder, Amy?«

»Definitiv.« Sie überlegte, ob sie ihren Bruder ärgern sollte, indem sie einen Vortrag über die exakte Zusammensetzung und den Aufbau des *Teils* hielt, das genau genommen das absolute Wunderwerk der neuesten Raumfahrttechnologie darstellte. Es beförderte Astronauten um fast zehn Prozent schneller und trotzdem mit weniger Andruck im Inneren der Personenkabine zur ISS als noch das Vorgängermodell. Sie entschied sich dagegen. Es war nicht die richtige Zeit für Sticheleien. Eher die, ein Zeichen zu setzen. Darum wandte sie sich Chayne zu, die neben ihrem Bruder saß. »Ich freue mich, dass du auch hier bist. Es ist gut so. Du hättest gefehlt bei Mamas letztem Abend auf der Erde.«

»Hey, ich komm wieder zurück!«, rief ihre Mutter.

Chaynes Augen weiteten sich vor Überraschung, dass Amy sie angesprochen hatte. Bevor sie irgendetwas Rührseliges sagen konnte, erklärte Amy: »Und jetzt verzieh ich mich auf die Toilette.«

Was sie dann auch tat.

Dort angekommen, fragte sie sich, ob sie die Bewegung tatsächlich spürte. War es dafür nicht noch zu früh? Als sie den Toilettendeckel hochklappte, tat sie es mit zitternden Fingern.

Ich hätte es Mama sagen müssen, ehe sie aufbricht.

Nein. Nein, das hätte sie nicht! Mama brauchte klare Gedanken für die Aufgaben, die dort oben vor ihr lagen.

Wenn schon, dann hätte sich Amy vor vier Monaten nicht betrinken, sondern diesem Typen mit seinem Bodybuilder-Mister-America-Brustkorb eine Abfuhr erteilen sollen.

Wenn schon, dann hätte sie sich auf keinen Fall auf die 99 Prozent der Hormoninfusion verlassen dürfen.

Wenn schon, dann hätte

Wenn schon

Wenn

Wenn schon, dann hätte sie jetzt nicht heulen sollen wie ein kleines Kind. Andererseits sparte sie sich die Tränen schon lange genug an.

4

2. August 2040

»Noch fünf Minuten«, sagte Chayne.

Sie lagen in seinem Bett und blickten durch das offene Dachfenster in den Sternenhimmel. Alle Lichtquellen waren ausgeschaltet, bis auf die Projektion der Uhrzeit an der Zimmerdecke, die soeben um eine Minute weitersprang:

drei : drei eins

Chayne fand die Angabe mit Wörtern statt mit Zahlen unnötig kompliziert, und doch liebte er es. Was nichts daran änderte, dass er hundemüde war. Zum letzten Mal war er Silvester 2039 so lange wach gewesen, und das auch nur, weil er nach dem ersten Sex mit Chayne einfach nicht hatte einschlafen können. Sein Körper hatte zwei Stunden danach immer noch getanzt.

»Vier«, sagte sie.

»Lohnt es sich überhaupt, extra wach zu bleiben?«

»Das fragst du *jetzt*? Vor drei Stunden, okay, da hätten wir darüber diskutieren können. Aber diese vier albernen Minuten schaffen wir auch noch!«

Es war die erste Nacht, die Mama vollständig auf der ISS verbrachte. Der Transport war problemlos verlaufen, das Andockmanöver ohne den Hauch eines Fehlers ... und schon gab es auf der nach wie vor größten Raumstation der Menschheit sechs neue Bewohner. Der Rückflug brachte zwei Russen, eine Ukrainerin, eine Mexikanerin und einen Astronauten aus irgendeinem der afrikanischen Zwergstaaten zur Erde zurück. Und in vier – dreieinhalb – Minuten würde man das Blinken der ISS vor dem Sternenhimmel sehen. Eine seltsame Vorstellung, dass dort oben nicht nur irgendwelche Menschen lebten, sondern seine Mutter, die sie vor zwei Tagen noch mit einem ziemlich guten Pasta-Essen verabschiedet hatten. Gut war es jedenfalls gewesen, wenn man Amys Insektensoße wegließ. Er hatte nicht genau zugehört, was sie darin verarbeitet hatte.

drei : drei zwei

Es klopfte.

Mitten in der Nacht.

»Ich komm rein«, sagte Amy, ziemlich leise, aber eben doch so, dass man es in dem völlig stillen Zimmer deutlich hörte.

»Ist gut«, flüsterte Eric zurück.

Die Tür öffnete sich langsam. »Ich habe euch reden hören.« Amy wusste nichts von ihrem Plan, die ISS vorüberziehen zu sehen. Man merkte im Nachbarzimmer zwar, *dass* jemand redete – oder sonstige Dinge tat – aber man verstand kein Wort.

Amy trug eins ihrer ausgewaschenen Schlafshirts, das ihr bis zu den Knien hing. »Stör ich euch?«

»Nicht bei dem, was du jetzt denkst.«

»Glück gehabt.«

»Warum bist du gekommen?«, fragte Chayne.

Amy setzte sich an den Rand der Schreibtischplatte, nur eine Silhouette in dem fast völlig dunklen Raum. »Ich kann es nicht mehr lange geheim halten. Und ich schaffe es nicht allein.« Sie verschränkte die Arme vor der Brust. »Mama ist weg, und Papa ... er bringt das nicht. Chayne, ich weiß, es ist viel verlangt, weil ...« Ihre Stimme erstickte. »Ich verstehe, wenn du sagst, es geht dich nichts an und du willst damit nichts zu tun haben. Aber du, Eric, ich brauche deine Hilfe.«

drei : drei drei,

sah er im Augenwinkel. »Wobei? Was ist los?«

Chayne legte ihm den ausgestreckten Zeigefinger über die Lippen. »Pssst«, machte sie. »Seit wann, Amy?«

»Seit wann *was?*«, nuschelte er an ihrem Finger vorbei.

»Vier Monate. Woher weißt ...«

»Mir ist es seit sechs oder sieben Wochen klar«, sagte Chayne. »Ich hab deinem Bruder nichts gesagt und auch sonst niemandem. Dein Vater hat sowieso keine Ahnung.«

Eric setzte sich auf. Wovon redeten sie?

»Wer ist der Vater?«, fragte Chayne.

»Der ... was?« Er fühlte sich, als hätte man ihm einen Schlag in den Magen versetzt.

»Sei leise«, zischte Amy ihn an. »Papa schläft, und das soll so bleiben. Es gibt keinen ... keinen Vater.«

»Da irrst du dich, es gibt ihn, auch wenn du das vielleicht nicht willst. Sonst gehen dir klare Fakten doch über alles.«

»Dann lass es mich so ausdrücken: Ich kenne ihn nicht.« Sie ließ die Beine baumeln.

»A-Amy«, sagte Eric. »Wer ... wieso hast ...« Er brachte keinen vernünftigen Satz heraus. Da war sie wieder, seine elegante Wortgewandtheit.

»Ich war betrunken, und nein, das kommt nicht jedes Wochenende vor. Genau genommen mach ich es sonst nie, seit Aiden mich hat sitzen lassen. Nur einmal hab ich es eben doch gemacht. Ein einziges Mal.« Ihre Ferse krachte gegen die Schreibtischschublade. »Jeder Schuss ein Treffer.«

»Du weißt aber, wer es war?«

»Ich könnte ihn wiederfinden. Aber glaub mir, es ist wirklich besser, wenn das außer uns dreien niemand weiß, und *er* schon gar nicht.« Als sie schwieg, kaute sie ihre Lippe blutig, ohne es zu merken, so wie früher.

»Du beißt dich«, sagte Chayne. Und ebenso wie früher beugte sie sich zurück, zupfte ein Tuch aus dem Spender und reichte es ihr.

Amy wischte sich beiläufig das Kinn ab. »Helft ihr mir?« Kein Wort mehr davon, dass es nur um Eric ging.

»Klar«, sagte er. »Nur ... Amy, sorry, aber ich muss das fragen – du wirst das Kind bekommen?«

»Es ist noch früh genug«, sagte Amy.

Eric fühlte einen kalten Stich. *Dabei* wollte sie also seine Hilfe. »Du willst es ... A-Amy, ich kann dir nicht ...«

»Glaubst du etwa, ich treib es ab? Vergiss es!«

»Es tut gut zu hören, dass wir in manchen Dingen trotz allem gleich denken.«

»Was meinst du sonst damit, dass es früh genug ist?«, fragte Chayne.

»Es wird euch bestimmt nicht gefallen.«

»Ach, wir sind so einiges gewöhnt in dieser Nacht.«

»Meine Tochter wird alt genug sein, wenn der Asteroid kommt.«

Eric schloss die Augen. »Sogar jetzt denkst du daran?«

»Ich werde dort oben sein, und das könnte ich nicht mit einem kleinen Kind. Also besser jetzt als in zehn Jahren. Am Stichtag, wenn wir auf ihm landen, wird meine Tochter zweiundzwanzig sein. Alt genug, um allein zurechtzukommen. Ich bin bereit, auf eine lebensgefährliche Mission zu gehen.«

Gut vierhundert Kilometer über ihnen zog die ISS vorüber, doch sie bemerkten es nicht.

USA Today vom 17. August 2043

Man hegt keinerlei Zweifel mehr, wussten Sie das?

Es ist durchaus eine Seltenheit, wenn Experten auf der ganzen Welt zu demselben Ergebnis kommen, von Washington bis Moskau, von Lissabon bis Wuhan. In diesem Fall trifft es zu. Sie bezeichnen es alle als eine Tatsache: Der 17. August ist der Stichtag, aber nicht der heutige. Sondern der 17. August in exakt zwanzig Jahren.

Ich werde dann meine Altersruhe genießen, hoffentlich in meinem kleinen Häuschen samt Pool, falls das Universum – oder wer auch immer – so gnädig ist, mein Herz zu dieser Zeit noch schlagen zu lassen. Ich habe mir meinen Lieblingsplatz bereits ausgesucht. Regelmäßige Leser meiner Kolumne können ahnen, in welcher Ecke der Welt er liegt. Dort ist es ruhig, und die Leute, die das Glück haben, in dieser Gegend zu leben, kümmern sich wenig um das, was diesen Planeten in Atem hält. Aber der 17. August 2063 wird auch an ihnen nicht unbemerkt vorüberziehen, da gibt es keinen Zweifel. Der Asteroid – Sie wissen schon – wird an diesem Tag den erdnächsten Punkt seiner Bahn durch unser Sonnensystem erreichen. Wahrscheinlich wird dann von dort aus immer noch dieselbe Funkbotschaft abgespielt werden, die wir nun bereits ein wenig länger als zehn Jahren hören. Und ebenso wahrscheinlich können wir sie dann immer noch nicht verstehen, da gebe ich mich keinen Illusionen hin.

Aber etwas wird anders sein an diesem Tag.

Anders werden.

Manche glauben, dass die Welt auf den Kopf gestellt wird, viele sind jedoch der Überzeugung, dass im Grunde nichts geschehen wird.

Warum ich überzeugt bin, dass sich auf jeden Fall eine ganze Menge ändert, verrate ich Ihnen nachher. Hier zunächst die Fakten.

Der Asteroid wird nicht so nah an unseren Planeten herankommen, dass wir ihn sehen. Aber trösten Sie sich – er wäre ohnehin nur ein winziger Punkt am Himmel gewesen, und auch das nur, wenn Sie ein tolles Teleskop besitzen.

Viel wichtiger ist darum etwas anderes: Er wird so nahe herankommen, dass wir darauf landen können. Für zwei Stunden, ehe er so weit gereist ist, dass unsere Raumfähre wieder starten muss, um den Rückweg zu schaffen.

Natürlich kann niemand in die Zukunft schauen, aber ich bin lange genug im Geschäft, um eine Prophezeiung zu wagen: Irgendeiner meiner Kollegen wird höchstpersönlich oder von einem Kontrollzentrum aus eine Kamera auf die Leute richten, die den Asteroiden betreten wollen. Alle Menschen auf der Erde werden also das Geschehen beobachten können, ganz bequem von zu Hause aus.

Nur ... was dann?

Optimisten sind überzeugt, dass wir auf dem Asteroiden landen und zwei Stunden Zeit bleibt, die Funkanlage zu finden. Und je nach dem Ausmaß der Fantasie gleich noch eine ultimative saubere Energiequelle, Gott höchstpersönlich oder eine Kolonie von Aliens.

Pessimisten hingegen gehen davon aus, dass die Mission scheitern wird – je nach dem Ausmaß der Fantasie, indem wir den Asteroiden verpassen, eine Bruchlandung hinlegen, dort in der Kürze der Zeit nichts finden oder weil unbekannte Waffensysteme uns abschießen.

Optimisten hin, Pessimisten her: Ich sage Ihnen, dass diese Stunden die Welt verändern werden, wie auch immer sie ablaufen mögen. Denn was bereits begonnen hat und nun noch zwanzig Jahre lang reifen kann, ist nicht mehr und nicht weniger als ein Wunder: das größte gemeinsame Projekt aller Länder und Völker, das es je gegeben hat. Es gibt nicht länger die nordamerikanische Wissenschaft und Technologie, die russische, asiatische, europäische oder sonst irgendeine.

Es gibt nur noch *die Wissenschaft der Menschen*.

Auf dem Weg zu diesem Asteroiden warten zweifellos tausend Hindernisse. Ach, und bitte verzeihen Sie mir diese Untertreibung. Die Menschheit hat einen Weg angetreten, der uns entweder zu diesem Wanderer durch das All führen wird oder uns so nah an ihn heranbringt, wie wir es eben vollbringen können.

Und dieser Weg wird uns alle verändern.

Er tut es bereits.

Gehen Sie mit mir noch einmal zwanzig Jahre weiter in die Zukunft. Sehen Sie mich, wie ich in meinem kleinen Haus sitze, dem Singen der Vögel zuhöre, von Büchern umgeben bin – natürlich bin ich das, Sie kennen mich – und lächele? Doch, das tue ich, und zwar, weil wir an diesem Tag das vollbringen werden, was uns möglich ist.

Es wird ein großes Werk sein.

Wer werden diejenigen sein, die die letzten Schritte auf dem Weg gehen? Männer oder Frauen? Werden sie helle oder dunkle Haut haben? Englisch sprechen oder Bambera, Farsi oder Zaza? Niemand wird sich darum scheren, denn es wird keine Rolle spielen.

Und deshalb lächelt
Ihr
John Phillips

Kapitel 6: Funkstille

17.–19. August 2043

1

»Eric?«

Er legte das Pad ab.

»Wir müssen uns überlegen, was wir wegen Amy tun.«

»Lass mich noch die Kolumne fertig lesen.«

»Phillipps?«

»Er ist wirklich super.« Eric kaufte jedes Jahr die gedruckte Sammlung seiner Texte; das waren die besten Abhandlungen aktueller Gesellschaftsfragen, die er kannte. In der neuesten Ausgabe ging es wieder mal um den Asteroiden, und so sehr er das Thema auch hasste – wenn Phillips darüber schrieb, traf es den Punkt. Chayne zog ihn gerne damit auf, dass John Phillips Beipackzettel für Medikamente schreiben könnte, und Eric wäre trotzdem begeistert. Womit sie wahrscheinlich sogar recht hatte. Vor zwei Jahren hatte er ernsthaft überlegt, nach Frankfurt, Deutschland, zur Weltbuchmesse zu fliegen, wo man Gelegenheit hatte, einer von Phillips äußerst seltenen öffentlichen Buchpräsentationen beizuwohnen. Leider standen dem ungefähr zweitausend Gründe dagegen: die Dollars für das Reiseticket.

Chayne kam aus dem Schlafzimmer, in dem sie an ihrem Schreibtisch über einem Notizbuch gebrütet hatte – wahrscheinlich war es nicht dasjenige, das sie für die Vorlesungen auf der Uni nutzte, sondern das dickste von allen: ihr Hochzeitsvorbereitungsplaner. Dann ließ sie sich neben Eric auf die Couch fallen.

Er versuchte erst gar nicht mehr, die Kolumne fertig zu lesen. Klar, Chayne würde warten, doch wenn sie ihm über die Schulter sah, fand er keine Ruhe. »Okay«, sagte er, »Thema Amy. Ich weiß ehrlich gesagt nicht, was wir noch tun sollten. Sie ist eingeladen, und sie hat sogar zugesagt. Klingt doch, als laufe alles super.«

»Aber wir wissen, dass man sich nicht unbedingt auf sie verlassen kann.«

»Mama wird schon dafür sorgen, dass sie mitkommt.«

»Bist du dir da so sicher? Wenn Amy die Kleine vorschiebt, lässt sich deine Mutter nur allzu leicht erweichen. Als Oma ist sie …«

»Ja?«

»Weich.«

»Klingt, als hättest du eigentlich etwas weniger Freundliches sagen wollen.«

»Ich werde mich hüten, es mir mit ihr zu verderben. Demnächst brauchen wir sie auch als Großmutter.«

»Demnächst?«, fragte Eric vorsichtig.

»Ooooh, so war das nicht gemeint. *Irgendwann* brauchen wir sie. Irgendwann.«

»Was sollen wir deiner Meinung nach tun?«

»Ruf deine Schwester an.«

»Ich möchte sie nicht nerven.«

»Du machst dir zu viele Gedanken.«

»Ich? *Du* machst dir zu viele Gedanken, Chayne!«

»Einigen wir uns darauf, dass *wir* uns zu viele Gedanken machen?«

Er liebte ihre Diplomatie. »Okay, du hast gewonnen. Ich ruf sie an.« Er nahm das Pad, wischte den Kolumnentext weg und tippte auf Amys Symbol.

Seine Schwester meldete sich mit einem »Hm?«. Dunkle Ringe lagen unter ihren Augen. Kein Zweifel, dass sie zu wenig schlief. Seit etwa zweieinhalb Jahren, als sie Mutter geworden war.

»Amy, hi.«

»Hast du kalte Füße wegen der Hochzeit morgen?«

»Alles bestens. Bei dir auch?«

»Was willst du, Eric? Mich an die Feier erinnern? Ich habe doch gesagt, dass ich komme.«

»Wie geht's unserer Mutter?«

»Sie schläft.«

Er sah auf die Uhr. Vier am Nachmittag. »Jetzt? Ist wohl der Jetlag, was?«

»Sie war nicht in einer anderen Zeitzone, Eric, sondern auf der ISS. Jetlag ist da das falsche Wort. Sie muss mit erheblich größeren Schwierigkeiten kämpfen.«

»Hat sie sich inzwischen nicht dran gewöhnt? Wie oft war sie inzwischen eigentlich oben?«

»Weißt du das wirklich nicht?«

Vier Mal, und sie ist seit fünf Tagen wieder auf der Erde, weshalb wir unsere Hochzeit um eine Woche verschoben haben. »Egal. Ich wollte nur ein letztes Mal mit dir reden, solange ich noch Single bin.«

»Also doch kalte Füße.«

»Dann hätte ich mir Socken angezogen.«

»Witzig.«

»Findest du?«

»Nein.«

»Wir wollten nur sichergehen, dass du morgen kommst.«

»Werd ich.« Sie klang nicht beleidigt oder wütend. »Hör zu, ich versuche gerade, Eve dazu zu bringen, den Teller nicht durch die Gegend zu werfen. Wir sehen uns dann bei deiner Hochzeit, Bruder.«

»Einverstanden.« Das Wort sprach er schon gegen einen schwarzen Bildschirm. Amy hatte aufgelegt.

2

»Einv...«, hörte sie noch, dann brach die Verbindung ab. »Auf Wiedersehen«, sagte sie zu sich selbst. Natürlich würde sie auf seine Hochzeit kommen. Eine einmalige Gelegenheit – davon ging sie zumindest aus. Eric und Chayne waren zusammen erwachsen geworden und hatten sich derart aneinander gewöhnt, dass schon die Welt untergehen müsste, ehe sie sich voneinander trennten.

Was Eve anging, hatte sie ihn belogen. Die Kleine schlief gerade seelenruhig in ihrem Bettchen; das war eine der wenigen Gelegenheiten, selbst die Augen zu schießen und an nichts zu denken. Sie hatte sich gerade auf die Couch gesetzt, als Eric angerufen hatte. Aber die knappe Zeit wollte Amy keinesfalls mit einem Telefonat verschwenden. Im Verlauf der letzten zweieinhalb Jahre hatte sie Ruhemomente wirklich schätzen gelernt. Es gab viel zu wenige davon, und wenn, dann brummte ihr häufig der Kopf wegen tausend wichtiger Dinge, die sie erledigen musste. Die meisten hingen mit Windeln und weich gekochtem Essen zusammen.

Der wenige noch freie Platz in ihrem Gehirn füllte sich üblicherweise ganz automatisch mit Selbstvorwürfen, so sehr sie auch versuchte, diesen nicht nachzugehen. Darin war sie eine wahre Meisterin, die Gedanken kreisen zu lassen und aufzulisten, was sie alles falsch machte.

Was sie zum Beispiel davon abgebracht hatte, ihr Ziel im Auge zu behalten, einer der wenigen Menschen zu sein, der einen Fuß auf den Asteroiden setzte. Stattdessen war sie damit zufrieden, einen jeden einzelnen Tag zu überleben und beurteilte die Woche danach, ob sie insgesamt mehr als sieben mal vier gleich achtundzwanzig Stunden Schlaf bekommen hatte.

Ja, ihre Ansprüche waren geschrumpft.

Oder: Man wuchs eben mit seinen Aufgaben.

Sie ließ sich nach hinten fallen, rückte das Kopfkissen zurecht und schloss die Augen.

Sie wachte ... einfach so auf. Nicht, weil die Kleine heulte oder an ihrem Bett stand. Ihre Hände fühlten sich kräftig an. Lebendig. Seltsam, dass sie ausgerechnet das zuerst wahrnahm. Amy schob die Decke weg und setzte sich auf.

Wann hatte sie sich überhaupt zugedeckt? War sie nach dem Telefonat nicht sofort eingeschlafen? Egal. Sie nahm die Wasserflasche, die neben dem Bett stand, und trank sie mit einem Zug leer.

Sie ging ins Bad und fand, dass ihr Spiegelbild gar nicht übel aussah. Nicht so zerknittert wie sonst, zumindest. Eher wie ein Mensch, und nicht wie eine abgehalfterte Wachsfigur.

Da Eve offenbar noch schlief, überlegte Amy, sich eine Dusche zu gönnen. Sie schnappte sich ihr Handtuch, warf es über die gläserne Schwingtür und sah auf die Uhr, die außen an der Kabine klebte, um abzuschätzen, wann ihrer Erfahrung nach Eve spätestens aufwachte.

Sie stutzte.

9:35 Uhr.

Das hieß, sie hätte sagenhafte drei Stunden geschlafen! Das konnte nicht sein. Das ...

Draußen war es hell.

Um diese Zeit müsste die Sonne längst untergegangen sein. Wahrscheinlich spielte die Uhr verrückt. Ein Fehler im Netzsignal.

Nur dass es solche Fehler nicht gab. Und dass sie sich *scheißausgeschlafen* fühlte.

Sie eilte ins Schlafzimmer zurück und nahm ihr Handy. 9:36 Uhr. Es stimmte also. Nur dass es 9:36 Uhr am Vormittag war und sie nicht drei, sondern fünfzehn Stunden geschlafen hatte.

Amy rannte in Eves Zimmer. Die Kleine konnte unmöglich so lange –

Das Bett war leer.

»Eve? Eve!«

Amy hetzte die Treppe nach unten, so schnell, dass sie fast gestürzt wäre. »Hey, alles gut!«, hörte sie, als sie die Tür zu Küche und Wohnzimmer aufriss.

Mama saß auf der Couch, ein Buch in der Hand. Eve hockte neben ihr, spielte mit ihren Baumagneten und lauschte ihrer Großmutter, die bis eben vorgelesen hatte. *Der geheimnisvolle Marabu*, ihr Lieblingsbuch. Sie liebte das Bild auf dem Cover, mit den kleinen Kindern und dem riesigen Laufvogel, der sie überragte.

»Ich dachte, ich gönn dir den Schlaf«, sagte Mama.

»Aber ... «

»Du hattest ihn nötig.«

Amy konnte nicht widersprechen. Also entschied sie sich für ein schlichtes »Danke. Wie lief es mit Eve?«

»Uns beiden geht's prima.«

»Prima, Mama«, stimmte das Kind zu. »Oma weiterlesen.«

»Geh duschen«, sagte ihre Mutter »In drei Stunden sollten wir zur Hochzeit aufbrechen.«

»Ich hätte gestern noch eine Menge vorbereiten müssen.«

»Du musstest gar nichts, außer schlafen. Und ich werde dafür sorgen, dass du das ab sofort wieder öfter kannst.«

»Aber ich ...«

»Geh duschen, Amy.«

Auf dem Weg nach oben übertrat sie die knarrende Stufe. Wie immer. Seit wie vielen Jahren machte sie das nun schon? Fünfzehn? Es wurde Zeit für eine Veränderung. Sie duschte länger als gewohnt und stellte das Wasser heißer.

3

»Bruder?«

Eric drehte sich um. Er lächelte. »Du siehst gut aus, Amy.«

»Findest du?«

»Die Zweitschönste auf dieser Feier.«

Nun lächelte sie auch. »Damit muss ich mich während deiner Hochzeit wohl zufriedengeben. Obwohl es wahrscheinlich nicht alle so sehen wie du.«

»Ich bin der Bräutigam. Meine Meinung zählt. Die anderen können uns mal gernhaben.«

»Das Selbstbewusstsein steht dir gut. Besser als dieser seltsame Anzug.«

»Hey! Aber ernsthaft, Amy, du siehst wirklich gut aus.«

»Weißt du, ich ...«

Temiz rempelte sie an – ein fettes Muttersöhnchen mit gegeltem Haar und einem Glas in der Hand, aus dem es wahrscheinlich nach Alkohol gestunken hätte, wäre der Kerl nicht selbst die pure Alkoholwolke gewesen. Er war nicht gerade ihr bester Freund, aber sie kannten ihn von der Uni, und sie schuldeten ihm einiges, weil er sie Professor Shaheen vorgestellt hatte. Da war eine Einladung zur Hochzeit das Mindeste gewesen.

»Upsi«, lautete die geistreiche Entschuldigung, die Temiz mit breitem Grinsen an Amy richtete. So ziemlich das lächerlichste Wort, das Eric sich vorstellen konnte.

»Upsi«, wiederholte Amy. Diesen Tonfall – eine Mischung zwischen Süffisanz, Herablassung und Amüsement – hatte Eric schon lange nicht mehr von ihr gehört. Es gefiel ihm. Sie klang fast wie früher, vor ihrem Absturz. Oder wie immer man die aktuelle Phase ihres Lebens nennen sollte, die nichts mehr mit der Teenagerin zu tun hatte, die konzentriert und mit voller Hingabe auf ein einziges, genau definiertes Ziel hingearbeitet hatte.

Temiz lallte irgendetwas, das kaum erahnen ließ, dass er als einer der klügsten Köpfe dieses Landes galt, der mit Forschungsstipendien überhäuft wurde. Ein hoher IQ, ein brillanter Geist und die Fähigkeit, sich auf ein Problem zu fokussieren, schützte offenbar nicht vor den Auswirkungen, die zu viel Hochprozentiges haben konnte.

»Lass gut sein«, meinte Amy. »Und falls du mich anmachen wolltest, ich habe eine zweijährige Tochter. Noch Fragen?«

Hatte er nicht, und darum verzog er sich.

»Er hat dich anmachen wollen?«, fragte Eric. »Wie hast du das erkannt?«

»Die meisten Leute hätten das bemerkt«, sagte Amy. »Außer denen, die so sind wie … naja, wie du.«

Chayne war auf einmal bei ihnen, und obwohl sie unablässig durch den Saal wirbelte, mit jedem der zweihundert Gäste sprach und über alles den Überblick behielt, wirkte sie wie die Ruhe selbst. »Es bedeutet mir viel, dass du hier bist.«

»Ich sagte, dass ich kommen werde, also tue ich es auch.«

»So kenne ich dich von früher, aber in letzter Zeit …«

»Du bist brutal.«

»Nur ehrlich«, widersprach Chayne. Sie trug kein weißes Kleid, denn das fand sie albern, aber was sie anhatte, war schlicht atemberaubend. »Und das besonders zu den Leuten, die ich mag.« Sie streckte die Hand aus. »Heute ist ein guter Tag, um alles zu vergessen, was zwischen uns stand.«

»Hast du heute nicht schon genug erlebt?«

»Amy – bitte.« Chayne hielt die Hand weiter ausgestreckt. »Wir hatten lange Funkstille. Das sollte sich ändern.«

Amy war einen Augenblick wie versteinert, dann schlug sie ein. »Wir können ja später drüber sprechen. Es gibt noch mehr Gäste, um die ihr euch kümmern müsst. Ich werde bis zum Schluss durchhalten, und wenn ihr alle hier rausgekehrt habt, bin ich immer noch da.«

4

Sie hielt Wort.

Zu den Letzten, die gegen fünf Uhr am frühen Morgen aus dem Saal wankten, gehörte der fette Temiz. Eve war mit ihrer Großmutter schon sechs Stunden vorher nach Hause gegangen – Mama hatte nicht mit sich reden lassen, noch länger zu bleiben. *Ich werde auf jeden Fall gehen, und wenn ich die Kleine mitnehme, kannst du den Rest der Feier genießen, Amy.* Also hatte sie zugestimmt, und während die allgemeine Stimmung immer alkoholseliger geworden war, hatte sie sich an stilles Wasser und Birnenschorle gehalten. Und dann, um über die Stränge zu schlagen, hatte sie um 1:11 Uhr einmal an dem kultigen Ingwersekt genippt. Egal, wie angesagt das Zeug sein mochte, ihrer Meinung nach schmeckte es widerwärtig.

Das Brautpaar saß auf dem Boden, zu Füßen des geplünderten Nachtischbuffets. Übrig geblieben war nichts, abgesehen von dieser widerlichen Creme, bei der alles, was eine Creme zu einer *guten* Creme machte – Zucker, Milch und Fett – durch irgendein chemisches Zeug ersetzt worden war.

Amy ging zu den beiden. »Ihr habt es geschafft. Seid glücklich, euer gesamtes Leben lang.«

»Du auch«, sagte Chayne. »Vor dem Stichtag, und danach genauso.«

»Ich hab ihn nicht vergessen, die ganzen zweieinhalb Jahre seit der Geburt nicht.«

»Das weiß ich.«

»Ich hatte nur einfach nicht die Kraft, mich darum zu kümmern.«

»Das musstest du gar nicht. Die Zeit ist auch ohne dich weitergelaufen. Der Asteroid wird kommen, ob mit dir oder ohne dich. Eric und ich haben uns entschieden, uns nicht darum zu kümmern. Dir steht es genauso frei.«

Amy setzte sich zu den beiden. »Das stimmt nicht. Ihr hattet euch, und egal, was kommt – ihr werdet euch auch weiter umeinander kümmern. Mir geht es im Prinzip genauso. Nur dass ich den Asteroiden hatte. Ich war abgelenkt, aber das ist jetzt vorbei. Ich richte meinen Blick wieder aus.«

»Das musst du nicht.«

»Ich will es aber.«

»Sicher?«, fragte Eric.

»So sicher, wie ihr beide euch haben wolltet.«

Eric grinste. »Dann sollten wir ihr nicht widersprechen.«

»Das solltet ihr sowieso nicht. Ich bin nämlich klüger als ihr.«

»Und eingebildeter«, sagte Chayne.

»Ich wiederhole, was du vorhin zu mir gesagt hast«, meinte Eric. »Dein Selbstbewusstsein steht dir gut, Amy.«

»Mama war zum letzten Mal auf der ISS, wusstet ihr das?

Die Ärzte sind sich nicht sicher, ob ihr Körper der Belastung ein weiteres Mal standhalten würde. Sie bleibt im Projekt, natürlich, ihr kennt sie ja … aber am Boden.«

»Ist sie sehr enttäuscht?«, fragte Eric.

»Es macht keinen großen Unterschied. Am Stichtag könnte sie sowieso nicht dabei sein – mit fünfundsechzig wäre sie viel zu alt und schwach. Ich hätte dann das richtige Alter.«

»Aber?«

»Sieh mich an. Ich habe die besten Jahre verloren.«

»Red nicht so über Eve«, sagte Chayne.

»Die Kleine kann nichts dafür. Es war meine Entscheidung. Meine Schuld. Ich glaube nicht, dass ich die Erde jemals verlassen kann.«

»Wer weiß?«, sagte Eric.

Amy winkte ab. »Aber ich werde für das Projekt arbeiten. Trotz meiner … Schwäche habe ich mich auf dem Laufenden gehalten. Es gibt viele Baustellen, tausende Einsatzmöglichkeiten für eine Menge Leute. Die ISS wird deutliche Erweiterungen erhalten. Ein Wissenschaftlerteam arbeitet an einer neuen Nachricht, die zu dem Asteroiden gefunkt werden soll – nicht dass irgendwer ernsthaft an eine Reaktion glaubt, aber man will es trotzdem versuchen. Außerdem werden internationale Koordinatoren gesucht. Und, und, und.«

»Du hast vor, dich nach oben zu arbeiten«, sagte Chayne.

»Das werde ich. Frag mich nicht, wo ich lande – unsere Mutter öffnet mir die ersten Türen, und ich habe kein schlechtes Gewissen deshalb. Es ist, wie es ist. Danach kommt es auf mich an, und ich kann es schaffen.«

»Dann haben wir alle Pläne für die nächsten zehn Jahre«, sagte Chayne. »Eric und ich, wir werden zusammenleben und Kinder bekommen – das hast du schon hinter dir. Du machst also Karriere.«

»Das werdet ihr auch. Steht ihr nicht in Kontakt mit diesem arabischen Wissenschaftler?«

»Professor Shaheen. Also weißt du schon davon?«

»Ein brillanter Sprachphilosoph.«

»Du kennst ihn?«

»Du bist mein Zwillingsbruder, und du meine Schwägerin. Außerdem warst du mal meine beste Freundin, und wie es momentan aussieht, bist du das ab heute wieder. Klar weiß ich, was ihr so tut.«

Eric stupste sie gegen die Schulter. »Dann sag mir, welches Thema wir als Hilfskräfte für Shaheen bearbeiten.«

»Ich weiß, was ihr so tut«, sagte Amy. »Aber das heißt nicht, dass ich es auch nur ansatzweise nachvollziehen kann. Sprachphilosophie ist so ziemlich das bescheuertste Fachgebiet auf Gottes weiter Welt.«

»Das ist das, was du glaubst«, sagte Eric. »In Wirklichkeit ist es ein wunderschönes Thema. Erst wenn wir verstehen, was wir sagen, wie wir denken, und warum wir das tun, können wir ...«

»Ich bin zu müde, um mir einen Vortrag anzuhören, egal, wie begeistert du bist, okay?«

Eric sah auf die Uhr. »Und ich hab ehrlich gesagt auch keine Lust, jetzt einen zu halten. Aber ich würde mich gerne mit euch verabreden – wir drei, heute in zehn Jahren. Dann schauen wir, was aus unseren Plänen geworden ist, klopfen uns auf die Schultern oder trösten uns. Deal?«

»Deal«, sagte Amy, streckte die Faust aus, und die anderen beiden schlugen leicht dagegen.

»Deal«, sagte Chayne. »Heute in zehn Jahren.«

Kapitel 7: Unfall

1

18. August 2053

Amy hatte Angst.

Jeden einzelnen Tag.

Angst, dass es ihr entgleiten und sie auf beiden Ebenen versagen könnte – als Mutter und als NASA-Mitarbeiterin. Oder nur auf einer davon, wobei sich die Frage stellte, auf welcher. Was ließe sich eher mit ihrem Gewissen vereinbaren? Die ehrliche Antwort durfte sie niemandem sagen, denn sie schämte sich dafür, umso mehr, wenn sie in Eves rehbraune Augen sah, die auf so stille Weise schön waren und viel zu ernst für ein zwölfjähriges Mädchen.

Also startete Amy auch heute ihre tägliche Routine: Ein kleines Frühstück mit ihrer Tochter, die Angst begraben, eine Viertelstunde im Badezimmer, die Angst begraben, Eve antreiben, sich zu beeilen, die Angst begraben, die Alarmanlage anschalten und dann ab zum Bus. Ach ja, und während der Fahrt die Angst begraben.

Wenn das alles klappte, konnte der Tag durchaus gut und effektiv laufen. Je öfter sie es durchzog, umso besser beherrschte sie es. Nur manchmal fragte sie sich, ob sie sich die Fortschritte nur einbildete. Vielleicht erlebte sie einfach nur die Auswirkungen eines Gewöhnungseffektes – Dinge fühlten sich weniger schlimm an, wenn man sie oft genug durchlebte.

Allerdings kam sie nicht weit, sondern scheiterte bereits bei *Eve antreiben*. Denn anders als sonst reagierte ihre Tochter nicht darauf, weder mit hektischem Getrampel Richtung Bad noch mit genervten Antworten, und zwar so laut, dass man sie bei günstigen Witterungsbedingungen sogar in der ISS hören konnte. Behauptete jedenfalls ihr Nachbar, der alte Griesgram.

Also ging Amy an Eves Zimmertür, klopfte und öffnete. Ihre Tochter lag im Bett, die Decke bis zum Kinn hochgezogen. Die rotblonden Haare breiteten sich über das Kissen aus.

»Was ist mit dir?«, fragte Amy.

»Migräne.« Das Wort kam leise und gequält.

Ausgerechnet heute. Das dachte sie sofort, und Amy schämte sich dafür. Immerhin sprach sie es nicht aus. »Schlimm?«, fragte sie stattdessen.

»M-hm«, machte Eve. Den Kopf hielt sie dabei völlig still. Amy wusste, dass ihr jede Bewegung wie eine Explosion direkt hinter den Augen vorkam. *Als würde mir jemand einen Löffel in die Augenhöhle schieben, Mama.*

»Ich helfe dir.« Amy ging zur Fensterbank und legte den Schalter um. Die Scheibe verdunkelte sich; Amy ließ erst los, als der Regler 90 Prozent anzeigte. Es fiel kaum noch Licht ins Zimmer. Helligkeit war für Eve in diesem Zustand eine Qual.

»Danke, du kannst ruhig zur Arbeit gehen.«

Das muss ich auch, dachte Amy. »Unsinn, ich bleibe bei dir«, sagte sie.

»Du musst. Hast mir doch gestern noch erzählt, wie wichtig ...« Eve verzog schmerzhaft das Gesicht, drehte sich zur Seite und nahm die Hände an den Hinterkopf. Eine einzelne Träne rann ihr über die Nase.

»Ja, es ist wichtig«, sagte Amy leise. »Gerade weil ich morgen und übermorgen freigenommen habe, um deinen Onkel und deine Tante zu treffen. Aber ...«

»Nix aber. Ich versuche zu schlafen. Ruf Tante Chayne an und frag, ob sie kommen kann. Sie hat schon Urlaub.«

Amy wollte erneut widersprechen, kam sich jedoch unsagbar albern vor. Da lag ihre zwölfjährige Tochter mit einem Migräneanfall, verhielt sich erwachsen ... und Amy versuchte sie zu zwingen, mit ihr zu diskutieren, obwohl sie doch kein einziges Wort ohne Schmerzen herausbrachte. »Okay. Ich kann nicht abschätzen, wann ich heute Feierabend mache. Ruf mich an, wenn es sein muss. Versprich mir das. Ich komme dann sofort.«

»Geh jetzt.«

Sie hörte auf ihre Tochter, sah auf die Uhr, warf sich in ihre Klamotten und machte sich auf den Weg zum Bus. Chayne konnte sie auch noch von unterwegs anrufen. Und danach musste sie sich innerlich vorbereiten. Anstrengende Gespräche standen an – die sich voraussichtlich in langweiliger politischer Korrektheit und dem Wiederkäuen von hundert unterschiedlichen Ansprüchen erschöpften. Also exakt das, was sie seit einem Jahr einmal wöchentlich in der Kompetenzschaltung durchmachte – wenn sie live verbunden mit vierunddreißig beteiligten Ländern die Mediatorin spielte. Es verblüffte sie immer wieder aufs Neue, wer da welche Vorschläge einbrachte und sich an der Entscheidung beteiligen wollte, wie man die Funknachricht ändern musste, die die NASA von der Erde zum Asteroiden abstrahlte.

Und alles – alles! – landete nach den Gesprächen und auch sonst zu jeder Gelegenheit auf Amys Schreibtisch.

In schöner Regelmäßigkeit übrigens auch eine Petition, die diese ganze Arbeit infrage stellte: Durfte man Zeitressourcen der Mitarbeiter überhaupt für ein solches Nebenfeld verschwenden? Denn wer könnte die Botschaft noch auffangen oder gar verstehen? Sollte es auf dem Asteroiden Leben geben, was die Allgemeinheit immer noch als unwahrscheinlich einschätzte, so war diese fremde Lebensform doch sicher nicht imstande zu übersetzen. Aber was, so lautete die Gegenposition, wenn die zweifellos vorhandene Funkstation als Relais diente, das eine Antwort auf die von dort ausgestrahlte Botschaft automatisch auffing und weiterleitete, wohin auch immer?

Jede Stellungnahme brachte wiederum eine gegenteilige Meinung hervor, und wieder, und wieder. Die Diskussion endete nie, Philologen mischten sich ein, Philosophen, Medienwissenschaftler, Evolutionsbiologen, theoretische Physiker, Fremdsprachenlinguisten, Verfechter von mindestens einem Dutzend weiterer Universitätsdisziplinen, von denen Amy nie gehört hatte, und – ihrer bescheidenen Einschätzung nach – ganz nebenbei eine Handvoll Spinner, die eschatologisch, stoisch-mystisch oder schlicht völlig unverständlich argumentierten.

Langweilig wurde es jedenfalls nie.

Aber exakt das hatte Amy gewollt, als sie sich aus ihrer Depression – im Nachhinein beurteilte sie ihren damaligen Zustand so – herausgezogen und sich nach oben gearbeitet hatte. Bis zur Stelle als Koordinatorin für Internationale Zusammenarbeit, die zwei objektive Vorteile mit sich brachte.

Der eine war ein dickes Bankkonto, was die meisten Leute begeistert hätte, für Amy jedoch kaum eine Rolle spielte, abgesehen von der Erleichterung, dass sie damit zugleich allerlei lästige Sorgen loswurde und ihren Kopf für Wichtigeres freihalten konnte.

Der zweite bestand darin, dass alle Abteilungen sie eng in sämtliche Entwicklungen in Sachen Asteroid einbanden, und das war ihr viel mehr wert. Genug jedenfalls, um an jedem

Abend zwei Stunden darin zu investieren, ihre Kenntnisse in sechs Fremdsprachen zu verbessern. Und sie wusste immer noch nicht, ob sie die deutsche oder die chinesische Grammatik unverständlicher und damit auch unerträglicher fand.

Der Bus präsentierte sich an diesem Tag erfreulich leer. Sie setzte sich und gönnte sich den Luxus, kurz die Augen zu schließen.

Arme Eve. Seit die Nanotechnologie ihren endgültigen Durchbruch feierte, machte die medizinische Forschung zwar auf allen Gebieten Fortschritte, aber Migräne blieb offenbar ebenso wie der gemeine Schnupfen ein Buch mit sieben Siegeln. Nur dass man beim Schnupfen wenigstens die meisten Symptome zuverlässig unterdrücken konnte, während bei Migräne immer noch die alten Hausmittel am besten halfen: Dunkelheit, Stille und Schlaf. Über Eves Schreibtisch hing ein Poster der Internationalen Migränehilfe mit deren zwar plakativem, aber zutreffendem Leitspruch: *Raus aus der Reizüberflutung.*

Amy atmete tief durch und rief bei Chayne an.

Das Gesicht ihrer Freundin grinste ihr auf dem Pod entgegen. »Rettungsdienst, was kann ich für Sie tun? Bitte benennen Sie die Art des Notfalls und sprechen Sie ruhig.«

Amy grinste zurück. »Du bist gut gelaunt, was?«

»Sollte ich das nicht sein? Ich habe frei und muss mich nicht um die semantische Diskrepanz beim Peking-Syndrom kümmern.«

»Klingt ... äh ...«

»Ätzend?«

»Spannend. Irgendwie.«

»Ehrlich gesagt«, meinte Chayne, »habe ich zwar frei, kümmre mich aber trotzdem darum. Entweder man verfasst eine Doktorarbeit oder nicht – aber wenn man diesen Irrsinn erst einmal anfängt, ist man ständig damit beschäftigt.«

»Ich biete dir für heute einen Ausweg. Ganz umsonst.«

»Bin gespannt.«

»Eve gehts schlecht. Sie hat mich zur Arbeit geschickt und fragt, ob du kommen kannst.«

»Lass mich kurz nachdenken. Entweder Spitzfindigkeiten in der Semantik unter besonderer Berücksichtigung der Metaphorischen Revolution von 2045 bearbeiten, Kapitel 4.3.2.3, wenn ich mich nicht täusche ... oder meiner Nichte und Lieblingspatentochter in der Not beistehen. Hm. Okay, ich hab mich entschieden.«

»Danke, Chayne, du bist ...«

»Ich weiß. Wundervoll. Was ist bei dir los?«

»Das Übliche. Du weißt doch, dass der Verfasser der ersten Funkbotschaft an den Asteroiden vor einem Jahr überraschend bei einem Unfall gestorben ist.«

»Und?«

»Ich habe zehn neue E-Mails im Posteingang, weil dessen Sohn wegen einer Magenverstimmung einen Furz gelassen hat. Unter anderem informiert mich dessen Sekretär, irgendein Journalist eines asiatischen Reisejournals und wie immer ein anonymer Informant.«

»Ich glaube dir kein Wort.«

»Musst du auch nicht. Aber was auf meinem Schreibtisch landet, ist fast genauso absurd.«

»Du liebst deine Arbeit. Ich hör es dir doch an.«

»Ist das bei dir anders?«

»Wahrscheinlich spinnen wir ein wenig.«

»Gut so. Und Chayne ... danke, dass du bei Eve einspringst.«

»Gern. Ich freu mich auf unser Treffen morgen. Immerhin steht der Termin seit zehn Jahren.«

»Ihr habt vor einem ganzen Jahrzehnt geheiratet – verrückt,

dass das so lange her ist.« Kaum sprach sie es aus, fiel ihr etwas auf. »Aber ... euer Hochzeitstag ist doch eigentlich heute.«

»Auch schon gemerkt?«

»Ich dachte, wegen unseres Treffens morgen ... wir ... ach, verdammt, ich hab nicht nachgedacht und das Datum verwechselt. Sonst hätte ich dich nicht gefragt.«

»Tja, wir haben das Feiern um einen Tag verschoben«, sagte Chayne. »Klingt nicht besonders romantisch, ich weiß. Weil wir uns morgen ohnehin mit dir treffen – laut unseres heiligen Deals frühmorgens nach der Hochzeitsfeier. Und Eric muss heute sowieso einige Kurse an der Uni leiten. Also alles kein Problem. Ich spring jetzt unter die Dusche und kann in einer Stunde bei Eve sein.«

»Du bist die Beste.«

»Das war mir immer klar. Ich wünsch dir einen guten Arbeitstag. Und erzähl uns morgen, was aus den Blähungen dieses Typen geworden ist.«

»Das wollt ihr gar nicht wissen. Ist langweilig.«

»Dann berichte mir nur die spannenden Sachen.«

»Ich fürchte ja, ihr findet überhaupt nichts spannend, was den Asteroiden angeht.«

»Das stimmt zwar«, sagte Chayne, »aber du, Amy ... für dich interessieren wir uns.« Sie legte auf.

Amy sah lächelnd aus dem Fenster. Das Leben meinte es gar nicht so schlecht mit ihr. Der Asteroid mochte vieles durcheinandergewirbelt haben, aber einiges war erst dadurch auf den richtigen Platz gefallen.

2

Die Sonne brannte, und Eric genoss den Schatten, den die Mauer des Innenhofs warf. »Wie geht es Eve?«, fragte er. Chayne hatte ihm natürlich davon erzählt, und obwohl sie vor Amys Rückkehr nach Hause gegangen war, hatte Eric bereits geschlafen, als sie ankam.

Seine Schwester lächelte. Sie wirkte gelöst, geradezu entspannt. »Alles prima. Die Attacken quälen sie meistens nur einen Tag. Sie ist jetzt in der Schule, und später geht sie mit zu ihrer besten Freundin, wo sie auch übernachtet. Wir drei können von mir aus so lange bleiben, wie wir wollen. Schließlich haben wir zehn Jahre darauf gewartet.« Sie hob das Weinglas, formte die Lippen zu einem unhörbaren *Prost* und nahm einen Schluck.

Eric folgte ihrem Beispiel. Er hatte zwar keine Ahnung von Wein, aber das Zeug schmeckte verflixt gut. »Soll ich ehrlich sein?«

»Nö. Lüg mich lieber an.«

Eric lachte. »Damals, bei der Hochzeit ... als wir gesagt haben, wir treffen uns in zehn Jahren ... ich hatte Angst, dass wir uns bis dahin völlig aus den Augen verlieren. Und ich hatte mir vorgenommen, in dem Fall dieses alte Versprechen zu nutzen, meine mir unbekannte Schwester zu einem Wiedersehen zu zwingen.«

»Wie in diesem Filmklassiker«, meinte Amy rasch, in dem gehetzten, plappernden Tonfall, der zeigte, dass sie einem unangenehmen Thema aus dem Weg gehen wollte, »wo eine Gruppe von Erwachsenen zusammenkommt, die als Kinder beste Freunde waren. Wie hieß der noch mal?«

Eric winkte ab. »Lenk nicht ab. Ich hatte damals wirklich

Angst, Amy. Dass wir uns völlig auseinanderleben könnten. Es stand nicht gut um uns. Und jetzt bin ich froh, dass es anders gekommen ist.«

Sie nahm noch einen Schluck Wein. »Ich hatte euch um Hilfe gebeten, wegen Eve, und ihr seid die ganze Zeit für mich da gewesen. Das war nicht selbstverständlich. Ich vergesse das nie. Ohne euch hätte ich es nicht geschafft.«

»Du wärst trotzdem eine gute Mutter geworden«, sagte Chayne. Im Unterschied zu den beiden anderen stand vor ihr ein alkoholfreier Cocktail, den der Besitzer des kleinen Restaurants höchstpersönlich mit einem charmanten Lächeln in seinem faltigen Gesicht und den Worten »Ihr Kindercocktail, Ma'am« serviert hatte.

Ihr Tisch stand im Innenhof des Restaurants, das dieser urige Italiener *schon immer* führte – Eric erinnerte sich, dass er bereits als kleines Kind geglaubt hatte, der Besitzer müsse uralt sein. Einmal hatte Eric ihn gefragt, ob er als Junge einen Dinosaurier als Haustier gehalten hätte, woraufhin der Alte – der damals höchstens fünfzig gewesen sein konnte – meinte, das stimme und er bringe beim nächsten Mal ein Foto mit. Was er natürlich immer wieder vergessen hatte, bis Eric die Lust am Nachfragen verging und er außerdem den Unterschied zwischen ein paar Jahrzehnten und etlichen Jahrmillionen begriff. Das war eine der nicht so schönen Entwicklungen, wenn man erwachsen wurde – die Welt konnte einen mit einem Mal weniger verzaubern. Mit der Kindheit verlor man auch den Blick für Wunder und musste ihn sich mühevoll wieder erkämpfen.

Eric fiel plötzlich auf, wie lange sie bereits schwiegen.

»Es stimmt, Amy, und ich sage es gern noch mal: Ohne uns wärst du eine genauso gute Mutter geworden.«

»Aber ich hätte es nicht geschafft, neu durchzustarten und mich in der NASA nach oben zu arbeiten.«

Eric lag die Bemerkung auf der Zunge, dass das nichts an ihrer Persönlichkeit und an ihrem Wert als Mensch geändert hätte ... doch er schluckte die Worte lieber hinunter. Er wollte ihr übliches Reizthema nicht auch an diesem Tag auf den Tisch bringen. Ohnehin war die Stimmung viel angespannter als sonst bei ihren Treffen. Die Schatten der Vergangenheit griffen heute stärker nach ihnen – vielleicht, weil sie den Termin damals bereits festgesetzt hatten und jeder seine alten Gedanken, Erwartungen und Befürchtungen unbewusst mit sich schleppte.

Also riss er sich zusammen und sagte: »Aber du hast es geschafft. Gratulation. Wenn wir dir helfen konnten, umso besser. Dafür ist Familie doch da, oder?«

»Wo du gerade von Familie sprichst ... wie geht's Papa?«, fragte Amy.

»Gut.« Das Wort rutschte ganz automatisch heraus, und erst, als Eric sich selbst hörte, fiel ihm auf, dass er seit Wochen nichts von ihm gehört hatte. Oder waren es schon Monate? *Gut.* Wie kam er eigentlich darauf?

»Sein Zucker macht ihm zu schaffen, aber er kommt zurecht«, sagte Chayne.

Woher wusste sie ...?

»Ich hab ihn gestern angerufen, mit Eve, als es ihr am Nachmittag etwas besser ging. Es hat ihr gutgetan, von ihrem Großvater zu hören. Und ihm auch. Er lässt euch beide übrigens grüßen.« Sie verstellte die Stimme: »*Aber nur, wenn sie nach mir fragen, Liebes!*«

»Hat er wieder gefragt, wann er mit einem zweiten Enkelkind rechnen kann?«, fragte Eric, und damit war die Wurzel seiner Unlust, sich mit seinem Vater zu beschäftigen, berührt.

Chayne wich seinem Blick aus und griff nicht nach ihrem alkoholfreien Getränk, sondern nach seinem Wein. »Hat er.« Sie trank das Glas leer. Als sie es abstellte, zitterten ihre Finger.

»Tut mir leid«, sagte Amy. »Es gibt nichts Neues, nehme ich an?«

Eric schüttelte den Kopf. »Und es sieht auch nicht so aus, als würde sich das jemals ändern. Die Hormontherapie schlägt nicht an, und die Revitalisierung genauso wenig. Da unten ...« Er deutete an seinem Bauch vorbei. »... ist bei deinem Bruder nichts los, Amy.«

»Also, was das Kinderzeugen angeht«, stellte Chayne klar. »Sonst schon.«

»Äh«, machte Amy. »So genau muss ich das ... nicht wissen.«

Da erst fiel Eric auf, was er gesagt hatte, und er fühlte, dass er einen roten Kopf bekam wie ein kleiner Junge. Der Blick in die Speisekarte rettete ihn. »Wir sollten allmählich mal bestellen. Ich habe Hunger. Ihr nicht?«

Die Tagesempfehlung lautete auf hausgemachte Rigatellinis – eine der vielen neumodischen Pastasorten, die die Klassiker kreativ miteinander kombinierten – mit Walnussstücken, gebratenem Bauchspeck und gehobeltem Ingwer. Man bekam hier schon immer absonderliche oder fantasievolle Kreationen des Küchenchefs – je nach Auffassung. Und Eric probierte sie seit Jahren, meist zu seinem Genuss. Nur selten fühlte er sich anschließend enttäuscht, ein einziges Mal aber war es sogar schlicht ekelerregend gewesen.

Wenig später kam der Alte zurück, gut gelaunt wie immer. Eric bestellte die Tagesempfehlung, was ihm ein »Sag mir hinterher, ob es schmeckt, ich hab's selbst noch nicht versucht« einbrachte. Chayne blieb bei einer klassischen Lasagne, Amy nahm die Heuschrecken-Pizza. Über Geschmack ließ sich bekanntlich nicht streiten.

»Wie läuft es bei deiner Arbeit, Amy?«, fragte Chayne. »Ist eine Einigung abzusehen, wie die neue Funkbotschaft lauten soll?«

»Noch lange nicht. Ihr müsstet den Ordner mal sehen, in dem ich die konkreten Vorschläge der verschiedenen Nationen sammle. Und die Probleme mit diesen Anregungen, die vor allem zwischen den Ländern auftreten, bei denen es sowieso Spannungen gibt. Man unterstellt sich Dinge, das glaubt ihr gar nicht.«

»Hast du dir meinen Hinweis überlegt, Professor Shaheen als unabhängigen Experten eine Sichtung vornehmen zu lassen?«

»Ich vertraue eurer Einschätzung ... aber eins muss ich euch sagen. Niemand, der an einer amerikanischen Universität lehrt, könnte je als unabhängig akzeptiert werden. Also habe ich einen Antrag gestellt, dass er NASA-intern diese Rolle spielt, um mir einen neuen Blickwinkel zu ermöglichen. Allerdings ohne jede Außenwirkung. Sein Name wird in keinem einzigen öffentlichen Bericht auftauchen. Falls der Antrag durchgeht und Shaheen unter diesen Bedingungen zustimmt.«

»Wird er«, gab sich Chayne überzeugt. »Auf öffentliche Breitenwirkung kam es ihm noch nie an.«

»Dann ist er eine Ausnahme.«

»Stimmt. Ist er.«

»Ansonsten kämpfe ich mit einem anderen Problem – wenn man es so nennen will.« Amy legte eine ebenso kurze wie effektive Pause ein, um die Spannung zu steigern. Wahrscheinlich tat sie es nicht mal bewusst; sich wirkungsvoll zu präsentieren, war ihr in den letzten Jahren in Fleisch und Blut übergegangen. »Unter der Oberfläche herrscht Krieg, Leute. Ihr könnt euch nicht vorstellen, wie die Medienkonzerne gegeneinander angehen, um sich die Live-Rechte zu sichern.«

»Woran?«, fragte Eric.

Seine Schwester blickte ihn an, als zweifle sie daran, dass er diese Frage wirklich gestellt hatte. »An der Landung auf dem Asteroiden, was sonst?«

»Ihr werdet einen *Journalisten* dort hochschicken?« Eric erinnerte sich dumpf, einmal bei John Phillips darüber gelesen zu haben, was er aber für einen Scherz gehalten hatte.

»Erstens: wahrscheinlich nicht. Es gibt gute Gründe dafür, dass es eher eine Frau sein wird. Und zweitens: selbstverständlich. Kannst du dir auch nur andeutungsweise vorstellen, wie viel Geld die NASA braucht, um die ganze Aktion vorzubereiten und zu koordinieren? Die technologische Entwicklung, das Personal, die verdammte Ethik-Kommission ... das alles verschlingt Unsummen.« Amy schnippte mit den Fingern. »Einfach so. Jeder einzelne Tag. Das mediale Exklusivrecht bringt eine Menge von diesem Geld zurück. Die Gebote schießen in die Höhe, wahrscheinlich weil vor wenigen Tagen Jubiläum war – es sind noch genau zehn Jahre.«

»Wer wird gewinnen?«, fragte Eric.

Amy schüttelte den Kopf. »Ich habe keine Ahnung. Es ist ein völlig undurchschaubarer Dschungel, welche Gesellschaft wem gehört und wer hinter den Kulissen mit wem kooperiert. In sämtlichen Ländern haben sich in den letzten Jahren private Medienhäuser gegründet, die mit Politik, Werbung und Urheberrechten handeln. Manches wandert über meinen Schreibtisch, genauer gesagt, alles, was aus dem Ausland kommt. Aber ich leite das meiste nur weiter. Entscheiden werde ich sowieso nichts. Und ich schätze, es wird noch mindestens fünf Jahre dauern, bis jemand den Zuschlag erhält.«

Das Gespräch drehte sich eine Zeit lang um den Sinn und Unsinn einer Berichterstattung direkt aus dem All, bis hin zur alten Frage von Wahrheit und Lüge, Sein und Schein. Selbst wenn eine Kamera alles aufzeichnete – würde die NASA es ungefiltert weitergeben, falls es zu einer Katastrophe kam? Falls irgendeine Technologie versagte? Was, wenn man tatsächlich auf eine Lebensform traf? Was war Wahrheit – das, was dort oben, außerhalb der Erdatmosphäre faktisch geschah – oder das, was eben jener Journalist und seine Mediengesellschaft filterte und weiterleitete?

Derlei philosophisches Geplänkel wurde erst durch das servierte Essen unterbrochen.

Eric pikte ein Stück Speck auf. »Handfester als unsere Spekulationen über die Zukunft«, meinte er und aß.

Die köstliche Mahlzeit hob die Stimmung. Es floss eine weitere Runde Wein, und danach noch mehr, und irgendwann präsentierten sie sich alte Anekdoten aus ihrer Kindheit.

Es war schon nach Mitternacht, als Chayne erzählte, wie sie so häufig mit dem Fahrrad unterwegs gewesen war. »Die verdammten schwitzigen Haare unter dem Helm!«

In diesem Augenblick schlug Amys Dienst-Pod Alarm.

3

Nacht vom 19. auf den 20. August 2053

»Entschuldigt«, sagte sie. »Bei diesem Alarmton muss ich nachsehen. Hohe Dringlichkeitsstufe.« Ihre Zunge fühlte sich infolge des Weins etwas schwer an. Vor allem vor dem letzten Wort musste sie sich konzentrieren, um es nicht zu verschleifen.

Sie zog das Pod aus der Tasche.

Die Nachricht kam nicht von ihrem direkten Vorgesetzten Eryn, wie sie es erwartet hatte. Der Absender lautete: *Arroway.*

Dieser Name machte sie augenblicklich nüchtern. Die Weinseligkeit verflog.

Ihr Bruder sah ihr offenbar an, dass sie verblüfft war. Oder schockiert. »Was ist?«, fragte er.

»Belinda Arroway«, sagte sie, ohne sich weiter zu erklären.

»Wer ist das?«

»Das höchste Tier der NASA.« Amy tippte auf das Symbol. Die Nachricht war an etwa zwanzig Mitarbeiter gegangen – mit dem Vermerk der maximalen Geheimhaltungsstufe. Was im Klartext hieß, dass sie ihrem Bruder und Chayne nicht sagen durfte, was sie gleich lesen würde. »I-ich ...« Ohne den Satz zu beenden, stand sie auf, ging ein paar Schritte zur Seite, lehnte sich gegen die Mauer.

Sie las.

Blinzelte.

Und las erneut.

Da stand immer noch dasselbe.

»Ich muss weg«, sagte sie.

»Was?« Das war Chayne.

»Ich kann's euch wahrscheinlich in ein, zwei Tagen sagen«, meinte Amy. In dieser Hinsicht ähnelte es der allerersten Entdeckung der Nachricht, die vom Asteroiden ausging: Es würde sich nicht lange geheim halten lassen.

Ihre Wangen fühlten sich kalt an. Zweifellos sah sie so bleich aus, als hätte sie eine schreckliche Botschaft erhalten. Dabei war es nur aufregend. Begeisternd.

Verstörend.

Sie steckte das Pod ein. »Ich fahre zur NASA.«

Ehe sie den Torbogen nach draußen erreichte, stand Eric bei ihr und hielt sie fest. »Du hast getrunken und bist offenbar nicht richtig bei dir. Ich lass dich nicht allein hinters Steuer.«

»Du bist betrunkener als ich. Nach dem, was ich eben gelesen habe, bin ich voll bei mir und komme zurecht.«

Chayne reichte ihr die Jacke, die sie vergessen hatte. Soviel zum Thema *Voll-bei-mir*. »Nimm das hier mit«, sagte ihre Freundin. »Samt Portemonnaie, Ausweis und sonstigem Kram, den du vielleicht brauchst.«

Sie griff danach. »Danke. Ich … tut mir leid, dass der Abend so endet. Wir sehen uns.«

»Bist du …«

»Nein, alles in Ordnung.«

Aber war es das wirklich? Sie dachte nach und kam zu einer klaren Antwort. Ja – und mehr als das. Das Spiel um den Asteroiden hatte eine Wendung genommen, und von jetzt an war es interessanter als je zuvor. So interessant, dass ihr die Konsequenzen Angst einjagten.

Wenig später ließ Amy ihren Wagen an. Ohne den Blinker zu setzen, rollte sie los. Das leise, kaum wahrnehmbare Surren des Motors beruhigte sie: Es ging gleichmäßig und im Takt. Es gab keinen Grund, die Nerven zu verlieren. Man musste einfach nur nachdenken. Sehr gut nachdenken. Und wahrscheinlich eine Million sogenannter Fakten neu interpretieren.

Sie spürte den Drang, darüber zu sprechen. Bis sie bei der NASA ankam, dauerte es noch mindestens eine halbe Stunde. Viel zu lange. Bis dahin würde sich ihr Gedankenkarussell tausend Mal gedreht haben.

Sie fuhr schneller. Die Straßen waren um diese Uhrzeit – 1:17 Uhr, sah sie – so gut wie leer. In dieser Gegend klappte man spätestens um Mitternacht sprichwörtlich die Bürgersteige hoch. Verdammt, wer hatte noch auf der Liste der Empfänger gestanden? Und wen davon könnte sie anrufen, um während der Fahrt zu sprechen? Ihre Mutter? Amy hatte nicht darauf geachtet. Sie aktivierte das Pod. »Sprachbefehl.

Lies mir die Empfängerliste der neuen Nachricht von Arroway vor.«

Die Antwort kam sofort, in wunderbarem Raumklang, weil sich das Pod automatisch mit dem Soundsystem des Autos koppelte.

»Cymon, W. H., Deringhouse, C., Anderson, C.« Wie immer klangen die Eigennamen seltsam künstlich, wenn das Pod sie vorlas; die Sprachausgabe funktionierte bei unbekannten Worten nicht reibungslos. Keiner der drei war der richtige Ansprechpartner für Amy. Also hörte sie weiter zu. »Fanders, B., Hogan, R. R.« Die Adressaten waren nicht alphabetisch geordnet; Arroway musste sie per Hand einzeln eingegeben haben. »Winchester, F., Allamore, I.«

Da war sie! Und es gab keinen Zweifel, dass sie nach dem Alarm wach war, ob es nun mitten in der Nacht war oder nicht.

»Stopp!«, rief Amy. »Ruf Mutter an.«

Die Verbindung stand sofort: »Ja?«

»Mama, ich bin's.«

Im Hintergrund war leises Summen zu hören. »Amy.« Bremsen quietschten. »Ich bin unterwegs. Du wahrscheinlich auch?«

»Bin ich. Was glaubst du?«

»Ich hab es immer gehofft. Es gibt Leben auf dem Asteroiden.«

»Es ist nicht ganz sicher. Es könnte ...«

»Amy, ich kenne die theoretischen Möglichkeiten von irgendwelchen Simulationen, weil man jedes nur denkbare Szenario durchgekaut hat. Aber du hast mich gefragt, was ich glaube. Und das ist absolut eindeutig. Dies ist der Beweis, Amy. Dort oben wartet eine fremde Lebensform auf uns.«

»Was, wenn es ein Täuschungsmanöver ist?«

»Wem traust du das zu?«, fragte Mama.

»Keiner weiß, was in den Köpfen dieser Leute vorgeht, die ...«

»Das meine ich nicht! Wer hätte die technischen Möglichkeiten, der NASA zu simulieren, dass sich die Botschaft des Asteroiden verändert hat? Wer, Amy?« Wieder quietschten Bremsen. Jemand hupte.

»Fahr vorsichtig«, bat Amy. »Egal, wie aufregend es ist, wir dürfen nicht ...«

»Mach Eve Vorschriften, wenn sie soweit ist, für den Führerschein zu üben – aber nicht mir! Und gib mir Antwort: Wer könnte das tun?«

»Niemand. Die neue Botschaft kommt von dort draußen.«

»Genau das ist es! Meine Frage lautet also: Wieso ausgerechnet jetzt? Wir strahlen unsere Nachricht seit Jahren zum Asteroiden, und ausgerechnet jetzt reagiert wer oder was auch immer darauf, baut unsere Worte in die alte Funksendung ein und schickt sie an uns zurück. Ausgerechnet jetzt«, wiederholte sie noch einmal.

Amys Hände krampften sich um das Lenkrad. Das Fahrsystem gab eine Geschwindigkeitswarnung. Amy ignorierte den Hinweis. Die Straßen waren leer, immer noch, und außerhalb des Ortes erst recht.

»Dafür muss es einen Grund geben, Amy«, sagte Mama. »Und wir werden ...« Sie verstummte mitten im Satz.

Amy hörte ein Krachen. Das Kreischen von Metall, das sich verbog. Das Platzen einer Autoscheibe. Den kurzen, abgehackten Schrei ihrer Mutter.

Dann brach die Verbindung ab.

Amy trat auf die Bremse. Ihr Wagen schlingerte und blieb stehen. Sie schaltete den Warnblinker an. Ihr Herz raste. Der Lärm. Der Schrei. Kein Zweifel. Mama hatte einen Unfall, weil sie sich kein bisschen aufs Fahren konzentriert hatte.

Sie versuchte, ihre Mutter erneut zu erreichen. Das System meldete, dass keine Verbindung aufgebaut werden könne. Amy sah ein zerquetschtes, zersplittertes Pod geradezu vor sich. Sie biss sich auf die Unterlippe, und augenblicklich schmeckte sie Blut. *Hör auf!*

Mit geschlossenen Augen atmete sie tief durch und sah sich endlich in der Lage zu reagieren. Sie rief die letzten Koordinaten von Mamas Pod auf und leitete sie an die Unfallzentrale weiter. Dort würde die automatisierte Meldung sofort einen Alarm auslösen und einen Arzt auf den Weg schicken. Trotzdem rief sie die Notfallnummer an und gab durch, was sie soeben erlebt hatte. Ihr war übel.

»Beruhigen Sie sich, Miss«, sagte die Männerstimme, die vor allem müde klang und von geheucheltem Mitgefühl triefte. »Wir kümmern uns bereits darum und werden bald am Ort sein, wo Ihre Schwester den Unfall ...«

»Meine *Mutter*! Haben Sie überhaupt zugehört? Mut-ter!«

»Schon gut, Miss. Ich erhalte ...«

Amy legte auf, lehnte den Kopf zurück und schrie.

Dann startete sie den Wagen und fuhr los. Sie brauchte eine Viertelstunde bis zur Unfallstelle. Wenn Mama vor Ort erstversorgt wurde, könnte sie noch rechtzeitig ankommen. Wer wusste, wie schnell der Rettungswagen dort eintraf. Sie zwang sich dazu, nicht zu rasen.

Fünf Minuten später kam ihr mit dem ersten klaren Gedanken ihr Bruder in den Sinn, und sie rief ihn an.

4

20. August 2053

Eric saß auf dem hässlichen Klappstuhl und starrte auf das Aquarium, in dem eine Handvoll gelbroter Fische ihre Bahn zogen. Gerade verschwanden sie wieder einmal hinter dem aufgeschichteten Riffgestein.

»Ich seh sie vor mir«, sagte Amy. »Wie dieser Feuerwehrmann die ... die Wagentür aufgeschnitten hat.« Sie legte die linke Hand vor den Mund. Die Finger zitterten.

Die Fische kamen erneut zum Vorschein, eine Krankenschwester eilte durch den Warteraum. Irgendwo im Hintergrund grölte ein Betrunkener und beschwerte sich, dass man ihn immer noch nicht versorgte. Es roch antiseptisch.

Chayne saß neben Amy. Sie beugte sich zu ihr und umarmte sie.

»Ich habe den Armstumpf gesehen. Das blutige Haar.« Amys Stimme klang erstickt. Sie hob den Blick. »Sie ist da hoch ins All geflogen, nicht nur einmal, und dann erwischt sie dieser LKW. Einfach so. Es ist so lächerlich.«

Sie schwiegen.

Die Fische zogen ihre Runden.

»Wie oft«, sagte Eric, ohne irgendjemanden anzusehen, »haben wir diese Szene in Filmen gesehen? Die Angehörigen sitzen im Warteraum und warten auf den Arzt, der ihnen mitteilen wird, ob der Patient noch lebt. Ob er für immer gelähmt ist oder alles in ein paar Wochen wieder in Ordnung sein wird.«

Aber nie, dachte er, kamen in diesen Filmen die Fische vor, die stumm und stoisch ihre Kreise schwammen. Stattdessen hielt die Kamera auf die Gesichter, auf die künstlich geröteten Augen und die falschen Tränen. Wahrscheinlich, weil niemand wissen wollte, wie es sich wirklich anfühlte (kalt und unbequem), was man hörte (das Lallen eines Besoffenen), oder roch (Desinfektionsmittel und Blut) und sah (schöne, elegante, kleine Fische, die sich einen Dreck um das Leben und den Tod irgendwelcher Menschen scherten).

Amy stand auf, ging zu dem Getränkespender und ließ Wasser in einen Becher laufen. Er lief über, und erst dann nahm sie den Daumen vom Knopf. Als sie den Behälter herausnahm, verschüttete sie etwas. Sie trank und setzte sich. »Einer der Sanitäter hat ihre Hand aus dem zerquetschten Wagen geholt und sie auf Eis gelegt. Wie eine Cocktailkirsche.«

Eric wurde übel. »Sie wird überleben. Vielleicht können sie die Hand sogar wieder ...« Er würgte, ein Schwall Erbrochenes füllte seinen Mund. Er schluckte krampfhaft, nahm Amys Becher und trank.

Amys Pod gab einen Alarmton von sich, denselben wie vor wenigen Stunden im Restaurant. Sie reagierte nicht darauf. Es summte wieder. »Wenn sie nicht überlebt, ist sie wegen dieser Nachricht von vorhin gestorben.«

Er empfand nicht das geringste Verlangen nachzufragen, worum sich diese Nachricht überhaupt drehte. »Sie ist nicht tot.«

»Du hast sie nicht gesehen, Eric.«

»Wenn sie tot wäre, wüssten wir es. Es kann noch passieren, aber ...« Ja, aber was? Er fand keine Worte.

»Sie war so aufgeregt und so ... begeistert. Es hat sie aus der Bahn geworfen, so sehr, dass sie den Verkehr nicht beachtet hat. Und ...« Amy schwieg.

Eric sah ihr an, dass ihr in diesem Augenblick zum ersten Mal der Gedanke kam, von dem er gehofft hatte, sie würde ihn nie denken. Er las es in ihren Augen. *Ein Zwillingsding*, so hatten sie es früher genannt. »Amy?«

»Was?«

Er war überzeugt, dass sie es dachte – so sehr, dass er es aussprach, ohne Angst, sie damit überhaupt erst auf die Idee zu bringen. »Es war nicht deine Schuld. Du hast mit ihr telefoniert, aber ...«

»Ich habe sie noch mehr abgelenkt.«

»Hast du nicht.«

»Du bist nicht dabei gewesen!«

»Sie telefoniert häufig während Autofahrten. Die meisten Leute tun das. Es war nicht deine Schuld.«

Ein Arzt kam in den Warteraum, sah sich um und kam auf sie zu. Eric wusste sofort, dass er keine guten Nachrichten brachte, denn genau wie im Klischee dieser zahllosen Filme sah sein Gesicht ernst aus.

5

24. Dezember 2060

»Es ist Weihnachten, Mama.« Amy legte die Hand auf die bleichen, reglosen Finger, die aus dem Ärmel des Nachthemds hervorlugten. Diese Finger, die sich seit sieben Jahren nicht mehr aus eigener Kraft bewegt hatten, fühlten sich kühl an.

Im Hintergrund schnaufte die Maschine, die Mamas Atmung überwachte und regulierte. Manchmal leistete ihr Körper von selbst genug, zu anderen Zeiten musste die Medotechnologie nachhelfen. Für Amy war es das traurigste Geräusch, das sie kannte.

»Ich feiere mit Eric und Chayne. Papa wird auch kurz vorbeikommen.«

Anders als bei dir, dachte sie, und es schmerzte. Aber so war es eben. Er hatte seine neue Familie; so ziemlich das einzige Thema, das sie bei Mama nie erwähnte. Ob sie etwas von dem verstand, was Amy ihr seit Jahren erzählte, wusste sie nicht. Den Gehirnströmen nach zu urteilen, war es nicht so. Doch wie sagte Eric? Wissenschaft war nicht alles. Und in diesem Fall stimmte sie ihm zu.

Mamas Augen standen offen. Sie blinzelte selten, aber immerhin. Jeden Abend schloss ihr eine Schwester die Lider, und dann hielt Mama sie auch geschlossen, bis es am nächsten Vormittag wieder hell wurde im Zimmer. Seltsam, urteilten die Ärzte, doch kein Wachkoma glich dem anderen, jeder Patient zeigte seine Eigentümlichkeiten. Nur eines verband über 99 Prozent von ihnen: Wer wie ihre Mutter erst einmal jahrelang im Koma gelegen hatte, erwachte nicht mehr daraus.

»Gestern ist die Entscheidung gefallen«, sagte Amy. »Die NASA hat die Exklusivrechte für die Medienbegleitung des Kontakts mit dem Asteroiden vergeben. Kein Zufall, dass das so kurz vor Weihnachten passiert ist, wenn du mich fragst … ich glaube, es sollte eine Art Geschenk werden, ein Aufatmen für die Bieter, dass es endlich Gewissheit gibt. Und natürlich ist es ein Witz, dass IndiaStream das Rennen gemacht hat. Die Leute dort sind Buddhisten und haben mit Weihnachten entsprechend wenig am Hut.«

Die Maschine schnaufte.

Mama blinzelte.

»Wen sie mitschicken werden, ist noch nicht sicher, aber eine ganz bezaubernde Reporterin steht hoch oben auf der Liste. Die Entscheidung muss bis in zwei Monaten fallen, damit das Weltraumtraining beginnen kann. Ich darf sie betreuen. Oder *ihn*, wenn es doch ein Mann wird.«

Die Maschine schnaufte.

Mama starrte.

»Noch zweieinhalb Jahre. Uns allen läuft die Zeit davon. Ich wünschte, du könntest das alles miterleben. Du hättest es verdient.«

Amy wischte eine Träne weg. Kaum zu glauben, dass die dürre Gestalt unter der dünnen Decke die gut durchtrainierte Frau gewesen war, die mehrfach die ISS besucht hatte. Dass dieses Gehirn, das keine Reaktion, kein Wort, wahrscheinlich keinen einzigen Gedanken mehr zustande brachte, dasselbe sein sollte, das so viele Hypothesen aufgestellt und überprüft hatte. Nach wie vor zehrte das gesamte Projekt von ihren brillanten Überlegungen. Nicht, dass sich die NASA lumpen ließ – finanziell versorgte sie Mama bestens. Egal, wie lange sie noch in diesem Zimmer liegen musste, alle Rechnungen wurden beglichen, prompt und beständig.

»Eric und Chayne wollen morgen vorbeikommen, spätestens übermorgen.«

Nicht dass es einen Unterschied für dich macht. Amy schob den Gedanken bewusst beiseite.

»Nur noch zweieinhalb Jahre. Ich frage mich manchmal, was ich danach tun werde. Was, wenn wir trotz allem gar nichts finden oder die Landung nicht gelingt? Wenn all die Arbeit ...« Amy brach ab.

Die Maschine schnaufte.

Mama blinzelte.

»Egal. Es wird weitergehen. Mit ein wenig Glück können wir auswerten, was wir dort oben finden, und das sollte uns noch lange beschäftigen. Ich halte daran fest, dass es auf dem Asteroiden Leben gibt. Weißt du noch? Es war das Letzte, das du gesagt hast. Du bist dir so sicher gewesen. Es ist für mich dein ...«

Sie schluckte und sprach es trotz ihrer Bedenken aus:

»... Vermächtnis. Bald werden wir es wissen. Keine tausend Tage mehr.«

Amy streichelte die Wange ihrer reglosen Mutter. Die Augen blieben offen. Manchmal, ganz leise, kam der Gedanke, alle medizinische Überwachung abzustellen, sämtliche Geräte auszuschalten. Vielleicht würde Mama einen Tag, eine Woche oder einen Monat später einfach für immer weiterschlafen. Aber nein. Keine tausend Tage mehr, und Amy konnte ihr hier am Bett erzählen, wie der Stichtag verlaufen war. Danach ... na ja, danach wurde es dann möglicherweise Zeit für einen *Stromausfall.*

USA Today vom 16. August 2063

Liebe Leserin, lieber Leser,
vielleicht wundern Sie sich, wer der Mann ist, der an dieser Stelle
schreibt – denn diese Kolumne gehört eigentlich Anne Chiapena,
die aus ihrem Leben berichtet. Das weiß ich. Ich bedauere, wenn
ich Ihnen das wöchentliche Vergnügen raube, an Annes bewegten
Erlebnissen teilzuhaben.

Aber vielleicht gibt es auch den einen oder anderen, der sich noch
an mich erinnert. Bevor Anne kam, gehörte diese Seite mir, für
einige Jahrzehnte. Ich habe den Platz nur zu gerne geräumt, als
die Zeit gekommen war. Ich war alt, hatte genug geschrieben für
ein ganzes Leben oder sogar für zwei.

Bereits seit vier Jahren genieße ich nun meinem Ruhestand in
einem kleinen Häuschen an einem ruhigen Flecken dieser Erde,
fühle mich wohl und lese. Sollten Sie mich je besuchen – aber ich
verrate Ihnen meine Adresse nicht, das Schicksal höchstpersönlich
müsste sie hierher führen – werden Sie womöglich staunen, wie
viele Romane Sie bei mir finden. Überall sind welche. Dazwischen
tummeln sich Katzen. Ach ja, und in einem der zahllosen Lese-
sessel sitzt auch noch die schönste aller Frauen. Meine.

Aber das sage ich nur denen zuliebe, die mich lange Zeit kannten,
weil sie regelmäßig lasen, was ich über die Welt dachte. Und
über den Asteroiden, der sich uns seit so vielen Jahren nähert. Ich
habe oft über ihn geschrieben und darüber, was es bedeutet, dass
es dort draußen Leben gibt, das…

… ja, das *was*?

Mit uns kommuniziert?

Eine Botschaft ungezielt irgendwohin abstrahlt?

Vielleicht seit Jahrmillionen, nicht ahnend, dass der Gesteinsbrocken jemals in dieser Ecke der Galaxis eine Welt namens Erde
passieren wird?

Oder hat sich etwas ganz gezielt auf die Reise gemacht?

Wir wissen es nicht.

Wir wissen übrigens so vieles nicht.

Und wenn Sie mich fragen, ist das auch gut so.

Wir kratzen an den Geheimnissen des Lebens – der Schöpfung oder der Evolution, je nach Auffassung. Mir ist das Erstere lieber, denn für mich erklärt es besser, dass es dort draußen etwas gibt, das in der Lage ist, eine Funkbotschaft ins All zu schicken. Viele von Ihnen werden mir da kopfschüttelnd widersprechen. Tun Sie das gerne.

Warum kehre ich ausgerechnet heute aus meinem Ruhestand zurück und verfasse diese Zeilen? Es liegt auf der Hand. Morgen ist es so weit. Ein nicht geringer Teil der Menschheit wartet schon jahrzehntelang auf diesen Tag. Eine ganze Generation ist geboren worden und dem Kindheitsalter entwachsen, seit wir die Botschaft zum ersten Mal aufgefangen haben.

Eine Botschaft, die bis heute niemand versteht, wie Sie wissen. Ich habe keine Ahnung, ob wir sie jemals verstehen werden. Oder ob wir das überhaupt *müssen*. Ich habe eine ganz andere Theorie: Meiner Meinung nach ist alles längst gesagt, auch ohne ein einziges verständliches Wort. Denn könnte es nicht sein, dass in der Botschaft selbst die Antwort liegt? Im bloßen Wissen, dass es etwas dort draußen gibt?

Und gehen Sie an dieser Stelle bitte mit mir altem Mann noch einen Schritt weiter, lassen Sie mich die Torheit des Alters genießen und lassen Sie uns gemeinsam eine Frage verfolgen. Ist es *etwas* oder *jemand*, der sich von nun an nur noch wenige Stunden in rasendem Tempo durchs All nähert, ehe wir auf seiner Heimstätte landen? Bevor es für zwei kurze Stunden eine Begegnung geben kann?

Ich möchte Sie nicht mit Spekulationen, Mutmaßungen und Hochrechnungen von Wahrscheinlichkeiten langweilen. Diesen Job haben Heerscharen meiner Kollegen bereits bestmöglichst erledigt. Es gibt Tausende, vielleicht sogar Millionen Artikel darüber zu lesen, in allen Sprachen der Welt.

Wenn es morgen soweit ist … wenn ein Gefährt von der ISS startet und sich dem Asteroiden nähert, um darauf zu landen … dann wünsche ich all jenen Glück, die sich darin aufhalten.

Alles Glück dieser Erde, und noch etwas mehr.

Möge die Landung gelingen. Mögen diejenigen, die ihre Füße auf das fremde Gestein setzen, das finden, was sie sich erhoffen. Und möge das, was immer sie dort entdecken, Frieden für jeden einzelnen Menschen bedeuten.

Sie wundern sich wahrscheinlich, wenn ich nun erzähle, was ich für den morgigen Tag plane. Ehe ich Ihnen das verrate, gestatten sie mir entgegen meiner Ankündigung doch eine Hochrechnung. Nur eine einzige. Für IndiaStream wird eine Kollegin live aus dem All berichten, und ihren Worten werden mehr Menschen folgen, als es jemals zuvor einer Nachricht vergönnt war. Es heißt, dass nahezu jeder auf irgendeinem Bildschirm sehen wird, was sich dort oben abspielt – sofern wir Babys und Kleinkinder einmal außen vor lassen. Die Worte eines Menschen, Bilder von einem bestimmten Ort zu einer bestimmten Zeit, von mehr als 99 Prozent der Menschheit gleichzeitig verfolgt.

Aber ich werde nicht dazu gehören.

Ich ziehe mich in meine Hütte zurück, setze mich in einen Sessel und lese ein Buch. Welches, wird sich zeigen. Ich habe immer einen riesigen Stapel von Romanen, die noch gelesen werden wollen. Meine Frau wird bei mir sein, wir werden uns an den Händen halten.

Egal, was sich im All abspielt, wir werden glücklich sein und einen Tag später erfahren, was der Stichtag gebracht hat.

Für die Astronauten dort oben.

Für den Kometen.

Für die Menschheit.
Das genügt uns.
Es war mir eine Freude, noch einmal für Sie zu schreiben.

Herzlich,
Ihr
John Phillips

Teil 2:

Stichtag

17. August 2063

1

»Es ist ein ruhiger Tag«, sagte Amy. »Ich habe gut geschlafen, stell dir das vor. Bis acht Uhr.« Sie lachte. »Gestern dachte ich noch, ich würde vor Aufregung die ganze Nacht kein Auge zumachen können.«

Mama schwieg.

Natürlich.

Die Maschine schnaufte.

»Vielleicht«, meinte Amy, »habe ich ja sämtliche Aufregung in den letzten Jahren verbraucht, sodass keine mehr übrig ist. So wie man sagt, dass es Menschen gibt, die alle Tränen ihres Lebens schon geweint haben. Heute kann ich sowieso nur zuschauen. Wie die meisten Leute. Was sich dort oben abspielt, liegt nicht länger in meiner Hand.«

Natürlich hatte es noch nie in ihrer Hand gelegen, aber wenigstens hatte sie im Vorfeld immer einen kleinen Einfluss ausüben können. Auf ihre Art. Nun saß sie am Krankenbett ihrer Mutter und würde in wenigen Stunden zusehen, was sich Millionen Kilometer entfernt abspielte. Wie fast jeder andere Mensch auch. Einfach nur das. Gespannt. Zitternd. Begeistert.

Und hilflos.

Amy schwieg für einige Minuten, saß nur da, und das fühlte

sich schon lange nicht mehr unangenehm an. Neben ihrer reglosen Mutter hatte sie in den letzten Jahren viele Stunden in absoluter Stille verbracht, von den Maschinengeräuschen abgesehen, die sie mittlerweile völlig ausblenden konnte. Sie spürte ihrem Atem nach, wie er in sie hineinfloss und ihr ständig rasendes Gedankenkarussell im Nichtstun verlangsamte oder im Idealfall sogar anhielt. Auch an einem Tag wie diesem.

Bei diesem Gedanken musste sie lächeln:

Ein Tag wie dieser.

Nie zuvor hatte es einen solchen Tag gegeben, und er konnte sich niemals wiederholen. Dieses Erlebnis, diese Stunden, die endlich greifbar nahe vor ihr und vor der gesamten Menschheit lagen, mussten einmalig bleiben.

Ein leises Klopfen, dann öffnete sich die Tür. Eric trat ein. Sie sah ihren Zwillingsbruder an, einerseits überrascht, doch …

»Ich habe dich erwartet«, begrüßte sie ihn.

»Wirklich?«

Sie hob die Arme. »Das alte Zwillingsding.«

»Ich wusste es auch«, sagte er. »Beweis gefällig?« Er nahm den Rucksack ab, der ihm wie meist an einem Riemen über der rechten Schulter hing, öffnete ihn und zog etwas heraus. »Meine neue Abhandlung, schon für dich signiert.« Er hielt es ihr hin.

»*Der zehnte Alabaster*«, las sie. »Klingt etwas absonderlich.«

»Stimmt. Meine Leser lieben absonderliches Zeug.«

»Kein Wunder, wenn sie ein Buch aus Papier kaufen.«

Eric grinste. »Vielleicht sind Leute, die sich heutzutage mit Sprachphilosophie beschäftigen, automatisch ein wenig altmodisch. Ist schließlich nicht gerade das beliebteste Thema der Zeit. Es ist zu *leise*.«

»Und nicht nur wie du sagst ein wenig, sondern ziemlich altmodisch.«

»Diese Ausgabe bezahlt uns die Miete, mindestens für drei Monate, und falls es sich gut verkauft, noch länger.«

»Seit wann bist du so pragmatisch?«

»Seit die Lebenshaltungskosten gestiegen sind?«, schlug er vor.

»Und seit Chayne keinen Job mehr hat«, vermutete Amy. »Wie kommt sie damit zurecht?«

»Frag sie selbst. Sie müsste gleich hier sein.«

»Wieso bist du vorgegangen?«

»Frauensachen.«

»Sie ist auf der Toilette?«

Eric nickte und ging zu ihrer Mutter, beugte sich über sie, sodass sie ihn zumindest theoretisch sehen konnte. Amy fragte sich beiläufig, ob sie ihn wohl wahrnahm. Wie immer berührte er Mama nicht; sie wusste, dass er eine instinktive Scheu davor empfand, obwohl er das nicht zugab. »Hallo Mom, ich bin's, Eric«, sagte er mit unsicherer Stimme. »Ich bin deinetwegen hier.« Wenn sich Amy nicht täuschte, ging sein Blick leicht an der reglosen Ansprechpartnerin vorbei. »Und wegen Amy, natürlich. Ich dachte, es ist richtig, dass wir die Liveübertragung gemeinsam verfolgen. Ich glaube zwar immer noch, dass dem Asteroiden zu viel Aufmerksamkeit gewidmet wird, aber es ist nun mal, wie es ist. Und wir sind eine Familie. Obwohl dieser Felsklumpen da oben bereits lange vor seiner Ankunft heftig in unser Leben eingeschlagen hat.«

»An diesem Tag, dachten wir, sollten wir alle zusammen sein.« Das war jetzt Chayne, die durch die noch immer offenstehende Tür eintrat und Amy flüchtig umarmte.

»Ich hätte auch Eve gerne mitgebracht«, meinte Amy. Es gab ihr einen kleinen Stich, an ihre Tochter zu denken, wie meistens. »Sie ist mit ihren Freundinnen unterwegs, wird sich später in der Menschenmenge irgendeiner Massenübertragung tummeln und wahrscheinlich ein, zwei Moon-Alcs zu viel trinken.« Oder auch fünf, sechs. Sie verscheuchte den Gedanken an Eve und daran, was üblicherweise darauf folgte, dass sie betrunken war und *sich einfach mal gehen ließ*, wie sie es nannte. »Schön, dass ihr hier seid.«

»Du auch«, sagte Eric und holte nach dem Buch nun eine Box aus dem Rucksack – so groß, dass kaum noch etwas anderes darin Platz finden konnte. »Ich habe Bagels dabei. Die Hälfte mit Käse, der Rest mit dieser ekelhaften Schokofüllung, die du so magst. In knapp zwei Stunden beginnt die Übertragung, und ich glaube kaum, dass wir dabei einen Bissen runterbekommen.«

Amy nahm sich einen. Mit Käse. »Guten Appetit«, sagte sie.

2

11 Uhr

Eric bewunderte Chayne. Nicht zum ersten Mal – wie könnte man auch mit einer Frau wie ihr verheiratet sein, ohne über sie zu staunen und von ihr überrascht zu werden? Aber wie sie da auf der Bettkante saß und mit seiner Mutter sprach, als würde diese zuhören und wäre keine reglose, von der Welt abgeschnittene Koma-Patientin, das beeindruckte ihn schon wieder. Als er zuletzt hier gewesen war, hatte er genau dasselbe versucht, das war vor …

… vor einer zu langen Zeit. Doch nach wenigen Augenblicken war er verstummt, weil ihm nichts mehr eingefallen war. Was sagte man jemandem, der weder antwortete, noch die Worte auch nur hörte? Ob Eric ihr von seinen letzten Erlebnissen erzählte oder das Telefonbuch rückwärts auf Chinesisch aufsagte, es machte nicht den geringsten Unterschied.

Ganz anders Chayne – sie war wunderbar. Eine Offenbarung, wie sie ganz natürlich von ihrem gemeinsamen Entschluss berichtete, dass es keinen besseren Ort gab, um die Übertragung aus dem All zu verfolgen, als genau dieses Krankenzimmer. »Es ist wirklich unfair, Isabella, was dir passiert ist. Aber wir sind hier, bei dir. Dass du dort oben, wo du an diesem Tag eigentlich hingehörst, nicht dabei sein kannst, stand ja von vornherein fest. Aber du hättest wenigstens in der Zentrale der NASA sitzen und gemeinsam mit deinen Kollegen mitfiebern sollen. Und wenn du schon in diesem Raum liegen musst, solltest du immerhin vor Aufregung feuchte Hände bekommen, weil du an Deng, Barron und Mbah denkst, die ...« Chayne brach mitten im Satz ab. »Eigenartig. Ich wollte mich eigentlich nicht besonders um diese ganze Mission kümmern, aber die Namen kommen mir einfach so über die Lippen.«

Lustlos drehte Eric den Rest seines Bagels in der Hand. »Jedes Grundschulkind kann die Namen aufsagen, überall auf der Welt. Wenn man in fünfhundert Jahren von Weltraumfahrten spricht, werden sie sicher noch vor Neil Armstrong genannt.«

»Den Grundschulkinder heutzutage ja schon kaum mehr kennen«, sagte Amy. »Ich habe für die Öffentlichkeitsarbeit vor ein paar Monaten eine Umfrage entwickelt, die sich um das Thema dreht, wer der erste Mensch auf dem Mond war. In der jungen Altersgruppe lautete die häufigste Antwort Luke Skywalker. *Das* Symbol schlechthin für veralteten Weltraumkram, von dem man eben keine richtige Vorstellung mehr hat, der aber noch im kollektiven Bewusstsein herumspukt. Jetzt gibt es drei neue Helden: Deng, Barron und Mbah.«

»Hoffentlich können sie ihren Heldenstatus genießen«, unkte Chayne.

»Du meinst, weil sie vielleicht nichts entdecken?«

»Oder weil die Gefahr besteht, dass sie nicht lebend zurückkehren, wenn das Landemanöver schiefgeht.«

»Es ist so sicher, wie es viele Jahre Forschung und Entwicklung nur möglich machen können, und ...«

»Schon gut, Amy«, unterbrach Eric. »Das wissen wir, und du musst weder die NASA noch das Projekt vor irgendwem rechtfertigen. Nicht hier und nicht jetzt. Entspann dich mal. Wir sind unter uns.«

Amy lächelte matt. »Ein Reflex. Es ist mir in Fleisch und Blut übergegangen, sämtliche Details im besten Licht hinzustellen und jeder Schwierigkeit etwas Positives abzutrotzen. Keine Ahnung, wie ich ab morgen von dem Projekt sprechen werde, wenn ich wieder im Dienst bin. Um exakt 12 Uhr mittags werde ich ...«, sie räusperte sich, setzte sich aufrecht hin und beendete den Satz in übertrieben sachlichem Tonfall, »... dank meines Amts als internationale Koordinatorin eine offizielle Stellungnahme verlesen, die vorher in aller Hektik über ein Dutzend Schreibtische gewandert ist. Vielleicht gibt es nichts Nennenswertes zu berichten, und ich muss das Wenige bedeutungsschwanger aufblähen. Möglicherweise vertusche ich auch irgendwelche Geheimnisse, um den Schein zu wahren. Oder ich versuche, eine Katastrophe gleichzeitig so harmlos wie möglich und so betroffen wie nötig darzustellen.«

»Ein radikaler Vorschlag«, sagte Eric. »Wie wäre es mit der Wahrheit?«

Seine Zwillingsschwester sah ihn an, mit einem schmallippigen Lächeln. »Was ist Wahrheit?«, fragte sie endlich.

Er wusste nicht, was er darauf antworten sollte. »Ich wünsche dir ein glückliches Händchen bei den richtigen Formulierungen«, sagte er darum.

»Ich habe jede mögliche Entwicklung bereits durchgespielt und ungefähr fünfzig Versionen vorformuliert. Inklusive trauernden Worten um wahlweise einen oder alle Astronauten.«

»Ist nicht dein Ernst!«, entfuhr es Chayne.

»Die Datei zeigt an, dass ich insgesamt zweihundertsechsundvierzig Stunden und siebenunddreißig Minuten an den Texten gearbeitet habe.«

»Ist nicht dein ...«

»Doch. Aber ich halte es für wahrscheinlich, dass ich an das, was wirklich passieren wird, nicht gedacht habe. Weil die schlichte Realität unser Vorstellungsvermögen sprengt. Es gibt keine Präzedenzfälle. Trotzdem bin ich so gut vorbereitet, wie man nur sein kann. Deshalb erlaube ich mir auch, jetzt mit euch hier zu sitzen, während die meisten meiner Kollegen das NASA-Kontrollzentrum seit Tagen nicht mehr verlassen haben. Sobald die Liveübertragung endet, werde ich in mein Büro fahren und mich dem Wahnsinn der tausend Leute aussetzen, die dort wie aufgeschreckte Hühner herumrennen. Ganz egal, was auf dem Asteroiden passieren wird, diese Zeit gehört mir. Uns vieren.«

»Du bist erstaunlich«, sagte Chayne.

»Was denn sonst? Sie ist meine Schwester.«

Es klopfte zaghaft, zwei-, dreimal. Aber die Tür öffnete sich nicht. Also konnte es sich um niemanden vom Pflegepersonal handeln. Eric sah erst Amy an, dann Chayne.

Es klopfte wieder.

»Ja«, sagte Amy, laut genug, dass man es draußen hören musste.

Der Knauf drehte sich, die Tür schob sich zur Seite.

»Du?«, entfuhr es Amy.

Eric fragte sich, ob sie eher verblüfft klang oder wütend.

Wahrscheinlich beides. Er konnte sie gut verstehen. Seine Finger zitterten ein wenig. Er zog die Hände dicht an den Körper. Niemand musste bemerken, wie sehr ihn der Anblick aus der Fassung brachte. »Hallo Papa«, sagte er.

Das Gesicht seines Vaters war bleich, als er hereinkam, die Lippen geradezu erschreckend grau. »Es ist schön, euch zu sehen. Euch alle. Darf ... darf ich ...«

»Ich würde es dir gern verbieten!« Amy kaute auf ihrer Unterlippe. »Aber ich glaube, Mama wäre froh.«

Vielleicht ist *sie es ja sogar*, dachte Eric, selbst von der Impulsivität des Gedankens überrascht.

»Isabella«, sagte Chayne. »Dein Ex-Mann ist hier.« Und, erstaunlich positiv, wie sie nun einmal war: »Ist das nicht schön?« Sie stand auf, reichte ihm die Hand. »Hallo, Ethan.«

Er sah nicht gut aus, fand Eric. Das Gesicht zu blass, zu mager, und die Augen schuldbewusst. Sein Vater war der eigentliche Verlierer in diesem Spiel, obwohl es in den ersten Jahren anders ausgesehen hatte. Er hatte auf eine neue Beziehung gesetzt, eine zweite Familie, einen Neustart, aber das war nicht gut gegangen. Bald hatte er wieder vor den Scherben seiner Existenz gestanden ... zu einem Zeitpunkt, als es fast keine Verbindung mehr zu seinem alten Leben und den Kindern gab. Als Amy ihm klarmachte, dass es *jetzt zu spät* war und Eric sich längst verstummt in eine vermeintliche Sicherheit zurückgezogen hatte. Ein Wunder, dass Vater überhaupt die Kraft gefunden hatte weiterzumachen.

»Ich weiß, dass ich kein Recht habe, hier zu sein«, sagte sein Vater. Er ging ein paar Schritte tiefer ins Zimmer hinein, stellte sich mit dem Rücken zur Wand und atmete geräuschvoll durch. »Ich konnte nicht allein bleiben. Nicht heute. Der Kreis schließt sich jetzt, und ich ...«

»Ist schon gut«, erlöste Eric ihn aus seiner stammelnden

Rechtfertigung. »Du bist am richtigen Ort. Wie wir alle. Sieh uns an. Das hätten wir uns damals nicht träumen lassen.«

»Wann beginnt die Übertragung?«

»Exakt um zwölf Uhr.« Eric sah auf die Uhr, die schräg über dem Schirmrahmen hing, der seit Jahren ausgeschaltet blieb. Noch vier Minuten bis zum Start des Liveberichts – genauer gesagt, zum Vorgeplänkel aus der ISS. Erst einige Zeit später würde ins Raumfahrzeug geschaltet werden, das bereits seit vier Tagen dem Rendezvous entgegenraste, dem winzigen Punkt in der Weite des Alls, den exakt zu treffen Erics Vorstellungsvermögen überstieg. Er konnte sich die Berechnungen, die bei derartigen Geschwindigkeiten und Entfernungen nötig waren, nicht ausmalen. Aber das musste er ja auch nicht. Dafür gab es in der NASA und den anderen Weltraumbehörden weltweit ganze Horden von Fachleuten.

»Wir sollten ausprobieren«, sagte Amy, »ob der Schirm überhaupt funktioniert.«

»Hast du das noch nicht getestet?«, fragte Eric verblüfft.

»Du etwa?«

»Nein, aber ...« Ihm fiel kein vernünftiges Argument ein, das Amy nicht sofort hätte abschmettern können.

Vor Jahren hatten sie die Anweisung gegeben, ihre Mutter von *Input* zu verschonen, wie ihn Koma-Patienten häufig erhielten. Es gab lange Abhandlungen darüber, die dafür-, andere, die dagegensprachen. Amy und Eric hatten aus dem Bauch heraus entschieden – sie empfanden es als unwürdig, ihre Mutter mit Sendungen zu überfluten, die sie wahrnahm oder auch nicht, aber in keinem Fall selbst aktiv auswählte.

Chayne tippte den Schirmrahmen rechts in der Mitte an, wo bei fast allen Modellen der Aktivierungssensor saß. Flirrend baute sich die Holografie auf, und noch ehe sie die Sprachmenüsteuerung aufrufen konnte, wandte sich das System an sie: »Mein aktueller Vorschlag: die Übertragung von India-Stream aus der ISS.«

Wie der Algorithmus wohl auf *diese* Idee kam?

Da niemand widersprach, schaltete das System auf den entsprechenden Sender, dem für diesen Tag die höchste Zuschauerzahl seit der Erfindung des Fernsehens prognostiziert wurde. Auch das war alles andere als eine Überraschung; es vorauszusagen, dazu war weder ein Prophet noch ein Genie nötig.

Im Holobereich lief ein Countdown ab, der – wie Eric beiläufig feststellte – perfekt animiert und mit zahllosen verspielten Details versehen war. Es blieben 108 Sekunden.

»Das wird ein langer Tag«, sagte Amy. »Und so viel Leute waren schon ewig nicht hier im Raum. Wir brauchen noch zwei Stühle.«

»Drei«, sagte Eric.

»Ich sitze bei Mama auf der Bettkante«, stellte Amy klar.

Eric ging nach draußen. Im Flur gab es mehr als genug Stühle. Chayne hielt ihm die Tür auf, als er wenige Augenblicke später zurückkam.

42 Sekunden.

Seltsam, dass Eric sich dem Fieber nicht entziehen konnte. Er hatte immer versucht, eine innere Distanz zu wahren, wahrscheinlich intensiver als die meisten Menschen. Aber dieser simple Countdown riss ihn dann doch mit, obwohl an seinem Ende auch nicht mehr zu sehen sein würde als ein Journalist in der ISS, der zusammenfasste, was ohnehin jeder wusste … und die etwa drei Stunden bis zur genau festgesetzten Landezeit überbrückte.

23 Sekunden.

Papa schob sich den Stuhl zurecht und setzte sich. »Fragt ihr euch auch manchmal, wie es ohne den Asteroiden mit uns gelaufen wäre?«

16 Sekunden.

»Nein«, sagte Amy zwar, aber sie hörte sich an, als lüge sie.

15 Sekunden.

Sie schwiegen.

8 Sekunden.

»Also ich schon«, meinte Eric. »Aber ich glaube nicht, dass wir dem Asteroiden die Schuld geben können.«

4 Sekunden.

»Es sind unsere Reaktionen, die uns prägen«, sagte Chayne, »nicht das, *worauf* wir reagieren.«

Im Schirm erschien das Gesicht eines Mannes.

3

12 Uhr

Der Mann mochte vierzig, vielleicht fünfzig Jahre alt sein, mit winzigen Fältchen um die Augen. Sauber rasiert, bis auf einen Schatten über der Oberlippe, der zweifellos mit Absicht dort geblieben war; ein kleiner Mangel in der Vollkommenheit, der diesen Menschen greifbarer und alltagstauglicher machte. Wenige grau-silbrige Ansätze in dem dunklen Haar. Ein seriöser und doch leicht schelmischer Blick. Alles in allem ein wunderbar vorzeigbarer, aber durchschnittlicher Mann – dem ersten Empfinden nach erfolgreich, jedoch nicht zu abgehoben oder unnahbar. Die Haut von einem Hauch von Milchkaffeebraun, nicht zu hell, nicht zu dunkel. Für IndiaStream die klare Nummer Zwei – der Favorit, genauer gesagt, die Favoritin, saß in einem winzigen Raumfahrzeug Millionen Kilometer entfernt und raste dem Höhepunkt ihres Lebens entgegen.

»Liebe Mitmenschen«, sagte Mr Durchschnittserfolg, und

Amy wusste, dass es über die Wahl dieser Anrede an die Zuschauer wochenlange Diskussionen gegeben hatte, »gemeinsam mit Ihnen überall auf der Erde fiebere ich, fiebern wir alle hier an Bord der Internationalen Raumstation den kommenden Stunden entgegen.« Er legte eine kurze Pause ein, wahrscheinlich, um seinen zahllosen Zuhörern die Gelegenheit zu geben, entsprechend ergriffen zu sein. Zweifellos nicht das letzte Mal an diesem Tag. »Ich stelle Ihnen nun einige Leute vor, die in den vergangenen Jahren Unglaubliches geleistet haben, um diesen Tag überhaupt erst möglich zu machen. Diese Stunden, die Geschichte schreiben und unser Selbstverständnis für immer verändern werden. Aber nicht nur das – in wenigen Minuten schalten wir zum ersten Mal zu den Menschen, die wir mit Fug und Recht Botschafter der Menschheit nennen können – Taranee Mbah, Gabe Barron und Shixin Deng. Begleitet werden diese drei, während sie sich weiter von unserer Heimat, unserem blauen Planeten entfernen als irgendwer jemals zuvor – von meiner Kollegin Amisha, die Sie von Anfang an, seit sie für diese Aufgabe ausgewählt wurde, nur mit Vornamen kennen. *Das genügt*, war ihre Entscheidung, *denn es geht nicht um mich, sondern um das Ereignis, über das ich berichte.*«

Amy hatte den Satz unwillkürlich mitgesprochen – ein grandioses Zitat, das mit einem Foto der ausnehmend hübschen indischen Journalistin millionenfach verbreitet worden war. Ein kluger Schachzug darüber hinaus: Mit ihrer Bescheidenheit hatte sie die Herzen der Zuschauer im Sturm erobert … und sich ganz nebenbei erst recht in den Mittelpunkt gestellt. Zu allen Spekulationen, ob dies ihr echter Vorname war, schwieg sie mit weisem Lächeln; Amisha hieß übersetzt die Wahrhaftige, die Ehrliche. Ein Name, der zu gut zu ihrer Aufgabe passte, als dass es Zufall sein konnte. Oder doch nicht? War es vielleicht … *Schicksal*, wie man zehntausendfach im Netz unkte? Sogar Amy war es nie gelungen, den echten Namen der Journalistin herauszufinden, falls es sich um ein Pseudonym handelte. Der Sender leistete ganze Arbeit, sein prominentestes Gesicht auch digital vollständig abzuschirmen und zu schützen. Wahrscheinlich war die eine oder andere Million in die Datensicherheit geflossen – *Peanuts* im Verhältnis zu den Unsummen, die IndiaStream durch diesen Tag einnahm.

Amy sah zu Mama hin, während der Journalist eine Zusammenfassung der Ereignisse gab, die sie im Schlaf herunterbeten konnte. Die Augen standen offen, während die Maschine schnaufte, und so würde es bleiben, egal, was dort oben geschah. So schrecklich es sein mochte, für Amy lag mit einem Mal ein tiefer Friede darin. Sie empfand Scham für dieses Gefühl und wusste nicht einmal, ob das angemessen war.

Dann hob sie den Blick zu ihrem Vater und merkte, dass er ebenfalls Mama ansah. Ein wenig wirkte es so, als blicke er durch sie hindurch, vielleicht in die Vergangenheit. Sie wollte etwas sagen, verkniff es sich aber. Wahrscheinlich sollte sie ihm diese Momente gönnen.

Und sich selbst.

Irgendwann schloss Vater die Augen, seine Lippen bewegten sich kaum merklich. Betete er gerade? Konnte das sein?

Es war seine Privatsache.

Sie wandte sich erneut dem Schirm zu. Dort sprach im Augenblick der Kosmonaut Igor Alexej, den Amy vor einem Jahr, vor dessen Aufbruch zur ISS, ausführlich interviewt hatte. So ausführlich, dass sie mehr als eine Nacht bei ihm verbracht hatte. Um ein Machtspielchen war es dabei nur anfangs gegangen, um Gefühle zu keinem Zeitpunkt. Sie hatten sich bestens verstanden, für dieselbe Sache gebrannt, und er war ein Gentleman der alten Schule – ein Klischee-Engländer, der eben zufällig in Russland geboren worden war. Igor gab sich galant und wortgewandt wie immer, eine Freude, ihm zuzuhören. Sie hatte lange nicht an ihn gedacht, aber als sie ihn nun reden hörte, fragte sie sich, ob sie ihn nach seiner Rückkehr auf die Erde wiedersehen sollte.

Vielleicht stand auch nur der Wunsch dahinter, sich abzulenken. Noch zweieinhalb Stunden bis zum Landemanöver.

»Im Berechnen von Flugbahnen bin ich ungefähr so gut wie im Pflegen von Mini-Bonsaibäumchen«, sagte Igor gerade. »Und falls Sie nicht verstehen, was ich damit meine, schauen Sie sich doch mal diese Pranken an!« Er hob die Hände vor die Kamera.

Amy erinnerte sich gut daran, dass sie zwar groß sein mochten, aber nicht ungeschickt oder unsensibel waren.

In der Rechten hielt Igor einen Stift; als er die Finger ausstreckte, schwebte er davon. Amy grinste. Das war natürlich ein genau berechneter Effekt, um dem Zuschauer klarzumachen, dass es auf der ISS keine Schwerkraft gab – warum sonst sollte Igor ausgerechnet während des Interviews einen Stift bei sich tragen? Fehlte nur noch, dass er aus einem Trinkpäckchen etwas Wasser drückte und die fliegenden Tropfen geschickt mit dem Mund auffing. Immerhin das ersparte er sich. Vielleicht überließ er es auch Dax; er würde zweifellos bald seinen Auftritt haben, der Astronaut und Komiker, dessen Dienstagmittag-Videos sensationelle Aufrufzahlen erreichten und ihm mehr Geld einbrachten als sein Job bei der NASA.

»Versucht er wirklich mit diesem billigen Stift-Effekt zu trumpfen?«, fragte Eric.

»Etwas simpel«, meinte Chayne. »Aber wirksam. Die meisten Leute werden darüber staunen. Diese Vorberichte sind schließlich nicht für uns gemacht, sondern ...« Sie zögerte.

»Für die doofen Massen?«, schlug Eric vor.

»Das habe ich nicht gesagt.«

»Aber gedacht.«

»Das glaubst *du*.«

Vater stand auf. »Wenn das sowieso nicht für uns gemacht ist, sollten wir vielleicht ...«

»Moment!«, rief Eric. »Sei mal still!«

So blieb für immer ein Geheimnis, was er hatte sagen wollen, denn soeben kündigte Igor an, dass sie zum ersten Mal live in das Raumfahrzeug abgeben würden, das sich dem Asteroiden näherte. »Stellen Sie es sich nicht wie eine Rakete vor«, bat er, »und schon gar nicht wie eines dieser eiförmigen Raumschiffe, die seit den SpaceCalypse-Filmen alle möglichen Simulationen nutzen. Tatsächlich sieht es langweilig aus, wie eine Kugel – es war nie dazu gemacht, von einem Planeten abzuheben oder bei der Landung in eine Atmosphäre einzutauchen. Es ist in der Werft der ISS montiert worden und von dort gestartet. Und dort wird es auch wieder landen.«

»Hoffentlich«, murmelte Vater.

»Es ist verdammt schnell – zurzeit fast 50 000 Kilometer die Stunde. Und verfolgt seit vier Tagen einen exakt vorberechneten Kurs; diesen zu ändern, wäre nur unter äußerst komplizierten Bedingungen möglich. Es befindet sich momentan knapp fünf Millionen Kilometer von uns entfernt. Das ist verflixt weit ... aber hier draußen im All eigentlich nur ein Katzensprung. Ungefähr zehn Prozent des kleinsten Abstandes, den der Mars zur Erde auf seiner Umlaufbahn einnimmt. Warum erwähne ich den Mars? Weil das Raumfahrzeug in dieser Richtung unterwegs ist ... aber weit vorher auf den Kometen treffen wird. In etwa zwei Stunden. Zwei Stunden! Ich mache mir vor Aufregung fast in die Hosen. Seit dreißig Jahren warte ich darauf.« Igor schüttelte den Kopf. »Wenn wir jetzt eine Verbindung aufbauen, können wir kein Gespräch führen, wie Sie es gewöhnt sind – ein Funksignal ist etwas mehr als fünfzehn

Sekunden unterwegs, bis es am Ziel ankommt, und sobald die Kollegen dort antworten, braucht es noch einmal so lange bis zur ISS zurück.«

»Deswegen gibt es jetzt nur einen kleinen Bericht«, sagte Mr Durchschnittserfolg.

»Nur?«, wiederholte Igor. Zweifellos ein vorher gut abgesprochenes Scharmützel, um zu demonstrieren, wie sensationell diese Funkverbindung war. »So weit ins All ist nie zuvor ein Mensch vorgestoßen! Ja, wir waren nah dran, vor vielen Jahren, als alle Welt glaubte, wir schicken nicht nur Roboter zum Mars, sondern landen dort bald mit Astronauten ... also, das Schicksal oder Wer-auch-immer wollte es anders. Aber heute, in diesem Augenblick, sind Menschen dort draußen!«

Das Bild flackerte, löste sich auf, und ein neues schälte sich effektvoll in brillante Schärfe: drei Gesichter. Die Afrikanerin Taranee Mbah mit ihrer fast nachtschwarzen Haut und den charakterstarken Augen. Der Chinese Shixin Deng mit dem bunten Tattoo auf den Schläfen. Und Gabe Barron mit der Narbe auf dem Nasenflügel, die ihm angeblich seine erste Freundin in der ersten Liebesnacht zugefügt hatte. Eine nette Legende.

Taranee übernahm das Gespräch. »Ich sehe den Kometen schon«, sagte sie. »Mit bloßem Auge! Zumindest bilde ich mir das ein. Wir wissen genau, in welcher Richtung er sich befindet, also könnte es doch dieser winzige Fleck sein, den ich dort erahne. Ja, ich weiß, Kollege Barron, der nur an Daten und Zahlen glaubt, hat mir erklärt, dass das unmöglich ist, weil wir noch hunderttausend Kilometer entfernt sind und der Asteroid viel zu klein ist. Aber ...«

»Was aber?«, fragte Barron.

»Ach, ich möchte mich nicht mit dir streiten. Das erledigen wir nach unserem Besuch dort, einverstanden?«

»Geht in Ordnung«, sagte Barron.

Sie zogen eine gute Show ab, das musste Amy neidlos anerkennen. Mehr noch, eine brillante Show. Sie gaben sich unbekümmert, obwohl sie innerlich wahrscheinlich nicht angespannter hätten sein können. Sie mussten ungefähr eine Million Aufgaben erledigen, und dieses Geplänkel gehörte zu einem Zeitplan, der bis zur letzten Sekunde ausgefeilt war und den das internationale Planungskonsortium erstellt hatte. Die drei Astronauten funktionierten wie Maschinen und waren letztlich großartig ausgebildete, hoch qualifizierte Erfüllungsgehilfen – bis zu dem Moment, an dem vielleicht keine Wahl blieb, als zu improvisieren, weil niemand wirklich wusste, was sie auf dem Asteroiden erwartete. Über solche Hintergründe schwiegen sich die NASA und ihre internationalen Partner aus, aber für zahlreiche Situationen gab es Pläne – mindestens so viele, wie Amy für ihre Ansprache am folgenden Tag vorbereitet hatte. Oder sogar noch ein Dutzend mehr. Sobald das Unvorhergesehene geschah, und das hielt Amy für wahrscheinlich, würden diese Leute nach ihrer spontanen Einschätzung handeln – für alles andere blieb gar keine Zeit. Jede Minute auf dem Asteroiden hatte in der Vorbereitung Milliarden Dollar verschlungen – und würde unbarmherzig verstreichen, ohne Chance auf Wiederholung. Die Verantwortung für ein Billiardenprojekt lastete schwer auf den Schultern der Astronauten – ganz davon abgesehen, dass ihnen die gesamte Welt dabei zusah. Der weltweite Ruhm und die Garantie, in die Geschichte einzugehen, kostete nun einmal ihren Preis.

Die Kamera schwenkte, und Amisha kam ins Bild: jung, strahlend schön und erstaunlich ruhig.

Diese Ruhe strahlte ihr aus jeder perfekt gepflegten Pore entgegen, und sie verlangte sie auch ihren Zuschauern ab, denn sie schwieg.

Sekundenlang.

Amisha stand (oder schwebte, man sah nur ihren Oberkörper) vor einer Wand, an der in einem Metallgestell eine
Menge Plastikbeutel hingen. Für den gewöhnlichen Zuschauer
musste es befremdlich aussehen, vielleicht fragte er sich, welche geheimnisvollen Dinge darin lagerten. Amy wusste es;
sie war nie dort oben gewesen, kannte aber die Baupläne und
gefühlte tausend Bilder aus ihrer täglichen Kommunikations-
arbeit und den Berichten ihrer Mutter. Die Beutel enthielten
weniger Geheimnisse als vielmehr allerlei Nahrungsmittel. Angeblich schmeckten einige davon sogar recht gut.

»Dies sind die letzten Minuten, bevor diese historische
Mission der Menschheit in die entscheidende Phase tritt«, bemerkte die indische Journalistin endlich, während Gabe Barron,
der seine Medienpflicht erfüllt hatte, wohl wieder in hektische
Vorbereitungen und Überprüfungen verfiel. »Ich kann Ihnen
nur sagen, dass die Spannung hier an Bord unvorstellbar ist. Ich
bewundere die absolute Professionalität der drei Astronauten,
die ich für IndiaStream auf ihrer Reise begleiten darf. Glauben
Sie mir, ich würde ihnen mein Leben anvertrauen.« Amisha
zeigte ein strahlendes Lächeln, und wer sie ansah, konnte keine
Sekunde daran zweifeln, dass diese Person selbstsicher und in
völliger Harmonie in sich ruhte. »Ach nein, das habe ich ja bereits getan. Ich bin Millionen von Kilometern von meiner Heimat entfernt, in einer – verzeihen Sie den überstrapazierten Ausdruck – Nussschale weit draußen im All. Man könnte vermuten,
es sei die ausgefeilte Technologie, die mich am Leben hält, das
Beste, das die Menschheit zu bieten hat. In Wirklichkeit jedoch
sind es diese drei Astronauten, die mein Überleben sichern. Sie
wissen mit der Technologie umzugehen. Sie können die Mission durchführen, das Raumfahrzeug auf dem Asteroiden landen und wieder starten und zur ISS zurückkehren. Ohne sie

würde ich immer weiter hilflos in den Weltraum hineinrasen, ohne Hoffnung auf Heimkehr. Aber ich empfinde keine Angst. Nicht an diesem Tag, nicht in diesen Stunden. Ich erwarte das Unbekannte und das Abenteuer. Das Geschenk, das auf dem Asteroiden auf die Menschheit wartet.« Und dann kam wieder dieses Lächeln – es war geradezu ikonisch.

Amy bezweifelte keine Sekunde, dass man auf unzähligen Bildern, in Berichten, Features und Dokumentationen sehen würde, dass sich alle Schauspielerinnen, die in künftigen Filmen Amishas Rolle übernehmen würden, daran messen mussten.

»Ich gebe zurück zur ISS«, sagte Amisha, um mit prophetisch-vibrierendem Tonfall hinzuzufügen: »Wir treffen uns bald wieder, wenn wir zur Landung ansetzen.« Ihr Bild verschwand, stattdessen tauchte ihr Kollege auf.

»Sie ist wirklich gut«, urteilte Eric.

»Bis auf den letzten Satz«, meinte Chayne. »Habt ihr es nicht übertrieben gefunden, wie sie das betont hat? Fehlte nur noch ein Schild, das sie hochgehalten hätte: *Das Ende ist nah!*«

»Gehört alles zur Show«, sagte Vater. »Ich glaube nicht, dass auch nur ein einziges Wort, irgendeine Kameraeinstellung oder das kleinste Blinzeln spontan war. Die haben jedes Detail durchdacht.«

»Macht es das schlechter?«, fragte Amy.

»Nein«, urteilte Vater, während Eric etwas von professioneller Erstarrung murmelte. Aber beide waren gebannt, das sah Amy ihnen an. Sie kannte vor allem ihren Zwillingsbruder gut genug, um seine angespannte Körperhaltung zu bemerken, die Art, wie seine Hände auf den Knien lagen, die Finger leicht gekrümmt. Fast genau so wie bei Vater, übrigens. Die Ähnlichkeit war geradezu schmerzhaft intensiv.

Amy sah auf die Uhr.

4

Eric stand auf, fühlte sich verspannt. Erst als er sich bewegte, fiel ihm auf, wie verkrampft er auf dem Stuhl gesessen hatte. »Noch eine Stunde bis zum Beginn des Landemanövers.« Er ließ die Schultern kreisen, trat zum Fenster, sah hinaus. Vereinzelte Wolken zogen recht schnell über den Himmel; weit in der Ferne glaubte er, das Irrlichtern eines Blitzes zu sehen. Nicht gerade das beste Wetter.

Aber dort oben, dachte er, *scheint immer die Sonne.* Im freien Weltraum zwischen den Planeten gab es nichts, das die Sonne verdecken könnte. Eine verwirrende Vorstellung. Die ISS schwebte buchstäblich über den Dingen. Unbeirrbar. Unbeeinflusst von dem, was hier unten auf der Erde vor sich ging. Egal, ob eine Familie wieder zusammenkam, und unbeeindruckt davon, ob es Probleme gab und wie man diese bewältigte. Oder auch nicht.

Er hörte Schritte, dann stand Vater neben ihm. »Tut mir leid, Eric«, raunte er ihm zu.

»Was?«

»Wie es gelaufen ist.«

»Ja.« Eine seltsame Antwort. Ja. Das konnte alles Mögliche bedeuten. Das Wort war ihm schnell über die Lippen geflossen, glatt und unverbindlich.

Gemeinsam sahen sie aus dem Fenster. Kein Mensch war zu sehen, weder in dem kleinen Park der Klinik noch auf der Straße dahinter. Kein Auto fuhr. Kein Flugzeug am Himmel, nirgends. Das war vielleicht das Gespenstischste von allem. Und während die Welt derart den Atem anhielt, nickte Eric. »Ich hätte dir deine neue Familie gegönnt.«

»Danke.«

»Aber ich weiß nicht, ob ...«

»Ob was?«

»Wie würdest du dich fühlen, wenn dich jemand zurückgelassen und sich einem neuen Leben zugewandt hat, und dann, als die Pläne gescheitert sind, wieder bei dir auftaucht?« Noch während er diese Frage stellte, wusste Eric, dass Vater nun diverse Rechtfertigungen vorbringen würde, die Versicherung, dass es so nicht gewesen war und er seine Kinder nie vergessen oder verlassen hatte.

Aber er täuschte sich.

Vater schwieg eine Weile, ehe er sagte: »Danke, dass ich trotzdem jetzt bei euch sein kann. Bei Isabella. Das ist mehr, als ich verdient habe.«

Eric wusste nicht, was er sagen sollte. Er war nicht geschickt in solchen Dingen – Sprachphilosophie hin oder her. Theoretisch mochte er ein Ass sein, Lebensweisheit war eben doch etwas ganz anderes. »Verfolgen wir den Countdown«, schlug er vor, wandte sich vom Fenster ab und setzte sich, wieder direkt neben Chayne. Sie sah nicht zu ihm rüber, legte ihm aber die Hand aufs Bein. Wahrscheinlich hatte sie das kurze Gespräch verfolgt oder ahnte zumindest, welche Art Worte sie gewechselt hatten. Im Unterschied zu ihm war sie nämlich richtig gut in solchen Dingen.

Auf der ISS kam nun eine Frau ins Bild, die Eric schon einmal gesehen hatte, aber im Augenblick nicht zuordnen konnte. Ihre Vorstellung hatte er verpasst. Den ersten Impuls, per Sprachbefehl die Informationen abzurufen, verwarf er – stattdessen lauschte er ihren Erklärungen. Oder versuchte es zumindest. Sie sprach über Bahnberechnungen für das Raumgefährt, über Manövrier- und Korrigiertriebwerke, über Geschwindigkeiten im Vakuum, negative Beschleunigung und allerlei Zeug, mit dem Eric nur wenig anfangen konnte. Für jemanden, den die philosophisch-kulturelle Ebene des Geschehens interessierte, waren die harten naturwissenschaftlichen Fakten eher ein notwendiges Übel.

Die Aufnahme schwenkte zu dem inzwischen bekannten Journalisten, der im Vergleich zu seiner Kollegin Amisha den weitaus undankbareren Job ausführte – und der es trotzdem bis in die ISS geschafft hatte, was die wenigsten von sich behaupten konnten. Als er das, was die Wissenschaftlerin vorher erklärt hatte, ins Allgemeinverständliche übersetzte, fand Eric ihn gleich noch mal sympathischer. »In Kürze erreicht der Asteroid also den Punkt seiner Bahn, der der Erde am nächsten liegt. Hier draußen im All eigentlich eine Winzigkeit … aber diese Winzigkeit verlangt der gesamten Menschheit alles ab. Sehen Sie sich diese Darstellung an, liebe Zuschauer.«

Neben ihm baute sich ein schematisches Abbild auf: Die Erde, umkreist vom Mond … und weiter entfernt eine gepunktete Linie, die die Bahn des Asteroiden simulierte.

Die Darstellung zoomte weiter weg – und in zehnfacher Entfernung der Asteroidenbahn leuchtete noch ein Punkt auf.

»Das ist der Mars«, lautete die Erklärung. »Oder … das *wäre* er, wenn er auf seiner Umlaufbahn um die Sonne den Ort erreicht, der unserer Erde am nächsten kommt. Was zurzeit nicht der Fall ist – dieses Bild dient ausschließlich dazu, die Entfernungen für Sie anschaulich zu machen. Gabe Barron, Shixin Deng und Taranee Mbah sind in diesem Augenblick weiter von unserer kosmischen Heimat entfernt als jemals irgendjemand vor ihnen. Zusammen mit meiner Kollegin Amisha natürlich, die die ausgedehnteste All-Inclusive-Reise aller Zeiten unternimmt.« Immerhin lachte er nicht nach diesem Scherz, den Eric so misslungen fand, dass er gleich wieder einige Sympathiepunkte zurückschraubte. »Das Rendezvous zwischen Raumfahrzeug und Asteroid zu berechnen, war eine tausendfach überprüfte Meisterleistung. Die korrekte Bahn und der ideale Zeitpunkt wurden exakt bestimmt – und dabei galt es, ganz nebenbei noch eine Unzahl von Problemen zu bewältigen. Treibstoffverbrauch, Nutzlast, die Menge an Gewicht, die zusätzlich zurücktransportiert werden kann. Alanja hat dazu eine populärwissenschaftliche Abhandlung publiziert, die ich allen Zuschauern ans Herz legen möchte, sofern Sie tiefer in die Materie einsteigen wollen.«

Die Wissenschaftlerin kam wieder ins Bild – Alanja Partel natürlich, die derzeitige Leiterin der ISS.

Die Maschine hinter Mamas Bett gab ein Piepsen von sich, dreimal in rascher Folge.

Eric fuhr herum. »Was …«

Amy, die auf der Bettkante saß, brauchte sich nur umzudrehen, um auf das Überwachungsdisplay zu sehen. »Alles in Ordnung«, sagte sie leise, und Eric fragte sich, ob sie tatsächlich überzeugt klang. »Ein kurzer Ausschlag der neuronalen Aktivität. Ich hab das schon ein paar Mal erlebt.« Sie zögerte. »Eine Irregularität, die vorkommt, aber nichts bedeutet.«

»Bist du dir sicher?«, wollte Vater wissen.

»Der Computer hat es zweifellos weitergemeldet. Es gibt keinen Alarm. Trotzdem wirft jetzt ein Arzt bestimmt schon einen Blick auf die Werte.«

»Falls sich irgendjemand die Zeit nimmt, so kurz vor der Landung«, sagte Eric.

»Die Welt bleibt nicht stehen«, meinte Amy.

Für viele schon, dachte Eric. Aber gut: Wenn es nichts bedeutete und häufiger vorkam, dann war es eben so. Er vertraute dem Urteil seiner Schwester und wandte seine Aufmerksamkeit dem Bericht und den Simulationen zu, die zeigten, wie die Landung verlaufen sollte.

»Danach beginnt der eigentliche Countdown«, sagte der

Journalist. »Wenn alles glattläuft, bleiben den Astronauten exakt 127 Minuten auf dem Asteroiden, ehe das Raumfahrzeug wieder starten muss.«

Verflixt wenig Zeit, um das Schicksal der Menschheit zu beeinflussen. Andererseits konnte dazu auch eine einzige Sekunde ausreichen.

»Und der Landevorgang«, tönte es aus dem Rahmen, »startet ... jetzt. Meine Damen und Herren, ein persönliches Wort: Beten Sie mit mir. Ich übergebe an Amisha.«

5

14 Uhr

»Ich bin unendlich dankbar, so nahe dabei zu sein«, sagte Amisha. »Ich weiß nicht, womit ich das verdient habe. Wahrscheinlich gar nicht. Es ist ein Geschenk.«

Ihre Hand kam ins Bild. Sie hielt ein Pad, warf kurz einen Blick darauf. »Sie haben mir eine Frage gestellt – genauer gesagt, in den letzten Tagen sind weit über einhunderttausend Nachrichten von Zuschauern eingegangen. Eine Menge Kollegen im Sender in Bangkok haben alles gelesen und ausgewertet. Dies hier wollten die meisten von Ihnen von mir wissen. Glauben Sie es mir oder nicht, ich sehe mir das zum ersten Mal an. Ich habe eine Vermutung, was die häufigste Frage sein könnte, aber ich weiß es nicht. Bis ...« Eine kleine, dramatische Pause, in der Amisha die Augen schloss. »Bis jetzt.« Sie öffnete die Augen wieder, und man sah, wie sie sich bewegten, als sie las. Die Pupillen weiteten sich ein wenig. »Oh«, machte sie. »Das überrascht mich.«

»Glaubt ihr das?«, fragte Amy. Sie jedenfalls zweifelte daran.

Die anderen antworteten nicht – offenbar standen sie völlig im Bann der Übertragung.

»Ich danke Ihnen«, sagte Amisha mit ihrem hinreißenden Lächeln, »dass Sie in dieser Situation so sehr an mich denken, obwohl ich nur als Vermittlerin der eigentlich wichtigen Geschehnisse diene. Die meistgestellte Frage lautet: *Haben Sie Angst?*«

Amisha streckte den Arm aus, umfasste einen Haltegriff und zog sich in einem Halbkreis zur Seite – ein vielfach eintrainierter Vorgang. Ohne jeden Zweifel war sie eine Journalistin, die geübter war als alle ihre Kollegen, sich in der Schwerelosigkeit zu bewegen. Die Kamera verfolgte ihren Weg, und so kamen Shixin Deng und Taranee Mbah ins Bild – allerdings nur von hinten, und sie drehten sich auch nicht um. Man sah, wie sich die Hände der beiden Astronauten auf einem komplizierten Display bewegten. Der Medienfirlefanz – so hatte es Gabe Barron ihr gegenüber einmal im Vertrauen genannt – spielte für sie nun keine Rolle mehr.

»Ihre Frage hat eine ehrliche Antwort verdient«, erklärte Amisha. »Ja, ich empfinde Angst. Wahrscheinlich wäre ich kein Mensch, wenn es mir nicht so erginge. Aber das ist nicht alles. Ein anderes Gefühl ist stärker und deckt diese Angst zu, ohne sie dadurch auszulöschen. Ich spreche von Vertrauen. Zu den Astronauten, denen ich mich ausgeliefert habe, weil ich weiß, dass sie für diese unfassbare Aufgabe die Besten sind. Und zu einer höheren Macht, die nicht zulassen wird, dass diese Mission scheitert.«

»Eine höhere Macht«, wiederholte Eric. Man hörte ihm an, dass ihn diese Formulierung alles andere als begeisterte. Wie Amy ihren Bruder kannte, stellte das für ihn eine Leerformel dar; eine unkonkrete, bedeutungslos-nebulöse Wolke.

»Das ist die offizielle Sprachregelung«, erklärte Amy. Bei

solchen religiös-philosophischen Stellungnahmen durfte kein Name aus der indischen Götterwelt fallen, ebenso wenig der christliche Gott, Allah oder sonst ein Begriff, der nur für einen Teil der Menschheit zutraf. Das *Beten Sie mit mir* von Mr Durchschnittserfolg war von der internationalen Kommission abgesegnet, und genauso die *höhere Macht* oder das unpersönliche *Schicksal*. Damit erschöpfte sich das, was gesagt werden durfte. Fragte sich nur, ob sich sämtliche Offiziellen auch daran halten würden. In dieser Hinsicht rechnete Amy mit allem, einschließlich einer überraschenden missionarischen Predigt aus einer eigentlich unverdächtigen Ecke. Die Kommunikation mit Vertretern aus so vielen Ländern hatte sie in den letzten Jahren gelehrt, auch das Verrückteste in ihre Überlegungen miteinzubeziehen.

»Die drei Astronauten leiten nun das Landemanöver ein«, erklärte Amisha. »Wir sind noch relativ weit von dem Kometen entfernt – etwa so weit, dass Sie die gesamte Erde einmal umrunden könnten. Dennoch verringert das Raumfahrzeug bereits jetzt seine Geschwindigkeit. Es ist 14:02 Uhr – nach Plan sollen wir in exakt einer Stunde aufsetzen. Es bleibt nicht mehr viel Zeit. Auch nicht für mich. Ich werde mit Taranee Mbah und Gabe Barron den Asteroiden betreten, allerdings nur als Begleiterin. Ich beobachte, ich filme, ich dokumentiere alles, ohne selbst mitzuwirken. Shixin Deng hingegen bleibt in dem Raumfahrzeug zurück. Von der ersten Minute an bereitet er den Start vor, denn wir müssen den Asteroiden rechtzeitig wieder verlassen, sonst ist es unmöglich, zur ISS – und im zweiten Schritt zur Erde – zurückzukehren. Der Asteroid bewegt sich auch weiterhin in rasendem Tempo fort, das dürfen Sie nicht vergessen – uns bleibt ein Aufenthalt von hundertsiebenundzwanzig Minuten, sofern alles nach Plan läuft. Zwei Stunden und sieben Minuten, bis wir abheben müssen, weil sich der

Himmelskörper, der für diese kurze Zeit zu unserer Heimat werden wird, dann längst wieder von der Erde entfernt. Danach ist die Entfernung zu groß, als dass das Raumfahrzeug sie bewältigen könnte.«

Den Puffer von zehn Minuten erwähnte sie nicht – seit der exakte Zeitplan feststand, hatten sich Hunderte von Menschen um jede Sekunde dieses Zeitfensters gestritten. Die zehn Minuten bildeten einen Kompromiss zwischen der Position, in welcher es keinerlei Zeitverlust geben dürfte und der Forderung, dass die Sicherheit oberste Priorität genießen müsse. Und dazu kam der Gedanke, dass ein mögliches Fundstück die ISS erreichen musste. Oder, für die kühnen Denker: Was nützte es, einen Außerirdischen zu finden, wenn er für immer in den Weiten des Alls verloren ging?

»Also ja«, sagte Amisha. »Ich empfinde Angst. Aber auch Vertrauen. In die Menschheit. In die Zukunft. In das Training, das ich selbst seit zwei Jahren absolviere, um diese Reise zu meistern. Mir ist alles abverlangt worden, glauben Sie mir, und noch ein wenig mehr. Ich habe gelernt, meine Grenzen neu zu definieren, indem ich sie erweitere. In den nächsten Stunden werfen wir gemeinsam einen tieferen Blick in das Geheimnis des Lebens. Ich muss mich nun auf den Ausstieg vorbereiten. Wenn Sie mich wiedersehen, werde ich einen Raumanzug tragen, an dem ein Dutzend Kameras befestigt sind, die jeden meiner Schritte festhalten. Bis dahin können Sie den Astronauten im wahrsten Sinn des Wortes über die Schulter blicken, und mein Kollege aus der ISS wird alles für Sie kommentieren, was die Kameras aufzeichnen. Sie werden es genauso sehen wie er.«

Der Blickwinkel der Aufnahme änderte sich, und im letzten Augenblick, ehe Amishas Gesicht aus dem Bild verschwand, glaubte Amy zu erkennen, wie sich das Lächeln der jungen Inderin auflöste; wie ihr Ausdruck ernster wurde, angespannter und hektischer. Vielleicht deutete sie aber auch zu viel in das hinein, was sie ohnehin nur erahnte. Ganze Heerscharen würden im Nachhinein ohnehin jede Sekunde der Aufzeichnung analysieren und interpretieren – möglicherweise ging dieser Moment als der Blick hinter die Kulissen der Inszenierung in die Geschichte ein.

In der Tat schaute man den Astronauten buchstäblich über die Schulter, genau so, wie von Amisha angekündigt. Was momentan hieß, dass der Bildschirm, der die Aufnahme der Außenkamera wiedergab, nichts anzeigte außer einem roten Kreis, in dessen Mitte sich der Asteroid befand – allerdings dank der Entfernung noch nicht wahrnehmbar. Rundum gab es vier Anzeigen mit schematischen Darstellungen, auf denen Zahlen- und Datenkolonnen abliefen, mit denen wohl nur ein winziger Bruchteil der Zuschauer etwas anfangen konnte – und das auch bloß, wenn sie die Zoomfunktion ihrer Geräte nutzten. Wozu Amy keinerlei Lust hatte, obwohl sie in der Lage gewesen wäre, die Informationen zu deuten.

Sie ging davon aus, dass alles nach Plan lief, sonst wären die drei Astronauten nicht so ruhig geblieben. Jede Abweichung in einem so frühen Stadium hätte den sofortigen Abbruch der Mission nach sich gezogen, wobei ein Brems- und Wendemanöver ohne Stopp auf dem Asteroiden als nahezu unmöglich galt. Was im Klartext hieß, dass die vier Menschen an Bord mit großer Wahrscheinlichkeit dem Tod geweiht wären.

Bei der Landung selbst mussten sie durch minimale Richtungs- und Geschwindigkeitskorrekturen eingreifen, im Vorfeld sah das ganz anders aus.

»Die entscheidende Frage, die unmöglich vorauszuberechnen war«, sagte der Kommentator von Bord der ISS gerade, »ist die nach der Beschaffenheit der Oberfläche des Asteroiden. Kein Bild aus der Ferne ist genau genug, den perfekt geeigneten Landeplatz zu bestimmen – falls es einen solchen überhaupt gibt. Nennen wir ihn deswegen den bestmöglichen Landeplatz – und den werden Mbah, Barron und Deng vor Ort festlegen. Wobei ihnen nur Sekunden für eine Entscheidung bleiben werden, während das Raumfahrzeug in einen Parallelflug zum Asteroiden geht, und nur sehr eingeschränkte Möglichkeiten des Manövrierens bleiben. Alles findet unter geradezu irrwitzigen Geschwindigkeiten statt. Das Fahrzeug nähert sich dann schräg an. Sehen Sie sich diese Simulation an, meine Damen und Herren.«

Worauf Amy verzichtete – sie kannte die Animationen bereits in- und auswendig.

Sie sah ihren Bruder an: Er schloss gerade die Augen, und seine Lippen, eben noch aufeinandergepresst, entspannten sich.

Sie sah ihre Schwägerin an: Sie sah zurück, und irgendetwas lag in Chaynes Blick, woraufhin Amy sich verstanden fühlte.

Sie sah Vater an: Er starrte auf den Bildschirm.

Sie sah Mutter an: Sie starrte ins Leere.

Und mit einem Mal wurde Amy klar, dass es gut war. Was immer dort oben passierte, es geschah weit entfernt und konnte nur die Zukunft beeinflussen. Das Leben jedoch, das echte Leben, spielte sich im Hier und Jetzt ab.

Kollege Manoy Devi – ein solcher Durchschnittsname in Indien, dass Amy anfangs nicht geglaubt hatte, dass er tatsächlich stimmte, aber in diesem Fall *war* es so – erzählte seinem staunenden Publikum, was die Astronauten sahen. Nichts, das Amy nicht ohnehin wusste. Sie behielt die kleine Entfernungsangabe im Auge, die sich rechts unten in dem Wust von Anzeigen im Cockpit des Raumfahrzeugs versteckte. Und obwohl die Zahl schnell schrumpfte, kam es Amy wie eine Ewigkeit vor. Es blieb genug Zeit.

Sie stand auf.

»Was tust du?«, fragte Vater.

»Pinkeln, wenn du gestattest.«

»Jetzt?«

»Wäre ich Taranee Mbah und hätte einen Raumanzug an, könnte das ein Problem sein.« Wobei das nicht stimmte, denn im Anzug war für derlei Fälle selbstverständlich vorgesorgt. »Und Überraschung: Bin ich nicht!«

Sie ging nach draußen auf den Flur. Warum, wusste sie in Wahrheit selbst nicht. Harndrang fühlte sie jedenfalls nicht. Vielleicht brauchte sie eben doch einen kurzen Moment für sich allein.

Und wo würde sie den eher finden als auf der Toilette? Sie überquerte den Flur, fand das Besucher-Badezimmer unbenutzt – keine Überraschung – und schloss die Tür hinter sich. Sie setzte sich auf den heruntergeklappten Deckel.

Eine Spinne krabbelte über die gefliste Wand gegenüber. Klein genug, um sich nicht vor dem Tier zu ekeln. Es scherte sich nicht um das Wohl und Wehe einer Weltraummission. »Du hast's gut«, sagte Amy.

6

15 Uhr

Vor wenigen Minuten war Amy zurückgekommen und saß seitdem still auf der Bettkante. Ihre Linke lag auf Mutters regloser Schulter.

In der Übertragung zeigte der Countdown gerade exakt einhundert Sekunden. Erics Handflächen waren schweißnass. Er konnte sich der Spannung nicht entziehen. Er hörte das Knarren, mit dem Chayne ihren Stuhl näher zu ihm hinschob, und fühlte dann, wie sie seine Hand nahm.

Dort oben lief alles ausgezeichnet.

Bis zur Sekunde T minus 93.

Gabe Barron wandte sich Shixin Deng zu, der neben ihm saß. Taranee Mbah hatte den Steuerraum bereits verlassen – sie würde nach der Landung als Erste ausschleusen und bereitete sich auf die Öffnung und den Ausstieg vor. Barron würde in dem Augenblick, da sie aufsetzten, gemeinsam mit Amisha aufbrechen und der Astronautin zur Ausstiegsschleuse folgen. Bis dahin musste er Deng unterstützen.

Die Gespräche der Astronauten kamen nicht in die Übertragung – so weit ging die lückenlose Offenheit dann doch nicht. Aber man sah, von Amishas Kameras in brillanter Unbarmherzigkeit festgehalten, das Erschrecken in Barrons Gesichtsausdruck. Einen Lidschlag lang, vielleicht war es sogar mehr als das. Konnte man es Panik nennen? Entsetzen?

»Eine Komplikation, liebe Zuschauer«, sagte Amisha, die das, was sie sah, zu deuten wusste – es ging nicht nur um ihren Job, den sie mit größter Professionalität vorbereitet hatte, sondern … um ihr Leben. Außerdem konnte sie zweifellos das Gespräch der beiden Astronauten verfolgen, deren Hände über die Steuerungen flogen. Shixin Deng beugte sich weit nach vorn, griff nach einem Hebel, der einem altmodischen Steuerknüppel ähnelte. Wahrscheinlich wusste Amy genau, was es damit auf sich hatte. Eric nicht, aber nun, nach den Stunden – oder Jahren – des Wartens, blieb gerade keine Zeit zu fragen.

Das Bild teilte sich in zwei Einzelaufnahmen. Der Blick auf die beiden Astronauten einerseits, eine Großaufnahme von Amishas Gesicht andererseits. Kurz war ihre Zungenspitze zu sehen, wie sie über den Mundwinkel huschte, hektisch und unruhig: Die Fassade der jungen Inderin bröckelte. »Es gibt eine minimale Fehlerquelle. Shixin Deng leitet soeben eine Kurskorrektur ein. Wir ...« Ein Zögern. *Ja, ich empfinde Angst*, hatte sie vorhin gesagt. *Wahrscheinlich wäre ich kein Mensch, wenn es mir nicht so erginge.* Nun kam dieser Mensch an die Oberfläche und versuchte die Kontrolle über die Professionalität der Journalistin zu übernehmen. »Sie sehen jetzt den Asteroiden und das Gebiet, auf dem wir landen werden.«

Der Schirm zeigte eine Aufnahme von absoluter Schlichtheit und zugleich berückender Schönheit: ein einfacher, lang gezogener Felsbrocken vor dem Hintergrund des ewig schwarzen, samtenen Alls. In der Ferne, unendlich weit, die leuchtenden Punkte fremder Sonnen.

So nah, so klar, so greifbar hatte niemand jemals den Asteroiden gesehen. Eine Felsnadel von einer halben Meile Länge. In der Gesamtaufnahme wirkte das Gebilde geradezu fragil, und doch maß es auch in seiner schmalsten Breite noch fünfzig Meter. Der Asteroid war meist schrundig und voller winziger Krater, nur die in Bewegungsrichtung vordere Spitze sah wie glatt geschliffen aus. Eric, der sich um Geologie oder Astrophysik nicht scherte, schoss bei diesem Anblick ein Gedanke durch den Sinn: *Das kann nicht natürlich sein.*

Der Asteroid wuchs in der Aufnahme – das Raumfahrzeug, das den Erklärungen nach seit wenigen Minuten in einen sich langsam annähernden, fast parallelen Kurs überging, verringerte weiterhin den Abstand zur Oberfläche. Die Spitze verschwand aus der Wiedergabe, und nun wurde klar, wie uneben der Rest des Gebildes war. Wie hügelig, zerkarstet und schroff.

»Dies ist eine Aufnahme des Gebiets, auf dem wir planmäßig landen müssten«, erklang Amishas Stimme. »Die Astronauten erkennen nun, dass die Bedingungen schlechter sind als erwartet. Es ...«, wieder dieses Zögern, wieder der Mensch,

»… ist deshalb nötig, nicht die Mitte des Asteroiden anzupeilen, sondern eine Spitze. Bei einer Landung auf zu unwirtlichem Untergrund droht sonst eine Beschädigung des Raumfahrzeugs. Die neue Landestelle anzusteuern, die außerhalb des vorbereiteten Radius liegt, kostet … etwas Zeit.«

»Mindestens vier Minuten für eine Korrektur um zweihundert Meter«, hörte Eric Amy murmeln.

»Soeben hat Gabe Barron seine Kollegin Mbah darüber informiert, dass sie sich zum Sicherheitssitz in der Nähe des Ausstiegs begeben muss. Er wird eine kurzzeitige Beschleunigung und manuelle Kurskorrektur vornehmen. Die Landung verzögert sich nach aktuellem Plan um sieben Minuten.«

»Sieben«, wiederholte Amy in einem Tonfall, der klang wie: *Meine Tochter ist beim Bergsteigen abgestürzt und verschollen.*

»Dafür landen wir auf einem Gebiet, das ideale Bedingungen aufweist. Sie haben den glatt geschliffenen Bereich des Asteroiden gesehen. Ich schalte auf ein Detailbild der Außenkamera.«

Ein schwarzes, erstarrtes Meer.

Eric wusste, wie falsch diese Assoziation war, denn er sah kein Wasser, sondern eine Ebene aus dunklem Stein. Es gab auch keine Wellen, nur eine völlig glatte Oberfläche. Und das über einige hundert Quadratmeter, wie ihm klarwurde, als er sich die Ausmaße des Asteroiden ins Gedächtnis rief.

Ewige Erstarrung, dachte er. *Schier endloses Nichts.* Nicht die kleinste Orientierung für die Augen, nur konturlose Dunkelheit.

Oder?

Als das Fahrzeug und damit auch die Außenkamera näherkamen, nahm die Detailschärfe zu, und mit einem Mal tauchten in der Schwärze graue Schlieren auf. Als wäre Farbe ausgegossen und in einen Strudel gerissen worden, ehe sie vor

Ewigkeiten getrocknet war, um dann während der Reise durchs All zu gefrieren.

Gab es ein Muster, eine Symmetrie dieser Schlieren?

Eric suchte unwillkürlich danach, doch wenn tatsächlich so etwas existierte, konnte sein Verstand es nicht erfassen.

»Der Strudel«, sagte Amisha und klang seltsam isoliert. Eric verstand sie sehr gut, auch ohne dass sie ihren Gedankengang rundum erklärte, und dazu hätte er kein Sprachphilosoph sein müssen. In diesen beiden Worten lag eine Fülle von Faszination und Erschrecken.

»Planmäßig hätten wir vor sechs Minuten landen sollen«, fuhr Amisha fort.

Diese Angabe verblüffte Eric. Schon? War tatsächlich so viel Zeit vergangen? Wie lange hatte er die schwarze, glatte Gesteinsebene und das Muster der Schlieren – *es gibt kein Muster*, dachte er – angestarrt? Und hatte die Journalistin die ganze Zeit über geschwiegen? Oder hatte er ihre Worte schlicht überhört, ganz und gar in seine eigenen Gedanken versunken?

»Der neue Countdown bis zum Aufsetzen auf der Ebene steht bei dreiundvierzig Sekunden. Einundvierzig.«

Auf der Ebene, hatte sie gesagt. Nicht *auf dem Asteroiden*. Der Anblick vereinnahmte sie offenbar genauso wie Eric und zweifellos Millionen oder Milliarden weiterer Zuschauer.

Nein – nicht genauso. Denn während Eric in diesem Krankenzimmer saß und das Geschehen im All ihn höchstens mittelbar beeinflussen konnte, hing Amishas Leben von den Begebenheiten vor Ort ab.

Ein bedeutender Unterschied.

Die Wiedergabe zeigte nur noch einen verschwindend kleinen Ausschnitt der Ebene – das direkte Landegebiet. Der Ausläufer einer der Schlieren zog sich hindurch. Sie mussten Dutzend Meter lang sein, begriff Eric erst in diesem Augenblick. Es war schwer, sich die gewaltigen Ausmaße zu vergegenwärtigen, weil jeder Vergleichspunkt fehlte. Eine Aufnahme, die das landende Raumfahrzeug als verhältnismäßig winzige Maschine vor dem weitaus größeren Gesamtasteroiden zeigte, hätte erleichternd gewirkt – aber wie hätte eine solche Aufnahme zustande kommen, welche Kamera hätte sie aufzeichnen sollen?

»Siebzehn Sekunden«, sagte Amisha, und dann rutschte ihr etwas heraus, von dem Eric nicht glaubte, dass es abgesprochen war: »Beten Sie mit mir.«

Die schwarze Ebene.

Der graue Schleier.

Das grelle Licht eines Scheinwerfers des Raumfahrzeugs, das nun zum ersten Mal den Asteroiden erreichte.

Und dann: Bewegung.

Sie kam so plötzlich, dass Eric zusammenzuckte und einen scharfen, kurzen Schmerz in Kniegelenken und Ellenbogen spürte, wie es ihm bei einem Adrenalinstoß immer ging.

»Scheiße, was …« Sogar Chayne verlor ihre Beherrschung.

Amy ächzte.

Das Raumfahrzeug setzte auf.

Aber es gab keinen Zweifel: Die graue Schliere hatte sich im letzten Augenblick vor der Landung zurückgezogen.

7

15:09 Uhr

Amy wusste sofort, dass diese Sekunde alles noch mehr veränderte als die Landeverzögerung um entsetzliche sieben Minuten.

Sieben Minuten!

Ein wenig über fünf Prozent der am teuersten erkauften Zeit der Weltgeschichte.

Aber selbst dies verblasste noch angesichts der Ungeheuerlichkeit, die sich im Augenblick vor dem Aufsetzen des Raumfahrzeugs abgespielt hatte. Die Schliere hatte sich blitzartig zurückgezogen. Das, was Amy – und mit ihr wohl jeder andere – für ein Muster im Gestein gehalten hatte, war …

… ausgewichen.

Die Landestützen berührten den Boden des Asteroiden.

Und die nächste Ungeheuerlichkeit mischte die Karten ein weiteres Mal neu: Die Stützen sanken ein.

Nicht ganz so reibungslos wie in Wasser, aber wie in einen zähen, dicken Brei.

Das konnte das Ende der gesamten Mission bedeuten.

Das *musste* das Ende sein.

Wenn das Fahrzeug keinen Stand fand, wenn es beschädigt wurde (oder unterging), war das gleichbedeutend mit dem Tod der vier Menschen an Bord. Sie würden das Fahrzeug nicht verlassen können. Es würde nicht wieder abheben können. Die Katastrophe war vorprogrammiert.

Das Fahrzeug setzte auf, die Bewegung endete.

Amys Schätzung nach waren die Stützen wie in Zeitlupe insgesamt zwanzig, vielleicht dreißig Zentimeter weit eingesunken. Darunter musste der Boden fest sein – das Gestein, das man sofort erwartet hatte.

»Wir wissen noch nicht«, sagte Amisha mit einer bewundernswerten Ruhe, »wie die Oberfläche beschaffen ist, auf der wir gelandet sind. Die Landestützen, auf denen das Gewicht unseres Fahrzeugs lastet, sind exakt vierzehn Zentimeter eingesunken.«

Nur?, dachte Amy. Andererseits … machte es einen Unterschied? Auf den Widerstand kam es an, den diese Masse beim Start bot.

Amishas Atem war zu hören. »Noch ist unklar, ob wir das Raumfahrzeug verlassen dürfen. Wir können ohnehin nicht auf dem Asteroiden laufen wir auf der Erde – es gibt keine nennenswerte Schwerkraft, die uns am Boden hält. Deshalb ...«

Amys Gedanken wanderten ab – sie kannte diese Hintergründe natürlich, die Amisha wohl aufzählte, um den Moment zu überbrücken. Oder um sich selbst von der quälenden Frage abzulenken, ob soeben ihr Todesurteil gesprochen worden war.

Nur beiläufig bekam Amy mit, wie sich die Journalistin mit Gabe Barron zur Ausstiegsschleuse begab, wo Taranee Mbah sie erwartete. Normalerweise hätte die Astronautin sofort das äußere Schott geöffnet, doch es blieb geschlossen.

Und die Sekunden verstrichen. Die Landung hatte sich um sieben Minuten verzögert. Seitdem waren noch vier Minuten vergangen. Insgesamt also bislang elf Minuten weniger auf dem Asteroiden. Alles andere als ein optimaler Beginn für den knappen Zeitplan. Aber auch keine Katastrophe. Noch nicht.

Die Astronauten sprachen per Funk miteinander, ohne dass die Welt mithörte. Amisha gab von diesem Gespräch das weiter, was sie spontan für richtig erachtete. Es ging um viel. Darum, wie die Öffentlichkeit es wahrnahm. Um Milliarden Dollar. Um die gesamte Mission. Und um vier Menschenleben.

Zweifellos kochte das NASA-Zentrum. Mit großer Wahrscheinlichkeit waren bereits Anweisungen per Funk abgeschickt worden. Aber als grundlegende Richtlinie galt, dass die Astronauten vor Ort bewerten mussten – sie hatten die Kompetenzen und die Verantwortung dafür in dem Sinn, dass ihnen die letzte Entscheidung zukam, wenn keine Zeit blieb. Und ob sie blieb, war relativ.

Eine weitere Minute vertickte.

Dann ein weiteres Prozent der unwiederbringlichen Zeitspanne.

Amy griff mit zitternden Fingern nach ihrem Dienst-Pod, und es überraschte sie nicht, was sie dort sah: siebenunddreißig neue Nachrichten der NASA. Einen Gedanken lang stand sie kurz davor, die aktuellste zu öffnen, ehe sie das Pod wieder in ihrer Tasche verschwinden ließ. Diese Zeit gehörte ihr. Sie hatte einen Vertrag aufsetzen lassen, der ihr das Recht zusicherte, bis zum Ende der Übertragung bei ihrer Familie sein zu dürfen. Rechtlich war sie auf der sicheren Seite.

Dennoch fühlte sie sich, als müsse sie aufspringen und losrennen.

»Die Entscheidung ist gefallen«, sagte Amisha. »Wir öffnen und verlassen das Raumfahrzeug. Gabe Barron wird als Erster gehen und mit den Steuerdüsen seines Anzugs so manövrieren, dass er den Boden nicht berühren muss.«

»Es ist lebensgefährlich«, sagte Papa. »Wieso tun sie das?«

Amy sah ihn an. »Weil sie dort sind. Ich würde auch gehen.«

»Aber ...«

»Ich würde lieber sterben, als es nicht zu versuchen. Sie wissen nicht einmal, ob ihnen von der Oberfläche Gefahr droht!«

»Es ist unberechenbar!«

»Wie die gesamte Mission«, sagte Amy und dachte: *Wie das ganze Leben.*

Amishas Kameras zeichneten auf, wie sich das Schott öffnete.

Die schwarze Ebene befand sich fast zum Greifen nah vor den drei Menschen. Der Ausstieg lag weniger als vier Meter über dem Boden.

Gabe Barron zog sich ins Freie. Sein Anzug hielt ihn in der Schwebe. Ein dünnes Seil verband ihn mit dem Raumfahrzeug und spulte sich von einer Winde ab, während der Astronaut ins Freie schwebte. Es würde ihn dauerhaft mit der einzigen Basis verbinden, die es für ihn noch gab.

Barron drehte sich nach dem Schub einer Düse ein wenig zur linken Seite, ging dabei tiefer, näher an die Oberfläche.

Noch drei Meter.

Das Seil spulte sich weiter.

»Er wird den Boden so sacht wie möglich und danach immer stärker mit der rechten Hand berühren, während er darüber schwebt«, erklärte Amisha. »Dieses improvisierte Experiment dient dazu auszutesten, ob der Boden letztlich einen Menschen tragen würde, falls wir aufsetzen müssen. Was nötig werden kann, wenn ... «

Sie brach mitten im Satz ab und schrie, als Gabe Barron plötzlich nach unten gerissen wurde, als hätte ihn ein unsichtbarer Griff gepackt.

Er stürzte die letzten beiden Meter ab und schlug auf.

Amy merkte erst, dass sie aufgesprungen war, als ihr die Knie weich wurden und sie sich wieder auf die Bettkante sinken ließ.

Barron sank nicht ein.

Immerhin das.

»Wir ... ich weiß nicht, was geschieht«, stammelte Amisha. Die Maske der selbstsicheren, überlegenen Journalistin lag in Scherben. Amy konnte es ihr nicht verübeln. »Es ist unmöglich, dass Gabe Barron auf diese Weise nach unten gezogen wird. Es gibt keine derartige Schwerkraft auf dem Asteroiden. Unmöglich!« Hörbar stieß sie die Luft aus. »Aber es ist geschehen. Also müssen wir umdenken.«

Barron erhob sich. »Ich bin unverletzt«, sagte er, für jeden hörbar. Amy wusste, dass er die Möglichkeit hatte, seinen Funk in die Frequenz einzuklinken, die von IndiaStream übertragen wurde. Es lag in seinem eigenen Ermessen. »Ich kann aufstehen und ...« Als er bemerkte, dass er sich doch nicht aufrichten konnte, verstummte er.

Das Seil hielt ihn am Boden!

Es klebte dort und ließ ihm nur einen minimalen Spielraum.

Amisha stellte das offensichtlich ebenfalls fest und zoomte näher. Aus der Schwärze ragten winzige Ausstülpungen – *Tentakel*, dachte Amy – und wanden sich mehrfach um das Seil. Wie Finger, die es festhielten.

Barron packte das kleine freiliegende Stück und riss daran, um den Rest aus dem ... Griff zu befreien. Vergeblich. »Es geht mir gut. Ich bin nicht betroffen. Nur das Seil.« Er kniete. »Ich kann Füße und Unterschenkel, die die Oberfläche berühren, frei bewegen.«

Amy starrte das Bild an. Etwas stimmte nicht – aber was? Sie spürte, dass es einen Fehler gab, doch ihr Verstand erkannte ihn nicht.

»Ich verlasse jetzt das Fahrzeug und fliege zu meinem Kollegen.« Das war Taranee Mbah, die zu hören, aber nicht zu sehen war.

»Warte!«, sagte Amisha, und schon dieser knappe Zuruf in der vertrauten Anrede machte deutlich, dass es kein offiziell geführtes Gespräch mehr war, das für die Medien und die Ohren der ganzen Welt gedacht war. Dort oben gab es nur noch Menschen in einer Extremsituation, denen zufällig Milliarden Leute zuhörten. »Niemand weiß, ob dir dasselbe passiert wie ihm!«

»Ich gehe«, sagte Taranee und tauchte kurz in der Wiedergabe auf, als sie das Ausgangsschott durchquerte und den Blick auf ihren Kollegen am Boden des Asteroiden blockierte. Dann verschwand sie aus der Aufnahme, jedoch nur für Sekunden. Amisha sah ihr nach, und damit zeichneten auch ihre Kameras die Astronautin auf.

Taranee Mbah schwebte einige Meter, ehe sie plötzlich absackte, ebenso wie Barron kurz vor ihr. Aber sie schlug nicht haltlos auf, sondern drehte sich noch im Fall, bekam die Füße nach unten und landete stehend. Was zeigte, dass sie sich auf einen solchen Absturz vorbereitet hatte. Darauf, mit Gewalt vom Asteroiden angezogen zu werden. Oder was immer dort oben in diesem Moment geschehen war.

Nein, nicht in diesem Moment – sondern vor siebenundzwanzig Sekunden, als das Bildsignal Richtung Erde abgestrahlt worden war. Denn solange dauerte die Verzögerung, bis die Zuschauer es zu sehen bekamen.

Siebenundzwanzig Sekunden.

Siebzehn davon erklärten sich durch die enorme Entfernung. Von diesen wusste jeder, der auch nur ein Hauch von Interesse für derlei Hintergründe aufbrachte oder den langen Erklärungen in den ersten Stunden der Übertragung gelauscht hatte.

Die verbliebenen zehn Sekunden bildeten eines der bestgehüteten Geheimnisse der gesamten Mission. Denn dies war die Zeitspanne, um die sämtliche Mitarbeiter im NASA-Zentrum voraus waren – einschließlich der Verantwortlichen von IndiaStream. Zehn Sekunden, in denen die Übertragung ins weltweite Netz blockiert werden konnte, sollte etwas allzu Verstörendes geschehen.

Jeder konnte sich die siebzehn Sekunden Verzögerung ausrechnen – dass in Wirklichkeit zehn mehr verstrichen, ehe die Bilder ausgestrahlt wurden, wusste jedoch nahezu niemand. Woher auch? Schließlich gab es keine Vergleichsmöglichkeit. Bei all den Anzeigen, die ins Bild gekommen waren, hatte es nie eine korrekte Uhrzeit gegeben, nur verstreichende Countdowns.

Und Amy hatte Angst, dass jeden Augenblick genau diese Entscheidung fallen würde: der Stopp der Übertragung. Man würde es einen technischen Fehler nennen, behaupten, dass vom Asteroiden keine Bilder mehr kämen, dass nur noch von der ISS berichtet werden könne, wo Manoy Devi als Journalist und Alanja Partel als Leiterin der Station die passenden Worte finden würden, das Dilemma sympathisch zu überspielen.

Amy sah förmlich den Finger vor sich, der über dem Abbruch-Knopf schwebte.

Aber noch war es nicht so weit, und sie hoffte, dass es nie dazu kam. Es wäre der größte denkbare Medienbetrug. Und es würde *sie* vom Livebericht ausschließen. Vielleicht sollte sie sich doch auf den Weg ins NASA-Zentrum machen, denn dort konnte man alles weiterempfangen, was immer geschah. Amy schob die Gedanken beiseite. Sie würde niemals freiwillig ihren Blick abwenden und damit Details verpassen, solange die Ausstrahlung lief.

Mbahs Halteseil wurde ebenfalls zu Boden gezogen. Es lag dicht auf, bis es einige Zentimeter von ihrem rechten Fuß entfernt nahezu senkrecht in die Höhe ragte, bis zur Verankerung in ihrem Raumanzug in Hüfthöhe. Die Astronautin griff das Seil und zog daran. Es gelang ihr, es etwas höher zu heben – aber ihr blieb nur ein geringer Spielraum, weil das meiste schon im Griff der Tentakel hing. Das wenige, das sie noch vom Boden lösen konnte, war mit einem langen, dünnen, pechschwarzen Faden umschlungen, der sich weiter dehnte.

Dann begann das Erschreckendste, das Amy jemals gesehen hatte, einschließlich ihrer blutüberströmten Tochter, als diese mit acht Jahren von einem Baum mit dem Kopf voraus genau auf den Liegestuhl gestürzt war, was leicht ihren Tod hätte bedeuten können.

Taranee Mbah und die schwarzen Fäden starteten ein *Tauziehen*.

Die Fäden zerrten das Seil nach unten, die Astronautin nach oben.

Mbah ächzte vor Anstrengung.

»Lass sie«, sagte Gabe Barron. »Du kommst nicht dagegen an. Sie wollen nur das Seil!«

Sie wollen nur das Seil.

Amy begriff sofort, was hinter diesen Worten steckte – die Annahme, dass diese schwarzen Dinger bewusst handelten. Eine Entscheidung getroffen hatten.

Taranee Mbah schrie auf, als mit einer solchen Wucht an dem Seil gezogen wurde, dass es sie mitriss. Sie kippte vornüber und landete mit dem Gesicht auf der Schwärze. Sofort schoben sich Tentakel über sie, schlangen sich um ihren Helm, ihren Oberkörper. Taranee wand sich. Sie kreischte.

»Mein Gott.« Das war Eric. Amy ignorierte ihn, wie alle anderen im Raum.

Gabe Barron löste sein Halteseil. Es klatschte auf den Boden und wurde sofort umschlungen. Der Astronaut jedoch wurde nicht daran gehindert, die drei Schritte bis zu seiner Kollegin zu gehen, sich zu ihr zu bücken und auch ihr Seil zu lösen.

Im selben Moment endete Taranees Umklammerung. Barron packte ihre Arme und zog sie in die Höhe.

Und Amy begriff, was die ganze Zeit über *falsch* gewesen war. Die Bilder der letzten Sekunden schrien es überdeutlich heraus. Barron bewegte sich auf der schwarzen Masse, als gäbe es eine Schwerkraft wie auf der Erde, die ihn am Boden hielt. Nur dass es diese Gravitation auf dem Asteroiden nicht gab. Nicht geben konnte.

Doch die Ereignisse widerlegten diese als selbstverständlich angenommene Tatsache. Es gab Schwerkraft. Man sah es, es *geschah*, und das bewies es unwiderlegbar.

Barron zog Mbah in die Höhe. Beide standen aufrecht und

bewegten sich von den Seilen fort, die mittlerweile so dicht umschlungen waren, dass man sie kaum noch sah. Die Schwärze verschlang sie.

»Woher hast du es gewusst?«, fragte Taranee.

»Ich wusste es nicht. Ein Gefühl.«

»Du hast dein Leben wegen …«

»Ich hatte recht. Weiter jetzt! Wir haben Zeit verloren. Und warum immer wir uns so bewegen können, nehmen wir es als Geschenk. Alles wird viel schneller gehen als vorausberechnet. Tun wir das, weshalb wir gekommen sind. Suchen wir die Quelle des Funksignals.«

»Was ist … das hier?« In Taranees letzten beiden Worten lag ein dumpfer Ekel.

»Ein Abwehrmechanismus.«

»Warum hält er uns dann nicht auf?«

»Ich behaupte nicht, ihn zu verstehen. Oder diejenigen, die ihn errichtet haben.«

»Und wer soll das sein?«

Gabe Barron schwieg.

Was hätte er auch sagen sollen? *Die Außerirdischen, wegen denen wir hier sind?* Sie agierten wesentlich direkter und handfester, als selbst die kühnsten Prognosen es vorausgesehen hatten.

Zum ersten Mal seit einer gefühlten Ewigkeit meldete sich Amisha zu Wort. »Ich werde die beiden Astronauten begleiten. Wie es meine Aufgabe ist.« Es klang, als informiere sie mit diesen Worten nicht die Welt, die ihr zuhörte, sondern als wolle sie sich selbst davon überzeugen, dass es das Richtige war. Sie verließ das Raumfahrzeug durch das offene Schleusenschott und war klug genug, das Halteseil schon vorher zu lösen. Sie schwebte nur kurz, ehe etwas sie nach unten zerrte und sie auf dem schwarzen Boden landete.

8

»Amy«, sagte Eric. »Sag mir, dass irgendjemand von euch *damit* gerechnet hat. Dass diese Leute wissen, was sie tun.«

Seine Zwillingsschwester sah ihm in die Augen. »Glaubst du im Ernst, dass irgendwer das hätte voraussehen können? Ich kann dir mindestens ein Dutzend Details nennen, für die niemand in der NASA eine Erklärung hat. Es bleiben bis zum spätesten Start noch fast hundert Minuten. Wahrscheinlich steht die Zahl der Überraschungen dann bei Tausend.«

»Was tun die Astronauten?«

»Verstehst du das wirklich nicht?«, fragte Chayne. »Sie improvisieren.«

»Und versuchen zu überleben«, sagte Papa.

Amy schüttelte den Kopf. »Ich vermute, dass das nicht die oberste Priorität auf ihrer Liste genießt.«

»Das ist Wahnsinn.«

»Es ist Forschung.«

Eric wollte widersprechen, von ethischen Grenzen sprechen – aber erstens hätte es ohnehin nichts geändert, und zweitens forderte das Geschehen auf dem Asteroiden seine volle Aufmerksamkeit.

Gabe Barron hob vom Boden ab, indem er eine Steuerdüse aktivierte, deren Druck ihn senkrecht nach oben steigen ließ. Nichts hinderte ihn daran; keine schwarzen Tentakel schlangen sich um seine Beine und zerrten ihn zurück. Eric bezweifelte nicht, dass dies dem *Abwehrmechanismus*, wie Barron es genannt hatte, möglich gewesen wäre. Aber warum tat er es nicht? Weil er nicht ... *wollte*? Was voraussetzen würde, dass ein denkendes Wesen dahintersteckte. Eine Intelligenz. Oder eine Maschine, die nach Kriterien bewertete, die eine menschliche Logik nicht verstand?

Eric wollte Amy fragen, warum der Astronaut in das Raumfahrzeug zurückkehrte, doch Amisha kam ihm mit einer Erklärung zuvor. Langsam kam die Journalistin in ihr wieder zum Vorschein, und sie besann sich auf die Professionalität, die ihr eigentlich in Fleisch und Blut übergegangen war.

»Wir haben Zeit verloren, und die Astronauten dürfen keinen Augenblick vergessen, dass die Uhr während unseres gesamten Aufenthalts tickt. Der Zeitpunkt des Startes steht fest – ganz egal, ob bis dahin alle Aufgaben erledigt sind oder nicht. Ein verzögertes Abheben wäre gleichbedeutend mit unserem Tod. Es bleibt keine Zeit, einen Weg zweimal zu gehen. Nun, da wir wissen, dass wir uns auf dem Asteroiden bewegen können, beginnt die Suche nach der Quelle des Funksignals, das uns hierher geführt hat. Und wenn die Astronauten sie gefunden haben, müssen sie für alles gerüstet sein.« Ein kleines, unkontrolliert wirkendes Lachen folgte. »Wobei die Ereignisse jetzt schon beweisen, dass wir uns nicht gegen das wappnen können, was uns undenkbar erscheint. Gabe Barron kehrt nun wieder zu uns ins Freie zurück.« Die Aufnahme schwenkte auf den Astronauten. »Er hat die Tragevorrichtung geholt, die das abtransportieren soll, was immer wir finden. Falls es sich überhaupt anheben und bewegen lässt. Das von der NASA gemeinsam mit internationalen Partnern entwickelte Gerät ist das modernste und anpassungsfähigste, das die Welt zu bieten hat. Es ist für viele Formen und Größen und dank mechanischer Kraftverstärkung für weit mehr Masse geeignet, als wir mit unseren Körperkräften tragen könnten. Das Raumfahrzeug ist darauf ausgelegt, eine Masse bis zu einer gewissen Menge zusätzlich aufzunehmen. Wir führen Ballastmasse mit uns, die wir im Ausgleich zurücklassen können und die mit dem Asteroiden weiterziehen wird.«

Amisha schwieg, während Barron wieder landete. Er trug nun etwas wie einen überdimensionierten Rucksack, nur dass dieses Stück aus verschachtelten, geknickten Rohren bestand.

»Was Amisha nicht erzählt«, erklärte Amy, »ist, dass die Vorrichtung auch eine perfekte Quarantäne bietet. Für alles, was die Astronauten in ihr transportieren.«

»Perfekt?«, fragte sein Vater. »Nachdem ich diese Tentakel gesehen habe, glaube ich nicht, dass wir irgendetwas, das von diesem Asteroiden stammt, unter Verschluss halten könnten.«

»Sie werden mitnehmen, was sie finden«, sagte Eric. »Das ist dir doch klar? Sie bringen es ins Raumfahrzeug und auf die ISS, ganz egal, welche Bedenken es gibt.«

»Niemand hat vorausgesehen, dass wir einfach so auf dem Asteroiden laufen können«, sagte Taranee Mbah. »Es fühlt sich kaum anders an als ein Spaziergang auf der Erde. Von dem klobigen Raumanzug abgesehen. Die Gravitation hat meinem Empfinden nach fast die gleiche Stärke. Etwas sorgt für eine Schwerkraft, die es hier eigentlich nicht geben dürfte.«

»Wenn mir das jemand im Vorfeld prognostiziert hätte«, sagte Gabe Barron, »hätte ich ihn gebeten, weniger Science-Fiction-Romane zu lesen. Aber es *ist* so, und es stört mich nicht. Wir nutzen es eben aus und nehmen es als Geschenk. Davon werde ich noch meinen Enkeln erzählen.«

Wenn er dazu die Gelegenheit bekommt, dachte Eric.

Amy nahm Mamas Hand. »Du müsstest es sehen. Sie kommen so rasch voran. Sie holen die Zeit auf, die sie verloren haben, und mehr als das.«

»Denkt denn niemand daran, dass das Raumfahrzeug eingesunken ist?«, fragte Eric. »Dass sie vielleicht gar nicht starten können, weil die Oberfläche sie festhält? In zwei Stunden könnte es völlig egal sein, was sie finden!«

»Selbstverständlich wird dieses Problem bearbeitet«, sagte

Amy, und wieder verfiel sie automatisch in diesen professionell-dozierenden Tonfall, den sie den Medien gegenüber stets anwandte. »Von Shixin Deng, der zurückgeblieben ist. Und von Horden von NASA-Mitarbeitern, die im verzögerten Funkaustausch mit ihm stehen. Aber Barron und Mbah ... nein, daran verschwenden sie keinen Gedanken. Das dürfen sie auch gar nicht, weil sie eigene Probleme zu bewältigen haben, auf die sie sich konzentrieren müssen.«

»Die Astronauten können die Quelle des Funksignals lokalisieren«, erklärte Amisha. »Es geht von einem Punkt innerhalb der schwarzen Ebene aus. An ihrem Rand, kurz vor der Spitze des Asteroiden. Sie empfangen es klar und deutlich.«

»Das tun wir«, sagte Mbah. »Und wir werden auch weiterhin direkt zu unseren Zuhörern sprechen. Nach diesem Beginn unserer Mission ist es nötig, unkonventionelle Wege zu gehen. Offen zu sein. Jeder soll verstehen, was wir tun und warum wir es tun.«

»Dafür danke ich«, sagte Amisha, die damit geschickt jeder Kritik an ihrer Position als Vermittlerin für die Medien auswich.

Alles lief gut.

Zu gut?

Nach diesem bizarren Beginn spazierten die heldenhaften Astronauten also einfach zu ihrem Ziel? So gern Eric an eine so positive Wendung der Geschichte glauben wollte, so sehr zweifelte er sie an.

Andererseits – dies war kein Film, sondern die Wirklichkeit, und diese gehorchte nun mal keinen dramaturgischen Gesetzen. Vielleicht wartete die Belohnung für drei Jahrzehnte voller Mühen doch einfach so darauf, abgeholt zu werden. Und möglicherweise würde es sich am Ende tatsächlich lohnen.

Bald fing Amishas Kamera eine der grauen Schlieren in dem schwarzen Gestein ein.

Eric ertappte sich dabei, von *Gestein* zu denken, weil er keinen besseren Begriff kannte – auch ein Sprachphilosoph wie er musste sich solchen Konventionen beugen. Denn die Menschheit wusste kein Wort für das, was die Spitze des Asteroiden bedeckte. Oder woraus er in diesem Bereich bestand.

Aber welches Gestein könnte ein schweres Raumfahrzeug einsacken lassen und mit kleinen Tentakeln Halteseile umklammern? Musste man vielleicht völlig umdenken? War dieses schwarze, von helleren Schlieren durchzogene Etwas eine Technologie? Oder eher ein Lebewesen?

Bei diesem Gedanken empfand Eric einen Schauer. Hatten die Astronauten möglicherweise längst gefunden, was sie suchten? Legten sie in diesem Augenblick Schritt für Schritt darauf zurück, ohne es zu bemerken?

Gabe Barron bückte sich und strich mit den Fingern über das Grau einer Schliere vor sich im Gestein. »Nicht dass die Handschuhe sonderlich sensibel wären«, sagte der Astronaut, »doch ich fühle nichts Besonderes. Diese Einfärbung ist … oh.«

Dieser letzte Laut war so simpel, klang so überrascht, dass Eric eine Tatsache überdeutlich begriff: Barron mochte ein hoch qualifizierter Spezialist sein, einer der wenigen, die dort draußen im All überleben und wieder zurückkehren konnten – aber vor allem war er ein Mensch mit denselben Gefühlen wie jeder andere.

Die Schliere zog sich vor seiner Hand zurück, genau wie vor der Landung des Raumfahrzeugs. Sie kroch durch das Schwarz.

Nicht wie durch Gestein, dachte Eric, *sondern wie durch Wasser.*

Das Grau bewegte sich exakt in die Richtung, in die die Astronauten und die Journalistin gingen. Zur Quelle des Signals? Oder war das ein Zufall?

Eric fühlte sich hilflos, als er an die Konsequenzen dieser Überlegungen dachte. Es ergab keinen Sinn, alles spielte sich zu schnell ab, war zu fremdartig. Wie sollte man binnen Sekunden oder Minuten etwas einschätzen, das noch kein Mensch vorher erlebt hatte?

Und mit einem Mal fühlte sich Eric unendlich erleichtert, dass er all das nicht beurteilen musste ... ganz im Unterschied zu Barron und Mbah, die er um diese Aufgabe alles andere als beneidete. Was für einen Zuschauer auf der Erde nur ein Gedankenspiel darstellte, bildete für sie die entscheidende Realität, die über Leben oder Tod bestimmte.

»Wir gehen weiter«, entschied Barron. »Völlig egal, was uns erwartet.« Er drehte sich um, sah Amisha an – und blickte damit ganz bewusst frontal in die Kamera. Hinter der Sichtscheibe seines Raumhelms war sein Gesicht deutlich zu erkennen. In seinen Augen lag ein unbestimmbares Feuer, ein Funke, wie ihn Eric nie zuvor gesehen hatte. Das musste wahre Begeisterung sein. Als er diesen Blick sah, verstand er, was Amy vorhin angedeutet hatte: Gabe Barron hatte das gefunden, wofür es sich seiner Meinung nach zu leben und zu sterben lohnte. Etwas, das für ihn wichtiger war als seine eigene Existenz. Und als Eric das begriff, beneidete er den Astronauten. Ob er wohl jemals etwas Ähnliches empfinden würde? Das *eine* Thema fand, das entscheidender und größer war als man selbst? *Chayne*, dachte er. Für sie würde er sterben, aber das war nicht dasselbe. Das, was in Gabe Barrons Blick lag, erschöpfte sich nicht in den Grenzen einer menschlichen Liebe.

Diese Fragestellung, die an Erics tiefste Fundamente heranreichte, verblasste mit jedem weiteren Schritt, den die drei Menschen Millionen Kilometer entfernt voranschritten. Die Spannung, die Erwartung dessen, was dort wartete, nahm alles andere mit sich.

Einundvierzig Minuten nachdem das Raumfahrzeug aufgesetzt hatte, erblickten die Astronauten zum ersten Mal die Kuppel.

9

»Was – was ist das?«, fragte Eric.

»Das, was alle suchen.« Chaynes Stimme war wie ein Hauch. Sie zitterte leicht.

Amy hörte es, schwieg aber. Niemand sagte mehr ein Wort. Sie starrten die Bilder an, die IndiaStreams Technologie über Millionen Kilometer durch den Weltraum zu ihnen funkte.

Auf der Ebene wölbte sich eine Halbkugel, ebenso schwarz wie der Boden. Ein Gebilde aus dem gleichen unbestimmbaren Material, das den Asteroiden an seiner Spitze überzog? Oder etwas völlig anderes?

»Es ist ... wunderschön«, sagte Amisha. »Absolut glatt gerundet, ohne jede Unebenheit. Eine Halbkugel, die auf keinen Fall auf natürliche Weise entstanden sein kann. Eine Form, wie von Menschen erschaffen.«

»Diese Form ist grundlegend im Universum«, erklärte Gabe Barron. »Es ist kein menschlicher Verstand dafür nötig, sie sich auszudenken. Geometrie existiert nicht nur in unseren Köpfen. Jedes intelligente Wesen würde verstehen, was eine Kugel ist. Ihre Perfektion erkennen und sie nachahmen.«

Die Kamera zeigte, wie sich Barron und Mbah direkt vor Amisha der Halbkugel näherten. Sie waren nur noch wenige Schritte entfernt.

Amy fiel das Atmen schwer. Zwanzig Jahre! Zwei Jahrzehnte

hatte sie auf das gewartet, was nun seinem Höhepunkt entgegenging.

Das Gebilde mochte etwa anderthalb Meter hoch aufragen. Es glänzte in tiefem, undurchdringlichem Schwarz – und spiegelte die Gestalten der beiden Astronauten. Ihre Helmlampen erzeugten eine gleißende Helligkeit, die über die Kugel strömte. Es bestätigte Amishas Worte: Nicht die kleinste Unebenheit warf auf der Oberfläche der Halbkugel einen Schatten.

»Wir haben gefunden«, sagte Taranee Mbah, »was uns an diesen Ort gerufen hat. Oder zweifelt ihr daran?«

»Keine Sekunde«, meinte Barron. »Die Funkanlage liegt unter dieser Kuppel.«

»Aber wie kommen wir hinein?«, fragte Amisha.

»Wir untersuchen zunächst alles«, kündigte der Astronaut an. »Liegt die Kuppel auf der schwarzen Oberfläche auf oder ragt sie in den Boden und setzt sich unterirdisch fort? Gibt es eine Öffnung, vielleicht sogar eine … Tür?«

»Zuerst müssen wir genau beobachten und jedes Detail optisch analysieren«, stellte Taranee klar. »Wir umrunden die Halbkugel und suchen nach Unregelmäßigkeiten.«

»Einer Schwachstelle«, ergänzte Barron.

»Wir berühren die Kuppel nicht. Denk an den Abwehrmechanismus, den wir kennengelernt haben. Es könnte etwas Ähnliches geben. Oder noch Schlimmeres.«

Amy sog scharf die Luft ein. *Schlimmeres.* Keine besonders diplomatische Bezeichnung. Aber sie verübelte es den beiden Astronauten nicht, dass sie angesichts ihrer Entdeckung anderes im Sinn hatten, als jedes Wort auf die Goldwaage zu legen.

»Seht ihr graue Schlieren in der Nähe?«, fragte Barron.

Kaum hatte er die Frage gestellt, suchte Amisha mit der Kamera die Ebene ab, erst rund um die Kuppel, danach direkt an den Stellen, an denen das Gebilde aufsetzte.

Dort wurde sie rasch fündig.

Das Bild wackelte, als die Journalistin hastiger als zuvor einige Schritte machte, auf die Halbkugel zu.

»Halt Abstand!«, herrschte Barron sie an.

Amisha ignorierte ihn, bewusst oder weil sie vor Faszination zu keinem klaren Gedanken fähig war.

Amys Hände schwitzten. Sie wusste nicht, ob sie sich ein offensiveres Vorgehen wünschen oder auf die Vernunft und Vorsicht der Astronauten hoffen sollte.

Das Bild zeigte eine graue Schliere im Boden, einige Meter lang, die sich durch das Schwarz bewegte, schlängelnd wie ein Kriechtier, und direkt vor dem Rand der Kuppel ...

... ja, was?

Die Schliere tauchte ab. Verschwand in der Tiefe. Immer weniger blieb zurück, bis nichts mehr zu sehen war.

»Dieses Ding hat sich in die Kuppel zurückgezogen«, kommentierte Amisha. Sie klang ungläubig, verwirrt und hilflos.

»Oder ist es geflüchtet?«, fragte Taranee.

»Wir können es nicht beurteilen«, sagte Gabe Barron. »Und wir dürfen diesem ... was auch immer, wir dürfen ihm keine menschlichen Gefühle und Absichten unterstellen. Wir wissen nichts darüber! Vielleicht ist es eine Art Roboter, der seiner Programmierung folgt!«

»Es lebt«, widersprach die Astronautin.

Amishas Hand tauchte in der Bildwiedergabe auf. Sie näherte sich der Oberfläche der Kuppel.

»Halt!« Das war Barron.

Taranee stand plötzlich bei der Journalistin, packte ihren Arm und zerrte ihn zurück.

Eine Sekunde zu spät.

Amishas Fingerspitzen strichen schon über die Halbkugel. Wo das Material des Raumanzugs die spiegelnde Schwärze berührte, war es, als hätten sie eine vorher vollständig glatt daliegende Wasseroberfläche angetippt. Kreisförmige Wellen gingen davon aus, waberten von diesem Zentrum weg.

Und tatsächlich: Die Oberfläche bewegte sich.

Wo die Wellenlinien ihren Weg zogen, verschwand das Schwarz. In diesen eng begrenzten Bereichen der Linien konnte man hindurchsehen wie durch Glas. Die Kamera fing auf, was die drei Menschen vor Ort sahen: schmale, ausschnittartige Blicke ins Innere der Kuppel, dünne Linien, die die Durchsicht erlaubten und winzige Teile dessen offenbarten, was darunter lag.

Was war das dort unten?

Ein ... Lebewesen?

Amy war sich nicht sicher. Waren Gliedmaßen zu erkennen? Etwas wie ein Kopf?

Die sichtbaren Ausschnitte wanderten längst weiter, erlaubten keinen Gesamteindruck.

»Habt ihr die Kreatur gesehen, die dort gefangen sitzt?«, fragte Papa. Er stand jetzt und streckte den Arm aus, ganz ähnlich wie Amisha es getan hatte. Als wolle er genau wie die Journalistin die Kuppel berühren, die als Holo im Übertragungsrahmen schwebte, als wäre sie greifbar nah.

»Man konnte nichts erkennen«, sagte Amy bestimmt. »Wir dürfen uns nichts einbilden, nur weil wir ...«

»Wie kommst du darauf, dass das Wesen gefangen ist?«, fragte Chayne. »Die Kuppel beschützt es doch. Dort gibt es keine Atmosphäre.«

»Man hat nichts Konkretes gesehen!« Amy versuchte, einen kühlen Kopf zu bewahren. Einer musste das tun. Gleichzeitig wollte sie die Augen schließen. Abschalten und wegrennen, weil sie es nicht länger ertrug. Es überwältigte sie. Aber natürlich starrte sie weiter auf die unfassbaren Bilder. Dies war die

Wirklichkeit, das Ergebnis dessen, worauf sie seit Jahrzehnten wartete. Wie könnte sie davor fliehen, selbst wenn die Wahrheit drohte, sie zu verzehren?

»Weg von der Kuppel, Amisha!«, herrschte Barron die Journalistin an. »Taranee und ich führen die Untersuchung durch! Halt dich zurück!«

»Fühlt ihr es nicht?«, fragte Amisha. »Die Kuppel *will* berührt werden und uns offenbaren, was darunter liegt!«

»Ich fühle überhaupt nichts! Und jetzt geh zurück.«

»Aber ich muss es wissen.« Das war Taranee Mbah. Sie tippte mit den Fingerspitzen die Kuppel an, und erneut liefen Wellen durch die Schwärze, wieder erlaubten die wandernden Linien eng begrenzte Durchblicke.

Die Astronautin wiederholte es. Und ließ schließlich die Handfläche auf der Oberfläche der Halbkugel liegen. Das Schwarz zog sich zurück. Was blieb, war ein vollkommen durchsichtiges, glasklares Material.

Und nun konnte niemand mehr bezweifeln, dass ein Lebewesen unter der Kuppel lag.

10

16 Uhr

Amishas Kamera zeigte es in unbestechlicher Großaufnahme. Keine Zurückhaltung, keine Verschleierung, nichts.

Das Wesen unter der Kuppel mochte etwa einen Meter groß sein, der Anblick erschütterte Eric. Er merkte erst, dass er die Luft anhielt, als seine Lungen schon nach Sauerstoff schrien.

Es war fremdartig.

Und … schön.

Auf eine unerklärliche, bizarre Weise wunderschön.

Es lag reglos, möglicherweise tot. Wie hätte es auch lebendig sein können, nach einer ewigen Reise durch das Weltall? Aber warum lebten dann die grauen Schlieren? *Falls* sie lebten. Falls sie nicht etwas völlig anderes darstellten als Leben, wie es die Menschheit kannte.

Eric fragte sich, wieso er über derlei Dinge eigentlich nachdachte. Wahrscheinlich, weil sein Verstand nicht fassen konnte, was seine Augen sahen, und weil er sich selbst davor schützen wollte, dieses außerirdische Lebewesen für wahr zu erachten.

»Sieh es dir an, Eric«, sagte Chayne. Ihre Hand legte sich auf seine. »Es ...« Sie brach ab, fand keine Worte.

Es hatte braune, ledrige Haut. Der Leib ähnelte – wenn es überhaupt eine Ähnlichkeit zu irgendetwas gab – einem zusammengesunkenen Reh, das allerdings kein Fell hatte und auf fünf statt auf vier Gliedmaßen ging, falls es sich dabei um Beine handelte. Wer vermochte das schon zu sagen bei einer fremdartigen Kreatur, die seitlich auf dem Boden lag? Auf einem Boden, der, wie Eric beiläufig feststellte, nicht schwarz war, sondern grau, als hätten sich sämtliche Schlieren dort zusammengeballt und die Finsternis der Ebene unter der Kuppel einfach überdeckt.

Beim Kopf des Wesens endete allerdings jede Ähnlichkeit zu irgendeinem irdischen Tier. Der Hals spaltete sich in drei, vielleicht vier ... Äste, die sich umeinanderschlangen und ein Gebilde trugen, das am ehesten einer dreiseitigen Pyramide glich. Im Verhältnis war es weitaus größer, als der Kopf eines Rehs gewesen wäre. Oder der eines Menschen.

Dass Eric damit überhaupt Hälse und einen Kopf assoziierte, lag an den Augen, die jeweils dicht unter den Eckpunkten der Pyramide saßen. Sie wirkten ... menschlich. Intelligent. Und sie standen offen, mit doppelten, schlitzförmigen Pupillen. Andere Sinnesorgane ließen sich nicht erkennen.

»Da ist ... Bewegung in den Augen.« Amishas Stimme riss ihn aus dem Bann des Anblicks, und da erst bemerkte er, wie lange die Journalistin vorher geschwiegen hatte. Wahrscheinlich hatte sie das Lebewesen ebenso sprachlos angestarrt wie Milliarden Zuschauer auf der Erde.

»Das kann nicht sein«, sagte Barron. »Das ist ...«

»Sieh doch hin!« Gleichzeitig mit dieser Aufforderung zoomte Amisha den Kopf an.

Die Augen.

Es gab keinen Zweifel, dass sie recht hatte. Die Pupillen bewegten sich. Die langen Schlitze dehnten sich in der Mitte zu flachen Ovalen, zogen sich wieder zusammen, weiteten sich, verflachten ... erneut Ovale, dann kaum mehr sichtbare Striche, fast ein Kreis ...

Sie pulsierten in unregelmäßiger Stärke, rhythmisch.

»Das kann nicht sein!« Barron wiederholte die Worte, und diesmal schrie er sie. Der Astronaut verlor die Beherrschung. »Das Muster ... es ist unmöglich! Das ...«

»Sei still, Gabe«, forderte Taranee Mbah. »Es ist so.«

»Aber ...«

»Es ist so!«

Wovon redeten sie? Offensichtlich scherten sie sich momentan keinen Deut mehr darum, dass ihre Worte in die ganze Welt übertragen wurden. Sie schienen vergessen zu haben, dass sie den Mittelpunkt des größten Medienspektakels aller Zeiten bildeten. Sie waren nur noch Menschen – Astronauten – Wissenschaftler, die vor einer unfassbaren Entdeckung standen.

Aber vor welcher?

Amisha hingegen besann sich auf ihre Rolle als Journalistin, die die Ereignisse der Welt vermitteln wollte, die ihr zu Füßen lag. »Gabe, Taranee – was habt ihr entdeckt? Sagt es mir. Sagt es allen, die uns zusehen.«

Die Astronauten schwiegen und blickten sich gegenseitig an.

»Die Funkbotschaft«, sagte Amy in die Stille des Krankenzimmers hinein. »Das ist das Signal, das wir empfangen haben.«

»Was meinst du?«, fragte Papa. »Amy, verdammt, was ...«

»Der Rhythmus, in dem sich die Augen bewegen. Ich kenne ihn in- und auswendig, genau wie die beiden Astronauten. Und wahrscheinlich auch Amisha, aber sie wagt es nicht, den entsprechenden Schluss zu ziehen.«

Papa sprang auf, packte seine Tochter am Arm. »Was, Amy? Wovon sprichst du?«

Amy schüttelte den Griff ab. »Die Augen bewegen sich im Rhythmus der Funksignale. Dieser Körper strahlt die Botschaft ab. Es gibt keine Funkanlage. Jedenfalls keine, wie wir sie kennen oder uns vorstellen. Dieses Wesen *ist* die Anlage, die die Nachricht durchs All sendet. Es lebt. Es ... ruft.« Sie drehte sich zu Mama um, legte ihr die Hand auf die Wange. »Es hat uns zu sich gerufen! Verstehst du? Wir haben es nicht begriffen, aber es hat uns zu sich gerufen, damit wir es finden und zu uns holen!«

»Wir dürfen die Kuppel nicht beschädigen«, sagte Barron in diesem Augenblick. »Mit einiger Wahrscheinlichkeit gibt es darunter eine wie auch immer geartete Atmosphäre, die das Wesen am Leben hält.«

»Wenn die Kuppel ein Loch hätte«, erklärte Amisha den Zuschauern, »würde diese Atmosphäre schlagartig entweichen und die Kreatur wäre einem Vakuum ausgesetzt – wie es eben auf dem Asteroiden herrscht. Niemand könnte darin überleben.«

»Die Tragevorrichtung reicht aus, die gesamte Kuppel abzutransportieren«, sagte Taranee. »Falls wir sie lösen können und sie nicht weit in den Untergrund hineinreicht. Soll ich ...«

»Nicht zögern!«, fiel ihr Barron ins Wort. »Setz den Laser-schneider an. Vorsichtig.«

Die Astronautin öffnete eine Tasche am rechten Ober-schenkel ihres Raumanzugs. Sie holte etwas heraus, das einer schlanken Schusswaffe ähnelte, von einem klobigen Griff ab-gesehen, der ihren Fingern in dem wuchtigen Handschuh Halt bot. Sie führte die *Mündung* an die Kuppel heran, dort, wo sie an ihrem Rand das Schwarz des Bodens berührte.

»Ich aktiviere ...« Taranee sprach den Satz nie zu Ende. Im selben Moment, als die Spitze des Schneiders zu glühen be-gann, klappte die Kuppel in drei Teilen auseinander, die im Bo-den versanken.

Es ging gespenstisch schnell und absolut lautlos. Nichts deutete an, dass eine Atmosphäre entwich. Hatte auch vorher schon ein Vakuum geherrscht? Konnte das Wesen tatsächlich ohne Atmosphäre, im freien Weltall überleben?

Die Kreatur zeigte keine Reaktion. Der Weg zu ihr lag frei vor den Astronauten.

»I-ich ... wir ... können zu dem Wesen vorstoßen«, sprach Amisha das Offensichtliche aus.

»Ich gehe zuerst«, stellte Gabe Barron klar. »Taranee, du behältst alles im Auge. Und sorg dafür, dass Amisha etwas ent-fernt bleibt!«

Der Astronaut machte den ersten Schritt auf den hellgrauen Boden, der eben noch von der Halbkugel überspannt worden war.

Wo sein Fuß aufsetzte, wich das Grau blitzartig aus, bot sei-nem Fuß – und nur diesem – Raum. Rundum blieben die zu-sammengeballten Schlieren an ihrem Platz.

Amishas Kamerabild zitterte leicht. Als sie das Wesen heran-zoomte, lag es da wie immer, mit den pulsierenden Pupillen, die ihren Rhythmus unbeeinflusst fortsetzten.

Barron setzte den zweiten Fuß auf, und das bizarre Schauspiel wiederholte sich.

Ein weiterer Schritt, und der Astronaut war fast schon in Reichweite der außerirdischen Kreatur. »Ich setze das Tragegestell ab«, kündigte er an. »Ich programmiere die Entfaltung auf die passende Größe. Wir müssen nur das Wesen abtransportieren. Wir können es im Gestell ohne Atmosphäre isolieren – vielleicht wäre unsere Sauerstoffatmosphäre giftig ... für dieses Wesen.«

Auch wo das Gestell den Boden berührte, zog sich das Grau zurück. Barron tippte eine Sequenz in ein Eingabefeld. Das Gestänge folgte der mechanischen Programmierung, entwirrte sich und klappte auseinander.

»Ich brauche Taranees Hilfe«, sagte der Astronaut. Amisha zoomte nun zu der Astronautin, die sich auf den Weg zu ihrem Kollegen machte.

Schritt für Schritt trat sie auf winzige schwarze Flächen im allgegenwärtigen Grau. »Wir werden das Wesen nun in das Gestell heben«, kündigte sie an. »Wir transportieren es zurück zu unserem Raumfahrzeug. Es bleiben einundvierzig Minuten bis zum Starttermin.«

Die beiden Astronauten standen vor der reglosen Kreatur, deren Pupillen sich in den offenen Augen weiterhin bewegten, die aber sonst kein Lebenszeichen zeigte.

»Ich werde es zuerst berühren«, sagte Barron. »Du wartest ab.«

Taranee bestätigte.

Barron streckte die Hand aus, berührte eines der Beine dort, wo es am Körper ansetzte.

Nichts geschah.

Der Astronaut setzte sie zweite Hand an und zog.

Das Bein hob sich.

Graue Fäden baumelten davon herab, ähnlich den Tentakeln, die die Halteseile der Astronauten nach dem Ausstieg umschlungen hatten. Nur dass sie nicht mit dem Boden verbunden blieben. Sie lösten sich, pendelten hin und her.

»Es ist ganz leicht«, erklärte Barron. »Ich versuche jetzt, den ganzen Körper hochzuheben. Taranee, du bleibst noch zurück.«

Der Astronaut packte zu, und tatsächlich gelang es ihm offenbar mühelos, die Kreatur zu heben.

»Als wäre dort die künstliche Schwerkraft genau begrenzt wieder aufgehoben«, kommentierte Amy. In ihrer Stimme lag Bewunderung.

Eric wollte seiner Schwester eine Frage stellen, aber er kam nicht dazu.

Die grauen Fäden, die von dem Leib herunterhingen, richteten sich plötzlich auf Gabe Barron aus und klatschten an seinen Raumanzug. Der Astronaut schrie auf, ließ die Kreatur fallen, doch das Grau blieb an ihm haften. Die Tentakel umschlangen ihn, und mit einem panisch erstickten Laut verschwand Barron unter einem Gewimmel von Schlieren und Fäden.

11

16:20 Uhr

Amy schrie vor Schreck.

Und Mama schrie ebenfalls. Sie setzte sich im Bett auf. Die Decke verrutschte und gab ihren Oberkörper frei. Mamas Arm schlug gegen Amy.

Chayne sprang auf.

Eric gab einen erstickten Laut von sich.

Mama fiel auf die Matratze zurück. Ihr Kopf versank für einen Augenblick im Kissen, so wie Gabe Barron unter dem wimmelnden Grau verschwand.

Eric stand neben Amy. »Was ist ... wie ...«

Aus der Übertragung drangen Schreie – die der beiden Astronauten und auch Amishas.

Mamas Augenlider flatterten. Ihre Lippen bewegten sich, doch es kam kein Ton darüber.

»Es ist die Aufregung«, sagte Amy. »Die extreme Stimulation, sie ... es ...« Dann umarmte sie Mama. »Du bist wach. Wir sind hier. Es ist gut.«

Ihre Worte gingen in den Millionen Kilometer entfernten Schreien unter.

Die Instrumente, die Mama überwachten, schlugen Alarm.

Amy starrte ihre Mutter an. Und dann die Szenerie auf dem Asteroiden, wo zu sehen war, dass der Boden im Bereich der ehemaligen Kuppel schwarz geworden war. Sämtliches Grau hatte sich über Gabe Barron gestürzt. Ein Berg erhob sich, unter dem sich etwas, das nicht mehr zu erkennen war, schwach bewegte. Der Astronaut gab einen über Funk nur allzu deutlich hörbaren erstickten Laut von sich, dann hörte man das Krachen, mit dem seine Knochen barsten.

Und Stille, lauter als das Schreien vorher.

Ehe Amy den Blick wieder abwandte, sah sie ein wackelndes, zitternd aufgenommenes Bild der Astronautin Taranee Mbah, des außerirdischen Wesens und des Tragegestells neben dem grauen Berg, der nun reglos blieb.

Mamas Lippen bewegten sich noch immer. Der Alarm heulte ununterbrochen, doch niemand kam. Wahrscheinlich klebte jede Schwester, jeder Arzt, der hätte reagieren müssen, an dem Bildschirm, der das unfassbare Geschehen draußen im All zeigte.

»Ich habe … lange genug … gewartet.« Mamas Worte kamen wie ein Hauch, kaum verständlich.

Amy fühlte Tränen über ihre Wangen laufen, und sie empfand eine größere Hilflosigkeit als jemals zuvor.

Eric legte die Hand auf Mamas Arm. »Du bist … «

»Es ist gut«, sagte Mama. »Lange genug … gewartet.« Sie schloss die Augen. Ihr Kopf sackte zur Seite. Der Alarmton der Geräte veränderte sich.

»Nein«, rief Amy. »Nein, nein, nein.« Immer wieder dieses eine Wort.

»Amisha, nimm es auf!«, tönte die Stimme von Taranee Mbah durch den Raum.

Papa stand plötzlich auch am Bett. Seine Finger zitterten, als er sie auf Mamas Wange legte. Auf das Gesicht, das nun für immer reglos bleiben würde.

Und nach wie vor kamen weder ein Arzt noch eine Schwester in den Raum.

Wie durch einen Nebel hörte Amy einen hastigen Wortwechsel aus der Übertragung. »Du kannst nicht … « – »Ich kann und ich werde.« – »Gabe … « – »Er ist tot! Wir bergen die Kreatur und kehren zurück.« – »A-aber … « – »Hilf mir. Sofort!« – »Ich … « – »Amisha!« Die Worte überschwemmten Amy, und irgendetwas in ihrem Verstand zwang sie hinzusehen.

Mama war aufgewacht und gestorben – *der extreme psychische Reiz durch die Übertragung hat sie aus dem Koma geholt,* gab die Wissenschaftlerin in ihr eine Erklärung, die sie gar nicht hören wollte, *und endlich hat sie sich erlaubt zu sterben.*

Trotzdem musste sie hinsehen.

Taranee Mbah und Amisha wuchteten den Körper des außerirdischen Lebewesens in das Tragegestell. Nichts hinderte sie daran. Sämtliches Grau ballte sich nach wie vor über der Leiche von Gabe Barron.

Warum griffen die Schlieren nicht auch Taranee Mbah an? Oder durfte man das, was Gabe Barron getötet hatte, gar nicht als Angriff werten? Nach menschlichem Ermessen *war* es das – aber musste man hier nicht eine andere Logik, völlig andere Grundsätze nutzen, um zu verstehen oder wenigstens zu interpretieren, was geschah?

Es blieb keine Zeit, derart komplexe Gedanken weiter zu verfolgen.

Das Gestell nahm das fremde Etwas auf, und die beiden Frauen schlossen die Quarantänefolie rundum.

Taranee wuchtete den Rucksack auf ihre Schultern. »Wir gehen.«

»Ich bin nicht sicher, ob ...«

»Wir gehen!«, fiel die Astronautin der Journalistin ins Wort.

Und sie senden es immer noch, dachte Amy.

Als hätte ihr Gedanke es beschworen, endete in diesem Augenblick die Übertragung. Wahrscheinlich waren die Zuständigen selbst derart von dem Geschehen in den Bann gezogen worden, dass sie schlicht *vergessen* hatten, eher abzubrechen.

Nach einer Sekunde in vollständigem Schwarz tauchte das Durchschnittsgesicht von Manoy Devi an Bord der ISS auf. Das Erschrecken war ihm überdeutlich anzusehen. »Wir empfangen keine Daten mehr von der Außenmission«, log er.

Es musste gelogen sein.

Es musste!

»Niemand weiß, was dort vorgefallen ist. Vielleicht ein ... ein technisches Problem.« Er geriet ins Stammeln. Er war auf vieles vorbereitet gewesen, aber die Realität überforderte ihn. Obwohl nicht nebenbei noch seine komatöse Mutter aufgewacht und einen Augenblick später gestorben war.

Die Tür wurde aufgerissen. Ein Arzt stürmte ins Zimmer,

ein junger Mann, der genauso verloren und hilflos aussah wie Manoy Devi.

Vielleicht war es dessen verwirrtes Schweigen, das Amy endgültig zusammenbrechen und weinen ließ. Sie presste ihre Hände an die Schläfen.

Aber Taranee Mbah hatte gehandelt. Als feststand, dass Gabe Barron tot war, hatte sie die Chance ergriffen, den nicht länger bewachten außerirdischen Leib an sich zu bringen. Sie hatte den Toten zurückgelassen, weil sie nichts mehr für ihn tun konnte. Sie hatte konsequent und glasklar alle Alternativen abgewogen und eine Entscheidung gefällt.

Und das musste Amy auch tun. Wie sehr sich die Situationen doch glichen. Mama war tot. Sie konnte nichts mehr für sie tun. Aber dort oben ging es weiter. Und im NASA-Zentrum wurde die Übertragung noch empfangen, das glaubte Amy. Davon war sie überzeugt.

»Ich muss gehen«, sagte sie.

»Aber ...« Das war Papa.

»Lass sie«, forderte Eric. Plötzlich war seine Stimme direkt an ihrem Ohr. »Ich kümmere mich hier um alles. Geh, Amy!«

Und das tat sie.

Teil 3:

Der heimliche Krieg

18. August – 9. Oktober 2063

Kapitel 1: Abendstunden

18. August 2063

1

Er konnte die Fragen nicht mehr hören.

Oder, genauer: Er wünschte, er müsste sie tatsächlich nicht mehr hören.

Doch sie kamen unablässig, seit seine Mutter vor gut vierundzwanzig Stunden gestorben war und sich die Nachricht seitdem langsam, aber unaufhaltsam im Kreis ihrer Freunde, Bekannten und der entfernteren Familie verbreitete. Sie riefen an, und Eric merkte, dass es ihnen schwerfiel, darüber zu sprechen. Tod war nie ein angenehmes Thema, und die wenigsten Leute gingen offen mit diesem Teil des Lebens um, in diesem Fall allerdings kamen zwei Umstände noch erschwerend hinzu.

Zum einen der Aspekt, um den sämtliche Anrufer zunächst unbeholfen herummanövrierten, den sie schließlich aber doch auf den Punkt brachten: *Deine Mutter ist ja sowieso nahezu tot gewesen, ist es nicht eine Erleichterung für alle, auch für sie?* Wahrscheinlich sollte es tröstend klingen, das versuchte Eric seinen jeweiligen Gesprächspartnern zugutezuhalten, aber es stürzte ihn trotzdem von Mal zu Mal tiefer in einen Abgrund aus Verwirrung, Ärger und Wut. Und dieses Gefühlschaos wurde immer verstörender, je näher er dem Boden dieses Abgrunds kam, auf dem mit weit ausgebreiteten Armen die Erkenntnis wartete, dass er es genauso sah. Sie hieß ihn mit einem Lächeln willkommen, nur wusste er leider nicht, ob es verschlagen war oder sanft. Wahrscheinlich musste er noch tiefer graben, um die endgültige Wahrheit zu finden.

Und zum anderen erschwerte die schlichte Tatsache die ohnehin unangenehmen Gespräche, dass jeder eigentlich über das Thema sprechen wollte. Offen und ehrlich hätte es etwa so geklungen: *Ja, deine Mutter ist tot, tut mir leid, aber was sagst du zu der Sache auf dem Asteroiden? Dass sie einen Außerirdischen gefunden haben! Dass Barron gestorben ist! Dass es ein Angriff war!* Oder wahlweise: *Dass es ein Unfall war! Dass dies, dass jenes, dass drittens, und überhaupt.* Die Kommentare gingen ins Unendliche.

Üblicherweise brummelte er irgendetwas als Antwort, entschuldigte sich rasch und beendete das Gespräch. Sein Repertoire reichte von *Ich muss auflegen, es gibt so viel zu tun, das verstehst du doch bestimmt* über *Ich sollte mich jetzt um die Formalitäten kümmern* bis hin zu *Die Klinik ruft gerade auf der anderen Leitung an, ich leg mal auf.* Also von gediegener Freundlichkeit bis zur offenen Lüge, je nachdem.

Tatsächlich gab es nahezu überhaupt nichts zu tun.

Was die medizinische Seite anging, so kümmerten sich mehrere Ärzte um alles, ganz zu schweigen von der Verwaltungschefin und einem Typen, der die Klinik in sämtlichen Rechtsangelegenheiten vertrat. Wahrscheinlich befürchteten sie, dass ihnen eine saftige Klage ins Haus flattern würde – immerhin stand mit der NASA, die alle Rechnungen beglichen hatte, eine der größten und mächtigsten Behörden auf der potenziellen Gegnerseite. Und wer auch nur einen der unzähligen Gerichts- und Anwalts-Thriller von Balen Jonnathon gelesen hatte (und wer hatte das in den letzten zwanzig Jahren, seit er unablässig Welterfolge rausfeuerte, nicht getan?), der wusste, dass in diesem Fall das Potenzial für eine Millionenklage lag: Hatten die Ärzte nur deshalb so spät reagiert, weil sie der Übertragung aus dem All gefolgt waren? Allerdings hatte Eric nicht das geringste Interesse daran, aus dem Tod seiner Mutter Kapitel zu schlagen. Und Amy ganz sicher auch nicht. Aber die NASA? Das konnte er nicht einschätzen. Wahrscheinlich standen dort momentan alle unter Schock, doch das mochte sich in den nächsten Tagen ändern, wenn irgendein spitzfindiger Buchhalter – vielleicht der, der in den vergangenen Jahren die Rechnungen für die Versorgung der ehemaligen Mitarbeiterin Allamore abgesegnet hatte – auf die Idee kam, man könnte sich die jahrelangen Auslagen auf dem Gerichtsweg zurückholen, und möglicherweise noch eine saftige Finanzspritze dazu. Erstaunlich genug, dass sich die Klinik trotz der Ereignisse im Weltraum um derlei Dinge Gedanken machte. Wahrscheinlich, weil es um Geld ging. Und dieses Thema ließ sogar in absoluten Krisenzeiten sämtliche Alarmglocken läuten.

Eric fühlte einen Anflug von Heiterkeit, den ersten seit dem Moment, als Mama kurzzeitig wieder zu sich gekommen war: Ihm fiel auf, dass er ebenfalls darüber nachdachte. Aber irgendwie musste er sich ja auch beschäftigen. Denn es gab wirklich nichts zu tun.

Um sämtliche Details rund um den Tod seiner Mutter kümmerten sich andere.

Was den Asteroiden betraf, so waren die Nachrichten zwar voll davon, doch es gab schlicht und einfach keine Neuigkeiten, weil die NASA alles unter Verschluss hielt. Und irgendwelche Spekulationen würde sich Eric nicht anhören, weder von sogenannten seriösen Kanälen noch von inoffiziellen Stellen. Und schon gar nicht von diversen Spinnern, die im Netz ihre Weisheiten in die Welt posaunten und damit um Unterstützung buhlten.

Der Asteroid …

Eric hatte sich zwar immer dagegen gewehrt, sich von diesem Thema vereinnahmen zu lassen, aber zurzeit sah er es anders. Vielleicht, weil es ihn von der Erinnerung ablenkte, wie Mama die Augen aufgeschlagen hatte, nur um kurz darauf zu sterben. Oder weil die Entdeckung des außerirdischen Lebens *wirklich* eine Sensation darstellte. Weil es tatsächlich Auswirkungen auf die Menschheit hatte, und weil sich Eric – wie jeder vernünftig denkende Mensch – fragte, wie diese Konsequenzen aussahen.

Das waren Argumente genug, um Amy eine Nachricht zu schreiben – wovor er sich aber scheute. Er hatte von seiner Schwester bislang keinen Ton gehört und kein Wort gelesen, und dafür gab es wahrscheinlich Gründe. Während er noch darüber sinnierte, ob es gute oder schlechte Gründe sein mochten, ging der nächste Anruf ein. Er sah auf das Display.

Nummer unterdrückt.

Na wunderbar. Sollte er dasselbe Gespräch noch einmal führen, mit der einen oder anderen spitzfindigen Variation? Stattdessen entschied er sich dafür aufzustehen, ins Badezimmer zu gehen und heißes Wasser in die Wanne laufen zu lassen. Als er die Küchentür passierte, sah er Chayne am Herd stehen. Vor ihr brutzelte ein Spiegelei in der Pfanne. »Keine Lust auf …« Sie zögerte und beendete den Satz mit einem vielsagenden »Blabla?«

»Nicht die geringste.«

»Was hast du vor?«

»Baden.«

»Gute Idee.« Chayne sah kurz auf die Pfanne, zuckte dann mit den Schultern. »Ausschalten«, sagte sie mit jener leicht veränderten Stimmlage, die das Sprachmenü aktivierte. Der Herd bestätigte mit einem leisen Summen. »Ich komm mit.«

Die Wärme tat ihnen beiden gut. So gut, dass Eric einschlief, zum ersten Mal seit … wie vielen Stunden? Dreißig? Vierzig? Fünfzig? Diese Zahlen waren seine letzten Gedanken, ehe er die Augen schloss und in einen Traum hinüberdämmerte.

2

»Das solltest du nicht tun«, wagte Penny zu sagen, als Amy mal wieder den Knopf drückte, der die Maschine in ratternde Aktivität versetzte.

»Ach?«, fragte Amy, während sie sich umsah, um herauszufinden, ob Pen tatsächlich sie meinte. Musste sie wohl, denn niemand sonst befand sich in der kleinen Küche, in der sich im Spülbecken das Geschirr stapelte. Genauer gesagt, die Tassen. Niemand kam hierher, um zu essen.

»Und das weißt du auch«, bekräftigte Penny ihre Weisheit.

Der Espresso füllte das Tässchen nur halb, also drückte Amy erneut die Taste. Ein wenig fester als nötig. »Und warum bist du hier?«

»Um denselben Fehler zu machen wie du.« Pen grinste.

»Könntest du dich darum bitte ein bisschen beeilen?«

Amy schnappte sich die Tasse und gab den Platz frei. »Wir sollten uns testen lassen, wie viel Blut sich noch in unserem Koffein befindet.«

»Was tut man nicht alles, um wach zu bleiben.«

»Bist du's?«

»Was?«

»Wach.«

Pen schüttelte den Kopf. »Du?«

Wahrscheinlich ist in diesem gesamten Irrenhaus, auf das die ganze Welt blickt, niemand mehr wach, dachte Amy. Auf ihrem Schreibtisch landeten unablässig Anfragen, und das waren nur diejenigen, die ein Heer von Assistenten nicht im Vorfeld aussortiert hatte. Also der wirklich wichtige Stoff. Keine Journalisten – die musste jemand anders versorgen –, sondern ausländische Behörden, Institutionen, Regierungschefs ... solche Kaliber. Sobald das besagte Heer nicht wusste, wohin damit – und wenn es nicht aus den USA stammte –, schickte man es eben an Amy, ihres Zeichens *Koordinatorin für internationale Zusammenarbeit.*

Sie hatte ein gutes System gefunden, sich um all das zu kümmern, genauer gesagt war das immerhin ein geradezu perfekter erster Schritt. Der bestand darin, jede einzelne Nachricht auszudrucken und auf einen Stapel rechts auf ihrem Schreibtisch zu legen. Manche davon hatte sie sogar schon gelesen.

Mit einem letzten Rattern und Ächzen füllte die Maschine Pennys Espressotasse. Sofort nippte Pen daran, verzog das Gesicht und leckte sich über die Lippen. »Zu heiß.«

»Ist doch immer so.«

»Und wir verbrennen uns jedes Mal.«

Eigentlich nicht. »Stimmt.«

»Hör mal, Amy, ich ...« Penny atmete tief ein und nippte wieder.

»Ja?«

»Ich hab das von deiner Mutter gehört. Tut mir sehr leid.«

»Danke.« Es erschreckte Amy, wie selten sie heute daran gedacht hatte.

»Aber ... naja ...« Penny wand sich ein wenig und stürzte den Espresso hinunter. »Vielleicht war es besser so für sie.«

Amy schmeckte Blut. Verdammt. »Danke.« Das war alles, das ihr einfiel. Nicht sehr geistreich. Ungefähr auf dem Niveau von Pennys Aussage. Und ehe sie weiter nachdenken konnte, platzte es aus ihr heraus: »Gibt es neue Nachrichten aus ...«

»Du weißt doch, dass ich nicht darüber reden darf. Sonst reißt man mir den Kopf ab.«

»Mir egal, was *man* tut, Pen! Und so schlimm wird's nicht sein, wenn du ...«

»Ich wär mir da nicht so sicher. Noch halten alle, die etwas wissen, dicht. Und ich möchte nicht die Erste sein, an der ein Exempel statuiert wird.«

»Und wie sollte das aussehen?«, fragte Amy. »Wird das Schneidblatt der Guillotine im Geheimkeller gewetzt?«

»Das ist nicht witzig.«

»Humor war noch nie meine Stärke.«

»Meine auch nicht. Aber Diskretion schon. Tut mir leid, Amy, das mit deiner Mutter und ... überhaupt.« Pen drehte sich um und verließ den Raum.

Amy ging zurück zu ihrem Stapel von Nachrichten, auf die sie nur eine ehrliche Antwort hätte geben können:

Sehr geehrte Damen und Herren,
danke für Ihre Anfrage. Ich bekleide zwar einen hochrangigen
Posten in der Außenkommunikation der NASA, aber ich habe
keine Ahnung, was dort oben gerade passiert.

Amy war nahe daran, aus Frustration genau das als Auto-Reply einzuprogrammieren – allerdings bloß eine Sekunde lang. Dann riss sie sich zusammen, denn sie wollte genauso wenig wie Penny diejenige sein, an der irgendwer aus der obersten Chefetage ein Exempel statuierte. Und sofort verstand sie die Kollegin ein ganzes Stück besser.

Also weiter.

Seit Beginn der Kaffeepause gab es fünfzehn neue E-Mails.

Der Drucker trat in Aktion. Noch ehe das letzte Blatt im Ausgabefach landete, schrieb Amy zwei Nachrichten. Die erste ging an Penny, und zwar mit einer kurzen Entschuldigung für die unangemessene Neugierde, die zweite an ihren Bruder, mit der schlichten Frage, wie er sich fühlte.

Mit einem Signalton traf eine neue weitergeleitete E-Mail ein, Ursprungsort Portugal.

Noch mehr Futter für den Drucker.

Aber so durfte es nicht weitergehen. Amy brauchte Informationen, um ihren Job erledigen zu können, sonst hätte sie ihn genauso gut an eine der Praktikantinnen weitergeben können, die die Kaffeemaschinen auffüllten und für Donuts und Sandwiches sorgten. Also schrieb sie eine dritte Nachricht, diesmal an Norris höchstpersönlich.

Mr David Wagensieesnichtmichzustören Norris.

Amy wagte es trotzdem und betrat das Vorzimmer seines Büros.

Norris' Sekretär sprach in das Richtmikro seines Computerdisplays, während er gleichzeitig über die Icons wischte. Er sah zu Amy hin und bedeutete ihr stumm zu warten. »Ich richte es ihm aus«, sagte er. »Ja.« Und: »Nein, ganz bestimmt nicht. Nicht heute.« Er beendete das Gespräch und wandte sich mit halber Aufmerksamkeit seiner Besucherin zu. Die andere Hälfte widmete er nach wie vor dem Display. »Lassen Sie mich raten, Amy. Sie wollen ihn sprechen.«

»Sind Sie jetzt hellseherisch begabt?«

Er lächelte, was sein hageres Gesicht weniger ausgezehrt wirken ließ. »Gratulation, dass Sie mich enttarnt haben. War ich schon immer. Ich hab's nur nie zugegeben, und bis jetzt hat's keiner gemerkt.«

»Wie machen Sie das nur, Andrew?«

»Was?«

»Heute Zeit für einen Plausch zu finden.«

Er sah sie an. Er hatte braungraue Augen, was ihr noch nie aufgefallen war. »Ich nehme sie mir einfach.«

»Ich muss mit ihm sprechen. Auch wenn das wahrscheinlich jeder möchte.«

»Ich habe pro Stunde einen Fünf-Minuten-Joker«, sagte Andrew. »Das heißt, ich entscheide, wer von den vielen Leuten, die anfragen, diese fünf Minuten bekommt.«

»Und was soll ich tun, damit ich …«

»Ein Nacktfoto.«

Amys Augen weiteten sich. Es dauerte eine halbe Sekunde, bis sie begriff, dass er das nicht ernst meinen konnte. »Einverstanden«, sagte sie deshalb.

Er lachte. »Ich wusste schon immer, dass Sie Humor haben, Amy, auch wenn mir das niemand geglaubt hat.«

»Was?«

»Es läuft eine Wette, wissen Sie?«

Meinte er das jetzt ernst? Diesmal war sie sich nicht sicher.

»Sie bekommen die fünf Minuten in der nächsten Stunde. Und da diese erst in etwa hundert Sekunden beginnt …« Er deutete auf den freien Stuhl neben der Tür. »Setzen Sie sich hin. Unser Plausch ist hiermit offiziell beendet.« Ohne ein weiteres Wort widmete er sich wieder seinem Display.

Amy war mehr als zufrieden und setzte sich. Kurz dachte sie daran, dass die scherzhafte Bemerkung über das Nacktfoto das größte Maß an sexuellem Interesse war, das ihr seit einer gefühlten Ewigkeit jemand entgegengebracht hatte. Dann wurde ihr klar, dass sie nicht wusste, was sie eigentlich zu Mr Norris sagen sollte. Chaynes Rat würde wohl lauten, sie solle am besten improvisieren und ehrlich sein. Aber wieso spontan sein, wenn man etwas auch vorbereiten konnte? Also legte sie sich die passenden Worte zurecht und war noch nicht allzu weit gekommen, als sich die Tür ins Allerheiligste des mächtigsten Mannes der NASA öffnete und jemand herauskam, mit dessen Anblick sie nicht gerechnet hatte.

Amy stand auf. »Miss President.«

Die einzige Frau, die in Sachen des Außerirdischen noch mehr Entscheidungsgewalt innehatte als Norris, nickte ihr zu. Sie sah müde aus. Wahrscheinlich trank sie größere Mengen Espresso denn je. Oder griff zu radikaleren Mitteln. Sie wandte sich zu Andrew. »Sorgen Sie dafür, dass er seine Blutdruckinjektion nicht vergisst.«

»Steht fett für morgen früh im Kalender, Miss President.«

»Dann kümmern Sie sich drum, dass er heute etwas Ruhe bekommt, ehe er umfällt und jemand anderes seinen Job machen muss.«

»Und Sie?«

»Meine Biowerte sind besser als seine.« Damit eilte sie zur Tür und verließ das Vorzimmer.

So fühlte es sich also an, wenn man unerwartet die einflussreichste Person dieser Welt traf, abgesehen vielleicht vom Staatschef der …

»Kommen Sie mit, Amy«, riss Andrew sie aus ihren Gedanken. Richtig. Es ging um Wichtigeres als eine Zufallsbegegnung mit der Präsidentin. Was ihr wiederum klarmachte, dass sie der erste Termin nach der mächtigsten Frau dieser Erde war.

David Norris lag halb in seinem Sessel hinter dem Schreibtisch, den Kopf auf der Lehne zurückgelegt, die Hände über dem ansehnlichen Bauch verschränkt. Die Knöpfe seines blütenweißen Hemdes saßen stramm gespannt, der oberste stand offen. Er trug keine Krawatte, und ein winziger grüner Fleck verunzierte den Ärmel – wohl ein Überbleibsel der Kiwidrinks, die er so liebte. »Amy«, sagte er. »Ich hoffe, Sie kommen mit guten Nachrichten.«

»Ich wünschte, ich hätte überhaupt welche.«

»Wie meinen Sie das?«

»Die ganze Welt stellt mir Fragen, aber ich kann keine Antworten geben. Weil ich nichts weiß!«

David Norris starrte sie an. Er griff in die Minibar, die sich in der rechten Schreibtischhälfte versteckte, und zog zwei grüne Flaschen heraus. Eine reichte er wortlos an sie weiter. »Ich wüsste auch gern mehr, Amy.«

»Aber Sie wissen immerhin irgendetwas! Was geht dort oben vor? Wie läuft der Rückflug? Konnten sie überhaupt abheben? Leben sie noch?«

»Die Welt darf nichts davon erfahren.«

»Sie kennen meinen Job, und Ihnen ist doch wohl klar, dass ich vertrauenswürdig bin. Ich habe es verdammt noch mal verdient, eingeweiht zu werden!«

Diese ungewohnt heftigen Worte ließen Norris erstarren. Eine Sekunde, das fühlte Amy, lag alles in der Schwebe.

Dann stand Mr Wagensieesnichtmichzustören auf, ging an ihr vorbei und öffnete die Tür.

Er wirft mich raus. Ich habe den Bogen überspannt. Herzlichen Glückwunsch, Amy.

»Andrew!«, bellte er ins Vorzimmer. »Ich möchte für eine Viertelstunde nicht gestört werden. Von niemandem!« Er schloss die Tür wieder. »Also gut, Amy. Sehen Sie es sich an.«

3

»Würde Amy sich jetzt melden, was wäre dir dann wichtiger?«, fragte Chayne. »Zu hören, wie es ihr geht, oder etwas Neues über die Weltraummission zu erfahren?«

Eric setzte zu einer Antwort an, stutzte jedoch, ehe er sie aussprach. Jahrelang hätte es keinen Zweifel gegeben, was ihn mehr interessierte. Nun allerdings musste er darüber zumindest nachdenken. »Beides«, sagte er endlich. »Was ist bloß mit mir los?«

»Nichts. Du bist völlig normal.«

»Bin ich das?«

»Bei einem weniger anständigen Menschen als dir würde die ehrliche Antwort nur lauten, dass er etwas über das Alien hören möchte.«

»Ich nehme an, dass deine Frage in Sachen Amy nicht rein hypothetisch war?«

»Sie hat sich gemeldet.«

»Was sagt sie?«

»Weiß nicht. Sie hat *dir* geschrieben.«

»Und du hast nicht nachgeschaut?«

»Es ist dein Pod.«

»Du bist überhaupt nicht neugierig?«

»Das habe ich nicht gesagt.« Sie schnappte sich das Gerät, das auf dem Couchtisch lag, und hielt es ihm hin. »Nun sieh endlich nach!«

Er folgte der Aufforderung. »Sie möchte wissen, wie es uns geht. Und ob es irgendwelche Schwierigkeiten in Sachen Mama gibt.«

»*In Sachen Mama*? Das hat sie geschrieben?«

»Diese geniale Formulierung stammt von mir. Sie hat es besser ausgedrückt.«

»Was schreibt sie über sich?«

»Nichts. Was wohl heißt, dass sie viel zu tun hat und uns nicht sagen darf, was sie weiß.«

»Darin war sie schon immer gut.«

»Was?«

»Vergiss es.«

»Chayne, hast du eben etwa ...«

»Vergiss es! Könnte übrigens auch sein, dass sie tatsächlich überhaupt nichts weiß.«

»Für wie wahrscheinlich hältst du das?«

»Keine Ahnung. Ich bin jedenfalls froh, dass ich nicht in ihrer Position bin und mich um das alles kümmern muss.«

Stimmt, dachte er. *Kümmern wir uns lieber um die bevorstehende Beerdigung.* Der Gedanke schmeckte ebenso bitter wie die Welle an Gefühlen, die er auslöste. Er brauchte Ablenkung, dringend, auch wenn er nicht besonders stolz darauf war. »Tust du mir einen Gefallen?«

»Hm?«

»Geh mit mir ins Bett.«

»Jetzt?«

Er nickte.

Chayne sah ihn kurz an, und er wusste, dass sie ihn genau verstand. Sie deutete auf die Couch. »Wie wär's mit hier?«

Also ergab er sich in sein Schicksal.

4

»Wir erhalten die Nachrichten nicht direkt vom Raumfahrzeug«, erklärte Mr Norris.

Natürlich nicht. Das war Amy auch ohne Erklärung klar.

»Es sendet auf einer Spezialfrequenz an die ISS, und von dort wird es verschlüsselt an uns weitergeleitet. Die Weltraumbehörden der beteiligten Länder sind auf demselben Stand, und sie halten ebenso dicht wie wir.«

»Ich kenne das Prozedere«, sagte Amy.

»Es gibt einige optische Aufzeichnungen.« Norris, der nach wie vor neben ihr stand, deutete auf seinen Sessel. »Setzen Sie sich hin.«

Sie empfand eine seltsame Scheu davor, der Aufforderung zu folgen. Der Chefsessel fühlte sich *zu groß* für sie an. »Ich stehe lieber.«

»Setzen Sie sich«, wiederholte er ungerührt. »Sie werden es brauchen.«

Das glaubte sie zwar nicht, aber sie hatte nicht die geringste Lust, mit belanglosen Diskussionen noch mehr Zeit zu verlieren. Also tat sie, wie ihr geheißen.

Norris stellte sich neben sie, tippte sich durch das Menü seines Displays, bis er sich identifizieren musste, was er per Stimmerkennung, Daumenabdruck und Augenscan tat. »Sie sehen nun einen Zusammenschnitt der mitgeführten Außenkameras, die während der Landung im Einsatz waren. Wir beginnen mit einem einzelnen Foto.«

Es war bedrückend.

Fremdartig.

Erschütternd.

Es zeigte den unteren Teil des Raumfahrzeugs und die Landestützen, die teilweise in das undefinierbare Etwas der glatten, schwarzen Ebene an der Spitze des Asteroiden eingesunken waren. Natürlich hatte Amy es seit der Livesendung noch einige Male gesehen – aber immer nur das offiziell gesendete Material. Und dieser Blickwinkel, dieses Bild, hatte nicht dazu gehört.

Amy sah die Landestützen in gestochen scharfer Aufnahme – die Kameras, die teils an Schwenkarmen befestigt waren, teils die autarke Flugfähigkeit einer hoch entwickelten Spezialdrohne besaßen, mussten unermesslich teuer gewesen sein.

Das Metall der Landestützen schien wie abgeschnitten, das

schwarze Material umschloss es perfekt in einer absolut geraden Linie. Von den grauen Schlieren gab es keine Spur, soweit die Aufnahme reichte.

»Dieser Zustand blieb unverändert«, erklärte David Norris, »solange sich die Astronauten auf der Außenmission befanden. Shixin Deng hat alles aufgezeichnet und versucht, Proben der Ebene zu nehmen oder das Material und seine Beschaffenheit auf irgendeine andere Art zu analysieren. Spektralmessungen und ...«

»Ich weiß, welche Methoden möglich sind.«

Kurz sah er sie verwirrt an. »Natürlich. Entschuldigen Sie, Amy. Ich beschäftige mich mit einer Stellungnahme für die Öffentlichkeit, die wir früher oder später abgeben müssen. Da setzt sich manche Formulierung fest.«

»Mhm«, machte sie ungeduldig. Das kannte sie nur zu gut.

Er nickte. »Auf den Punkt gebracht, hat Shixin Deng nichts über das Material herausgefunden, das sich nicht auch durch rein optisches Beobachten feststellen ließe. Die grauen Schlieren bewegen sich innerhalb der Ebene auf unbekannte Weise. Der Aggregatzustand scheint fest zu sein, aber die Landestützen sind langsam und zäh versunken, bis sie endlich aufgesetzt haben. Ob das Material sie bei einem Startversuch wieder freigeben würde, konnte Deng nicht prognostizieren. Und ein Versuch verbot sich natürlich von selbst. Ich kann ihnen also weder etwas Aufschlussreiches berichten noch zeigen, bis zu diesem Moment.« Er tippte auf das Display und rief eine zweite Datei auf.

Sie zeigte eine Videoaufnahme.

Norris kommentierte sie nicht. Das war auch nicht nötig. Die Bilder sprachen für sich.

Die afrikanische Astronautin Taranee Mbah und die Journalistin Amisha kehrten zum Raumfahrzeug zurück. Wie aus den letzten offiziellen Aufnahmen bekannt, schleppten sie das Tragegestell mit der außerirdischen Lebensform mit sich. Die Quarantänefolie – mehr noch als die Kameras das beste nur vorstellbare Produkt seiner Art – war rundum geschlossen. Das Etwas darin regte sich nicht. Die beiden Frauen liefen problemlos über die Ebene, genauso wie beim Hinweg zur Kuppel. Unfassbar, aber Amy hatte es – ebenso wie der Rest der NASA und der ganzen Welt – längst hingenommen. Was blieb einem sonst auch übrig? Das Unvorstellbare, das man mit eigenen Augen sah, musste man als gegeben hinnehmen. Erklärungen konnte man später noch suchen.

»Sie sind gut vorangekommen«, erklärte Mr Norris. »Von diesem Moment an blieben bis zum idealen Startzeitpunkt fast zwanzig Minuten. Nach dem zeitlich desaströsen Anfang war ein solches Ergebnis kaum zu erwarten.«

»Gabe Barron?«, fragte Amy nur, ohne ausdrücklich zu betonen, dass es nicht nur zeitlich ein Desaster gegeben hatte.

Norris schüttelte den Kopf. »Mbah hat ihn zurückgelassen, und das war die einzig richtige Entscheidung. Niemand kann bezweifeln, dass er tot war.«

»Sicher?«

»Sicher«, sagte er, doch in seinen Augen las Amy den Hauch des Zweifels, den sie ebenso empfand, und unter dem Taranee Mbah bis an das Ende ihres Lebens zu kämpfen haben würde. Falls sie überhaupt noch lebte. Amy wusste nach wie vor nicht, worauf diese Bilder hinausliefen, und in ihrer Vorstellung hielt sie alles für möglich. Einschließlich einiger Varianten, die sie nur deshalb nicht für möglich hielt, weil sie sie sich nicht vorstellen konnte.

In der Aufnahme hatten Mbah und Amisha das Gestell inzwischen in das Raumgefährt gewuchtet, unterstützt von Shixin Deng, der kurz am Einstieg aufgetaucht war. Nun betraten die beiden Frauen das Fahrzeug, das sie zurück zur ISS bringen sollte, von wo aus sie den Heimweg zur Erde antreten konnten.

Die Bilder wechselten und zeigten wieder die leicht in der Ebene versunkenen Landestützen.

»Beachten Sie den Zeitindex«, sagte David Norris. »Oder nein, ich erledige das für Sie. Wir sind etwa eine Minute zurückgesprungen. Wenige Meter von diesen Landestützen entfernt macht sich gerade Taranee Mbah auf, Amisha in das Raumgefährt zu folgen. Nun ist sie drin und … Moment … das Zugangsschott schließt sich … jetzt.«

»Das ist nicht Ihr Ernst«, entfuhr es Amy.

Aber natürlich war es das. Ihre Finger kribbelten. Die Daumen fühlten sich kalt und taub an.

Die schwarze Masse, eine Sekunde vorher noch glatt und völlig eben, zog sich von den Landestützen zurück. Nicht sehr weit – es gab einen Freiraum von wenigen Zentimetern, doch da war kein Zweifel, was dort geschah. Auf dem Asteroiden hatte das Sicherheitssystem, oder worum immer es sich handelte, das Raumgefährt freigegeben.

»Und das war der Moment, als die Astronauten das fremde Lebewesen hineingebracht haben?«, vergewisserte sich Amy.

»Nein. Erst als unsere Leute auch drin waren und das Schott sich geschlossen hat.«

»Die … Masse hat also beobachtet und folgerichtig gehandelt. Was bedeutet das?«

»Wir wissen es nicht. Wir wissen fast nichts, Amy. Nur dass der Start danach genau wie geplant ablief. Das Raumgefährt ist unterwegs, zu hundert Prozent im korrekten Zeitfenster und auf der perfekten Bahn zur ISS. Sie sind seit über vierundzwanzig Stunden auf dem Weg nach Hause. In drei Tagen werden sie die ISS erreichen.«

»Eine gute Nachricht.«

»In der Tat. Aber es macht uns alle verrückt, dass wir nicht wissen, was wir dort oben eigentlich beobachtet haben. Wie wir die Erlebnisse der Astronauten interpretieren sollen.«

»Das Sicherheitssystem wollte unsere Leute entkommen lassen. Mit dem Lebewesen.«

»Wir wissen nicht, ob es ein Sicherheitssystem war.«

»Was sonst?«

»Eine Lebensform. Ein falsch funktionierender Mechanismus. Ein natürliches Phänomen. Die Liste der Interpretationsversuche ist so lang wie … ach, denken Sie sich selbst einen pfiffigen Vergleich aus. Ich verschwende keine Nerven dafür.«

»Ich bleibe bei der Bezeichnung Sicherheitssystem.« Irgendwie beruhigte es sie, weil es *normaler* klang als alles andere. »Es sollte das Wesen entweder dort festhalten oder beschützen«, schlug Amy vor. »Beides ist sowohl logisch als auch unlogisch, was diverse Details des Ablaufs betrifft. Warten Sie, vielleicht …«

»Was?«

»Ich habe eine Idee, aber ich weiß nicht, ob …« Amy brach ab.

»Wir haben auch schon daran gedacht.«

»Sie wissen doch gar nicht, was ich …«

»Uns ging es genauso. Viele Punkte, vielleicht sogar die meisten, erklären sich durch die Theorie, dass dieses schwarze Etwas uns warnen wollte. Und als die Warnung nicht fruchtete, ließ es uns ziehen.«

Amy nickte. Genau das hatte sie gedacht. »Aber auch das erklärt nicht alles.«

»Nichts erklärt alles.«

»Und dafür wiederum gibt es eine Erklärung.«

Norris sah sie erstaunt an. »Nun machen Sie mich neugierig.«

»Dieses schwarze Etwas handelt entweder aus sich selbst heraus, weil es ein eigenes Bewusstsein hat oder, sagen wir, einen eigenen Verstand. Vielleicht ja eine künstliche Intelligenz. Andere Möglichkeit: Es ist nur eine Apparatur. Aber als diese wurde sie von einem sich seiner selbst bewussten Wesen erbaut. Kann das sein?«

»Es sind nicht die einzigen denkbaren Möglichkeiten. Egal, reden Sie weiter.«

»In beiden Fällen steht ein Verstand dahinter, jedoch kein menschlicher. Die Logik, nach der er handelt, ist nicht mit unserer identisch. Nach *unserem* Ermessen erklärt kein zielgerichtetes Handeln alles, was dort oben geschehen ist. Aber darum geht es nicht. Mit den Augen der Fremden gesehen ist das wohl anders. In deren Logik ist das, was sich auf dem Asteroiden abgespielt hat, möglicherweise so eindeutig klar, wie für uns die Tatsache, dass man Kaffee heiß trinkt.«

»Interessanter Gedanke. Und deshalb, Amy, hat mein Bauchgefühl mir vorhin gesagt, dass ich Sie einweihen sollte. Sie gehören nun zu den Geheimnisträgern, Sie sind eine von etwa hundert Personen auf der ganzen Erde. Willkommen im Club.«

»Danke.«

Er streckte ihr die Hand hin. »David«, sagte er.

Sie ergriff sie überrascht. »Amy.«

Er nickte. »Ach, und noch etwas.«

»Ja?«

Er sah sie an, und im ersten Moment dachte sie, dass er einen Scherz machte, aber es war weit mehr als das. »Es gibt auch Eiskaffee.«

Kapitel 2: Willkommen zu Hause

20. August – 12. September 2063

1

Es klingelte. Eric schreckte hoch. Er brauchte einen Augenblick, um zu begreifen, wann und wo er war. Er hatte auf der Couch gelesen, allerdings von Kopfschmerzen gequält, und war schließlich eingedöst. Sein Kopf brummte, und das erneute Klingelgeräusch bohrte sich in seine Ohren und führte im Hinterkopf ein Tänzchen auf.

»Also gut«, murmelte er vor sich hin, stand auf und öffnete.

Amy stand vor der Tür.

»Willkommen zu Hause«, sagte Eric. Seit dem Tod ihrer Mutter hatte er sie nicht mehr gesehen, und er hatte auch nicht damit gerechnet, dass das vor der Beerdigung morgen der Fall sein könnte.

»Ich bin hier nicht zu Hause«, sagte sie.

»Aber eher als im NASA-Zentrum, wo du die letzten drei Tage verbracht hast. Hoffe ich zumindest. Also dass du dich hier eher zu Hause fühlst.«

»Darf ich reinkommen?«

»Klar.« Er setzte sich.

»Hab ich dich bei etwas Wichtigem gestört?«

»Du hast mich aus dem Gedanken gerissen, der mir den Nobelpreis eingebracht hätte. Du weißt doch, Sprachphilosophie steht bei dem Komitee gerade ganz hoch im Kurs, sodass vielleicht eine eigene Kategorie eingeführt wird.«

»Wusste ich nicht.«

»Stimmt auch nicht.«

»Sehr lustig.«

»Danke.«

»Das stimmte auch nicht.«

Sie schwiegen kurz, und es war klar, dass das Geplänkel jetzt vorbei war. Es gab wichtige Themen zu besprechen. Fragte sich nur, womit sie anfangen sollten: mit der Beerdigung oder dem Außerirdischen.

Ja, der Stichtag hatte *wirklich* alles verändert.

»Chayne ist nicht hier?« Ihr ging es also wie ihm – sie schob die Entscheidung vor sich hin.

»Joggen«, meinte er.

»Gibt es wegen der Beerdigung noch etwas vorzubereiten?«, fragte sie. »Kann ich dir helfen?«

In den Worten lag so viel schlechtes Gewissen, dass Eric spontan antwortete: »Nein, alles klar. Wir haben entschieden, es in sehr kleinem Kreis zu halten. Wer sie nie besucht hat, braucht jetzt auch nicht zu kommen.«

»Wir?«

»Chayne und ich.«

Einen Augenblick sah Amy aus, als wollte sie aufbegehren, und dann tat sie es tatsächlich. »Ich bin häufiger bei ihr gewesen als jeder andere und sollte vielleicht auch ein Wörtchen ...«

»Das stimmt, Amy, aber in den letzten drei Tagen warst du nicht da, und irgendjemand musste die Entscheidung treffen.« Er versuchte, es so ruhig wie möglich zu sagen, ohne Anklage. Der Versuch scheiterte grandios. »Ich verstehe, warum du weg musstest, Amy, wirklich, und Mama hätte es auch verstanden.«

Sie ließ sich neben ihn auf die Couch fallen und umarmte ihn. »Klar. Danke. Ihr ... ihr macht das richtig.« Sie rückte ein wenig von ihm weg, legte sich hin und verschränkte die Hände im Nacken. »Du glaubst nicht, wie müde ich bin.«

»Dann schlaf.« *So wie ich eben noch.* »Aber erst, wenn du es mir erzählt hast.«

»Was?«

»Das, was du weißt und ich nicht.«

Sie nickte. »Ging mir genauso wie dir, als mir keiner gesagt hat, was dort oben los ist.«

»Aber irgendwann hat man dich eingeweiht?«

Wieder ein Nicken. »Und dir ist klar, dass ich nichts sagen darf.«

»Amy, das hatten wir doch schon – an unserem zehnten Geburtstag. Das zieht diesmal nicht.«

»Du willst es also wirklich wissen? Es war dir doch immer egal.«

»Kann man seine Meinung nicht ändern?«

»Ich darf nicht.«

»Als ich an unserem zehnten Geburtstag diese Regel gebrochen habe, ist etwas Gutes daraus entstanden. Ich habe Chayne geheiratet.«

»Nur deswegen?«

»Und weil sie gut aussah. Aber zurück zum Thema. Wird man es sowieso erfahren, in ein, zwei Tagen oder einer Woche?«

»Wird man.«

»So lange halte ich durch.«

Amy schloss die Augen. »Was weißt du?«

»Was jeder weiß. Nach Warrens Tod ist der Start gelungen. Die Crew ist auf dem Heimweg und hat die fremde Lebensform an Bord. Angeblich gibt es keine weiteren Informationen, weil alles problemlos verläuft.«

»Genauso ist es auch.«

»Also dreht ihr im NASA-Zentrum einfach Däumchen und wartet ab, ja?«

»Du kannst dir nicht vorstellen, wie viele Fragen wir uns stellen. Was alles unklar ist. Was es vorzubereiten gibt, damit sie an der ISS andocken können und die Rückkehr zur Erde vorbereitet werden kann. Außerdem …«

»Verschon mich mit den Routinefragen, die …«

»Routine? Was glaubst du, wie oft es solche Missionen schon gegeben hat?«

»Okay, falsches Wort. Aber ihr habt diese Sachen seit Monaten oder Jahren vorausgeplant. Was ist mit dem Wesen?«

»Es liegt nach wie vor im Tragegestell in Quarantäne und rührt sich nicht. Das Pulsieren der Pupillen hat aufgehört. Die Botschaft ist verstummt.«

»Sonstige Lebenszeichen?«

Amy schüttelte den Kopf. »Nichts, das äußerlich sichtbar wäre. Die Diagnoseeinheit der Quarantänevorrichtung bestätigt aber, dass Stoffwechselvorgänge ablaufen. Andere als bei einem Menschen. Doch das überrascht zumindest mich nicht. Und die Biologen, die nach jedem Messwert gieren, um ihn zu analysieren, auch nicht.«

»Das entspricht ja so ungefähr dem, was offiziell verkündet wird. Nämlich, dass die Heimreise wie geplant verläuft, und dass die Lebensform in Quarantäne liegt.«

»Dachtest du, es wäre eine Lüge?«

»Laut Umfragen glauben das gut zwei Drittel der Menschen.«

»Ich kenne die Umfragen. Was dachtest du?«

Er hob die Schultern. »Dass es eine Menge zu erledigen gibt, damit die Beerdigung problemlos verläuft. Und das sage ich jetzt nicht, um dich zu manipulieren und dir ein schlechtes Gewissen zu machen.«

»Klappt trotzdem, aber egal.« Amy schnappte sich ein Kissen und legte es sich unter die Knie. »Wir verheimlichen nur eine sensationelle Nachricht. Nämlich dass der Start ein wenig zu reibungslos verlief. Und damit kommen wir zu dem, was geheim gehalten wird.« Sie zögerte kurz.

»Ich höre.«

2

Amy fühlte nicht den Hauch eines schlechten Gewissens, als sie Eric von den Aufnahmen des Starts erzählte, davon, wie die schwarze Ebene das Raumfahrzeug freigegeben hatte. Er war ihr Zwillingsbruder, und wenn sie ihm nicht vertrauen konnte, wem denn dann? Außerdem hatte er recht – dieses Geheimnis sollte nicht für alle Zeiten unter Verschluss bleiben. Noch ein wenig, das war die allgemeine Stimmung, vielleicht bis zum sicheren Ankoppeln an die ISS oder bis zur Rückkehr auf die Erde. Bis, wie David Norris es ausgedrückt hatte, die Sache in trockenen Tüchern war. Nur dass es so weit wohl nie kommen würde, weil man diesen Zeitpunkt immer aufschieben konnte. Bis die Untersuchungen an dem Fremdorganismus abgeschlossen waren. Bis das Wesen starb. Bis aus seinen Zellen das Heilmittel für Krebs gewonnen wurde. Bis Thanksgiving mit dem Weihnachtsabend zusammenfiel, oder bis die Welt unterging.

Und gerade weil Amy diese schwammige Informationspolitik nicht gefiel, genoss sie es, Eric zu informieren. *Wissen Sie*, könnte sie sich rechtfertigen, falls jemals herausbekam, was sie soeben tat, *das ist so ein Zwillingsding.*

»Interessant«, kommentierte ihr Bruder. »Wie interpretiert ihr dieses Verhalten?«

»Es gibt viele Theorien.«

»Was glaubst du?«

»Dass es viele Theorien gibt.« Sie grinste, aber es fühlte sich schal an. »Im Ernst, ich habe tausend Argumente zu Ohren bekommen und kann meine eigene Meinung nicht mehr heraushören. Keine Ahnung, welche meine Gedanken sind und was von irgendwem sonst stammt. Kennst du ein Wort für diesen Zustand?«

»Du bist betriebsblind.«

Die Antwort ihres Bruders verblüffte sie. »Das trifft es wohl.«

»Wann werden sie die ISS erreichen?«

»Übermorgen um 12:53 Uhr.«

»So genau wollte ich es gar nicht wissen.«

»Ich kann dir auch noch die Sekunden nennen.«

»Nicht nötig.«

»Die Besatzung der ISS wird eine psychologische Überprüfung der drei Überlebenden vornehmen«, sagte Amy. »Das ist auch so etwas, das der Öffentlichkeit verschwiegen wird.«

»Ist doch logisch. Sie standen unter extremem Stress, allein schon durch Barrons Tod, und …«

»Darum geht es nicht.«

»Sondern?«

»Man hält alles für möglich, was das außerirdische Wesen angeht. Auch dass es telepathisch begabt ist und auf die Astronauten einen Einfluss ausübt.«

»Ist nicht dein Ernst?«

»Selbstverständlich ist es das. Hast du noch nie einen Film gesehen, in dem es …«

»Aber … eben, das sind *Filme*, Amy!«

»Denk mal ganz genau nach und sei ehrlich zu dir selbst. Hättest du das nicht auch gesagt, als es darum ging, ob auf dem Asteroiden ein Lebewesen darauf wartet, von uns in Empfang genommen zu werden?« Ihr Bruder schwieg, und das war Antwort genug. »Wenn wir also der Öffentlichkeit mitteilen, dass es eine psychologische Überprüfung gibt, was glaubst du, wie lange es dauert, bis im Internet verbreitet wird, dass der Außerirdische die gesamte Besatzung wie Puppen lenkt? Und darum, Eric, wird geschwiegen, bis wir definitive Aussagen treffen können. Oder bis irgendwo ein Sicherheitsleck auftritt und irgendwer Informationen an die Presse verkauft. Erstaunlich genug, dass das noch nicht passiert ist.«

»Bis jetzt«, sagte Eric. »Weißt du, ich könnte ganz gut eine Finanzspritze gebrauchen.«

»Das ist nicht witzig.«

»Ausnahmsweise, liebe Amy, bin ich in dieser Hinsicht nicht deiner Meinung.«

»Weil wir ja sonst immer dasselbe denken.«

Er grinste sie breit an. »Eben.«

Dann lachte sie, zum ersten Mal seit Tagen. »Es ist gut, dass ich hier zu Hause bin«, meinte sie, drehte sich auf den Bauch und schlief sofort ein.

3

Als Chayne zurückkam, schlief Amy immer noch.

Sie kochten Spaghetti – die nie aus der Mode kamen, während findige Köche ständig neumodische Pastasorten kreierten – und brieten Zwiebeln und Tomaten dazu. Aus der hintersten Ecke des Vorratsschranks zauberte Chayne eine Dose Heuschreckenflügel, die sie allerdings nicht mit in die Pfanne warfen, sondern in einer Schüssel auf den Tisch stellten, gleich neben den geriebenen Käse. Nur weil Amy alles liebte, was von

Insekten stammte – na ja, nicht *alles* –, hieß das noch lange nicht, dass Eric keinen Brechreiz davon bekam.

Amy kam in die Küche, als ihr Bruder gerade die Nudeln abgoss, was er trotz der smarten Kochassistenztechnologie nach wie vor gerne per Hand tat. Es schmeckte einfach besser. Bildete er sich zumindest ein.

»Pünktlich, wie ich sehe«, sagte Chayne.

»Kunststück. Es duftet! Meine erste vernünftige Mahlzeit seit Tagen. Die NASA hat in den letzten Jahren wirklich einen hohen Etat, aber ins Catering für die Mitarbeiter wandert davon offenbar nicht viel.«

Während des Essens schafften sie es tatsächlich, über Nichtigkeiten zu sprechen. Danach verabschiedete sich Amy. »Ich muss zur NASA zurück, damit ich morgen an der Beerdigung teilnehmen kann.«

»Das können sie dir ja wohl kaum verbieten«, sagte Chayne.

Amy ließ es unkommentiert, dankte und ging zur Tür, etwas hastiger als nötig. Eric sah Tränen in ihren Augen glitzern. »Wir sehen uns bei der Beerdigung«, rief Amy, dann schlug die Tür ins Schloss.

Am Abend fiel es Eric schwer einzuschlafen. Seine Gedanken wirbelten durcheinander, und er zwang sich zur Ruhe.

Chayne drehte sich neben ihm um. Sie schlief längst, und er verhielt sich still, damit sie nicht aufwachte. Er tröstete sich mit der Überlegung, dass es natürlich war – wenn alles normal lief, begruben Kinder nun einmal irgendwann ihre Eltern. Das war der Lauf der Dinge, weitaus besser als in den Fällen, in denen es umgekehrt ablief.

Später, es war stockdunkel im Raum, wachte er auf und sah die seltsam toten Blicke von tausend Menschen um sich herum, die ihn im Traum umzingelt hatten. *Da hast du deinen Film*, hatte Amy gesagt, ehe sich die Meute auf sie beide stürzte und sie bei lebendigem Leib mit ihren langgewachsenen, fahl-weißen Fingernägeln ausweidete. Er schüttelte die Traumbilder ab, aber sein Herz schlug so heftig, dass er nicht mehr einschlafen konnte. Er ging zur Toilette, und zu allem Überfluss fühlten sich die Bodenfließen im Bad eiskalt an. Als er wenig später die Decke über sich zog, war er hellwach, ohne dass dazu das Sirren der Stechmücke nötig gewesen wäre. Als er die kitzelnde Bewegung am Ohr spürte und danach schlug, wachte Chayne doch noch auf.

»Tut mir leid«, sagte er, und das stimmte auch, nur das Folgende war eine Lüge: »Alles in Ordnung.«

Er schlief nicht mehr ein, bis er sich am Morgen aus dem Bett quälte. Er hasste es, kalt zu duschen, aber immerhin brachte es seinen Kreislauf in Schwung. Irgendwie kam es ihm fair vor, diesen Tag mit etwas zu beginnen, das er hasste.

Nach dem Frühstück – mit Mühe und Not bekam er eine dünn mit Salzbutter bestrichene Brotscheibe und einen Kaffee hinunter – fuhren sie zur Kapelle.

Der Kranz der NASA war riesig, und Eric dachte an Amys beiläufige Bemerkung zu dem großen Budget. Weitaus mehr als das Geld, das dafür ausgegeben worden war, überraschte ihn die Tatsache, dass in diesen Tagen überhaupt ein Mitarbeiter daran gedacht hatte, einen Kranz zu ordern. In dem Gedanken lag ein gewisser Trost.

Der Sarg stand in der Mitte eines kleinen Podestes. Es handelte sich um ein edles Modell, das zwar schlicht, aber so elegant war, dass es ein Vermögen gekostet haben musste. Tatsächlich kannte Eric die Kosten nicht, denn er hatte die Mitteilung des Institutsleiters Mr Mueller – *Die NASA zahlt alles, Sir* – einfach abgenickt. Für den hageren Bestattungsunternehmer mit dem professionell traurigen Blick war das wohl das Geschäft seines Lebens gewesen.

Eric und Chayne setzten sich in die erste Reihe. Kurz lugte Mr Mueller aus einer Seitentür, zog sich jedoch sofort wieder zurück und überließ sie ihrer Trauer.

Insgesamt gab es nicht mehr als zehn Gäste für die anstehende kleine Trauerfeier, einschließlich eines Vertreters der NASA. Sie konnten alle in der ersten Reihe Platz finden, und irgendwie war es bedrückend, dass es schätzungsweise hundert weitere Stühle gab.

Als Nächste trafen Amy und ihr Vater ein. Die beiden gingen nebeneinander, hatten sich wahrscheinlich draußen auf dem Parkplatz getroffen. Amy setzte sich neben Eric, Papa wählte die zweite Reihe, hinter seinen Kindern. »Danke, dass ihr mich eingeladen habt«, flüsterte er, obwohl es niemanden gab, den er mit lauten Worten hätte stören können. In einer Situation wie dieser, an einem solchen Ort, neigte man wohl dazu, leise zu sprechen. »Ich weiß, dass das nicht selbstverständlich war.«

»Da irrst du dich«, sagte Chayne. »Es war absolut selbstverständlich. Du gehörst hierher. Und jetzt komm vor zu uns!«

Onkel Harry traf ein – in seinem Fall hatte eine Einladung tatsächlich auf der Kippe gestanden, doch sie hatten entschieden, für ihn eine Ausnahme der *Wir-verzichten-auf-jeden-der-sie-nicht-besucht-hat*-Regel zu machen. Immerhin war er Mamas einziger Bruder. Eric hatte ihn seit Jahren nicht mehr persönlich getroffen. Schon als Kind hatte er gedacht, dass sein Onkel den Vornamen zurecht trug, weil er wie Spidermans Freund Harry Osborne aussah. Und wenn Harry sich betrank, was immer öfter der Fall gewesen war, hatte er wie eben jene Comicfigur nach ihrer Verwandlung zum Grünen Kobold ausgesehen.

Das Koboldhafte in seinen Zügen hatte sich mit den Jahren verstärkt, und er stank trotz des reichlich aufgetragenen Rasierwassers nach Alkohol. Er marschierte zum Sarg, sah dorthin, wo unter dem Holz Mamas Kopf lag, strich kurz mit den Fingerspitzen der rechten Hand darüber – eine seltsam anrührende Geste – und ging ohne ein Wort an seiner Nichte und seinem Neffen vorbei, um sich in die letzte Reihe zu setzen.

Eric sah, dass Amys Mundwinkel zitterten, und er wusste, dass sie es vor Wut taten. Er konnte sich nur zu gut vorstellen, wie sie gleich aufsprang, zu Harry stampfte und ihn zur Rede stellte. Also legte er seine Hand auf ihre, drückte sie und brachte dieselbe Lüge vor, die er in der Nacht auch seiner Ehefrau aufgetischt hatte: »Alles ist gut, Amy.«

Sie blieb sitzen.

Das Ehepaar Malone kam – die ehemaligen Nachbarn, die all die Zeit über jeden Montag von ein bis zwei Uhr nachmittags an Mamas Krankenbett gesessen hatten. Sie sahen aus wie mindestens hundert, und tatsächlich hatten sie neulich ihren dreiundneunzigsten Geburtstag gefeiert – sie im Januar, er im August. Eric wunderte sich seit Jahren, dass die beiden so fit blieben. Vielleicht sahen sie in den Besuchen nur eine Gewohnheit oder eine Art seltsamer Beschäftigungstherapie, aber sie waren treu geblieben, bis in den Tod.

Auch die Malones gingen zum Sarg. Um die erste der drei Stufen zum Podest zu nehmen, stützten sie sich auf das Geländer, bis Mr Mueller dienstbeflissen herbeieilte und ihnen nach oben half.

Weil es in dem Raum sonst völlig still blieb – *totenstill*, dachte Eric –, konnte man hören, was Mrs Malone sagte: »Wirst uns montags sehr fehlen, Mädchen, was machst du auch für Sachen?«

Als die beiden nach unten kamen, stand Amy auf und umarmte sie. Eric wusste nicht, was er tun sollte, bis Chayne ihn anstupste, also tat er es seiner Schwester gleich. Die Malones wollten sich nach hinten setzen, aber Amy bat sie, in der ersten Reihe Platz zu nehmen.

Eine Viertelstunde vor Beginn wurde Amy nervös. Eric hätte nicht ihr Zwillingsbruder sein müssen, um das zu bemerken. Ihm war klar, was sie umtrieb. »Deine Tochter wird kommen«, sagte er.

Amy traten Tränen in die Augen. Sie wischte sie weg. »Es ist schlimm genug, dass sie am Stichtag nicht dabei war. Weißt du, wir vier haben uns nicht abgesprochen und waren trotzdem alle in Mamas Zimmer, sogar Papa, aber Eve nicht. Und keiner von uns hat sie vermisst, weil sie *selbstverständlich* nicht da war! Sie gehörte nicht dazu, für sie zählt nur, dass ... «

»Lass gut sein.« Eric legte die Hand auf ihre Schulter. »Ich hab sie angerufen, sie hat mit mir gesprochen, und sie wird die Beerdigung ihrer Großmutter nicht verpassen.«

Doch als fünf Minuten später die Tür erneut aufging, kam nicht Eve, sondern Schwester Annie – eine derjenigen, die Mama in den letzten Jahren versorgt hatten. Im Unterschied zu dem NASA-Mann, der kurz darauf eintraf, hatte sie es freiwillig getan und war nicht von ihrem Arbeitgeber geschickt worden. Weiteres Händeschütteln, bis Annie die Malones anstrahlte und plötzlich in Tränen ausbrach. »Gehört ja eigentlich zu meinem Job und ... « Der Rest ging in einem Schniefen unter.

Der NASA-Mann sah sich ein wenig unschlüssig um und nahm schließlich direkt hinter Amy Platz, der Einzigen, die er zumindest vom Sehen kannte. So saß nur Harry abgesondert, in seiner selbst gewählten Isolation. Es war traurig, passte aber, fand Eric, der sich nun auch fragte, ob Eve noch auftauchen würde. Ihr Fehlen versetzte ihm einen Stich, und er wollte sich nicht vorstellen, was es in Amy auslösen musste.

Mr Mueller kannte die Zahl der erwarteten Gäste, und bei einer so kleinen Schar fiel natürlich auf, dass jemand fehlte. Fragend sah er Eric an, der ihm bedeutete, kurz zu warten.

Amy saß mit verkniffener Miene da. *Sie trägt ihre Mutter ins Grab*, dachte er, *und ihr einziges Kind ist nicht dabei.*

»Lass ihn anfangen«, flüsterte Amy.

»Wir können noch warten«, wisperte er zurück. »Es ist gerade mal drei Minuten über ...«

»Fangen Sie an!«, rief Amy so laut, dass man es wahrscheinlich sogar außerhalb des Raumes hörte.

Eric zuckte zusammen.

Mueller gab eine salbungsvoll-professionelle Einleitung, und gerade als er ans Ende kam, öffnete sich die Tür und Eve erschien. Sie trug Schuhe mit Absätzen, die bei jedem Schritt klackten, was in der Stille, die ihr Auftauchen hervorrief, widerhallte. Sie setzte sich neben Onkel Harry.

Der NASA-Mann hielt eine erstaunlich persönliche Rede. Schließlich stand Papa auf – er hatte im Vorfeld gebeten, auch etwas sagen zu dürfen, und das tat er erst mit zitternden Händen, dann weinend.

Eric war so mitgenommen, dass er sich später kaum noch an die Worte seines Vaters erinnerte, wohl aber daran, dass Papa sich die Tränen nicht einmal wegwischte und sie schließlich von seinem Kinn tropften, während er weitersprach. Es verwirrte ihn, dass er kurz darauf, als der Sarg in die Erde gelassen wurde, Frieden empfand.

Eve sagte kein Wort, bis sie ans Grab trat. »Tut mir leid, Oma, dass ich zu spät war. Du warst immer die Beste.« Dann drehte sie sich um und eilte davon, ohne mit ihrer Mutter oder sonst jemandem zu sprechen.

Es war der 21. August 2063, und am nächsten Tag erreichte das Raumgefährt die ISS. Hinterher ist man immer klüger, sagt ein altes Sprichwort, und es erwies sich in diesem Fall auf erschreckende Weise als wahr:

Man hätte den Außerirdischen auf der ISS lassen müssen.

Man hätte nicht auf die Überlegenheit der Quarantänetechnologie vertrauen dürfen.

Man hätte nie zulassen dürfen, dass dieses und dass jenes.

Aber es hatte nicht die geringsten Anzeichen von Gefahr gegeben. Die psychologische Überprüfung der Überlebenden erwies sich als grundlos – sie waren psychisch stabil und zweifellos Herr ihres Willens. Natürlich standen sie zunächst auch selbst unter Quarantäne, doch es gab keinerlei Auffälligkeiten, keine Bakterien, Viren oder sonstige Probleme. Die Isolation des fremden Wesens im Tragegestell hielt ausgezeichnet. Es blieb reglos, aber es lebte, und daran änderte sich auch während der drei Wochen nichts, in denen es die klügsten Köpfe der Welt auf der ISS beobachteten und untersuchten. Vielleicht lag es ja in einer Art Koma, falls man diesen Begriff auf den fremdartigen Organismus übertragen konnte, der den Wissenschaftlern an Bord Rätsel über Rätsel aufgab. Jedenfalls kam man zu dem Schluss, dass keinerlei Gefahr drohte und es auf der Erde viel weitreichendere Methoden gab, die außerirdische Lebensform zu analysieren, ja, ihr vielleicht sogar helfen zu können. Und so wollte man die drei Überlebenden zusammen mit einigen Forschern der ISS und ihrer wertvollen, einzigartigen Fracht nach einem Landemanöver auf dem Militärschiff *USS Obama* vor der Ostküste der USA am 12. September auf der Erde willkommen heißen.

Hinterher ist man immer klüger.

Kapitel 3: Die Landung

12. September 2063

1

Amy fühlte sich so nervös wie damals, als sie Aidens Hand, die sich zwischen ihren Beinen nach oben tastete, nicht weggeschoben hatte. Seltsam, dass ihr ausgerechnet das jetzt in den Sinn kam; wahrscheinlich gab es wenige derart einschneidende Momente im Leben. Das innerliche Kribbeln nahm zu, wenn auch auf ganz andere Weise als damals.

Sie saß an Deck des Schiffes, der Wellengang hier draußen, gut dreihundert Meilen vor Washington mitten im Ozean, war kaum wahrnehmbar. Die Sonne schien, kein einziges Wölkchen stand am Himmel, und eigentlich hätte alles idyllisch sein können – wäre das Schiff nicht die *USS Obama* gewesen, einer der modernsten Militärkreuzer der Welt, und wären nicht gefühlt tausend Uniformierte um sie herumgeeilt. Von ihrem Platz aus sah sie die wenige hundert Meter entfernt schwimmende Plattform, auf der die Kapsel aufsetzen sollte, die – Amy schaute auf die Uhr – die ISS bereits verlassen und einen Großteil der Strecke hinter sich hatte.

Mit einem leichten Summton ging eine Nachricht ein. Sie stammte von Eric: *Irgendwie erfüllt sich dein alter Traum also doch noch.*

Amy tippte: *Was meinst du?*

Du bist ganz nah dran.

Es versetzte ihr einen Stich, fühlte sich zugleich wehmütig und freudig an. Sie überlegte, wie sie antworten sollte, und entschied sich für: *Stimmt. Danke.* Ehe sie es abschickte, sah sie, dass einige Soldaten die Arme hoben und nach oben blickten. Amy tat es ihnen gleich – sie wusste, wo sie suchen musste, und entdeckte sofort den winzigen Punkt am Himmel. *Muss Schluss machen*, ergänzte sie und schickte es ab.

Ihr Bruder hatte recht. Sie war nahe dran – wenn auch nicht, wie es ihrem Traum als zehnjähriges Mädchen entsprochen hätte, an dem Kontakt auf dem Asteroiden. Doch sie stand sozusagen in der ersten Reihe, während die außerirdische Lebensform die Erde erreichte.

Amy hätte nicht gedacht, dass man sie so schnell weitertransportieren würde, aber es gab viele Interessensgruppen und eine noch größere Menge an einflussreichen Leuten, die irgendwie mit an den Fäden zogen. Es ging nicht nur um Forscherdrang und die Freiheit der Wissenschaft, die durchaus auch eine Rolle spielten, sondern vielmehr um solche Punkte wie Politik, Macht und Geld. Wobei man mindestens die ersten beiden gleichsetzen konnte. Oder sogar alle drei.

Dass man sie überhaupt an Bord des Schiffes geholt hatte, verdankte sie David Norris, der seit jenem Tag vor fast einem Monat, als Amy energisch Informationen gefordert hatte, einen Narren an ihr gefressen hatte. David selbst war natürlich ebenfalls auf der *Obama*, an einem noch besseren Platz als Amy – dort, wo er Shixin Deng, Taranee Mbah und Amisha als Erster offiziell zurück auf der Erde begrüßen durfte.

Mr Durchschnittserfolg Manoy Devi, der den Erstkontakt von der ISS aus begleitet hatte, kommentierte das Geschehen und berichtete exklusiv; das verlangte eine der etwa zweihundert Klauseln des Vertrags mit IndiaStream. Seine Sendung lief bereits seit einer halben Stunde, doch Amy verzichtete darauf, sie auf dem Pod mitlaufen zu lassen. Stattdessen freute sie sich, dass niemand sie ansprach, genoss diesen Moment mit sich allein und sah, wie der kleine Punkt am Himmel immer näherkam und dabei wuchs.

Man wollte die Landekapsel in Kürze auf Weltreise schicken und rechnete damit, dass es den größten Touristenstrom aller Zeiten in die diversen Ausstellungen auslösen würde: Mit diesem Fahrzeug kam soeben der erste Außerirdische auf die Erde. Vielleicht war es ja gleichzeitig der Letzte, denn Amy glaubte nicht, dass sich das Geschehen jemals wiederholen konnte. Dazu war es zu speziell. Ein zu großer Zufall. Wenn manche auch vermuteten, dass der Asteroid gezielt auf die Reise ins Sonnensystem geschickt worden war. Es kam darauf an, wie man die Ereignisse am Stichtag interpretierte.

Sollte es sich um eine bewusste Kontaktaufnahme gehandelt haben, war diese allerdings von tausend Unwägbarkeiten geprägt. Amy glaubte nicht daran, und ob es jemals Aufschluss über diese und unzählige andere Fragen gab, hing davon ab, ob eine Kommunikation mit dem Fremden möglich werden konnte. Wenn das tatsächlich gelang – was Amy bezweifelte –, würde es die seltsamste und fremdartigste Art eines Gesprächs sein, die die Welt je gesehen hatte.

Die Bremstriebwerke zündeten – ein kurzes Aufglühen am Himmel, begleitet von einem fernen Rauschen, das sich in der Nähe des Fahrzeugs als tosender Lärm entlud. Die Ingenieure bekamen das Andruckproblem für die Astronauten eher in den Griff als die Geräuschkulisse. Dennoch war das Pendeln zur ISS und zurück seit der Entdeckung des Asteroiden mindestens um das Zehnfache leichter und sicherer geworden. Nicht unbedingt mit einem Linienflug zu vergleichen, aber auch kein großes Wagnis mehr. Vor etwa zehn Jahren war der Unkenruf von der »Entzauberung des letzten Mythos« durchs Internet gegeistert – wenn man den nicht ganz passenden Gebrauch des Wortes akzeptierte, entstand in diesem Augenblick wohl ein neuer Mythos.

Der Lärm steigerte sich, blieb jedoch erträglich. Die Landeplattform schaukelte unter dem Sturmwind in den letzten Sekunden vor der Landung. Die *Obama* selbst nahm diesen Wellengang ungerührt hin.

Die Kapsel setzte beinahe sanft auf.

Irgendwo jubelte jemand, und obwohl es kaum den militärischen Vorschriften entsprach, stimmten eine Menge Kehlen mit ein. Ohnehin handelte es sich nicht wirklich um eine Militäraktion – komplizierte Vereinbarungen stellten jedoch sicher, dass die *Obama* als bestgeeignetes Schiff genutzt werden konnte.

Amy erwartete, dass wie vereinbart Shixin Deng als Erster die Kapsel verließ. Auf dem Asteroiden hatte er das Raumgefährt nicht verlassen dürfen und die nach außen hin am wenigsten sichtbare Rolle gespielt; zum Ausgleich sollte er nun am prominentesten im Rampenlicht stehen. Wobei Amy wusste, dass der Chinese keinerlei Wert darauf legte – er war ein stiller, bescheidener Mensch, den man zu Interviews geradezu zwingen musste.

Es kam Amy wie eine Ewigkeit vor, in der sich nichts tat und die Kapsel ungerührt auf der noch immer leicht schwankenden Landeplattform stand. Aber es ging ja nach dem Rückflug auch um ein wenig mehr als darum, einfach nur eine Tür zu öffnen. Das war Amy natürlich klar. So glatt alles lief, war es eben kein Linienflug.

Irgendwann jedoch nahm ihre Ungeduld zu. Dauerte es nicht doch schon zu lange?

Ihr fiel auf, dass an Bord des Schiffes plötzlich eine andere

Atmosphäre herrschte. Eilten nicht mehr Leute über das Deck, und taten sie es nicht schneller als noch vor wenigen Minuten? Sahen nicht einige Gesichter angespannt aus und ...

Schluss mit den Fragen, befahl sich Amy selbst. Denn sie erübrigten sich, als ihr etwas auffiel, das es überflüssig machte, kleine Anzeichen zu deuten: Etliche der Soldaten hoben ihre automatischen Gewehre leicht an und legten die Zeigefinger der rechten Hand – in einem Fall der linken – an die Sicherungshebel. Es herrschte definitiv eine höhere Alarmbereitschaft.

Amy wurde die Kehle eng, denn sie sah sofort das Worst-Case-Szenario vor sich, das im Vorfeld durchgespielt worden war. Natürlich hatte man an alle Eventualitäten gedacht. Oder das zumindest versucht. Die Landung und damit die Ankunft des Außerirdischen auf der Erde stellte einen unfassbaren Erfolg der internationalen Forschungsgemeinschaft dar. Aber das hieß nicht, dass *alle* es feierten. Ganz und gar nicht. Es gab bergeweise Pessimisten und Verschwörungstheoretiker, die ihre Prognosen und wirren Fantasien im Netz verbreiteten. Die waren aber harmlos. Anders sah es mit einigen radikalen und gut organisierten Gruppierungen aus. Deshalb auch das militärische Umfeld dieser Aktion – kein Despot eines obskuren Kleinstaates in Afrika sollte den Eindruck gewinnen, hier mit Flugzeugen auftauchen und einen Terrorakt durchführen zu können. Keine der asiatischen Triadenorganisationen durfte eine Chance wittern, mit einem ihrer U-Boote den Außerirdischen an sich zu bringen und zu entführen. Keinem Killer einer religiösen Splittergruppe blieb die Aussicht, als Selbstmordattentäter das angeblich antigöttliche Wesen mit in den Tod zu reißen – welchem Gott auch immer er huldigte.

Aber das garantierte nicht, dass nicht doch jemand zuschlug und diesen triumphalen Moment auszunutzen versuchte, um weltweite Aufmerksamkeit zu gewinnen.

Amy wusste, dass keiner der Militärs in der Nähe ihr eine Antwort geben würde. Darum zog sie ihr NASA-Pod und rief bei David Norris an. Er reagierte nicht. Sie erhöhte die Dringlichkeitsstufe; als eine von zwölf Personen kam sie immerhin bis zu Stufe gelb. Während sein Pad also summte, falls er es nicht vollständig deaktiviert hatte, was ihr in dieser Situation unmöglich erschien, erwartete Amy jede Sekunde, von einem Soldaten gepackt und ins Innere des Schiffes geführt zu werden. In Sicherheit.

Aber niemand kam.

Noch nicht.

Stattdessen meldete sich David. »Es herrscht Funkstille«, sagte er.

»Ich weiß, dass wir eigentlich nicht reden können, ich bin ...«

»Nicht wir. In der Kapsel, Amy. Es gibt keine Verbindung mehr.«

»Was?« Sie wartete gar nicht darauf, dass er es wiederholte. Schließlich hatte sie es genau verstanden. Sie konnte es nur nicht glauben. »Seit wann?«

»Seit der Landung.«

Amy glaubte, ihr Herz müsse aufhören zu schlagen. »Wie kann das ...«

»Niemand weiß es. Die Verbindung war gut und auf mehreren Frequenzen gesichert, so wie es dem Protokoll entspricht. Wir wissen nicht, was da drin vor sich geht. Und sie kommen nicht heraus. Loquas überlegt, ob er die Kapsel stürmen soll.«

Obwohl Amy den Kommandanten der *Obama* nie getroffen hatte, kannte sie einige Geschichten über Fleet Admiral Marcel Loquas, und alle stellten ihn als einen fähigen, kompromisslosen, konsequenten Militär dar.

»Ein Unfall?«, fragte Amy. »Könnte ...«

»Niemals. Die Landung lief perfekt.«

Amy fühlte sich, als drücke ihr etwas den Brustkorb zusammen. »David, wann genau ist die Kommunikation zusammengebrochen?«

»18:52:58«, sagte er.

»Die Uhrzeit ist mir egal. Ist es der exakte Moment der Landung?«

»Warte, ich ...« Eine Sekunde Stille, dann: »Du hast recht.«

Amy sah die Bilder der Landestütze vor sich, wie die schwarze Masse sich zurückzog und den Start ermöglichte, in genau dem Augenblick, als die Astronauten samt dem Außerirdischen das Raumfahrzeug betraten. »Wie bei dem Start vom Asteroiden«, sagte sie. »Der Fremde hat nur gewartet, bis er sicher gelandet ist.«

»Amy, das ist unmöglich! Das Wesen ist reglos und in Quarantäne, und außerdem, wie und warum sollte es den Funkverkehr unterbrechen?«

Wie um seine Worte zu bestätigen, öffnete sich in diesem Augenblick das Ausstiegsschott der Landekapsel.

Amy sah es von ihrem Platz aus, wenngleich die Plattform so weit entfernt lag, dass sie sich fragte, ob Amishas Gesicht wirklich panisch verzerrt war. Aber allein die Tatsache, dass sie die Reporterin sah und nicht Shixin Deng, bewies, dass etwas nicht stimmte.

»Zurück!«, herrschte ein Soldat sie an, packte sie an der Schulter und schob sie von der Reling. Stattdessen stellte er sich in Position und zielte mit dem vollautomatischen Gewehr. Ebenso wie Dutzende seiner Kameraden.

Amisha taumelte ganz aus der Kapsel, schrie, ruderte mit den Armen. Nein, mit dem Arm. Der zweite fehlte, und ihr Körper war rot von Blut.

Das Pod fiel Amy aus den Händen. Sie hörte den Aufprall,

aber es kam ihr vor, als wäre es meilenweit entfernt. Sie stand wie versteinert. Niemand scherte sich mehr um sie.

Amishas Schrei erstarb erst in dem Augenblick, als sich etwas von hinten durch ihren Brustkorb bohrte und eine rote Wolke vor ihr verstäubte. Es wimmelte neben ihr, etwas durchtrennte ihren Hals, dann stürzte der Torso um. Der Kopf rollte weiter, bis er über den Rand der Plattform ins Wasser fiel.

Ein braunschwarzes Etwas schnellte aus dem offenen Schott, überschlug sich in der Luft.

Warum schießen sie nicht?, dachte Amy, aber die Antwort konnte sie sich selbst geben.

Kein Zweifel, was Amisha soeben getötet hatte.

Kein Zweifel, dass dieses Etwas, das eher einem Insekt ähnelte als dem säugetierartigen Wesen, das die ganze Menschheit in der Liveübertragung gesehen hatte, die außerirdische Lebensform war.

Kein Zweifel, dass man es nicht einfach töten konnte. Es war zu wertvoll, in jeder Hinsicht. Es musste gefangen genommen werden, auch wenn es soeben einen Menschen getötet hatte. *Oder acht*, dachte Amy, denn so groß war die Besatzung der Landekapsel. Die drei Überlebenden der Mission und fünf Wissenschaftler.

Dann ertönten Schüsse.

Betäubungspatronen, dachte Amy. Oder doch scharfe Munition, weil Admiral Loquas konsequent durchgriff und ihm klar war, dass man das Wesen unmöglich einfangen konnte, ehe es über den Rand der Landeplattform ins Meer glitt. Es hatte im Vakuum existiert und bewies in diesen Augenblicken, dass es in der Erdatmosphäre überlebte, also schadete ihm Wasser mit großer Wahrscheinlichkeit auch nicht.

Das insektenhafte Etwas wurde getroffen und zurückgeschleudert. Es änderte seine Taktik, eilte nicht mehr dem offenen Meer entgegen, sondern zurück zur Kapsel. Aber es beging nicht etwa den Fehler, sich darin zu verkriechen. Es huschte um sie herum, um sie als Deckung zu nutzen. Ein Kugelhagel verfolgte seinen Weg, und Amy sah deutlich, wie es ein, zwei Einschläge gab. Eine Gliedmaße wurde abgerissen. Ein Bein? Ein Tentakel? Die Kreatur sprang, schwirrte in der Luft und verschwand hinter der Kapsel.

Die Schüsse endeten.

Jetzt taucht es ins Meer, dachte Amy. *Es verschwindet, und wir sehen es nie wieder.* Dann wanderte ihr Blick, ohne dass sie es wollte, getrieben von bizarrem, ekelerregendem Entsetzen, zu dem, was von Amisha übrig geblieben war, und sie sagte sich, dass es vielleicht besser war, wenn dieses Etwas für immer abtauchte. Die Kreatur, die sie bis vor wenigen Augenblicken als *den Außerirdischen* bezeichnet hatte.

Eine Soldatin stand plötzlich vor ihr, packte ihr Pod, das nach wie vor auf dem Boden lag.

»Geben Sie es mir«, forderte Amy.

»Sie werden niemanden informieren, ehe wir es nicht genehmigen.«

Amy konnte nicht anders. Ihr Entsetzen bahnte sich in einem hysterischen Lachen einen Weg nach außen. »Die ganze Welt weiß doch längst Bescheid.« Mit diesen Worten griff sie nach dem Pad.

Die Frau riss es zurück.

Amy sah rot, machte einen Schritt vor, versuchte es der Soldatin zu entwinden. Die ließ es fallen und trat darauf. Es knirschte, und das sündhaft teure Spezialgerät zerbrach.

Amy sah auf die Überreste. »Wenn Sie sich jetzt besser fühlen. Aber wissen Sie was? Es ändert überhaupt nichts. Manoy Devi hat das alles für IndiaStream live gesendet.«

2

Chayne hatte sich abgewandt, und Eric beneidete sie darum. Ihm war es nicht gelungen, und so hatte er gesehen, wie India-Stream live den entsetzlichen Tod der bekanntesten Reporterin der Welt ausstrahlte. Alles ging schnell: Weniger als eine Minute, nachdem sich das Schott geöffnet hatte, verschwand das außerirdische Wesen in einem Kugelhagel hinter der Kapsel. Zunächst stand es nur zu vermuten, aber sehr bald folgte die Bestätigung, dass es die Landeplattform verlassen hatte und im Meer abgetaucht war.

Eine Minute, in der sich der Triumph der Weltraumforschung und der Wissenschaft in eine blutige Katastrophe verwandelt hatte.

Vielleicht war es nur dieser Geschwindigkeit zu verdanken – wenn es überhaupt ein Grund zur Dankbarkeit war –, dass niemand die Liveübertragung unterband, weder auf der *USS Obama*, noch im Sendezentrum. Gut möglich aber auch, dass die Verantwortlichen bei IndiaStream ganz bewusst weitersendeten.

»Noch wissen wir nicht«, sagte Manoy Devi, »wie es in der Kapsel aussieht.« Seine Stimme klang ruhig, und er gab sich zumindest den Anschein von Objektivität. Ob ihm wohl Zeit blieb, erleichtert zu sein, dass er bei dem Kometen nicht die Nummer Eins des Senders gewesen war, weil seine verstümmelte Leiche sonst jetzt auf der Landeplattform liegen würde? »Da sich niemand der Insassen gemeldet hat, steht jedoch das Schlimmste zu befürchten.«

»Schalt aus«, forderte Chayne. »Ehe wir die anderen Toten auch noch in Großaufnahme zu sehen bekommen.«

»Wir müssen ...«

»Gar nichts müssen wir. Außer deine Schwester anrufen. Weißt du, wie nah sie dran ist?«

Eric versuchte, sich bei ihr zu melden. »Keine Verbindung möglich«, las er die Meldung auf dem Display. »Sie hat es ganz abgeschaltet.«

»Wieso sollte sie das?«

»Wenn ihr etwas passiert wäre, wüssten wir es«, sagte er, ohne ganz davon überzeugt zu sein. »Auf dem Schiff ist alles in Ordnung.« Er deutete auf das Übertragungsbild.

»Alles in Ordnung«, wiederholte Chayne.

»Du weißt, wie ich das meine!«

Das Bild zeigte inzwischen das Gesicht eines Mannes in Großaufnahme, den Eric sofort als Amys obersten Chef bei der NASA erkannte. Ferris, hieß er, oder so ähnlich. Einen Augenblick später stellte Manoy Devi ihn als Dr Dr David Norris vor.

Norris war bleich, und Eric sah ihm an, dass er kaum die Fassung wahren konnte, was ihn in dieser Situation nur sympathisch machte. »Hiermit bestätige ich mit großem Bedauern und Entsetzen den Tod der gesamten Besatzung der Landekapsel. Neben mir steht die NASA-Mitarbeiterin Amy Allamore. Amy.« Als er ihren Namen wiederholte, um ihr das Wort zu übergeben, zitterte seine Stimme leicht, als hätte er gestottert: A-amy.

Gleichzeitig schwenkte die Kamera. Amy kam ins Bild. »Als Koordinatorin für Internationale Zusammenarbeit kannte ich die Astronauten dieses Projekts persönlich, und auch Amisha.« Eine kurze Pause folgte. Sie war gerade lang genug, dass Eric erkennen konnte, wie sehr sie mit ihren Emotionen kämpfte. »Shixin Deng und Taranee Mbah waren jedoch nicht nur Astronauten, genauso wenig wie Gabe Barron, der auf dem Asteroiden sein Leben gegeben hat.«

Diese beschönigende Umschreibung entging Eric nicht. Seine Schwester zeigte sich sogar jetzt als Profi und wählte die Worte mit Bedacht. So bedächtig man in diesen Minuten eben sein konnte; zweifellos stand Amy ebenso wie Mr Norris noch unter dem Bann der schockierenden Ereignisse.

»Sie alle waren in erster Linie Menschen, Freunde, Söhne und Töchter, im Fall von Shixin Deng auch ein Vater.« Die letzte Information kam erstickter als die anderen. »In der Landekapsel befand sich auch Alanja Partel, die während der kritischen Phase des Projekts die ISS geleitet hat. Von der Besatzung war außerdem der russische Kosmonaut Igor Alexey an Bord.« Amy führte die Namen einiger Wissenschaftler auf, die in der ISS gearbeitet und die Forschungen an dem außerirdischen Wesen auf der Erde hatten fortführen wollen. Ein Portugiese, eine Kolumbianerin …

Amys Gesicht war so groß in der Aufnahme, dass Eric den Blick ihrer Augen genau sehen konnte, und der Anblick erschreckte ihn. »Sie wird uns brauchen«, sagte er. Chayne nickte nur.

Nachdem sie ihre traurige Aufgabe erfüllt hatte, alle Toten zu nennen und zu würdigen, übergab sie erneut an David Norris.

Noch während er sprach, meldete Erics Pod einen Anruf seiner Schwester. Sie hatte ihren Identifizierungscode eingespeist, nutzte aber ein anderes Gerät. Er nahm sofort an. »Hast du es gesehen?«, fragte Amy.

»Habe ich.«

»Sie sind nicht einfach nur tot. Ich bin in der Kapsel gewesen. Sie alle …« Sie rang nach Worten.

»Wie bei Amisha?«, fragte er.

»Noch schlimmer.«

Wie soll das möglich sein?

»Es ist ein Schlachtfeld«, sagte Amy. »Als wäre eine Bombe explodiert und hätte sie zerfetzt. Und die Kreatur ist entkommen! Wir haben es eben nicht gesagt, und David wird das

Thema umschiffen, aber wir können es nicht verheimlichen. Verdammt, die ganze Welt hat es ja gesehen!«

»Glaubst du, dass der Außerirdische bewusst gehandelt hat?«

»Das glaube ich nicht nur, das *weiß* ich. Und jetzt ist er irgendwo dort draußen.«

3

»Ich kann hier in einer Stunde weg«, sagte Amy zu ihrem Bruder. »Die bringen mich mit einem Helikopter an Land und haben alles organisiert, damit ich von der Gegend um Washington zurück nach Merritt Island komme. Knapp tausend Meilen immerhin. Ich weiß nicht wann, aber irgendwann heute Nacht werde ich bei euch klingeln.«

»Wir sind da.«

»Danke.« Sie unterbrach die Verbindung. Ein NASA-Mitarbeiter – Jack, wenn sie sich richtig erinnerte, er war ein paar Wochen lang einer ihrer Assistenten gewesen – wartete darauf, sie mit Fragen zu malträtieren. Ehe er loslegen konnte, streckte sie ihm abwehrend die Hand entgegen. »Egal, wer versucht, mich zu erreichen, Jack, ich werde keine Stellungnahme abgeben, die über das hinausgeht, was David und ich eben für die Öffentlichkeit gesagt haben. Also sparen Sie sich die Mühe.«

»Jake«, sagte er. »Ansonsten verstehe ich, was Sie meinen, sehe mich aber in der Pflicht, Ihnen mitzuteilen, dass mir Anfragen aus Russland vorliegen, aus der Mongolei, aus Zentralasien, dem Niger ... Moment ...« Er zog einen zerknüllten Zettel aus der Hosentasche, den er mit Kugelschreiber vollgekritzelt hatte. Jetzt erinnerte sie sich besser an ihn – niemand sonst arbeitete auf diese Weise. »In zeitlicher Reihenfolge außerdem Liechtenstein, Deutschland ... ach, einfach von überall.« Er reichte ihr das Papier. »Seien Sie vorsichtig, wenn Sie den Zettel loslassen, könnte ihn der Wind über Bord wehen.«

Sie folgte der impliziten Aufforderung und ließ los.

Er hatte recht.

»Danke fürs Erledigen«, sagte er. »Ich nehme an, ich kann mir die Mühe sparen, weitere ...«

»Korrekt. Ich brauche Sie für etwas anderes, Jake.« Bei diesen Worten lief sie los.

Er folgte ihr. »Ich stehe Ihnen zur Verfügung.«

»Kommen Sie mit zum Fundstück. Ich werde mir Zugang verschaffen, und Sie halten mir die Wissenschaftlerhorde vom Hals, die zweifellos bereits hierher unterwegs ist, und auch jeden anderen.«

»Mit welcher Begründung? Ich habe nicht die Befugnis ...«

»Doch! Hiermit erteile ich sie Ihnen.«

»Aber Sie können ebenso wenig ...«

»Denken Sie sich etwas aus, Jake. Ich brauche nur fünf Minuten. Oder eine. *Ich muss es sehen!*«

Die *USS Obama* stand inzwischen dicht bei der Landeplattform. Die Verbindungsbrücke lag aus, der Zugang wurde von drei bewaffneten Soldaten bewacht. Natürlich konnte niemand einfach so hinüberwechseln, doch Amy hatte einen Vorteil – sie war bereits dort gewesen, als sie mit David die Landekapsel betreten hatte. Das Schlachtfeld, auf dem sich die Überreste der Astronauten verteilten.

Mit dem Gedanken kamen die Bilder, und sie versuchte sie sofort von sich zu schieben. Fast gelang es auch, aber Igors Gesicht drängte sich in den Vordergrund, der tote Blick seines

Auges in der verbliebenen Schädelhälfte des russischen Gentlemans, den sie vielleicht hatte wiedersehen wollen.

Etwas stieg ihr heiß im Hals hoch und schwappte sauer in den Mund. Sie schluckte es hinunter; das Brennen blieb.

Amy tat, als wäre es das Selbstverständlichste der Welt, als sie auf die Verbindungsbrücke zuging. »Er begleitet mich diesmal«, sagte sie. Kein Wort davon, dass sie selbst keine erneute Befugnis besaß.

»Uns liegt keine Genehmigung vor«, erklärte einer der Soldaten. »Wir können nicht ...«

Sie drehte sich zu ihrem ehemaligen Assistenten. »Gut, dann bleiben Sie hier, Jake. Warten Sie auf mich.«

Er spielte mit. Ein schlauer Kerl. Wenn das alles überstanden war, würde sie ihn anfordern und versuchen, ihm einen guten Job zu verschaffen. »Verstanden«, sagte er.

Amy war selbst erstaunt, dass die Soldaten sie passieren ließen. Wahrscheinlich, weil sich momentan jeder auf etwas anderes konzentrierte, nämlich auf die Frage, wie man das entflohene Wesen einfangen könnte. Es genoss nicht die oberste Priorität, die genauen Befugnisse einzelner NASA-Mitarbeiter festzulegen. Vielleicht pfiff irgendjemand bald Amy zurück, aber sie glaubte nicht, dass es Konsequenzen nach sich ziehen würde.

Eine Minute. Sie brauchte nur eine Minute, um es mit eigenen Augen zu sehen! Das Fundstück war das große Geheimnis, das trotz der Liveübertragung noch nicht an die Öffentlichkeit gekommen war. Ein hastig errichtetes Zelt deckte es ab, ebenso wie Amishas verstümmelte Leiche, die für diesen Sichtschutz einen guten Grund lieferte – einen offiziellen.

In Kürze würde das Fundstück weggebracht werden, in ein Geheimlabor der höchsten Sicherheitsstufe, und Amy würde nicht mal mehr in die Nähe kommen. Also war dies die einzige und letzte Chance.

Amy betrat die Landeplattform, und ihre Knie gaben nach, als sie das offene Eingangsschott sah. Rasch wandte sie den Blick ab, aber schon zu spät. Nur einige Zentimeter weit im Inneren lag Shixin Dengs halber Arm, die Finger Richtung Ausgang gestreckt, von dem er sich vielleicht bis zuletzt Rettung erhofft hatte.

Sie blieb wenige Schritte davor stehen, beim Zelt. Amisha hatte es nicht weit geschafft.

Amy war das Zelt vorhin verwehrt geblieben. Zwei Soldaten hielten Wache. Auch sie hatten Amy bei ihrem Besuch der Kapsel gesehen, und da sie die Brücke offensichtlich hatte passieren dürfen, stellten sie sich ihr nicht in den Weg, als sie mit verkniffenem Mundwinkel und offen zur Schau gestelltem Ekel sagte: »Ich muss da rein.« Amy öffnete den Reißverschluss, schlüpfte hindurch, versuchte, die schrecklich zugerichtete Leiche nicht zu beachten – was unmöglich war – und sah das Fundstück.

Neben den Überresten der Journalistin wirkte es beinahe schön.

4

»Jetzt ist er irgendwo da draußen«, sagte Eric. Sein Kopf lag auf Chaynes Schoß. »Das hat sie am Schluss gesagt, und es geht mir nicht mehr aus dem Sinn. Der Außerirdische hat ganz bewusst gehandelt, all diese Leute ... abgeschlachtet, und jetzt ist er irgendwo da draußen.«

»Dieses Wesen hat also gezielt abgewartet, bis die Kapsel gelandet ist, weil es das nicht selbst hätte tun können, und hat dann die Besatzung getötet?«

»Genau davon ist Amy überzeugt. Und ich wüsste nicht, wie man das sonst interpretieren sollte.«

»Also ist bereits ein Team unterwegs, um die Kreatur wieder einzufangen?«

»Darüber hat Amy nichts gesagt, aber es sollte mich schwer wundern, wenn das nicht gerade eine ganze Heerschar von Leuten versucht.«

»Dann besteht das Ergebnis dieser jahrzehntelangen Operation darin, dass wir uns ein wildes Tier auf die Erde geholt haben.«

»Sogar mehr als das. Es ist gefährlicher als ein Tier. Und viel wertvoller.«

»Geld«, murmelte Chayne. »Forschung. Biologische Erkenntnisse. Bio-Waffen.« Sie lehnte sich zurück, dehnte den Nacken. »Egal, was am Ende dabei herauskommt, den Tod dieser Leute war es nicht wert. Und es wird noch weitere Tote geben. Ich kann mir gut vorstellen, wie Hysterie ausbricht, weil die ganze Welt diese Kreatur jagt und in die Hände bekommen will. Und niemand wird dabei mit irgendwelchen Konkurrenten zimperlich umgehen.«

Eric widersprach nicht. Er sah es genauso, und der Wahrheit zu widersprechen, wäre ohnehin töricht gewesen. Er versuchte, an etwas anderes zu denken als an ein ausgebrochenes Monster.

Kein Monster, sagte er sich. Aber wenn er sich die Bilder von Amishas Tod in Erinnerung rief, und das tat sein Gehirn ganz von allein …

… wenn er vor sich sah, wie sie blutend aus der Kapsel stolperte und zerstückelt wurde …

… wenn er den Kugelhagel der Soldaten sah und das insektenhafte Wesen, das auf dem Asteroiden noch anders ausgesehen hatte …

... wenn er an Amys Worte dachte, über das Schlachtfeld ...
... dann kam genau das dabei heraus: ein Monster.

5

Als die Soldaten auf das außerirdische Wesen geschossen hatten, war es mehrfach getroffen worden, und es hatte eine Gliedmaße verloren.

Dieses Körperteil lag neben den Überresten der Reporterin,
in einem einfachen Zelt, bewacht von nur zwei Soldaten, die
Amy ohne Fragen hatte passieren können. Sie konnte es kaum
glauben, aber letztlich wunderte es sie nicht. Die simpelsten
Pläne waren oft die besten; im wahren Leben schmiedete man
selten hoch komplizierte Strategien, wie es in Filmen üblich
war. Amy hatte die Gesamtsituation abgeschätzt und ein wenig
improvisiert, denn es gab keinen Grund für besondere Wachsamkeit, was das Zelt betraf. Die Plattform war gesichert, solange es nicht zu einem Angriff von außen kam. Der Moment,
als sich die Landekapsel geöffnet hatte, lag nicht lange zurück,
und ein Team war schon unterwegs, das sich um das Fundstück
kümmern sollte. Sobald diese Leute eintrafen, würde das ab-
getrennte Körperteil des Wesens besser bewacht sein als alles
andere, einschließlich der Kronjuwelen, die angeblich noch
immer im Londoner Tower lagen. Und momentan stand jeder
unter Schock, abgesehen wahrscheinlich nur von Fleet Admiral Loquas, aber als guter Militär sah er die Priorität zweifellos
darin, die Kreatur wiederzufinden. Festzusetzen. Gefangen zu
nehmen. Auszulöschen. Trotzdem konnte das nicht lange gut
gehen. Bald würde jemand auftauchen, Amy fragen, was sie
hier zu suchen hatte, und sie aus dem Zelt zerren.

Doch solange das nicht geschah, sah sie nicht ein, die Zeit mit unnützen Gedanken zu verschwenden. Nur eine Minute, hatte sie gedacht. Jetzt, da sie vor diesem ... Etwas stand, erkannte sie, dass sie Stunden an diesem Ort verbringen könnte. Oder sogar Tage.

Sie war weder Biologin noch DNA-Spezialistin oder eine auf andere Weise spezialisierte Wissenschaftlerin, aber sie wusste, dass vor ihr auf dem Boden tausend Fragen lagen. Und vielleicht auch tausend Antworten. Auf jeden Fall tausend Möglichkeiten.

Amy ging einen Schritt vor.

Das Körperstück war schwarz wie ein glänzender Insektenpanzer. Es ähnelte einem zu dürr geratenen menschlichen Unterschenkel, samt der Ferse und dem Ansatz des Fußes. Nur dass es da endete, wo beim Menschen der Mittelfuß saß und sich die Zehen angeschlossen hätten. Aber es war nicht etwa dort abgerissen, sondern an dieser Stelle sauber geschlossen. Vom Körper des Außerirdischen amputiert worden war es am anderen Ende, in einer gezackten Linie.

Amy sah sich das genauer an. Es wirkte nicht wie etwas Lebendiges. Eher erinnerte es sie an die Bruchstelle einer dicken Fensterscheibe. Als ginge es um Geometrie, um Geraden und Dreiecke, nicht um Biologie.

Wie ein Körperpanzer, dachte Amy. Ein ... ungefüllter Panzer, eine bloße Hülle aus Chitin oder einem ähnlichen Material. Wo immer diese Kreatur herkam, dort würde doch sicher nicht ausgerechnet Chitin entstanden sein.

Zu der Interpretation eines leeren Körperpanzers passte, dass nichts an eine Wunde erinnerte. Es gab weder Blut, noch war eine andere Körperflüssigkeit ausgetreten.

Hatte das Wesen vielleicht einfach – Glück gehabt? Könnte man es damit vergleichen, dass einem Menschen ein paar Haare ausgerissen worden wären oder die Spitze eines Fingernagels? Oder hatte die Kreatur den Teil ihres Körpers, den dieses Stück Panzer schützte, rechtzeitig … zurückgezogen?

Amys Überlegungen stockten. Sie fand keine Worte, um den Gedanken zu fassen, der ihr vorschwebte, und darum blieb er vage, verschwommen, wie ein Traumbild. *Was man nicht sagen kann, kann man nicht denken.* War das nicht so ein sprachphilosophischer Ansatz, über den Eric ein Buch geschrieben hatte? Amy hatte versucht, es zu lesen, aber …

Zurückgezogen!

Plötzlich stockte Amy, blieb an dieser Vorstellung hängen.

Hatte die Kreatur den Körper im Panzer … bewegt?

Sie schloss die Augen und sah die grauen Schlieren vor sich, die sich in der schwarzen Masse der Ebene des Asteroiden bewegt hatten. Wenn die Astronauten ein Stück herausgesprengt hätten, hätten sie den Schlieren nicht geschadet, weil diese sich zurückgezogen hätten.

Hätten, hätten, hätten.

So vage es blieb, der Gedanke ließ sie nicht los.

Ein Körper, der sich bewegt. Der sich verformt. Verändert. Hatte das Wesen nicht ganz anders ausgesehen als das, was auf dem Asteroiden gefilmt worden war? Und bedeutete das nicht, dass die Möglichkeit bestand –

Der Eingang zum Zelt wurde zur Seite gerissen. Amy drehte sich um und starrte in die Mündung einer Waffe. »Sie werden nun dieses Zelt verlassen.« Dem Gesicht nach war die Soldatin in den Zwanzigern. Blutjung.

»Ich bin …«

»Sofort. Ich spreche keine Warnung mehr aus.«

Amy hob die Hände, obwohl sie nicht dazu aufgefordert worden war. Noch nie hatte jemand sie mit einer Waffe bedroht. Das Gefühl drehte ihr den Magen um. »Einverstanden«, brachte sie heraus.

»Kein Wort!«, herrschte die Soldatin sie an.

Eine zweite Person kam ins Zelt. »Das ist wohl nicht nötig!«, sagte David Norris. »Nehmen Sie die Waffe runter.«

»Seit der erste Schuss gefallen ist, ist dies eine militärische Operation, und Sie sind Zivilist.«

»Wissen Sie, mit wem Sie sprechen?«

Die Soldatin ging nicht darauf ein. »Verlassen Sie das Zelt.«

Amy folgte dem Befehl. »Danke, David«, sagte sie. »Verschwinden wir, ehe sie uns erschießt.«

Eine Stunde später saß sie in einem Hubschrauber, der sie zum Festland brachte.

Kapitel 4: *Jagdsaison*

13.–27. September 2063

1

»Vielleicht wäre es gut gewesen, wenn wir den Asteroiden nie erreicht hätten«, sagte Eric. »Ein winziger Rechenfehler, und die Astronauten wären noch am Leben.«

Amy aß in atemberaubender Geschwindigkeit die Portion Rührei, die ihr Bruder mitten in der Nacht für sie gekocht hatte. »Falsch«, nuschelte sie kauend. »Ohne Zwischenlandung auf dem Asteroiden keine Rückkehr zur ISS. Nach deinem Rechenfehler wäre das Raumfahrzeug immer weiter weggetrieben, bis alle darin erstickt oder verdurstet wären. Keine Ahnung, was zuerst passiert wäre.« Sie nahm eine Gabel voll, hob sie an, aber ehe sie sie in den Mund steckte, erstarrte sie. »Ich habe es gesehen.«

»Was meinst du?«, fragte Chayne, von dem plötzlichen Themenwechsel ebenso verwirrt wie Eric. Sie sah müde aus. Kein Wunder, um 4:24 Uhr, etwa zwei Stunden nachdem sie aufgegeben und auf der Couch eingeschlafen waren.

»Im Livebericht war nicht zu sehen, dass der Kugelhagel dem Außerirdischen ein Körperstück abgerissen hat.«

»Was?«, entfuhr es Eric und Chayne gleichzeitig.

Amy lachte, woran wohl eher Übermüdung und Reizüberflutung die Schuld trugen, als dass sie die Frage besonders lustig fände. »Ein …« Sie zögerte. »Bein. Vermutlich. Oder genauer gesagt, meiner Einschätzung nach ein Teil des Körperpanzers dieses Beins.«

Für einen Augenblick sah Eric eine Art Schildkröte vor sich, ein uraltes Wesen aus dem tiefen All – doch auch diese eher alberne Vorstellung schrieb er der Uhrzeit zu. »Auf dem Asteroiden sah es nicht so aus, als hätte der Außerirdische einen Körperpanzer gehabt.«

»Er sah sowieso nicht so aus wie das insektenhafte Etwas, das aus der Kapsel kam«, ergänzte Chayne.

Amy nickte. »Es gibt eine erste Theorie dazu. Demnach wäre das, was die Astronauten auf dem Asteroiden gefunden haben, eine Art Verpuppungszustand gewesen. Ein … Kokon. Stellt euch eine Raupe vor, die sich einspinnt. Ihr neuer Körperzustand ist der Schmetterling. Und aus dem Kokon des außerirdischen Wesens ist dieser insektenhafte Körper geschlüpft.«

»Während des Landevorgangs?«, fragte Chayne skeptisch.

»Ist nur eine erste Theorie«, wiederholte Amy. »Vielleicht ist auch etwas geschehen, das auf der Erde keinerlei Entsprechung hat. Wie die Tatsache, dass der Körper offenbar Funkwellen abstrahlen kann.« Sie zögerte kurz. »Ich weiß nicht, wie es euch geht, aber mir gefällt die Vorstellung, dass es irgendeine Art von Erklärungsansatz gibt.« Sie aß weiter und deutete auf den kleinen Rest, der sich noch in der Pfanne befand. »Was dagegen, wenn ich mir das noch nehme?«

2

Amy wachte auf und erstickte.

Aber natürlich erstickte sie nicht, was sie begriff, als sie die Hände an den Hals riss und nichts zu fassen bekam außer dem Saum des Schlafshirts, das Chayne ihr gegeben hatte. In ihrem Traum jedoch hatte sie eben noch das Fundstück mit einem Scanner wie aus einem Science-Fiction-Film untersucht, als aus dem Panzer plötzlich ein Tentakel zuckte – er war grau gewesen – und sich um ihren Hals schlang.

Endlich beruhigten sich sowohl ihr Atem als auch ihr Herzschlag. Durch den winzigen Schlitz des Rollladens fiel ein Lichtstrahl, in dem Staub tanzte. Amy setzte sich auf. Die Bettdecke lag zerknautscht unter ihren Füßen, das Kissen auf dem Boden. Sie wankte zum Fenster und öffnete den Laden. Die frische Luft tat gut, obwohl ihr nur Hitze entgegenschlug. Dem Sonnenstand nach musste es fast Mittag sein.

Sie schlüpfte in ihre Kleider und verließ das Gästezimmer.

Chayne saß im Wohnzimmer. »Ich habe mir übrigens freigenommen. Eric muss einen Kurs halten, aber er dürfte auch bald auftauchen. Kaffee?« Sie deutete in Richtung der Kanne auf der Warmhalteplatte. Daneben stand eine Tasse.

Amy nickte, schenkte sich ein. »Kaum zu glauben, dass es erst gestern passiert ist. Ich weiß nicht, wo mir der Kopf steht. Die vielen Eindrücke schwirren durch meinen Verstand.«

»Ich könnte dir ungefähr eine Million Fragen stellen, zu denen wir nicht mehr gekommen sind, ehe wir uns hingelegt haben«, sagte Chayne, »aber ich fange mit einer einfachen an. Zumindest nehme ich an, dass du sie leicht beantworten kannst. Was ist ... das?« Sie drehte den Kopf und schaute zu dem Tisch, an dem Amy in der Nacht das Rührei in sich hineingeschaufelt hatte.

»Ein NASA-Standardpod. Kein Vergleich zu meinem hoch-funktionalen Spezialgerät.«

»Womit sich gleich eine weitere Frage stellt. Was ist mit deinem?«

Als sie sich die Situation in Erinnerung rief, musste sie fast lachen. Dann erzählte sie von der Soldatin, die in ihrem zwar verständlichen, aber trotzdem ärgerlichen Übereifer Amys Pod zerstört hatte. Ein Sinnbild für die allgemeine Anspannung, in der alle den Kopf verloren hatten.

Es klingelte.

Chayne ging zur Tür, Amy widmete sich ihrem Kaffee. Er war so heiß, dass sie sich fast die Lippen verbrannte, also genau richtig.

Es gibt auch Eiskaffee, kamen ihr David Norris' Worte in den Sinn, als er hatte ausdrücken wollen, dass man manche Dinge für selbstverständlich hielt, was aus einem neuen Blickwinkel jedoch nicht zutraf. Im Fall des außerirdischen Wesens traf das von Anfang bis Ende zu: von den Geschehnissen auf dem Asteroiden bis zu dem Massaker in der Landekapsel. Musste man also sogar die grauenhaften Morde anders interpretieren? Aber wie? Und selbst wenn – das schreckliche Ergebnis blieb.

Es gibt auch Eiskaffee.

Dieser Hinweis ging ihr nicht aus dem Sinn.

»Amy, du hast Besuch.«

Sie schreckte aus den Gedanken hoch und glaubte zuerst, sie würde immer noch träumen. Verwirrung schien in diesen Tagen zu ihrem neuen Normalzustand zu werden. Dann begriff sie, dass David Norris, an den sie eben gedacht hatte, tatsächlich mit Chayne ins Wohnzimmer trat.

Amy stand auf. Etwas Kaffee schwappte aus der Tasse auf ihren Daumen. »David, was ...«

»Ich weiß, der oberste Chef der NASA macht normalerweise keine Hausbesuche bei seinen Mitarbeitern. Aber der Normalzustand gehört eben der Vergangenheit an.«

Sie rieb die Kaffeetropfen mit der anderen Hand weg. »Trotzdem werden Sie kaum hierhergekommen sein, um einen Plausch zu halten.«

»Als Sie in das Zelt eingedrungen sind, haben Sie einen Fehler gemacht. Es ist bis zu Fleet Admiral Marcel Loquas höchstpersönlich vorgedrungen, und er tobt. Wenn es nach ihm ginge, säßen Sie jetzt im Gefängnis, am besten in einer Geheimeinrichtung, wo man Ihr Gedächtnis mit Stromstößen und Drogen löscht.«

»Das klingt wie in einem Verschwörungsthriller.«

Er setzte sich. »Ist das so?«

»Sie glauben doch nicht ernsthaft, dass …«

»Ich habe Loquas beruhigt, indem ich ihm sagte, dass Sie zu meinem engsten Beraterteam gehören, was die Suche nach der außerirdischen Lebensform angeht. Ein Team, das ich in Wahrheit aber erst danach zusammengestellt habe. Und damit sind wir wieder bei Ihrem Fehler, Amy: Willkommen in Ihrem neuen Job.«

»Das ist …« Ihr fehlten die Worte. »Danke.«

»Bedanken Sie sich nicht zu früh. Es gibt ein paar Dinge, die Sie ab sofort vergessen können. Zum Beispiel dieses gemütliche Kaffeetrinken. Draußen wartet mein Wagen.«

»Bringt er uns zum Cape Canaveral?« Sie hatte nicht die geringste Lust auf die Fahrt, die von hier aus knapp eine Stunde dauern würde.

»Ihnen bleibt eine Minute, Amy.«

»Ich muss ins Badezimmer.«

»Dann zwei Minuten. Ich bin nur deshalb persönlich hierhergekommen, um Ihrer Schwägerin ins Gewissen zu reden.«

Er wandte sich Chayne zu. »Wenn sie zurückkommt, bringen Sie ihr etwas bei: keine Extratouren mehr! Sagen Sie das auch Ihrem Mann. Wenigstens auf ihren Zwillingsbruder müsste Amy doch hören, oder?«

Chayne lächelte. »Eher nicht.«

»Dachte ich mir.« Er drehte sich um. »Amy, es bleiben anderthalb Minuten.«

Also ging sie wie angekündigt ins Bad. Sie schnappte sich Erics Mundspülung für frischen Atem. Während sie gurgelte, wusch sie sich den Schlaf aus den Augen. Das musste dann wohl genügen.

Als sie zurückkam, stand David an der Tür. »Entschuldigen Sie den Überfall, Chayne. Wird nicht wieder vorkommen.«

»Sie sind willkommen. Wir haben eine offene Wohnung.«

Da war der mächtigste Mann der NASA bereits draußen. Amy umarmte Chayne kurz und folgte ihm. Auf der Straße wartete eine schwarze Limousine, die wirkte, als wäre sie einer jahrzehntealten Klischeefabrik für die Fahrzeuge hochrangiger Persönlichkeiten entsprungen. Sie stiegen ein, David begrüßte den Fahrer mit einem knappen »Sam«, und dann ging die Fahrt los.

Eine Scheibe fuhr hoch und trennte den hinteren Bereich ab. »Absolut schalldicht«, sagte Norris. »Also, folgende Fakten: Das Wesen ist im Meer abgetaucht. Wir haben seine Spur verloren, und es gibt keine Chance, und zwar nicht die geringste, den Weg, den es genommen hat, nachzuvollziehen. Auf dem Land gäbe es diverse Möglichkeiten, im Ozean können wir aber nicht einmal daran denken. Dort sind unsere Optionen weitaus eingeschränkter als auf dem Land oder in der Luft. Wir haben ihm sozusagen die ideale Gelegenheit zur Flucht frei Haus geliefert.«

»Hinterher ist man immer schlauer.«

Er sah sie an.

»Ich will sagen, wir konnten damit nicht rechnen. Niemand konnte das.«

»Wir hätten es müssen.«

»Wie ich schon sagte: Hinterher ist man ...«

»Ich verstehe, was Sie meinen. Wir gehen selbstverständlich davon aus, dass diese Lebensform auch im Wasser überleben kann. Natürlich könnte sie auch schlicht ertrunken sein, ganz nach Ihrem Motto, Amy.«

»Mein Motto?«

»Hinterher ist man immer schlauer.«

»Oh.«

»Aber das halten wir für äußerst unwahrscheinlich. Trotzdem sind natürlich Suchtrupps unterwegs. Und Admiral Loquas befehligt inzwischen eine militärische Operation, die er gerade strukturiert und plant. Sie trägt den Decknamen *Jagdsaison*.«

»Sehr malerisch.«

»Finden Sie? Der Beschaffenheit des Fundstücks nach würde die Leiche mit großer Wahrscheinlichkeit an der Oberfläche treiben. Wir halten es übrigens für eine Art insektenartigen Körperpanzer – allerdings ist er leer, das Wesen hat seinen Arm, wenn wir es mal so nennen wollen, daraus zurückgezogen. Was den Insektenvergleich eigentlich hinfällig werden lässt, denn dort wären die Muskeln direkt am Panzer festgewachsen. Die Biologen sprechen momentan hilfsweise von einer natürlichen Verkleidung, in der ein eigenständiger Körper sitzt.« David atmete schwer aus. »Ich bleibe der Einfachheit halber bei Körperpanzer, einverstanden?«

Amy nickte.

»Jedenfalls könnte der Außerirdische für immer in die Tiefen des Ozeans abtauchen, nach Amerika schwimmen, nach

Europa oder an sonst einen Ort. Verdammt, vielleicht taucht er auch in ein paar Wochen in der Arktis auf!«

»Würde ja gut zu einem Ding aus einer anderen Welt passen«, meinte Amy.

»Wie kommen Sie darauf?«

»Vergessen Sie's. Ist nicht wichtig.« Er war wohl kein Freund klassischer Science-Fiction-Filme. »Bitte sagen Sie mir, dass wir etwas mehr haben als das. Nicht nur: Es ist weg, Ende.«

»Doch, Amy. Genau so ist es. Aber vielleicht können uns zwei Dinge weiterhelfen – das Fundstück und eine Untersuchung der Landekapsel. Beides wird momentan nach Washington geschafft. Im Fall der Kapsel wird man im Inneren nichts verändern, abgesehen davon, dass die Leichenteile ...« Er stockte. »Also, die Leichen werden natürlich entfernt, um die Kollegen begraben zu können. Allerdings erst, sobald ihre Körper einer genauen Obduktion unterzogen worden sind.«

Amy wusste, worauf er hinauswollte. »Es geht um die Art der Wunden und die Suche nach biologischen Rückständen.«

»Es lässt vielleicht Rückschlüsse auf den Körperbau und die Möglichkeiten des Wesens zu.«

»Sie sagten, alles wird nach Washington geschafft.«

»Die Entscheidung ist heute Nacht gefallen, während ich auf dem Weg in mein Büro war und mit Admiral Loquas und der Präsidentin konferiert habe. Ich wollte die Sachen hier auf Merritt Island im NASA-Center haben, Loquas dagegen lieber in einer Militärbasis irgendwo in der Wüste. Die Präsidentin hat gewonnen. Darum sind wir jetzt auf dem Weg zum Flughafen.«

»Zum Flughafen? Ich dachte, wir ...«

»Ich sagte doch, dass Sie sich nicht zu früh freuen sollten. Es geht in einer Privatmaschine sofort nach Washington.«

»Ich ...«

Er ließ sie nicht ausreden. »Was Kleider und sonstige Dinge angeht, die Sie benötigen: Schreiben Sie eine Liste, ein Assistent wird am Zielort alles für Sie besorgen. Es bleibt keine Zeit, an Ihrer Wohnung vorbeizufahren. Was Ihre Schwägerin betrifft und meinen Tipp, dass sie Ihnen nach Ihrer Rückkehr gut zureden soll: Da habe ich gelogen. Es hat den Abschied verkürzt. Außerdem darf niemand, der außerhalb steht, genauere Informationen erhalten. Wir werden in Washington übrigens nicht im NASA-Hauptquartier wohnen, sondern auf unabsehbare Zeit in einer geheimen Forschungseinrichtung am Stadtrand, die von Regierung und Militär gemeinsam betrieben wird. Ohne Kontakt nach außen.«

»Aber ...«

»Eine Abschiedsnachricht ist möglich, Amy. Kurz und knapp. Was Sie bis jetzt wissen, dürfen Sie weitergeben. Erledigen Sie es sofort. Haben Sie Ihr neues Pod dabei?«

Hatte sie.

3

Eric schloss die Tür auf, und Chayne eilte zu ihm. »Washington«, sagte sie. »Amy geht nach Washington.«

»Was?« Der Beutel mit den Bananen, die er unterwegs gekauft hatte, fiel ihm fast aus der Hand.

»Ihr Chef hat sie abgeholt, aber kein Wort darüber verloren.«

»Ich versteh nicht, was ...«

Als Chayne neu ansetzte und in Ruhe erzählte, ging es Eric wie seiner Frau: Er war ebenso verblüfft wie wütend. »Damit ich das richtig einschätze – sie hat dir nur diese Nachricht geschickt, dass sie auf unbestimmte Zeit in einer geheimen Basis tausend Meilen von hier entfernt leben wird, ohne jeden Kontakt nach außen?«

Sie nickte. »Wir werden nichts von ihr hören. Sie darf nicht anrufen. Bei Eve hat sie sich ebenfalls gemeldet, aber wahrscheinlich wird sie nicht reagieren. Wir müssen ja froh sein, dass sie überhaupt zur Beerdigung gekommen ist.«

»Selbstverständlich war sie dort!«

»Findest du das wirklich selbstverständlich?«

Er sah Chayne an, dass sie das bestätigen wollte, es jedoch nicht konnte. Stattdessen sagte sie: »Sollen wir ihr schreiben?«

»Amy?«

»Eve.«

»Welchen Sinn hätte es? Wir haben ihr tausendmal gesagt, dass sie sich jederzeit bei uns melden kann. Daran ändert sich überhaupt nichts, nur weil ihre Mutter, zu der sie sowieso seit einer Ewigkeit keinen Kontakt hält, nun in Washington lebt.«

»Es ist trotzdem traurig. Eine Zeit lang hat sie wenigstens mir vertraut.«

Was sollte er dazu sagen? Natürlich war es traurig, und mehr als das. Eve war seine einzige Nichte, und damit das, was einem eigenen Kind am nächsten kam. Seltsam, von Nähe zu sprechen bei jemandem, der innerlich so weit entfernt war.

»Glaubst du, dass sie dieses Wesen finden werden?«, fragte Chayne.

Er schüttelte den Kopf.

»Es wird also für immer verschwunden bleiben? Irgendwo im Meer?«

Ein erneutes Kopfschütteln. »Wenn du mich fragst, wird

man es nicht finden, sondern es wird von allein auftauchen und auf sich aufmerksam machen.« *Mit weiteren Toten.* Doch das sprach er nicht aus.

4

Das Flugzeug setzte zur Landung an. *Washington*, dachte Amy. Sie war einige Male dort gewesen, im Zuge ihrer internationalen Koordinationsarbeit, und die Stadt gefiel ihr überhaupt nicht. Andererseits sollte das ja kein Problem sein, sie würde sowieso in irgendeiner Geheimeinrichtung festsitzen.

Aber im Grunde genommen war ihr all das egal. Sie konnte in der ersten Reihe dabei sein! Sie hatte geglaubt, nie wieder an das Fundstück, geschweige denn an das außerirdische Wesen heranzukommen – aber nun sah es so aus, als hätte sie sich in dieser Hinsicht völlig getäuscht.

Alles hinter sich lassen, um ins Team zu kommen, das die Jagd plante? Ihr oberster Chef hatte ihr die Entscheidung abgenommen, aber sie hätte auf jeden Fall zugestimmt, und mehr noch, mit Freuden hätte sie ihr ganzes Vermögen dafür gegeben. Das in den letzten Jahren übrigens auf einen ansehnlichen Betrag gewachsen war.

Der Wagen, der sie, David und zwei weitere NASA-Mitarbeiter abholte, hätte ein Zwilling desjenigen sein können, in dem sie zum Flughafen gefahren waren. Die Scheiben dunkelten auf die Art und Weise ab, die sie von außen vollkommen undurchsichtig wirken ließen.

Einen der beiden Männer kannte Amy flüchtig – Larry Kent, ein Astrophysiker, der vor zwei Jahren fast den Nobelpreis erhalten hätte für seine Theorie über Materiewandel in Schwarzen Löchern. Die hatte er Amy einmal erklären wollen, während einer Weihnachtsfeier, und dafür hatte er sie sogar extra simplifiziert – sie hatte trotzdem nicht ansatzweise verstanden, was er ihr zu vermitteln versuchte. Im Verlauf des Fluges hatte er ihr gegenüber zweimal betont, dass er nicht zum Jagdteam gehörte (»Nein, auf *keinen* Fall!«), sondern einem Team aus Biologen beratend zur Seite stünde, das den abgetrennten Körperteil untersuchte.

Den anderen hatte sie noch nie gesehen oder ihn zumindest nicht wahrgenommen – ein Umstand, den sein unscheinbares Alltagsgesicht zweifellos begünstigte. Warren Kington erwies sich als jemand, den jede Party herzlich willkommen heißen würde – der Typ charmante Plaudertasche. Dass er diese Reise mitmachte, bewies, dass er außerdem einer der Besten auf seinem Fachgebiet sein musste. Wobei er seine Disziplin selbst erfunden hatte. Nach einem zehn Jahre zurückliegenden Abschluss summa cum laude in Theosophischer Philosophiegeschichte und Existenzieller Mathematik hatte er das weltweit erste akademische Institut für Faktenbasierte Zukunftsprognostik gegründet, ehe ihn die NASA abgeworben hatte, indem sie für zwei Jahrzehnte die Finanzierung zweier Lehrstühle für sein Institut garantierte. »Vor einigen Jahrhunderten«, erklärte er Amy auf seine charmante Plaudertaschen-Art, »hätte man mich einen Propheten genannt, weil ich eine Menge Dinge voraussagen kann. Aber ich halte nichts von Einflüsterungen aus irgendwelchen dubiosen Quellen. Nachdenken, Wahrscheinlichkeitsberechnung, Interpretationen, Kenntnis der menschlichen Psyche ... Sie glauben gar nicht, wie weit man damit kommt.«

»Menschliche Eigenarten zu kennen, wird bei der Jagd auf einen Alien kaum helfen.«

»Ha ha«, sagte er – er lachte nicht etwa, sondern sprach die

Silben aus. »Sie sind lustig. Und doch, es wird zum Ziel führen, wenn man es bis zu einem gewissen Maß ins Gegenteil verkehrt. Die Frage ist nur, wie man dieses Maß bestimmen kann. Dafür brauche ich Ihre Hilfe. Also, nicht nur Ihre, Amy, sondern die des ganzen Teams.«

Dann ist es ja gut, dass wir auch unsere Daseinsberechtigung haben, dachte Amy, sprach es aber nicht aus. Sie war unschlüssig, ob sie Warren hassen sollte oder ihn sympathisch fand. Wenn man schon *King*ton hieß. Es wirkte so ... hochmütig. Andererseits konnte er ja nichts für seinen Namen.

Nun also saßen sie zu viert im Wagen und fuhren ihrer neuen Heimat entgegen, der geheimen Forschungsbasis am Rande von Washington.

Von außen allerdings wirkte sie alles andere als geheim. Ein Maschendrahtzaun umgab das Gelände mitten in einem Industrieviertel. Dahinter lagen Hallen, die verdächtig nach einfachen Fabrikgebäuden aussahen. Den Aufschriften und dem riesigen Logo zufolge stellte man dort Metallplatten her. Ein Eindruck, den die automatischen Stapler und ein Heer von Lastenrobotern unterstützten.

»Wirkt eigentlich nicht besonders innovativ«, bemerkte Larry Kent.

»Das stimmt«, sagte der Fahrer – seine erste Wortmeldung seit dem Start. »Nicht hier oben.« Er brachte den Wagen vor einer der Hallen zum Stehen. »Wenn Sie bitte alle aussteigen?«

Sie entsprachen der Aufforderung, und auch der Fahrer stieg aus. »Folgen Sie mir.« Ohne darauf zu achten, ob sie das tatsächlich taten, ging er schon los. Er führte sie in eine der Fertigungshallen. Dort war es Amy entschieden zu hell, zu laut und zu stickig. Immerhin mussten an diesem ungemütlichen Platz keine Menschen arbeiten, Amy sah nur roboterartige Fertigungsstraßen.

Im nächsten Moment begriff sie, dass keine Menschen in der Halle arbeiteten, weil darin der Zugang zu dem eigentlichen, geheimen Forschungsbereich lag.

Der Fahrer führte sie zu einem Wartungsaufzug, dessen Tür sich erst öffnete, als er einen mehrstelligen Code in das Eingabefeld rechts daneben tippte. Sie traten ein, und statt einen der Knöpfe zu drücken, die in die Obergeschosse 1 bis 5 fuhren, sagte er: »Autorisation Zwei Vier Sieben.« Er nickte seinen Gästen zu, während sich der Aufzug überraschenderweise nach unten in Bewegung setzte. »Das ist bei Weitem nicht der einzige Zugang«, erklärte er unaufgefordert, »und richtig, Sie kommen sich garantiert wie in einem Agentenfilm vor. Das sagen alle, die zum ersten Mal hierherkommen. Der Gründer dieser Anlage war ein großer Fan derartiger Filme und hat sich auf einigen Gebieten inspirieren lassen.«

Amy hatte tatsächlich genau das gedacht. Es brachte sie zum Schmunzeln.

»Und wenn Sie eben genau das gedacht haben«, ergänzte ihr Führer, was ein wenig unheimlich war, »seien Sie unbesorgt, ich kann nur manchmal Gedanken lesen. Ist die Folge eines Serums, das ich mir in einem Geheimlabor heimlich injiziert habe. Und für die ganz Humorlosen: Das war ein Witz. Sie werden mich dort unten übrigens öfter sehen, ich diene als eine Art Hausmeister. Nennen Sie mich Jo.«

»Jo?«, fragte Warren Kington, der Zukunftsprognostiker.

»Typischer Hausmeistername, ich weiß.«

»Würde ich nicht so sagen. Mir kommt zuerst eine klassische Comicfigur in den Sinn.«

»Ich lese keine Comics.«

»Sollten Sie aber.«

Der Aufzug erreichte sein Ziel, und Amy betrat mit ihren Begleitern den unterirdischen Geheimbereich, ihr neues Zuhause – zumindest auf Zeit. Sie hoffte, dass das nicht bedeutete, dass sie tatsächlich dauerhaft unter der Erde bleiben musste. Sie mochte das Tageslicht.

Der erste Eindruck war der eines halbwegs gemütlichen Bürogebäudes – oder einer recht ungemütlichen Privatwohnung, je nachdem. Aus dem Aufzug traten sie in einen Flur, dessen Wände zu kahl waren, als dass das Foto eines Wasserfalls und die halb verdorrte Grünpflanze etwas herausreißen konnten. Daneben hing ein in Holz geschnitzter Spruch: *Was wir tun, tun wir für die Wissenschaft.* Und dann, in kleinerer Type: *Und für uns.*

Gemessenen Schrittes führte sie Jo – Amy fragte sich die ganze Zeit über, welche Comicfigur Warren wohl meinte – durch den Flur, der sich scheinbar unendlich geradeaus erstreckte, zumindest soweit die Beleuchtung eingeschaltet war, was sich erst weit vor ihnen änderte. Amy schätzte, dass es bis dorthin mindestens fünfzig Meter waren. Auf dem Boden lag, wie sie jetzt bemerkte, ein Teppich. Eins der heimeligen Elemente, das seine Wirkung durch die weitgehend kahlen Betonwände verlor. Etwas Farbe hätte dem Ganzen gutgetan. Oder ein paar mehr Bilder. Hin und wieder hing – Amy glaubte es kaum – das gleiche Foto des Wasserfalls zwischen den mit fortlaufenden Nummern gekennzeichneten und verschlossenen Türen.

»Das ist der Wohnbereich«, erklärte Jo. »Nicht alle Einheiten sind belegt. Ich habe Ihnen übrigens welche zugewiesen, aber wir können einzelne Zimmer auch austauschen. Wobei sie ohnehin identisch aussehen.« Er grinste und winkte ab. »Es steht Ihnen frei, die Einrichtung zu personalisieren. Sagen Sie mir einfach, was Sie gerne hätten, ich beschaffe es binnen Tagesfrist.«

»Ich wünsche mir ein Fenster«, sagte Amy trocken.

Jo blieb stehen. »Sie haben eines. Mit beliebig wählbarer Aussicht.«

»Weil Sie zaubern können?«

»Der Holo-Rahmen wirkt so echt, Sie werden es kaum glauben.«

»Was ist mit Frischluft?«

»Wenn Sie das Fenster öffnen, startet die Klimaanlage oder das Heizelement, je nach gewählter Aussicht und Tageszeit. Gleichzeitig wird die Sauerstoffzufuhr erhöht. Auch eine entsprechende Geräuschkulisse wird simuliert.«

»Klingt ... künstlich.«

»Sie können den Vorhang zuziehen, Miss Allamore, das steht Ihnen frei. Aber besprechen wir das später. A propos *besprechen*: Nun wartet der Besprechungsraum auf Sie. Wir sind ganz pünktlich.« Jo öffnete eine Tür, die mit der stilisierten Darstellung eines Stuhlkreises markiert war. »Bitte einzutreten. Sie nicht, Mr Kent – ich bringe Sie ins Labor, wo Ihre Kollegen bereits auf Sie warten. Für die anderen gilt: Auf Ihren Plätzen finden Sie Schlüsselkarten für Ihre Zimmer. Und dort liegt auch ein Informationspad, über das Sie mich jederzeit kontaktieren können. Ich ahne, Miss Allamore, dass wir beide uns jetzt öfter sehen werden.« Er hob die Hand zur Verabschiedung und verschwand mit Larry Kent, indem sie den schnurgeraden Korridor weitermarschierten.

David war bereits eingetreten, Warren Kington ebenso. Amy folgte und war nicht wenig überrascht, wer sie dort erwartete. Vor einer auf die Wand projizierten Weltkarte stand mit verschränkten Armen Fleet Admiral Marcel Loquas, der Kommandant der *USS Obama* und militärische Leiter der Operation *Jagdsaison*.

Sie sah ihn zum ersten Mal persönlich: Er war ein großer Mann, aber erstaunlich hager, eher zäh als muskulös. Die Uniform saß wie angegossen. Die kurzen schwarzen Haare lichteten sich in zwei mächtigen Geheimratsecken. Eine schlecht verheilte Narbe zog sich über das Kinn. Die Mütze lag auf dem Tisch, neben einem riesigen, mit Wasser gefüllten Glas, das bis zum Rand gefüllt und offenbar unangetastet geblieben war. »Mr Norris«, sagte er, »Mr Kington.« Dann wandte sich sein Blick Amy zu. »In Zukunft werden Sie sich an die Regeln halten, Miss Allamore.«

Er deutete auf die freien Plätze, vor denen jeweils Mappen lagen, die mit ihren Namen beschriftet waren. Daneben standen identische Gläser. Niemand sonst hielt sich in dem Raum auf, der – Amy überschlug es – dreißig bis vierzig Sitzplätze bot. »Willkommen im Team. Das ist eine Vorbesprechung, die nicht viel Ihrer – und meiner – Zeit kosten wird. Auch dieser zivile Teil der Operation wird anwachsen, aber die meisten Männer und Frauen, die an der *Jagdsaison* teilnehmen, werden Sie nie kennenlernen. Sie erfüllen ihre Pflicht unterwegs und übernehmen den aktiven Bereich.« Die Art, wie er all das betonte, ließ keinen Zweifel daran, was er für wichtiger hielt. Oder für ehrenvoller. »Über die Gesamtlage sind Sie informiert. Die Zielperson ...« Loquas stutzte, und zum ersten Mal bekam seine perfekt selbstsichere Fassade einen Riss. »Das außerirdische Wesen ist im Meer verschwunden, also gibt es keinerlei Spur, der wir folgen können.« Er deutete auf die Weltkarte, in der ein roter Punkt jene Stelle dreihundert Meilen vor Washington im Ozean markierte, an der die Landekapsel planmäßig die Erde erreicht hatte, ehe alle Pläne in Blut ertrunken waren. »Sie dienen als ein beratendes Team, um unsere Jagdstrategie zu entwickeln.«

»Wir bilden außerdem eine Schnittstelle«, ergänzte David Norris. »Mitarbeiter der NASA und der Weltraumorganisationen anderer Nationen erforschen das Verhalten und die biologischen Überreste, die die Lebensform hinterlassen hat. Ihre

Ergebnisse beziehen wir laufend in unsere Überlegungen mit ein. Derzeit werden die Daten, die an Bord der ISS gewonnen wurden, analysiert und im Licht der neuen Ereignisse interpretiert.

»Das ist der springende Punkt«, sagte Warren. »Auch ich kann nicht zaubern. Ich brauche zunächst wissenschaftlich belegte Forschungsergebnisse, um eine zielführende Prognose erstellen zu können.«

»Wir haben Meeresströmungen mit einberechnet«, sagte Loquas, »die es dem Wesen leichter machen würden, rasch voranzukommen. Vorausgesetzt, es nutzt diese aus – was eine vage Hypothese sein mag –, gibt es trotzdem eine Unzahl an möglichen Richtungen und damit Punkten, an denen es an Land gehen könnte.«

Auf der Weltkarte tauchten Linien, Richtungspfeile und Landorte auf, die sich über die ganze Welt verteilten, mit größerer Häufung in Nordamerika, Afrika und Teilen der europäischen Küstengebiete.

»Wie kommen Sie darauf«, fragte Amy, »dass es unbedingt Land aufsuchen wird? Es könnte sich doch im Wasser wohlfühlen.«

»Ein guter Einwand«, gab Loquas zu, während Warren »Oder ersaufen« murmelte. Diese Zwischenbemerkung ignorierte der Admiral. »Selbstverständlich besteht die Operation *Jagdsaison* zu einem nicht unerheblichen Teil aus Streitkräften der Marineeinheiten.«

»Das hier«, Warren deutete auf die Weltkarte, »ist witzlos. Diese Projektion präsentiert zu viele Ergebnisse und basiert auf zu wenig Informationen. Es hat die Substanz der vagen Prophezeiung eines Medizinmanns in einem Rauchloch, aber nicht einmal annähernd die Grundlage einer analytischen Prognose!«

»Dann erstellen Sie etwas Besseres«, forderte Loquas.

»Ich bin kein Jahrmarktswahrsager! Sobald Fakten vorliegen, die ein vernünftiges Arbeiten ermöglichen, werde ich ein Ergebnis liefern. Bis dahin dient dieses Treffen dem gegenseitigen Kennenlernen, nehme ich an? Wollen wir noch über unsere Hobbys sprechen?«

»Lassen Sie das«, fuhr David Norris ihn an.

Amy hielt sich zurück, fand Warrens Haltung aber weitaus angenehmer als den militärischen Habitus des Admirals. Das Pendel schlug eindeutig in Richtung *Ich mag ihn* aus, wenn er auch ein wenig zu offensiv auftrat, was sie momentan nicht weiterbrachte. »Wir brauchen Zeit«, sagte sie, »und müssen abwarten, bis sich das Wesen irgendwo zeigt.«

»Das sehe ich genauso«, kommentierte Loquas. »Und ehe wir nun tatsächlich über unsere Hobbys sprechen ...« Er sah auf die Uhr. »Auf mich wartet ein anderer Termin. Ich mag Ihnen nicht Ihre Illusionen rauben, aber ich bin nicht wegen dieser Besprechung nach Washington gekommen.«

»Lassen Sie mich raten«, bat Warren. »Der Termin findet im Weißen Haus statt?«

»Miss President wartet nicht gern«, sagte Loquas und verließ den Raum.

5

Zehn Tage, seit Amy nach Washington verschwunden war.

Zehn Tage ohne ein Wort von ihr.

Zehn Tage, in denen Eric genauso viel wusste wie der überwiegende Rest der Menschheit – nämlich nur, dass das außerirdische Lebewesen im Meer verschwunden war, und zwar spurlos.

Die offizielle Botschaft, die immer wieder aufs Neue verbreitet wurde, mit tausend Formulierungen und zu zehntausend Gelegenheiten, lautete auf den Punkt gebracht: Es besteht kein Grund zur Panik, aber man bittet um erhöhte Wachsamkeit und sofortige Information im Fall einer Sichtung.

Als wäre ein Schwerverbrecher ausgebrochen oder ein Löwe aus einem Zoo. Was allerdings sollten die offiziellen Stellen sonst verkünden? Und für Panik sorgte die Menschheit auch ganz ohne fremde Hilfe.

Zahllose Videos kursierten, manche eindeutig gefälscht, andere aber hätten tatsächlich echt sein können. Beide Versionen ernteten Unmengen an Kommentaren, die Begeisterung ausdrückten, Angst oder Beleidigungen des Filmemachers, der Regierung und wahlweise von irgendjemandem, dem man die Schuld für all das Elend der Welt in die Schuhe schieben wollte. Das Übliche eben.

Verschwörungstheorien verbreiteten sich, es gab Demonstrationen – in Gesamtkorea artete eine Versammlung von zehntausend Personen in eine Straßenschlacht aus, der über hundert Menschen zum Opfer fielen.

All das war natürlich Unsinn, entsetzlicher und tragischer Unsinn, aber Eric versuchte, die Wahrheit dahinter zu erkennen. Die Bedeutung all dessen. Er tat es, so sagte er sich, seiner Schwester wegen, die zur gleichen Zeit in irgendeiner Einrichtung saß und … irgendetwas tat, um die echte, sinnvolle Jagd auf dieses Wesen zu unterstützen. Er verbrachte ungezählte Stunden mit Suchmaschinen, die Hunderte Treffer lieferten, und nicht nur einmal lauteten seine Suchbegriffe *Washington* und *geheime Forschungseinrichtung*. Auch in dieser Hinsicht fand er einiges heraus, aber was nützte es ihm schließlich? Sollte er wie ein Geheimagent in die Anlage eindringen? Eine alberne Vorstellung.

Aus zehn Tagen wurden zwei Wochen.

An einem Donnerstagabend, als ihm der Kopf schwirrte, ging er ins Wohnzimmer. Chayne lag auf der Couch und las ein Buch. Ihn quälte ein schlechtes Gewissen ihr gegenüber; sie hatte ihm mehr als einmal zu verstehen gegeben, dass es ihr nicht gefiel, wie sehr er sich in dieses Thema verbiss.

Er setzte sich zu ihren Füßen, zog sie ein wenig zu sich herüber, bis sie schließlich auf seinen Beinen lag.

»Hm?«, machte Chayne.

Er überlegte, ob er ihr von dem einzigen Video erzählen sollte, von dem er derzeit glaubte, dass es tatsächlich echt sein könnte – von dem Frachtkutter und seiner vierköpfigen, *hingemetzelten* Besatzung, wie die Überschrift es hinausschrie. Er entschied sich jedoch dagegen. »Was liest du?«

»Ich sehe etwas in Professor Shaheens Habilitation nach.«

»Kann ich dir helfen?«

Sie schüttelte den Kopf. »Ist für mein Konzept.«

»Kommst du voran?«

»Keine Ahnung. Ich weiß ja nicht mal, ob ich die Promotion wirklich durchziehen soll. Was bringt mir ein Doktortitel?«

»Das ist der falsche Denkansatz.«

»Findest du?«

»Wenn du es willst, ist es die Sache wert. Es wird dir helfen herauszufinden, wer du bist.«

»So wie ...« Sie verstummte.

»Was?«

Sie kaute auf ihrer Unterlippe. »Es tut gut, mit dir mal wieder über normale Dinge zu sprechen.«

»Du findest also, sprachphilosophische Doktorarbeiten sind *normal*?«

Das brachte sie zum Lachen. »Für uns beide schon. Aber dass du dich wie besessen auf diesen Außerirdischen stürzt, macht mir Angst. Wir hatten uns doch entschieden, uns nicht darum zu kümmern.«

»Als es um den Asteroiden ging, der unser Leben nicht beeinflussen kann«, sagte Eric. »Obwohl er das von Anfang an getan hat, in jeder Hinsicht. Aber jetzt ist dieses Wesen hier, und meine Zwillingsschwester darf keinen Kontakt zu uns halten, weil sie es jagt. Das ist ziemlich nahe dran, wenn du mich fragst. Der Asteroid mag vorbeigezogen sein, aber eigentlich ist er auf die Erde gefallen, mitten in unser Leben!«

»Ich sehe trotzdem nicht ein, mich davon bestimmen zu lassen«, sagte Chayne. »Wir sind doch frei, oder etwa nicht?«

Wenn er das nur gewusst hätte. Sonderlich frei fühlte er sich nicht, was allerdings auch an seinen eigenen Entscheidungen liegen konnte.

Sie schwiegen, und es lastete bedrückend auf ihm.

In ihr Schweigen hinein klingelte es an der Tür. Eric stand auf und öffnete. »Eve«, sagte er.

»Überrascht?«

»Bin ich.«

»Scheiße, sorry.«

»Ich freu mich«, versicherte er.

»Willst du mich nicht reinlassen?«

Da erst fiel ihm auf, dass er noch immer ganz breit in der Tür stand. Eve hatte ihn *wirklich* überrascht. Er grinste, trat zurück und winkte sie mit einer übertrieben ausladenden Armbewegung herein.

Chayne eilte zu ihnen. »Hab ich doch richtig gehört!« Ohne sich darum zu kümmern, dass Eve nicht allzu erfreut darüber aussah, umarmte sie sie.

Das gab Eric Gelegenheit, seine Nichte genauer zu betrachten. Sie sah überhaupt nicht gut aus. Viel schlimmer als auf der Beerdigung. Sie musste danach wieder mal völlig abgestürzt sein. Vor allem wirkte sie nicht wie eine zweiundzwanzig Jahre junge Frau. Ihre Haut sah verbraucht aus, am Hals fleckig, das Weiße in den Augen blutunterlaufen. Über den Schläfen war ihr Haar schütter. Sein Blick wanderte zu ihren Händen. Die Nägel waren abgekaut, an den Seiten sogar blutverkrustet.

»Fertig mit der Musterung?«, fragte Eve.

»Tut mir leid, ich ...«

»Du brauchst dich nicht ständig zu entschuldigen. Wie seh ich aus? Wie eine abgewrackte Drogenhure?«

Ja, dachte er.

»Nein«, sagte er.

»Das ist furchtbar«, meinte Chayne. »Red nicht so. Und es ist völlig egal, wie du aussiehst. Wir freuen uns, dass du da bist.«

Eve streckte die Hand aus. Sie zitterte. »Bin in keinem guten Zustand. Hab mein ganzes Geld verdrückt.«

Eric atmete schwer durch. »Lass uns später drüber reden. Setz dich erst mal hin. Möchtest du einen Kaffee? Wasser? Hast du Hunger?«

»Ich will gar nichts von euch. Auch kein Geld. Ihr braucht keine Angst zu haben.« Sie ging ins Wohnzimmer und ließ sich auf die Couch fallen. »Ich bin wegen meiner Mutter hier. Sie hat mir geschrieben, dass sie in eine Geheimeinrichtung geht.«

»Das ist so«, stimmte Chayne zu.

»Wisst ihr mehr? Meine Freunde haben eine Scheißangst vor dem Alien. Wie vor einem Monster.«

»Ich habe genau dasselbe gedacht wie deine Freunde«, sagte Eric. »Nur ohne die Angst. Es ist irgendwo im Meer, und falls es überhaupt jemals auftaucht, dann bestimmt nicht ausgerechnet hier.«

»Das denkt jeder«, meinte Eve. »Aber irgendwen trifft es eben doch.«

Ein erstaunlicher Gedanke. Was half einem die Wahrscheinlichkeit, wenn man selbst derjenige war, der aus 100 Prozent
lediglich 99,9999 machte? »Wir wissen auch nicht mehr. Deine Mutter hat sich nach ihrem Aufbruch nicht gemeldet. Sie
darf es nicht.«

»Klingt wie aus einem Film«, meinte Eve.

»Stimmt«, sagte Chayne.

»Ich würde mir gern einen ansehen«, sagte Eve. »Macht
ihr mit?«

»Klar.« Chayne setzte sich neben sie. »Wie lange willst du
bleiben?«

Eve brach in Tränen aus. »Wie lange darf ich?«

Chayne legte ihr die Hand aufs Knie. »Solange du magst.«

»Ich hab's echt verschissen.« Eve zog die Nase hoch. »Ich
hab seit einer Woche nichts mehr genommen, aber ...« Ihr
Blick flackerte zu Eric, blieb an ihm hängen, dann schloss
sie die Augen. »Vorgestern hab ich gedacht, ich brauch was.
Hab meine Klamotten verkauft. Die hier« – sie deutete an sich
hinunter – »das sind die letzten, die ich hab. Sie stammen
von einer Freundin. Was ich davor getragen habe, liegt jetzt
im Müll. Ich bin mit dem Geld zu einem Typen, der billiges
Zeug anbietet. Ist minderwertig und dreckig, aber billig, versteht ihr?« Es brach in einem Wortschwall aus ihr heraus. Jetzt
fixierte ihr Blick Chayne. Eric begriff, dass es ihr eigentlich
darum ging, *nicht ihn* anzuschauen. »Der Typ hat mich in sein
Auto gezogen, und da waren noch drei Kerle, und sie haben
mich mitgenommen und vergewaltigt, einer nach dem anderen,
und als sie fertig waren, haben sie noch zwei angerufen, die
sind ...« Eve lief Rotz aus der Nase. »Ich hab's verschissen«,
wiederholte sie.

»Die haben's verschissen«, sagte Chayne. »Und jetzt bist du
hier.«

Eve zitterte am ganzen Körper. Sie nahm sich eine Decke und wickelte sich bis zum Hals darin ein.

»Welchen Film sehen wir uns an?«, fragte Chayne.

»Irgendwas mit Aliens und Schießereien«, sagte Eve.

»Ich hab eine Idee«, sagte Eric, schaltete den Holorahmen an und wählte im Sprachmenü das Remake von *cHaOsWaR4D*. Dann setzte er sich zu den beiden und merkte, dass auch seine Finger zitterten.

6

Amy lag auf ihrem Bett, die Hände im Nacken verschränkt, und sah aus dem Fenster.

Irgendwann während der letzten zwei Wochen hatte sie sich antrainiert, von dem Holobild hinter dem Rahmen als *Fenster* zu denken. Wenn man sich der Illusion bewusst hingab, war sie gar nicht so übel. Amy hatte ausgewählt, dass sie auf eine tropisch anmutende Pflanzenfülle sah, auf einen kleinen Fluss samt Wasserfall, der auf der anderen Seite von einem dicht stehenden Bambuswäldchen begrenzt wurde. Sie hörte den Wasserfall immer, aber er wurde lauter, sobald sie den Fensterrahmen nach oben schob.

Eine Nachricht ging auf ihrem Pod ein – das war ein Spezialgerät, das nur Verbindungen innerhalb der Anlage ermöglichte. Sie stammte von Warren Kington und lautete: »Ich steh vor dier Tür«, und der Schreibfehler fiel ihr sofort auf.

Amy öffnete ihm. »Schon mal was von Klopfen gehört?«

»Ich wusste, dass du das fragen wirst.«

»Ach?«

»Ist mein Job.«

»Also doch Prophet?«

Er lachte. In den letzten vierzehn Tagen hatte Amy festgestellt, dass er von allen Leuten hier unten der Sympathischste war. Und sie war für ihn die Schönste, das wurde er nicht müde zu betonen, seit sie am ersten Abend mit einer Flasche Kiwisekt angestoßen hatten, die Jo in Davids Auftrag besorgt hatte. Mehr als leichte Anzüglichkeiten hatte es jedoch nicht zwischen ihnen gegeben, und Amy hatte die Vorstellung, dass das auch so blieb. Dieser Ort in all seiner Zweckmäßigkeit und seiner bizarren Schönheit stand für die Arbeit. Ihr Privatleben fand weit von hier entfernt statt.

Andererseits bestimmte die Arbeit seit sehr langer Zeit die größten Teile ihres Privatlebens. Wie sollte sie es also nennen, wenn sie sich tagtäglich mit einem abgerissenen außerirdischen Körperteil, mit den biologisch-genetischen Analysen der Kollegen, mit der pathologischen Auswertung der zerstückelten Astronauten und mit Aufnahmen von grauen Schlieren beschäftigte, die sich durch eine schwarze Ebene Milliarden Kilometer entfernt bewegten? Als sie an den Asteroiden dachte, fragte sie sich, wo er sich mittlerweile wohl genau befand. Er verweilte auf seiner Bahn noch für lange Zeit im Sonnensystem, ehe er es verließ, um seine Reise durch das Nichts fortzusetzen – aber inzwischen war er weit außerhalb jeder menschlichen Reichweite.

Einmal hatte sie von Gabe Barron geträumt, der sich aus dem Gewirr aus Fäden und Tentakeln befreite, um in seinem Raumanzug über die Ebene zu spazieren und in Richtung Erde zu schauen, die aber zu klein war, um sie wahrnehmen zu können. In diesem Traum war Barron unsterblich gewesen, hatte bald die Sonne nicht mehr von den Milliarden anderer Sterne unterscheiden können, und sich an den Rand des Asteroiden gesetzt, die Beine ins All baumeln lassen und abgewartet, bis in Jahrzehntausenden oder Jahrmillionen ein neues bewohntes

Sonnensystem in erreichbare Nähe kam. Als Amy aufgewacht war, hatte sie zum ersten Mal gewusst, was Einsamkeit bedeutet.

»Sie sind sich sicher, Schöne«, sagte Warren.

»Nenn mich nicht so.«

»Es ist aber die Wahrheit.«

»Trotzdem. – Womit sind sie sich sicher?«

»Dieser Kutter mit den Toten, fünfzig Seemeilen vor Maine. Erstens ist das Video echt. Admiral Loquas hat einen seiner Trupps dorthin geschickt. Sie haben alles gesichert. Es war das Wesen.«

»Es ist also so weit.«

»Zynisch, nicht wahr? Wir finden ein paar Tote, und das ist eine gute Sache.«

»Wir können zumindest etwas Gutes daraus machen«, verbesserte Amy. »Das ist etwas völlig anderes.«

»Sie schicken uns Aufnahmen. Das Team versammelt sich im Besprechungsraum.«

»Wir müssen eine Linie ziehen vom Landeplatz der Kapsel zu dem Kutter und weiter bis zum Festland. Vielleicht zieht es in einer geraden Bahn und ...«

»All das werden wir tun«, unterbrach Warren. »Und noch mehr. Jetzt komm erst einmal mit.«

Sie machten sich auf den Weg. David war schon im Besprechungszimmer, ebenso die Amerikanerin Marylinne Harson sowie der Spanier Luis Román Plata, die einen Tag nach ihnen in Washington angekommen waren. Die beiden mochten fachlich brillant sein, gaben sich aber auch unnahbar wie Eisklötze. Wahrscheinlich verband sie das, denn untereinander verstanden sie sich recht gut.

»Wir holen später vor allem die Biologen dazu«, sagte David. »Sie werden sich die Aufnahmen der Toten ansehen und hoffentlich verifizieren, was wir annehmen, nämlich, dass es das Werk dieses Wesens ist.«

»Ich dachte, sie sind sich sicher«, zischte Amy Warren zu.

»So sicher, wie man sich eben sein kann. Du weißt ja, was in Schanghai los war.«

Natürlich wusste sie das. Dort hatten vor vier Tagen die ersten Nachahmungstäter zugeschlagen, die erstmals in der Geschichte die Tötung durch ein außerirdisches Wesen simulierten.

»Setzen Sie sich hin«, forderte David. »Das wird jetzt nicht angenehm.« Er rief ein Bild auf, es schwebte im Holorahmen zwischen ihnen über der Tischplatte.

Das Deck des Kutters sah alt aus und heruntergekommen. Darauf lagen drei Leichen. Die Männer wirkten asiatisch, und es gab eine Menge Blut.

»Bei einem der Opfer wurde der Bauchraum durchbohrt«, sagte David. »Es ähnelt dem, was mit Amisha vor laufender Kamera geschehen ist, aber es unterscheidet sich doch so weit, dass es einen Vorfall wie in Schanghai zumindest unwahrscheinlich erscheinen lässt. Natürlich verfügen wir über jede Menge sonstiger Hinweise. Die Seitenwand des Schiffes wurde von unten kommend durchbrochen, als wäre etwas, das von der Größe her dem Wesen ungefähr entsprechen könnte, vom Meer aus mit Gewalt auf das Deck durchgestoßen. Es gibt diverse Spuren, und vor allem ...« David rief eine Videosequenz auf. »Diese Aufzeichnung der Sicherheitskameras des Kutters. Sie scheint authentisch zu sein. Der Einsatztrupp vor Ort hat es überprüft. Und übrigens das Schiff beschlagnahmt und isoliert. Dennoch ist eine Fälschung noch nicht gänzlich ausgeschlossen.«

Die Aufnahme zeigte das Wesen in seiner insektenhaften Gestalt, in der es auch die Landekapsel verlassen hatte. Dieselbe schwarze Erscheinung, die zu vielen Gliedmaßen, die sich rasend schnell bewegten. Es stürzte auf einen der Männer zu und tötete ihn, indem es eine der Gliedmaßen durch seinen Bauchraum stieß und diese sofort wieder zurückriss. Amy wurde übel, als sie Blut und Gedärm sah. Die beiden anderen Besatzungsmitglieder eilten herbei, wohl von den Schreien angelockt – die Aufzeichnung war stumm, aber Amy konnte es sich nur zu gut vorstellen. Das Wesen sprang auf den einen zu und zerfetzte ihm die Kehle. Wie es den dritten Mann ermordete, blieb unklar, weil es die Sicht auf das Opfer versperrte. Danach stieß es sich ab, breitete eine Art schillerndes Flügelpaar aus – *wie Libellenflügel*, dachte Amy, *nur dunkelgrau und dicker*. Es trieb in der Luft, vielleicht einen Meter über Deck, und verschwand dann aus dem Aufnahmewinkel.

»Es ist davon auszugehen, dass es wieder im Meer abgetaucht ist«, erklärte David.

»Es war kleiner«, sagte Marylinne.

Alle sahen sie an.

»Ist es euch nicht aufgefallen? Man konnte die Ausmaße sehr gut vergleichen, als es bei den Männern … als es sie getötet hat. Bei seiner Attacke auf Amisha war es größer.«

»Ich bevorzuge nach wie vor die Theorie«, sagte Warren, »dass die Gestalt, in der es auf dem Asteroiden gefunden worden ist, eine Verpuppung war, aus der während der Landung das insektenartige Wesen geschlüpft ist.«

»Und warum gibt es dann keine Überreste der Puppe in der Kapsel?«, fragte Luis.

»Weil die Analogie zu Raupe und Schmetterling nicht zu weit getrieben werden darf!«, sagte Warren scharf. »Im Fall des Außerirdischen ist alles Körpermaterial in die neue Gestalt geflossen. Die Puppenhülle hat sich zum Körperpanzer verdichtet. Oder es trägt das Puppenmaterial unter dem Panzer mit sich, weil es ihm als Nahrung dient. Was auch immer! Das spielt momentan keine Rolle. Wenn es im Augenblick tatsächlich kleiner ist, könnte es verkümmert sein. Ja, vielleicht findet es nach der Absorption der Puppe nicht genug Nahrung. Oder gar keine.«

»Was uns das Problem also ganz von selbst vom Hals schaffen könnte«, sagte Marylinne.

»Bitte?«, fragte Luis. »Und das von dir? Wir haben es hier nicht mit einem Problem zu tun, sondern mit dem größten denkbaren Schatz.«

»Ein Schatz, der Menschen tötet.«

Dieser letzte Satz ließ Amy aufhorchen. »Das Wesen hat Menschen getötet, ja – aber wie. Wir dürfen nicht vergessen, dass es bewusst handelt, wie groß das Maß seiner Intelligenz auch immer sein mag.«

»Es hat mit uns kommuniziert, indem es seinen Körper nutzte, um die Botschaft abzustrahlen«, gab Marylinne zu bedenken. »Ich meine, das klingt ausgesprochen intelligent.«

»Eine Botschaft, die niemand verstehen kann«, sagte Warren. »Wir wissen nicht, ob es sich tatsächlich um Worte, also um eine sinnvolle Aneinanderreihung von semantischen Informationen handelt!«

»Aber wir dürfen nicht den Fehler machen, es wie ein Tier zu behandeln«, beharrte Amy. »Es hat diese Leute getötet, allerdings wesentlich weniger brutal als in der Landekapsel.«

»Brutal genug«, hielt Marylinne dagegen.

»Darauf kommt es nicht an. Die Astronauten hat es zerstückelt, wie in einem Blutrausch. Hier hat es ...« Amy musste sich überwinden, ihren Gedanken auszusprechen. »Es hat rasch und effektiv gehandelt.«

»Ein Unterschied«, stimmte David zu. »Aber warum?«

»Es hat gelernt«, sagte Warren. »Versetzen wir uns in seine

Lage. Es befindet sich in der Landekapsel und weiß, dass es alle umbringen muss, um zu entkommen. Allerdings hat es keine Erfahrung, wie widerstandsfähig ein Mensch ist. Welche Art von Verletzungen unsere Körper ertragen können. Es selbst ist offenbar nicht leicht zu töten. Es hat in einem Vakuum überlebt, kann sich an die Erdatmosphäre anpassen, hat mehrere Einschüsse überstanden und die Amputation einer Gliedmaße. Also hat es in der Kapsel ein rigoroses Vorgehen gewählt, um sicherzugehen. Aber es hat gelernt, dass das gar nicht nötig war.«

»Eine gewagte Theorie«, meinte Luis.

»Mir kam dieselbe Idee«, sagte Amy.

Der Spanier zeigte ein schmallippiges Lächeln. »Was es auch nicht besser macht.«

Daraufhin breitete sich Stille aus, in die David eine neue Information einbrachte: »Wenn man die Linie vom Landeort der Kapsel zum Kutter verlängert, würde das außerirdische Wesen in der Gegend der kleinen Stadt Rockland in Maine an Land kommen.«

»Mit welcher Geschwindigkeit hätte es sich bei einem geradlinigen Kurs bewegen müssen?«, fragte Amy.

»Theoretisch könnte es Umwege genommen haben«, gab Marylinne zu bedenken.

Warren nickte. »Da wir seine Geschwindigkeit unter Wasser nicht kennen, kann das nur ein erster Hinweis sein. Aber immerhin.«

»Etwa sechshundert Meilen in fünfzehn Tagen«, sagte David. »Das ist nicht so viel. Es ergibt eine Geschwindigkeit von ...«

»1,6 Periode Meilen in der Stunde«, fiel ihm Warren ins Wort. »Und nein, das habe ich nicht im Kopf ausgerechnet.« Er hob sein Pad. »Nicht schnell.«

»Es hat sich vielleicht nicht dauerhaft bewegt. Oder war in der Zwischenzeit noch sonst wo!«

»Behalten wir trotzdem die Gegend von Rockland im Auge«, sagte David. »Der Kutter befand sich knapp fünfzig Seemeilen vor der Küste. Bei dieser angenommenen geringen Geschwindigkeit wäre das Wesen selbst bei direktem Kurs noch nicht an Land.«

»Wir können doch unmöglich die ganze Küste absperren«, sagte Amy. »Nicht mal Admiral Loquas ist dazu in der Lage.«

»Aber seine Leute werden wachsam sein und bereit, sofort loszuziehen, sobald sich das Wesen zeigt. Geben wir eine Warnung an ihn aus.«

Kapitel 5: Köder

28. September 2063

1

Es fühlte sich seltsam an, die Anlage zu verlassen. Natürlich hatte Amy einige Male den Aufzug genutzt, um im Fabrikgelände spazieren zu gehen, frische Luft zu schnappen und die Sonne zu sehen – sie waren keine Gefangene, sondern arbeiteten auf einer hohen Geheimhaltungsstufe. Aber in den Wagen zu steigen und sich von Jo an den Flughafen fahren zu lassen, das war etwas völlig anderes.

Amy fuhr die Scheibe nach unten und streckte die Hand ins Freie. Der Fahrtwind flatterte zwischen ihren Fingern. Warren saß neben ihr, der Rest des Teams blieb vorläufig in der Anlage zurück. Solange es als dermaßen unsicher galt, dass der Außerirdische bei Rockland, Maine, an Land gehen würde, weigerte sich Fleet Admiral Loquas, alle dorthin zu schicken. Ohnehin hatte David Überzeugungsarbeit bei ihm leisten müssen, dass Amy und Warren vor Ort hilfreich sein könnten. An der *eigentlichen Auseinandersetzung* sollten sie sich nicht beteiligen, sondern *die Arbeit* dem Militär überlassen; so klang es zumindest in den Formulierungen, die Loquas nutzte. Sie wollten vor Ort als Berater dienen, als Beobachter und Analysten, falls die Konfrontation nicht glattlief. Was Amy für höchst wahrscheinlich hielt.

Der Plan sah vor, das Wesen zu stellen, zu umzingeln, möglichst auch zu betäuben, und es im Anschluss gefangen zu nehmen. Es sollte erneut in Quarantäne landen, diesmal in einem Gefängnis, aus dem es definitiv nicht ausbrechen konnte. So klang zumindest die militärische Interpretation: *definitiv*. Amy hatte sich der Fraktion angeschlossen, die wahlweise als pessimistisch oder realistisch galt und den Zusatz *nach menschlichem Ermessen* vorzog. Sie hegte erhebliche Zweifel, dass eine Betäubung und Gefangennahme gelingen würde, aber sie war nur zu gern bereit, sich eines Besseren belehren zu lassen.

Vom Militärflughafen aus brachte sie eine kleine Maschine nach Maine – das war ein Flug von knapp einer Stunde Dauer. Die anschließende Fahrt nach Rockland nahm mehr Zeit in Anspruch.

Die Stadt zeigte sich von ihrer friedlichen Seite; es gab flanierende Touristen, mal knurrige, mal gut gelaunte Einwohner und vor allem strahlenden Sonnenschein. Weil Amy und Warren abwarten mussten, solange es zu keiner Sichtung kam, saßen sie an der Küste, auf großen schwarzen Felsen, die als aufgehäufter Wall den Hafen sicherten, und schauten auf den Ozean. Die Stadt so gut wie möglich zu sichern und an strategisch günstigen Stellen unauffällig Stellung zu beziehen – das war laut Admiral Loquas *die Arbeit* – überließen sie dem Militär.

»Wie findest du es?«, fragte Warren. »Besser als dein Fenster?«

Sie hob die Schultern. »Der Wasserfall ist fast noch idyllischer. Aber das hier ist echt.«

»Nur für den Fall, dass das Wesen tatsächlich hierherkommt ... dir ist schon klar, dass wir an dem denkbar gefährlichsten Platz sitzen?«

»Tausend andere Leute genauso, entlang der Küstenlinie.«

»Hast du keine Angst?«

»Zu viel zu tun.«

Er lachte. »Wirklich? Wenn ich uns beide betrachte, sieht das nicht so aus.«

»Ich genieße den Ausblick. Ich frage mich, was mit meiner Tochter ist und wie es meinem Bruder geht. Ich denke darüber nach, wie viele Menschen noch sterben müssen, weil wir nach jahrzehntelanger Vorbereitung ein Wunder der Weltraumfahrt vollbracht haben. Oder ob es sich am Ende doch auszahlen wird, wenn wir mit ihm kommunizieren und unser Wissen erweitern. Ob wir ...«

»Ruf sie an«, fiel Warren ihr ins Wort.

Amy sah verblüfft auf. »Was?«

»Deine Tochter. Ruf sie an.«

»Wir dürfen das nicht. Sicherheitsstandardmaßnahme.«

»Du erzählst nichts von unserer unendlich anstrengenden Jagd.« Er machte eine weit umfassende Handbewegung, die das Meer, den Strand und die über die Klippen rauschenden Wellen miteinschloss. »Hör dir einfach an, was sie zu sagen hat.«

»Sie wird nicht abnehmen, wenn sie sieht, dass ich mich melde.«

»Ich leihe dir mein Pod. Deine Tochter wird nicht sehen, dass der Anruf von dir stammt.«

Amy zögerte, und eine Sekunde lang hätte sie sein Angebot fast angenommen, entschied sich jedoch dagegen. »Ich habe mich geirrt.«

»Ja?«

»Ich fürchte mich doch. Aber nicht davor, dass das Wesen ausgerechnet hier aus dem Meer kommen könnte, sondern vor Eves Reaktion.«

»Ist das deine Tochter? Eve?«

Sie nickte. Eine Krabbe stakste in ihrem typisch seitlichen

Gang, den Amy schon immer gruselig gefunden hatte, nahezu senkrecht den Nachbarfelsen hoch.

»Du redest nie von ihr.«

»Wir gehen unterschiedliche Wege.«

»Und dein Bruder? Ruf *ihn* an!«

»Was ist mit dir, Warren?«, fragte sie gereizt. »Warum meldest du dich nicht bei deiner Familie, statt mich dauernd zu drängen?«

»Weil es niemanden gibt. Ich bin verlobt gewesen. Sie hatte einen Unfall. Ist ertrunken. Und glaub mir, Amy, ich wünschte, ich hätte eine Tochter, auch wenn sie einen anderen Weg geht als ich.«

Sie fühlte sich von seinen Worten angegriffen, schluckte es jedoch hinunter. »Tut mir leid.«

Ihr Pod summte. Ein rascher Blick: »Es ist David.«

»Nimm es an!«

Sekunden später erfuhr Amy, dass das Wesen gesichtet worden war – aber nicht in Rockland, sondern auf der anderen Seite des Golf von Maine, in Yarmouth, Kanada. Es hatte zwölf Tote hinterlassen und war ins Landesinnere geflüchtet.

2

»Eric?«

»Eve?«

Sie sah ihn an, und genau wie am Tag zuvor war sie in eine Decke gehüllt. Die meiste Zeit über saß sie auf der Couch. »Ich weiß nicht, was ich ohne euch hätte tun sollen.«

»Und ich weiß nicht, was ich jetzt sagen soll.«

»Du bist doch der große Redner.«

»Eigentlich nicht.«

»Und was ist mit deiner ewigen Sprachwissenschaft?«

Er musste lachen. »Sprachphilosophie ist eine ziemlich theoretische Angelegenheit. Da schwinge ich keine langen Reden.«

»Ah.« Sie schwieg eine Zeit lang. Im Bad dampfte das Wasser. Chayne duschte gerade. »Ich weiß eigentlich gar nicht, was du so treibst.«

»Geht mir mit dir genauso«, sagte Eric. »Also, wie dein Tag aussieht. Was ich tue, ist mir ja klar.« Er grinste schmallippig über den müden Scherz und setzte sich zu seiner Nichte. Der Kaffee dampfte aus der Tasse in seiner Hand.

»Chayne will mich zum Arzt schleppen.« Plötzlich sah Eve wieder wie das kleine Mädchen aus, das unter einem Migräneanfall litt – schmerzerfüllt und zerbrechlich wie feines Porzellan. »Weil vielleicht Verletzungen geblieben sind, die ...« Sie presste sich die Faust vor den Mund, und er sah, dass sie sich in den Zeigefinger biss.

»Geh mir ihr«, bat Eric. »Denn es gibt nur *eine* andere Möglichkeit, und die wollen wir beide nicht.«

Sie sah ihn fragend an.

»Entweder mit Chayne oder mit mir«, sagte er.

»Soll das ein Witz sein?«

Wenn er das nur wüsste. Innerlich wand er sich, weil ihn das Thema völlig überforderte. »Kein Witz. Erpressung.«

»Darin bist du richtig gut.«

»Also tust du's?«

Eve nickte, ganz langsam, und zog die Decke noch enger um sich. »Außerdem muss ich wissen, dass ich nicht ...« Sie brach ab.

»Ja?«

»Ich könnte schwanger sein.«

Darauf fiel ihm keine auch nur ansatzweise sinnvolle Erwiderung ein. Er wünschte sich Chayne herbei, egal, wie feige das war. »Gibt es eine Chance, die Kerle zu finden, wenn du zur Polizei ...«

»Nicht jetzt«, unterbrach sie ihn. »Bitte fang nicht damit an.«

»Womit?«

»Ich bin seit gestern hier, und du hast mir bisher keine Ratschläge gegeben. Belass es bitte dabei. Ich kann all das gut gemeinte Blabla nicht mehr hören.«

»Versprich mir nur eins.«

»Hm?«

»Bleib noch bei uns. Mindestens eine Woche.«

»Mama muss das nicht wissen, oder?«

»Wir könnten es ihr gar nicht sagen, selbst wenn wir wollten.«

Eve kaute auf der Unterlippe, und etwas Blut rann über das Kinn. Eric stand auf, zupfte ein Tuch aus der Box und reichte es Eve. Diese Box, das war ein lustiges Ding, das Chayne auf irgendeinem Trödlermarkt gekauft hatte, es sah aus wie eine Statue von den Osterinseln, und man zog die Tücher direkt aus der Nase.

»Was soll das?«, fragte sie. »Heul ich gerade, ohne es zu merken?«

»Du blutest.« Er deutete auf ihr Kinn. »Bei dir hab ich das noch nie gesehen, aber deine Mutter hat sich als Kind immer gebissen, und später auch manchmal.«

Eve tupfte es weg. »Echt? Das kommt von Mama?«

Er nickte und musste seiner Nichte ein zweites Tuch geben, diesmal, weil ihr Tränen über die Wangen liefen.

3

Zwölf Leichen.

Während Warren mit David sprach, der ihren Transfer nach Yarmouth organisierte, fühlte Amy zunehmende Übelkeit. Sie wusste noch nicht viel, aber eins stand fest: Das Wesen war an einer kleinen Badebucht an Land gegangen und hatte dort niemanden am Leben gelassen. Eigentlich konnte man von Glück sprechen, dass es *nur* zwölf Tote gab – bei besserem Wetter hielten sich manchmal bis zu fünfzig Menschen in der Bucht auf, und Amy bezweifelte nicht, dass auch in diesem Fall keiner überlebt hätte.

Loquas' Leute waren bereits vor Ort. Vor fünf Minuten hatte ein Hubschrauber das Wesen gesichtet, ehe es in einer mit dürren Büschen bewachsenen Ebene verschwand. Dort verkroch es sich.

Nein.

Es *versteckte* sich.

Tiere verkrochen sich, aber hier hatten sie es mit einem intelligenten Wesen zu tun. Amy durfte das durch ihre Sprache nicht verschleiern, weder anderen gegenüber noch sich selbst. Es führte zu falschen Voraussetzungen, und diese wiederum zogen irrige Schlussfolgerungen nach sich, die mit der gelungenen Flucht dieses außerirdischen Wesens enden könnten. Er mochte handeln wie ein wildes Tier, wie ein … Monster, aber das war es nicht.

»Komm!« Warren hielt ihr die Hand hin. Sie saßen noch immer am Strand, auf den Felsen. Jede kleine Welle gluckerte und rauschte unter ihnen. »Ein Hubschrauber holt uns ab.«

Sie griff zu und ließ sich von ihm hochziehen. Er führte sie zu einer wenig einladenden Wiese mit verdorrtem Gras, kaum hundert Meter entfernt. Kaum waren sie dort, näherte sich ein

Helikopter und landete laut tosend. Sie stiegen ein und flogen über den Golf von Maine, Yarmouth entgegen.

Neben dem Piloten saß ein Soldat, dem Abzeichen nach im Rang eines Lieutenant Commanders. Er sprach in ein Headset, seine Worte gingen im Fluglärm unter, ehe sie die hintere Sitzreihe mit den beiden Passagieren erreichten.

Warren starrte auf sein Pod. »Yarmouth ist eine kleine Hafenstadt, bekannt als Kanadas Hummerzentrum. Die Leute leben von – Überraschung! – Hummerfang und Tourismus. Zweitausend Einwohner.«

»Hast du vor, dort Urlaub zu machen?«

Er sah sie an, und sie fragte sich, ob er verblüfft oder wütend war. »Ich habe vor, mich zu informieren, weil das verdammt noch mal hilfreich sein kann. Man weiß nie. Stell dir nur vor, der Alien rast in die Stadt und wir müssen die Evakuierung einleiten. Ist zwar unwahrscheinlich, aber ...«

»Entschuldige, ich ...« Amy schüttelte den Kopf. »Red ruhig weiter.«

»Im 19. Jahrhundert hat man in Yarmouth mehr Schiffe gebaut als in jedem anderen Hafen der Welt. Und das war alles, was es über dieses Städtchen zu berichten gibt. Ende der Durchsage.«

Unter sich sahen sie das Festland. »Kennen Sie die aktuelle Position des Wesens?«, rief Amy nach vorn.

Der Marine drehte sich um. »Zuletzt vor drei Minuten lokalisiert.«

»Können Sie uns dorthin bringen?«

»Was glauben Sie, Ma'am, wohin wir unterwegs sind? Nach Disneyland?«

Amy ersparte sich eine Antwort. Immerhin meldete der Lieutenant Commander bald darauf, dass sie mittlerweile exakt über dem Zielgebiet flogen. Zwei weitere Hubschrauber patrouillierten in der Nähe, und am Boden konnte man aus dieser Höhe die Streitkräfte, ihre Waffen im Anschlag, auf keinen Fall übersehen. Sie suchten systematisch das dürre Buschland ab, das wenige hundert Meter vom Meer entfernt lag, nur durch einen flachen Hügelkamm getrennt. Alles erstrahlte im hellen Sonnenlicht, der Ozean glitzerte. Es hätte die reinste Idylle sein können. Amy sah einige Möwen unter sich.

»Wir müssen einen Köder auslegen«, sagte sie.

Warren schwieg.

»Werden Sie deutlicher«, forderte der Lieutenant Commander.

»Es ist kein Tier, sondern höchst intelligent. Bieten Sie ihm einen Fluchtweg.«

»Ich befehlige diese Operation nicht, Ma'am.«

»Dann geben Sie es weiter! Wir sind offiziell als Berater und Analysten hier, und ich sage, dass ...«

»Und ich bin derjenige, der mit Ihnen kommuniziert und nur das weiterleitet, was ich für richtig halte. Da das nun geklärt ist, bin ich an Ihrem Plan interessiert. Wie intelligent ist das Zielobjekt? Wird es die Falle eines angebotenen Fluchtwegs durchschauen?«

»Das ist unmöglich vorauszusehen«, gab Amy zu.

»Außerdem ist es nicht von Soldaten umzingelt«, stellte der Marine klar. »Noch nicht. Wir *suchen*.«

»Sie müssen nicht die exakte Position kennen, um einen Fluchtweg anzubieten! Ziehen Sie Ihre Männer ab, damit es die Hügelkette erreichen kann, genau da, wo die Hügel zusammenlaufen, in dem schmalen Einschnitt. Postieren Sie Ihre Leute auf der anderen Seite. Es wird ...«

»Ich habe es«, sagte Warren.

»Was?!« Amy und der Marine fragten gleichzeitig.

Warren deutete nach unten. »Sieben Uhr. Dort ist es.«

Erics Pod gab nicht nur ein Signal von sich, sondern piepte unablässig.

»Vielleicht solltest du nachsehen«, meinte Eve.

»Du bist ... ich will dich nicht ...«

»Sieh nach.«

Er hatte einen Alarm programmiert für den Fall, dass neue ernst zu nehmende Fakten über das Wesen im Netz auftauchten. Um festzulegen, was *ernst zu nehmend* bedeuten könnte, hatte er eine Menge Parameter eingestellt – bislang gingen pro Tag etwa zwei Nachrichten durch den Filter. Meist handelte es sich dabei um zwar interessante, aber rekapitulierende Diskussionsbeiträge hochrangiger Politiker, einmal auch eines Forscherehepaares in der Kombination Philosophie und Humangenetik. Nun jedoch rasselte es im Sekundentakt.

Schon der erste Blick versetzte ihm einen Stich: zwölf Tote in einer kleinen Bucht in Kanada. Das Militär war im Einsatz, und es gab zivile Berater vor Ort. Die Jagd lief.

»Zivile Berater«, murmelte er.

Eve sah ihn fragend an.

Er erklärte ihr die Lage. »Das ist genau das, was deine Mutter tut. Sie wurde von der NASA als zivile Beraterin für das Militär zur Suche nach dem außerirdischen Wesen abgeordnet.«

»Das heißt, sie ist dort? In der Bucht, wo diese Kreatur gerade ein Dutzend Menschen umgebracht hat?«

»Das können wir nicht wissen. Es ist möglich, aber es gibt sicher Dutzende zivile Berater.« *Wenn auch die meisten nicht in so wichtiger Stellung sind wie Amy*, dachte er. »Außerdem ist es weit entfernt von Washington. So schnell kann sie nicht dorthin gekommen sein. Die Morde liegen gerade mal ...« – er sah nach – »... eine Stunde zurück.«

»Aber falls sie doch dort ist …«

»Dann steht sie nicht an vorderster Front. Das Militär wird sie abschirmen und den eigentlichen Vorstoß unternehmen.«

»Was ist los?«, unterbrach Chayne. Sie stand in der offenen Tür zum Badezimmer, ein Handtuch um die nassen Haare geschlungen.

»Das Wesen ist gesichtet worden. In Kanada. Es gab Tote.«

Chayne setzte sich zu ihnen, und gemeinsam studierten sie die Nachrichten, die äußerst vage blieben. Zumal es noch keine gesicherten Informationen gab und bereits jede Menge Sensationsmeldungen und -videos durchs Netz geisterten. So war es immer – man brauchte etwas Geduld, bis nüchterne Fakten die Fakes dominierten, die man in den ersten Minuten oder gar Stunden nur schwer von der Wahrheit unterscheiden konnte. Und manche lernten das nie.

»Es ist weit weg«, sagte Chayne. »Wir hatten Glück.«

»Glück«, murmelte Eve. Sie kaute wieder auf ihrer Unterlippe.

»Entschuldige, ich meinte nicht, dass du in deiner Situation …«

»Doch«, unterbrach Eve. »Ich *hatte* schon Glück. Sonst wäre ich nicht hier bei euch. Kommst du mit mir zum Arzt? Jetzt?«

»Klar. Eine gute Entscheidung.«

»Eric hat mir geholfen, sie zu treffen. Erpresst er dich auch manchmal?«

Chayne zögerte keine Sekunde mit der Antwort: »Warum, glaubst du, hätte ich ihn sonst geheiratet?«

5

Warren täuschte sich nicht – für einen Augenblick erkannte auch Amy einen schwarzen Körper, der sich über die Büsche erhob und darüber hinwegrauschte. Die Art der Bewegung erinnerte an einen Vogel im Gleitflug, der sich mit ruhig ausgebreiteten Schwingen in der Thermik treiben ließ, nur dass Amy unterhalb des Leibes ein unruhiges, verschwommenes Wimmeln erahnte. Sie flogen zu hoch, um Details erkennen zu können.

Der Marine nahm sofort Funkkontakt mit einer Amy unbekannten Zentralstelle auf. Er sprach hektisch in das Mikrofon seines Headsets. Der Pilot ging tiefer.

Das Wesen tauchte ab, verschwand in den Büschen, die in diesem Bereich dicht wucherten und guten Sichtschutz boten. Rundum setzten sich die Einheiten in Bewegung. Fußsoldaten bahnten sich einen Weg. Panzerartige Gefährte rollten über die Ebene, zermalmten Buschwerk unter ihren Ketten. Flugdrohnen rasten heran. Eine feuerte ein Geschoss ab, das qualmenden Rauch hinter sich herzog. Als es auftraf, explodierte es in einem Feuerball. Wer immer die Drohne steuerte und den Schuss abgegeben hatte, landete einen perfekten Treffer. Aus dem Rot der Flammen wirbelte der dunkle Insektenkörper.

Das Bild schien in Zeitlupe zu gefrieren. Fassungslos sah Amy, wie das Wesen brennend über den Büschen dahintrieb.

»Das Ende hat begonnen«, sagte der Lieutenant Commander vor ihr.

»Es gibt keinen Versuch, es gefangen zu nehmen?«, fragte Warren.

»Nicht seit den zwölf Toten«, antwortete der Soldat. »Und nicht, solange es zu entkommen droht. Falls es jetzt noch lebt und umzingelt werden kann, sieht das anders aus.«

Es landete brennend auf einem Busch und brach durch die Äste. Es wälzte sich am Boden, zermalmte dabei Buschwerk. Funken stieben in die Höhe und verwehten glühend.

Das vordere Panzerfahrzeug war weniger als eine Meile entfernt; mitten in der weglosen Vegetation kam es nur langsam voran. Eine Gruppe aus vier Fußsoldaten stand näher und arbeitete sich rasch auf ihr Ziel zu.

Das Geschoss hinterließ eine Wand aus Feuer, die sich weiter ausbreitete – die Büsche mussten knochentrocken sein. Schwarzer Rauch wölkte über der Szenerie.

Die Kreatur richtete sich wieder auf. Bei dem unfassbaren Anblick weiteten sich Amys Augen, aber es gab keinen Zweifel: Der Körperpanzer glühte düsterrot. Es erinnerte an die Glut von Holzkohle. Auf etliche Extremitäten gestützt, wimmelte das Wesen los, mitten durch Büsche, die brennend zurückblieben. Es bahnte sich hakenschlagend, aber rigoros einen Weg und hinterließ eine flammende Spur. Den ersten Soldatentrupp hängte es ab, und mit einem Mal erkannte Amy ein Muster: Das Wesen schnitt seinen Verfolgern mit einer Feuerwand den Weg ab. Es nutzte den schrecklichen Angriff, seinen glühenden Leib, als Waffe.

Das Panzerfahrzeug blieb zurück. Aus der Höhe sah Amy jedoch mehr, als es dem Wesen von seinem Standort aus möglich war – sie sah, dass die Truppen in ihrer Gesamtheit die Kreatur umzingelten.

»Bieten Sie ihm als Köder einen Ausweg!«, wiederholte Amy ihre Forderung. »Locken Sie es in die Falle und lassen Sie einen Vorstoß mit Betäubungsgewehren ...«

»Still«, herrschte der Lieutenant Commander sie an. »Es läuft schon!«

»Wenn die Chance besteht, es lebend zu fangen«, rief Warren, »müssen Sie Ihren aktuellen Plan ändern!«

»Es läuft ja bereits«, wiederholte der Soldat. »Der Köder ist gelegt, genau nach Ihrem Vorschlag! Wir nähern uns selbst von der Seite und helfen mit, es in die entsprechende Richtung zu treiben.«

Amys Hände fühlten sich eiskalt an.

Unten fielen Schüsse. Zum ersten Mal hörte sie den Lärm. Sie näherten sich dem Geschehen.

Die Flammenwand breitete sich aus. Rauch verdunkelte weite Bereiche ihres Sichtfeldes.

»Es funktioniert.« Warrens Stimme war nur ein Flüstern, aber weil sie sich beide zur Seite lehnten, damit sie nach unten sehen konnten, und ihre Gesichter kaum eine Handbreit voneinander entfernt waren, verstand Amy die Worte.

Hinter dem schmalen Tal, durch das der Außerirdische fliehen sollte, versammelten sich sechs Panzerfahrzeuge. In der Ferne sah Amy mehrere Militärflugzeuge heranrasen.

Alles lief gut.

Es funktionierte.

Es funktionierte wirklich.

Insgeheim musste Amy zugeben, dass sie mit einem so schnellen Erfolg nicht gerechnet hatte. Und falls sie es lebend einfingen, falls sie es studieren, womöglich sogar Kontakt aufnehmen konnten, falls eine Kommunikation möglich wurde, könnte es am Ende –

Die Kreatur machte einen seitlichen Ausfall. Als hätte sie die Falle wahrgenommen, raste sie auf die Gruppe der sie jagenden Soldaten zu.

Unmöglich!, dachte Amy. *Egal, wie intelligent es ist, es kann nicht wissen, was wir vorhaben!*

Die Jäger feuerten. Schwere Munition zerfetzte den Boden. Erdbrocken schwirrten durch die Luft. Erste Treffer schlugen in den schwarzen, noch immer glühenden Körper ein.

Das Wesen wurde zurückgeschleudert.

Im Flug trieb es plötzlich mit wimmelnden Gliedmaßen nach oben, so hoch, dass dies nicht länger ein in Gleitflug übergehender Sprung sein konnte. Es stieg aus eigener Kraft auf.

Ein Hubschrauber raste heran und feuerte unablässig.

Mehrere Geschosse trafen auch. Der Körperpanzer wurde durchschlagen. Ein graues Staubgewölk zerstob hinter dem Wesen wie pulvertrockenes Blut.

Plötzlich jagte etwas Armdickes aus einer der Gliedmaßen, wie ein Pfeil. Es durchschlug die Scheibe des Helikopters, der zur Seite abschmierte, kippte, sich überschlug. Das Fluggerät raste tiefer. Eine Gruppe aus drei Bewaffneten sah es und rannte weg. Die Rotorblätter zerfetzten den Boden wenige Meter hinter ihnen, und der Hubschrauber detonierte in einem Flammenball. Die Druckwelle riss einen der Soldaten um. Amy sah, dass sein Rücken Feuer fing.

Das Wesen trudelte in einem irrwitzigen Flug ebenfalls hinab, als fehle ihm die Kraft, sich weiter in der Luft zu halten. Dabei kam er in die Nähe eines Soldatentrupps. Die Männer hoben ihre Waffen, schossen dem Wesen Tod und Verderben entgegen. Der Körper erhielt ein Dutzend Einschläge, ehe er den ersten Soldaten erreichte. Amy sah aus der Ferne den Zusammenprall, dann eine Fontäne aus Blut. Beide krachten auf den Boden, das Wesen raste mit wimmelnden Gliedmaßen weiter. Die Soldaten jagten ihm Salven hinterher. Der Körperpanzer barst und zersplitterte.

Der Außerirdische stürzte, blieb liegen.

Diesmal rührte er sich nicht mehr.

Dienstagmittag-Video vom 2. Oktober 2063

[Transkription der Sprachspur:]
Es ist vier Tage her, dass das außerirdische Wesen gestorben ist. Es hatte eine unvorstellbar lange Reise durch den Kosmos hinter sich, ehe wir es in einer unfassbaren Anstrengung auf die Erde geholt haben. Mit Fug und Recht kann man sagen, dass die gesamte Menschheit zusammengearbeitet hat, um das zu leisten.

Auf der ISS dachten wir, es liege in einer Art Koma, oder es schlafe. Ich ging ebenfalls davon aus. Ich war zu blind und zu selbstsicher, um zu erkennen, dass es ... nur lauerte.

Deshalb fühle ich mich mitschuldig am Ableben der Menschen, die durch diese Kreatur zu Tode gekommen sind. Zuerst meine Kollegen und Freunde in der Landekapsel, dann die Besatzung des asiatischen Kutters, schließlich die Besucher in der Bucht, die nur einen Urlaubstag am Meer hatten verbringen wollen, und am Ende die Soldaten im Helikopter. Sie alle könnten noch am Leben sein, wenn wir mehr gewusst oder eine Verständigung mit dem Fremden ermöglicht hätten.

Ein prominenter Mensch – ihr wisst, von wem ich spreche – hat einen sehr dummen Satz gesagt:

Da sieht man, was uns all der Fortschritt bringt.

Diese Worte werden seit Tagen wieder und wieder zitiert. Macht sie das auch nur ein bisschen klüger? Wird Unfug dadurch zur Wahrheit, dass man ihn wiederholt? Ihn vielleicht lauter ruft oder Menschen findet, die genauso dumm sind wie man selbst, um es mit ihnen gemeinsam in Sprechchören rezitieren zu können?

Ich sage euch, dass das nicht der Fall ist. Nicht einmal ansatzweise. Wahrheit wird nicht dadurch erreicht, dass man lauter als andere schreit oder von vielen umjubelt wird.

Wahrheit ist Wahrheit und war es schon immer, und oft blüht sie im Verborgenen und in der Stille.

Ihr wartet auf den ersten Lacher, nicht wahr? Dax, der Astronaut und Komiker der ISS, muss doch in seinem Dienstagmittag-Video eine Zote reißen und einen Kracherspruch vom Stapel lassen!

Nein, ihr Lieben, diesmal enttäusche ich euch. Mir steht der Sinn nicht danach.

Ihr wisst, dass viele meiner Kollegen gestorben sind, als sie die Erde erreichten. Ich habe die ISS ebenfalls verlassen – nur einen Tag nach ihnen. Reiner Zufall, dass ich nicht in der ersten Landekapsel gereist bin. Einer meiner Freunde hatte den Vorrang erhalten, weil er zu seiner Geburtstagsfeier zu Hause sein wollte. Nur deshalb ist er tot, und ich bin noch am Leben.

Ich zittere, wenn ich daran denke.

Und darum spreche ich heute über ein ganz anderes, ungewohnt ernstes Thema – eines, das mit einer bitteren Wahrheit in Verbindung steht.

Diese Kreatur, die aus einer fremden Welt zu uns gekommen ist, offenbart uns vieles über uns selbst, obwohl die meisten das nicht bemerken. Sie zeigt uns, gerade weil sie so fremdartig war, wie wir Menschen funktionieren. Sie hält uns einen Spiegel vor, und ich stelle jetzt eine ketzerische Frage, die sonst keiner auszusprechen wagt:

Was hat sie gedacht?

Sie ist wie ein Stern vom Himmel gefallen und auf die Erde geschlagen, mitten in unser Leben hinein!

Und als sie aufgeschlagen ist, war sie uns fremd.

Unbekannt.

Anders.

Fern.

Aber wir waren genauso fremd für sie.

Sie hat einige von uns getötet. Dann haben wir sie getötet. Das Fremde hat das Fremde getötet, auf beiden Seiten.

Ist das nicht schon immer so gewesen? Ist das nicht immer schon die Triebfeder jedes einzelnen Krieges in der Geschichte der Menschheit?

Ja, man kann sagen, wir haben uns gewehrt. Wir haben nach dreißig Jahren Arbeit eine schreckliche Ernte eingefahren und mussten uns wehren.

Wir mussten es.

Aber lasst mich mal etwas Verrücktes tun. Ihr wusstet vielleicht nicht, dass ich ein gläubiger Mensch bin. Wie auch? Schließlich bin ich Dax, der Witzereißer. Und ich lebe meinen Glauben für mich allein, ohne anderen davon zu erzählen oder sie gar bekehren zu wollen. Dennoch möchte ich euch aus der Bibel vorlesen. Da gab es einen Mann, einen Propheten, vor mehreren tausend Jahren. Er hieß Jesaja, und nun zitiere ich aus seinen Schriften, aus dem vierzehnten Kapitel des Buches, das er geschrieben hat. *Wie bist du vom Himmel gefallen, du schöner Morgenstern! Wie bist du niedergehauen zum Boden, der du die Völker niederstrecktest! Gedachtest du doch in deinem Herzen: »Ich will in den Himmel steigen und meinen Stuhl über die Sterne Gottes erhöhen. Ich will mich setzen auf den Berg der Versammlung in der fernsten Mitternacht, ich will über die hohen Wolken fahren und gleich sein dem Allerhöchsten.«*

Auch Jesaja hat einen Stern vom Himmel fallen sehen. Einen Stern, der sich erhoben hatte und sein wollte wie Gott.

Ich behaupte nicht, dass der Außerirdische das getan hat, und schon gar nicht sage ich, dass Jesaja damals von unserer Situation gesprochen hat. Aber ich musste an seine Worte denken, als ich begriffen habe, dass dieses Wesen aus einer anderen Welt gefallen ist – wie ein Stern vom Himmel. Vielleicht, um uns zu zeigen, wie wir selbst sind.

Um uns den Spiegel vorzuhalten, in dem wir sehen, dass wir uns erheben. Dass wir uns als besser betrachten, als dieses Wesen es war!

Dabei war es doch nur ... fremd.

Wir wollten es fangen, wir wollten es benutzen, um den Krebs zu besiegen oder – noch lieber – gleich den Tod. Wie jubelten die Wissenschaftler, als sie erkannten, dass diese Kreatur im Vakuum überlebt und ebenso in der Atmosphäre der Erde. Dass es seit ungezählten Jahren, vielleicht seit Jahrtausenden oder länger, auf dem Asteroiden durch das All reist und immer noch lebt!

Dieser Jesaja spricht eine Sprache, die heute altmodisch ist, aber er hat schon damals unser Verhalten messerscharf analysiert, weil unsere Vorfahren genauso funktioniert haben wie wir: *Wir wollten in den Himmel steigen und unseren Stuhl über die Sterne Gottes erhöhen.*

Und während die ganze Welt der Sensation nachgegiert und darauf gewartet hat, dass das Wesen zur Erde gebracht wird, tobte hinter den Kulissen ein heimlicher Krieg.

Kein Krieg mit Waffen, aber einer darum, welche Nation zu welcher Zeit welche Untersuchungen durchführen darf.

Ein Krieg darum, wohin die Kreatur verbracht wird und wie lange sie wo untergebracht wird.

Ein Krieg darum, wer welche Rechte an dieser Lebensform ausüben darf.

Doch dann sind all die menschlichen Pläne ebenso abgestürzt wie Jesajas schöner Morgenstern.

Hat sich der Außerirdische am Ende womöglich genauso gegen uns gewehrt, wie wir uns gegen ihn?

Natürlich hätte er nicht morden dürfen. Aber es gibt wenig Zweifel daran, dass er vieles genau aufgefasst und richtig interpretiert hat, etwa die Tatsache, dass er uns dringend nötig hatte, um überhaupt zur Erde zu gelangen. Was, wenn er auch unseren heimlichen Krieg begriffen hat, zu dem wir doch gar kein Recht hatten? Womöglich hat er nur deshalb beschlossen, sich zu wehren.

Ich weiß nicht, was unsere Nachfahren in hundert Jahren über uns sagen werden. Wir werden die Generation gewesen sein, die mit außerirdischem intelligentem Leben in Kontakt gekommen ist, und das Ergebnis dieser Begegnung lautet Tod auf allen Seiten.

Höre ich mich wie ein verrückter Prediger an? Wahrscheinlich kann man die Bibel gar nicht zitieren, ohne so zu klingen. Denkt von mir, was immer ihr wollt. Ich jedenfalls bin ins Nachdenken gekommen über die beiden Sterne, die vom Himmel gefallen sind, als der Asteroid an uns vorbeizog: das außerirdische Wesen – und unser Hochmut, der uns einen heimlichen Krieg um etwas führen ließ, das uns gar nicht gehört hat.

Wenn ihr mich nach dieser Sendung noch einmal hören wollt, könnt ihr das am kommenden Dienstagmittag tun. Vielleicht mache ich dann sogar wieder einen Witz. Wie immer bin ich euer ...

... Dax.

Kapitel 6: Neue Beute

8.–9. Oktober 2063

1

Eric saß in der Küche, als es klingelte. »Ich geh schon«, rief Eve, und kurz darauf hörte er seine Nichte sagen: »Oh – ich … also …«

»Eve!« Das war Amy.

Er sprang auf und eilte zur Tür. Natürlich hatte Eve erwartet, dass Chayne zurückkam, beide Hände voll mit Einkaufstaschen, weshalb sie wie üblich irgendwie mit dem Ellenbogen geklingelt hatte, statt den Schlüsselchip vorzuhalten.

»Das nenn ich eine Überraschung«, sagte Eric.

»So war das auch gedacht«, erwiderte Amy. Ein Koffer stand neben ihr. »Ich hätte nicht für möglich gehalten, dass ihr mich noch viel mehr überraschen könntet.«

»Tja, hallo, Mama.« Eve versuchte zu lächeln, und irgendwie gelang es sogar, aber sie wirkte dabei unsicherer als in den letzten beiden Tagen. »Haben Sie dich endlich aus dem Forschungsknast rausgelassen, jetzt, wo das Wesen ja seit einer Woche tot ist?«

»So könnte man es wohl sagen«, meinte Amy. »Obwohl dort noch eine Menge Arbeit anfällt. Es bleibt die Leiche des außerirdischen Wesens, auch wenn sie übel zugerichtet ist, und sie wird so gut es geht konserviert. Ungefähr eine Million

Untersuchungen laufen gerade, aber ...« Sie hob die Schultern. »Eine internationale Koordinatorin und Jagd-Analystin braucht man dafür offenbar nicht.«

»Zum Glück«, meinte Eric. »Komm erst mal rein! Ich glaube, es gibt eine Menge zu besprechen.« Sein Blick huschte zu Eve, was dieser natürlich nicht entging.

»Okay«, sagte Eve. »Ist peinlich, dass jetzt alle an mich denken. Ich geb dir die Kurzfassung: Mir ging es überhaupt nicht gut, und als ich nicht weiterwusste, habe ich hier geklingelt. Ich bin schon seit vielen Tagen bei Chayne und Eric, und ja, stimmt, es geht mir jetzt besser. Und nachdem das geklärt ist: Erzähl uns von deinen Abenteuern mit dem Außerirdischen. Am besten auf der Couch. So gut fühle ich mich nämlich auch nicht, dass ich mich nicht am liebsten dorthin setze und in eine Decke einwickele.«

Eve ging vor, und Amy wisperte ihrem Bruder zu: »So viel hat sie eine Ewigkeit lang nicht mehr am Stück zu mir gesagt.«

Es klingelte noch einmal, und diesmal stand tatsächlich die mit einer Menge Einkaufstaschen beladene Chayne vor der Tür.

Wenig später – sie hatten die verderblichen Sachen rasch in den Kühlschrank gestopft – saßen sie zu viert im Wohnzimmer. Amy berichtete, wie sie im Helikopter live die heiße Phase der Jagd und ihr tödliches Ende verfolgt hatte.

»Das heißt«, sagte Eric tonlos, »es hätte ebenso gut dein Hubschrauber sein können, der abgestürzt ist?«

»Ist wohl so.« Bei diesen Worten verschränkte Amy nervös die Finger ineinander. »Ich habe nie darüber nachgedacht. Kennt ihr den Dienstagmittag? Also, ich meine Dax' neues Video?«

»Klar«, sagte Eve. »Gibt es überhaupt irgendjemanden, der das *nicht* gesehen hat? Sein Schlagwort vom heimlichen Krieg ist einfach genial. Ja, es ist schrecklich und so, aber es macht auch neugierig. Es ist faszinierend.«

Amy winkte ab. »Sein Video ist mir nur darum eingefallen, weil er aus reinem Zufall nicht in der ersten Landekapsel saß. So wie ich nicht in dem anderen Hubschrauber.«

»Was hält die NASA eigentlich davon?«, fragte Chayne. »Von dem heimlichen Krieg, den er propagiert? Ich kann mir nicht vorstellen, dass das bei den offiziellen Stellen besonders gut ankommt.«

»Sie machen ihm die Hölle heiß«, sagte Amy. »Wollen ihm verbieten, weitere Videos in dieser Art zu veröffentlichen.«

»Was wiederum ihm nicht gefallen dürfte«, vermutete Eric.

Amy nickte. »Er meint, sie können ihn gerne rauswerfen oder vor Gericht zerren. Was sie natürlich nicht tun werden. Eine öffentliche Schlammschlacht mit einem derart prominenten Gesicht wäre gerade jetzt fatal.«

»Gerade jetzt?«, fragte Eve.

»Ein milliardenschweres Langzeitprojekt ist vor den Augen der ganzen Welt in eine Katastrophe gemündet«, sagte Amy. »Ein größeres Desaster für die Öffentlichkeitswirkung kann man sich auch mit viel Fantasie nicht ausdenken. Und dann noch eine Schlammschlacht mit einem Astronauten, der sich kritisch darüber äußert?« Sie winkte ab. »Vergiss es!«

»Also bleiben nur Tote und ein außerirdischer Leichnam, der von einem Forscherheer seziert wird«, fasste Eric zusammen. »Kommt das ungefähr hin?«

Amy nickte. »Und ihr könnt euch nicht vorstellen, wie mich das frustriert.«

2

Da Erics Gästezimmer belegt war – mit Eve, die bei ihm und Chayne Hilfe suchte, Gott sei Dank –, überlegte Amy, in ihre Wohnung zu fahren. Aber es war schon spät, und die Zimmer standen seit Wochen leer. Wahrscheinlich gab es tausend Kleinigkeiten zu erledigen, wenn sie ankam, und außerdem fühlte sie sich zu müde, die knapp vierzig Minuten in einem Taxi hinter sich zu bringen. Obwohl Eve anbot, das Bett im Gästezimmer zu räumen und auf der Couch zu schlafen, wollte Amy die Gastfreundschaft ihres Bruders nicht überstrapazieren. Zumindest behauptete sie das. Den eigentlichen Grund, warum sie lieber allein sein wollte, verschwieg sie und schaffte es beinahe, ihn auch vor sich selbst zu verheimlichen.

Sie packte den Koffer – ein Abschiedsgeschenk von Jo, um die Klamotten und Hygieneartikel zu verstauen, die sich Amy im Forschungsinstitut hatte besorgen lassen – und zog ihn die wenigen Schritte zum Hotel gleich um die Ecke. Es war so exklusiv und teuer, dass es immer freie Zimmer gab.

Sie legte zweihundertzehn Dollar auf den Tisch; eigentlich viel zu viel Geld, nur um ins Bett zu fallen und einzuschlafen. Aber das akzeptierte sie. Ihr schwirrte der Kopf wegen der Überraschung, Eve getroffen zu haben, und auch vor Freude darüber, wie offen und zugänglich sich ihre Tochter gezeigt hatte. Die Tage bei Eric und Chayne taten ihr offenbar gut.

Im Fahrstuhl rauschte sie in den sechsten Stock, und als sie in ihr Marmorbad kam, ließ sie heißes Wasser in die Wanne, träufelte etwas von der bereitstehenden Duftessenz dazu, legte sich hinein und schaltete die Massagedüsen an. Irgendwie sollte sich ihr Mehr-als-zweihundert-Dollar-Zimmer eben doch auszahlen. Das Ananas-Kaki-Aroma weckte einen gewissen Appetit, aber sie ignorierte das Gefühl.

Wie riecht eigentlich Kaki?, fragte sie sich, denn die Ananas überdeckte alles, und außerdem galt der Kaki-Baum seit fünf Jahren als ausgestorben, was dem Ganzen einen morbiden Touch verlieh.

Im Holzregal neben dem doppelten Waschbecken lag ein zusammengefalteter Bademantel. Nass schlüpfte Amy hinein und wollte sich nur kurz aufs Bett legen, doch dabei fielen ihr die Augen zu.

Als sie später aufschreckte, wusste sie nicht, ob sie geschlafen hatte. Wahrscheinlich schon. Der Gürtel drückte in der Taille. Sie zog den Bademantel aus, kroch nackt unter die Laken, löschte das Licht und schlief sofort ein.

Wie immer seit dem Tag, als der Außerirdische gestorben und der andere Hubschrauber explodiert war – sie hatte gelogen, dass ihr diese offensichtliche Tatsache noch nie aufgefallen wäre –, träumte sie. Zehn Nächte lang quälte sie bereits derselbe Traum, nur jeweils mit einigen perfiden Abwandlungen. Irgendetwas sorgte dafür, dass sich die Bilder so tief in ihren Verstand eingruben, dass sie sie nicht vergaß, nachdem sie aufgewacht war. Es gab einen psychologischen Begriff für dieses Phänomen, sie hatte einmal eine Abhandlung darüber gelesen, konnte sich aber nicht erinnern.

In diesem Traum traf der körpereigene Pfeil, den das Wesen abstieß, *ihren* Hubschrauber. Die Sichtscheibe zersplitterte, und der Pilot wurde durchbohrt. In den albtraumhaften Bildern war dieser Pfeil so dick, dass er wie ein monströser dritter Arm aus dem Brustkorb des Sterbenden ragte und den Piloten außerdem an die Sitzlehne nagelte. In der Wirklichkeit hatte diese Körperwaffe eher einem daumendicken, metallharten Speer geglichen. Im Traum überschlug sich ihr eigener Hubschrauber, und nicht Warren saß neben ihr, sondern Eric. So rasten sie beide dem Tod entgegen, schlugen jedoch nie auf.

Sie fielen nur immer tiefer, und als Amy aus dem Fenster sah, trudelten sie durch das Vakuum des Alls. Mit dieser Erkenntnis glaubte sie zu ersticken, denn es gab keine Luft mehr. In der eisigen Kälte erfror sie. Erics Augen waren weit aufgerissen, und dann gefroren sie, ehe sie wie Glas zersprangen.

Sie wachte auf, hörte jemanden schreien, schnappte nach Luft und begriff, dass sie auf der Erde war, also zu Hause, und dass sie atmen konnte. Sie hatte öfter geschrien, wenn sie aufwachte, und wollte das ihrer Familie nicht zumuten. Und vor allem sich selbst die Gespräche ersparen, die zwangsläufig folgen würden und für die sie zu feige war. Sie musste diese Phase ohne fremde Hilfe überwinden. Nur noch ein paar Tage, und die Träume verschwanden wieder. Ganz sicher. Man steckte das, was sie erlebt hatte, eben nicht einfach so weg.

Sie sah auf die Uhr. Zeit zum Aufstehen.

Immerhin.

Sie duschte, jetzt ohne Ananas-Kaki-Duft, suchte sich Kleider aus dem Koffer und ging frühstücken. Das Büffet war schlicht überwältigend. Sie nahm die beste Mahlzeit seit einer Ewigkeit ein und fragte sich, wie es weitergehen sollte. Ihre Aufgaben mussten sich verschieben. Sie konnte sich nur schwer vorstellen, wieder in ihrer Wohnung zu leben und zum Cape Canaveral und zu dem dortigen NASA-Sitz zu pendeln. Noch stand nicht fest, ob David eine Stelle im Hauptquartier in Washington antrat. Aber wenn, das hatte er vor ihrem Aufbruch zwischen Tür und Angel mitgeteilt, würde er sie gern als seine persönliche Assistentin beschäftigen.

Zunächst blieben ihr allerdings einige freie Tage. *Es hat sowieso niemand die angesammelten Überstunden gezählt*, hatte David gemeint und sie nach Hause geschickt.

Sie packte alles zusammen und nahm sich ein Taxi zu ihrer Wohnung.

Dort kam sie jedoch nie an, weil – sie fragte sich, wie oft das noch so ablaufen würde – überraschenderweise David anrief und ihr mitteilte, dass sie sofort zum Cape Canaveral kommen musste. Ein Hubschrauber wartete auf sie. »Wir treffen uns im Prime-Hook-Naturschutzgebiet«, sagte er.

»Prime Hook? In Delaware?« Die Frage war eigentlich unnötig, denn sie kannte es – ein idyllisches Gelände voller Feuchtgebieten, Stränden und Wanderwegen. Sie war dort Kanufahren gewesen, neulich erst. Doch als sie darüber nachdachte, kam sie zu dem Ergebnis, dass es mindestens ein Jahr zurückliegen musste, wenn nicht noch länger.

»Ich bin auch schon dorthin unterwegs«, erklärte David.

»Worum geht es?«

»Das erkläre ich Ihnen unter vier Augen, Amy.«

»Aber … «

»Unter vier Augen.«

Sie kannte ihn mittlerweile gut genug, um zu bemerken, wie ernst es ihm war. »Einverstanden.«

»Wie schnell können Sie aufbrechen, Amy?«

»Ich sitze bereits im Taxi.«

»Soll das ein Witz sein?«

»Kein Witz. Das ist Zufall. Falls es das überhaupt gibt. Ich gebe dem Fahrer das neue Ziel gleich durch. Eine halbe Stunde, schätze ich.«

»Dann sehen wir uns ja bald. Der Pilot des Hubschraubers kennt die genaue Endstation. Aber stellen Sie ihm lieber keine Fragen – er weiß nicht, worum es geht.«

Sie beendeten das Gespräch.

»Sorry, dass ich mitgehört habe«, sagte der Fahrer, drehte sich kurz um und grinste. »Doch nicht etwa nach Delaware? Das wäre ganz schön teuer.«

»Cape Canaveral«, erklärte Amy leise.

»Ich möchte Ihnen ja nicht reinreden, wissen Sie, aber da gibt es einen derartigen Menschenauflauf, seit die den Außerirdischen gekillt haben, dass Besucher sowieso …«

»Bitte fahren Sie einfach. Ich bin kein Besucher.«

»Ach?«

»Ich arbeite dort.«

»Oh.«

Die restliche Fahrt verlief angenehm still, und bald sah Amy mit eigenen Augen, was der Fahrer mit dem Menschenauflauf gemeint hatte. Die Menge, die sich vor dem Besuchergelände versammelte, ließ sich kaum überschauen. Sie trugen Banner, marschierten und riefen dem Aufnahme-Van irgendeines Senders – Amy erkannte das Logo nicht – Sprechchöre entgegen. Eines der Spruchbänder konnte sie lesen: *Das nächste Mal Frieden*. Was sollte das für eine Aussage sein? Als hätte die NASA das bestimmen können. Es war schlicht und ergreifend Unsinn. Dann dachte sie an Dax und seinen heimlichen Krieg, und natürlich stimmte seine Botschaft, aber sie ließ sich so leicht falsch auslegen.

»Da gibt es kein Durchkommen, es sei denn Sie arbeiten wirklich dort. In dem Fall …«

»Biegen Sie an dem kleinen Weg vor der Infotafel rechts ab«, fiel sie ihm ins Wort. »Nach zwei Minuten kommen Sie an ein geschlossenes Tor. Dort steige ich aus.«

Außer Sie arbeiten wirklich dort. Frechheit.

Am Tor verließ sie den Wagen, bezahlte den Fahrer und identifizierte sich im automatischen Sicherheitssystem. Die Einfahrt wurde freigegeben. Vor ihr lag ein Fußweg von wenigen hundert Metern bis zum Mitarbeiter-Haupteingang. Noch unterwegs meldete sich ihr Pod, weil das System ihre Ankunft weitergemeldet hatte. Sie nahm das Gespräch an. Die Frau, die sich ihr nur mit ihrem Vornamen – Amalia – vorstellte, kannte sie nicht. Sie erklärte Amy, wo sie mit dem abflugbereiten Helikopter auf sie wartete.

Keine zehn Minuten später hoben sie ab und rasten dem Prime-Hook-Naturschutzgebiet entgegen.

Trotz Davids Hinweis stellte Amy einige Fragen an Amalia, aber wie sich herausstellte, wusste die Pilotin tatsächlich nichts über die Hintergründe.

Sie kamen auf einer kleinen Landzunge herunter, die rechts und links von seichtem Wasser umspült wurde. Amy stieg aus, und während die Maschine wieder aufstieg, kam Jake auf sie zu – der Assistent, der ihr schon auf der *USS Obama* geholfen hatte, in das Zelt mit dem Fundstück zu gelangen.

»Nett, Sie wiederzusehen«, sagte Amy.

»Hätte mir nur einen schöneren Anlass gewünscht«, meinte Jake. »Kommen Sie mit, ich bringe Sie zu Mr Norris.«

Sie eilten los. »Werden Sie auch schweigen, Jake, oder verraten Sie mir, was hier los ist?«

»Es gab zwei Leichen.«

Amy blieb abrupt stehen. »Und da wir uns damit beschäftigen, heißt das …«

»Opfer des Außerirdischen.«

»Aber er ist tot.«

Jake winkte ihr, ihm zu folgen. »Genau das verstehen wir alle nicht.«

»Wir befinden uns relativ nah am Landeplatz der Kapsel.«

»Fast auf einer Linie vom Landeplatz nach Washington«, sagte Jake. »Grob gesehen.«

»Vielleicht war das Wesen zuerst hier, ehe es nördlich weitergezogen ist, zu dem Kutter, der …«

Jake ließ sie nicht ausreden. »Das hatten wir auch gehofft.«

»Aber?«

»Es gab eine erste Obduktion. Diese Leute sind vor zwei

Tagen gestorben. Maximal drei. Und selbst wenn man irgendwelche absurden Umstände annimmt, die das Ergebnis verfälschen könnten – es kann keinesfalls zehn Tage oder länger her sein.«

»Also hat sie nicht der Außerirdische getötet.«

»Doch, Amy.«

»Das ist unmöglich.«

Jake führte sie auf einen schmalen Trampelpfad zwischen schulterhoch aufragendem Schilfgras. »Die Tatsachen sprechen aber für sich.«

Sie erreichten ein Gebiet, das Amy an ein ausgetrocknetes Flussbett erinnerte – von grünen Moosen überwachsene flache Steine bildeten eine viele Meter breite Schneise im Gras. Vereinzelt sammelten sich Pfützen, die im Sonnenlicht glitzerten.

Mitten auf den Steinen standen fünf Leute, und Amy glaubte, hinter ihnen die beiden erwähnten Leichen zu sehen. Sie war nicht sonderlich erpicht darauf, sie genauer in Augenschein zu nehmen, fürchtete jedoch, dass ihr das nicht erspart bleiben würde.

David kam ihr entgegen. Er sah bleich aus. So hatte Amy ihn zuletzt gesehen, als sie zum ersten Mal die Landekapsel betreten hatten. »Amy! Hat Jake Ihnen erzählt, was ...«

Sie nickte.

»Es gibt keinen Zweifel«, sagte er. »Ob es uns nun gefällt oder nicht. Das Wesen hat dieses Pärchen getötet, das offenbar etwas abseits der üblichen Pfade wandern wollte. Weil es fern von allen Wege geschehen ist, hat es auch zwei, höchstens drei Tage gedauert, bis jemand die Leichen entdeckt hat. Zum Glück ist es ein vernünftiger Mensch gewesen, der es der Polizei gemeldet und die Presse herausgehalten hat. Und ebenfalls zum Glück war der Officer kompetent genug, gleich die Hintergründe zu erkennen. Er hat sofort uns informiert. Amy, ich weiß, was Sie jetzt sagen wollen, aber es ist die außerirdische Kreatur gewesen. Punkt. Kein Zweifel. Und die beiden sind eindeutig noch nicht länger tot.«

»Das kann nicht sein«, beharrte Amy. »Wir wissen doch nicht nur, dass das Wesen tot ist, wir haben ja sogar seine Leiche.«

»Ehe wir es gestellt haben, war es allerdings einige Zeit unbeobachtet im Meer unterwegs. Für das, was hier geschehen ist, gibt es nur eine Erklärung. Es hat sich fortgepflanzt oder ...«

»Nein«, sagte Amy. Ihr wurde schwindlig. Die Welt drehte sich vor ihren Augen.

»Oder es hat sich geteilt, so wie es auch manche Meerestiere tun«, fuhr David fort. »Ein Seestern wirft einen Arm ab, und beide Teile leben weiter und ergänzen ihre Körper, bis es zwei vollständige ...«

Amy setzte sich hin, auf den größten Stein in der direkten Nähe. Ihr war übel. »Das können Seesterne doch nur, weil sie primitive Tiere sind«, fiel sie David ins Wort. »Ohne zentrales Gehirn, nur mit Nervenbahnen, die ...«

»Es ist bloß ein Vergleich, Amy, mehr nicht. Natürlich läuft es im Fall des Außerirdischen auf andere Weise ab, weil der Organismus ein völlig fremdartiger ist und wir seine biologischen Mechanismen nicht verstehen. Vielleicht hat er sich auch eingeschlechtlich fortgepflanzt, oder er trug den Nachkommen bereits auf dem Asteroiden in sich, und das Kind ist rasend schnell gewachsen. Wir wissen es nicht. Aber das hier ...« Er deutete über die Schulter hinter sich, »... ist eindeutig.«

»Und was heißt das für uns?«

David zögerte. »Es bedeutet, dass Dax' Botschaft an die Welt eine völlig neue Bedeutung erhält.«

»Dax?«, fragte sie verwirrt.

»Sein Schlagwort von dem heimlichen Krieg. Genau das

spielt sich seit einigen Stunden ab, Amy. Ein heimlicher Krieg, nur auf andere Weise, als Dax es propagiert hat. Admiral Loquas ist längst informiert, und er setzt – exakt so wie wir – alles daran, dass es nicht an die Öffentlichkeit dringt.«

»Aber die Menschen haben ein Recht darauf, es ...«

»Denken Sie nach, Amy! Wenn wir nun sagen, dass es ein zweites Wesen gibt, das unerkannt zwei Wanderer ermordet hat, wird Panik ausbrechen. Wir müssen es finden und heimlich beseitigen oder es gefangen nehmen.«

Immerhin ... auch eine neue Chance, es lebend zu studieren, dachte Amy und schämte sich für den Gedanken und den Hoffnungsfunken, der darin mitschwang, keine zehn Meter von den beiden Leichen entfernt. Sie presste die Hände aufs Gesicht und rieb sich über die Schläfen. »Wissen die anderen Bescheid?«

»Wir stellen wieder dasselbe Team zusammen. Moment, Amy.« Er griff in die Hosentasche, zog sein Pod, tippte darauf. Amy konnte nicht sehen, wer anrief, und es auch nicht hören; David trug winzige gekoppelte Empfänger im Ohr. Aber sie hörte seine Gesprächsanteile, und sie sah das Entsetzen in seinen Augen. »Sicher?« – »Wo?« – »Nein. Nein, das ...« – »Ich verstehe.« Er legte auf, ließ das Pod wieder verschwinden. »Die Regeln haben sich geändert, Amy.«

»Es gibt einen weiteren Toten?«

»Nicht nur einen.«

»Wie viele?«

Plötzlich krampfte sich David zusammen, schlug die Rechte vor den Mund, drehte sich zur Seite, wankte einen Schritt weiter und übergab sich. »Entschuldigen Sie«, sagte er verwaschen, als er sich wieder umdrehte.

»So viele?«, fragte Amy.

»Der neue heimliche Krieg ist vorbei, bevor er begonnen hat. Es ist bereits in den Medien.«

»Reden Sie schon!«

»Acht Leichen in Florida. Mehr als dreißig in Kuba.«

»Das ist …« Sie sprach das *Unmöglich* nicht aus. Es nützte nichts, die Augen zu verschließen. Die Welt schwankte um Amy herum. Für diese Entfernungen gab es nur eine Erklärung.

Es existierte nicht nur ein Ableger, nicht nur ein Nachkomme.

Wieder summte Davids Pod. Diesmal ging eine Nachricht ein. Er sah sie sich an und drehte dann das Display mit zitternden Fingern so, dass Amy es sehen konnte. »Bilder aus Puerto Rico«, sagte er.

Teil 4:

Zwillingsnacht

30. Oktober 2063–17. Juni 2065

Dienstagmittag-Video vom 30. Oktober 2063

[Transkription der Sprachspur:]
Sie leben.

Wahrscheinlich weiß das inzwischen jeder von euch, ich glaube nicht, dass es irgendjemandem entgangen sein kann. Dieses Video soll niemandem irgendetwas Neues erzählen. Vielleicht hilft es jedoch, die ganze Sache besser zu verstehen. Wobei ich ehrlich gesagt nicht weiß, ob ich es selbst ganz verstehe. Was wir gerade erleben, wird Konsequenzen nach sich ziehen … aber welche? Obwohl es in den offiziellen Stellungnahmen anders klingt, sage ich euch eins: Niemand weiß das.

Niemand!

Die Außerirdischen tauchen an so vielen Stellen auf, und mittlerweile nicht mehr nur auf dem amerikanischen Kontinent. Zuerst auf den Azoren auf dem Weg nach Europa, dann in Spanien, Island und an der afrikanischen Küste. Momentan rätseln Fachleute, ob die Videos aus Asien echt sind – aber es spielt gar keine Rolle. Sollten sie sich als gefakt herausstellen, kann es sich nur noch um Tage handeln, vielleicht auch um eine Woche, bis es dort zu realen Sichtungen kommt, und damit zu ersten Toten. Denn darauf können wir uns verlassen, dieses Muster wird bleiben: Die Aliens tauchen auf und hinterlassen Leichen, ehe sie sich zu Kolonien zusammenschließen. Wir wissen noch nicht genau, wie sie sich vermehren, aber *dass* sie es tun, steht fest, und zwar schnell.

Angeblich ist es dem Militär gelungen, zwei der Wesen gefangen zu nehmen. Ob es stimmt, weiß ich nicht – ich bin kein Geheimnisträger, und seit ich vor fast einem Monat mein Video über dem heimlichen Krieg veröffentlicht habe, lässt man mich erst recht nicht mehr hinter die Kulissen blicken. Inzwischen gelte ich als unbequem. Sie sagen es nicht, sie gehen nicht gegen mich vor; nein, das nicht, und ich möchte auch schon im Voraus allen Gerüchten, die eine Verschwörungstheorie in dieser Richtung aufbauen, deutlich widersprechen. Aber bei der NASA liegt seit einer Stunde meine Kündigung auf dem Schreibtisch. Wir trennen uns in Frieden, solange das noch möglich ist. Eigentlich gäbe es eine Frist von einem halben Jahr, doch ich habe darum gebeten, sie aufgrund besonderer Umstände fallenzulassen. Und ich vermute, dass man auf diesen Vorschlag dankbar eingehen wird. Mehr als das werdet ihr zu diesem Thema nie von mir hören. Es ist nicht wichtig.

Von Bedeutung ist vielmehr, wie das Militär mit den Gefangenen umgehen wird, falls es sie tatsächlich gibt. Ich halte es für höchst wahrscheinlich, übrigens – natürlich legt man auf eine Gefangennahme den größten Wert, und Auswahl steht in ausreichender Menge zur Verfügung, in vielen Ländern. Es bleiben zahllose Fragen, aber ich habe hier die drei meiner Meinung nach wichtigsten herausgefiltert, und ich stelle sie euch jetzt.

Wird versucht, eine Verständigung herbeizuführen?

Kann das überhaupt möglich sein?

Wie und mit welchen Mitteln werden die Gefangenen untersucht, um Schlussfolgerungen hinsichtlich ihrer Biologie und damit ihrer Optionen zu ziehen?

Ich möchte alle Menschen auffordern, über diese drei Fragen nachzudenken, besonders die Militärverantwortlichen und die Forscher, die mit den ... Fremden arbeiten. Oder *an* ihnen arbeiten, wie auch immer.

Ich glaube, von diesen Antworten wird die Zukunft abhängen.

Wir brauchen nichts so dringend wie eine Verständigung, einen Austausch. Aber selbst wenn der Wille dazu auf beiden Seiten vorhanden wäre, wovon ich keinesfalls überzeugt bin, weiß ich nicht, ob ein Weg dorthin existiert. Denn wie weit ist dieses außerirdische Leben von dem unseren entfernt?

Lasst mich kurz über Andersartigkeit nachdenken.

Dinge, die uns fremd sind, wecken Angst in uns.

Das ist keine schöne Feststellung, aber wenn ich mir die Geschichte der Menschheit anschaue, bestätigt sich das immer wieder.

Ich stelle euch jetzt das typische Denken vor, wie es jeder Mensch in sich trägt: Es gibt MICH – oder die Gruppe, zu der ich gehöre … und es gibt alle anderen. Die sind mir fremd. Die fürchte ich, eben weil sie nicht so leben wie ich. Vor denen muss ich mich schützen. Versteht mich nicht falsch, ich finde diesen Gedankengang nicht gut, aber er ist zutiefst in unserem Denken verankert. Das kommt nicht von ungefähr, und man kann erklären, wie sich diese Denkmechanismen entwickelt haben – das soll jetzt nicht mein Thema sein. Ich stelle lediglich fest.

Lasst es mich ein wenig vereinfacht ausdrücken: Dadurch, dass ich mich an die halte, die mir ähneln, definiere ich mich selbst. So findet man heraus, wer man ist. Nämlich anders als die anderen. Ob sie deshalb anderes sind, weil sie einem fremden Volk entstammen, kein Fleisch essen oder Horrorfilme mögen – das kommt auf die Umstände an.

Und nun stehen wir vor einer Situation, wie es sie noch nie zuvor gegeben hat. Denn WIR … das ist die gesamte Menschheit, und DIE … das sind die Außerirdischen.

Es besteht immer die Gefahr, dass man sich zusammenrottet gegen die anderen. Dass man sie verteufelt. So entstehen Ausschreitungen oder ganze Kriege. Manchmal vielleicht zurecht (wenn es so etwas wie Recht geben kann im Krieg), oft aus erschreckend unrealistischen Gründen.

Die Außerirdischen scheinen auf entsetzliche Weise feindlich zu sein. Aber möglicherweise irren wir uns auch mit diesem Urteil. Könnte es sein, dass es nur darum geht, sie zu verstehen?

Wir sollten es zumindest versuchen.

Ich kann nur hoffen, dass es gelingt.

Damit verbleibe ich, wie immer euer

Dax.

Kapitel 1: Beobachtung

2.–4. November 2063

1

»Amy?«

Sie hörte, wie David ihren Namen nannte, aber sie schaffte es nicht, darauf zu reagieren. Es gelang ihr einfach nicht, den Kopf zu drehen und ihn anzuschauen, oder irgendetwas zu sagen. Ihr Mund fühlte sich ausgetrocknet an.

Stattdessen starrte sie auf die Scheibe. Der einzige Gedanke, der sich nicht mit den außerirdischen Wesen auf der anderen Seite beschäftigte, war die Frage in ihrem Hinterkopf, ob sich dieses zerbrechliche, durchsichtige Etwas da vor ihr im Notfall *wirklich* als bruchsicher erweisen würde.

»Wie viele sind es?«, fragte Amy schließlich.

»Du gehst von falschen Voraussetzungen aus«, sagte David. »Unsere Biologen stehen noch am Anfang, diese Lebensform zu erforschen, aber sie betonen, dass zusammengeschlossene Außerirdische einen einzigen Kollektivorganismus bilden, egal, wie viele Einzelwesen es zuvor gewesen sind.«

»Also ist …«, sie zögerte, deutete auf die Scheibe, »… dies dort *ein einziges* Wesen?«

»Biologisch gesehen – ja. Da stimmen all unsere Wissenschaftler überein. Noch sind sie nicht imstande zu erklären, wie es in einzelne Aktionskörper zerfallen kann, aber …«

»Interessantes Wort«, sagte Amy. »Aktionskörper. Klingt so unmenschlich. Als ginge es um eine Art Roboter.«

»Ist Ihre Bezeichnung, nicht meine«, stellte David klar.

»Oder als wären sie bestenfalls Tiere. Auf jeden Fall keine Intelligenzwesen.«

Er schwieg, was Amy die Gelegenheit gab, die Kreatur genauer zu mustern. Sie trat einen Schritt näher an die Scheibe heran; vorher hatte sie unwillkürlich Abstand gehalten. Eine lächerliche Vorsichtsmaßnahme.

Was sie betrachtete, erinnerte nur entfernt an den schwarzen Insektenleib, den sie zuletzt aus dem Hubschrauber heraus am Ende der Jagd – der ersten Jagd – gesehen hatte. Und mit dem Körper, den die Astronauten auf dem Asteroiden der staunenden Welt präsentiert hatten, bestand keinerlei Ähnlichkeit.

Es war groß; Amy schätzte einen Durchmesser von mindestens fünf Metern bei annähernd kugelförmiger Gestalt. Gliedmaßen ragten in sämtliche Richtungen, die meisten so, dass sie den Boden berührten oder kurz darüber verharrten. Und Augen entdeckte sie an vier, acht, an insgesamt elf Stellen, scheinbar willkürlich in der Gesamtmasse verteilt. Diese Augen wiederum kamen ihr bekannt vor. Sie sahen wie diejenigen des Wesens auf dem Asteroiden aus, mit denselben Pupillen, nur dass sie nicht pulsierten. Aber sie richteten sich auf die Scheibe aus, hinter der Amy und David standen, obwohl die Kreatur sie unmöglich sehen konnte, weil sie von ihrer Seite aus anscheinend auf eine massive Wand blickte. Wie die Scheibe im Beobachtungsraum eines klassischen Verhörzimmers, von dem aus der Verhaftete wahlweise auf einen Spiegel oder eben eine Wand blickte und allenfalls ahnen konnte, dass diese von der anderen Seite aus durchsichtig war.

Die Kreatur zeigte keinerlei Bewegung, wirkte beinahe wie

eine bizarre Skulptur, dem Verstand eines Dante Alighieri, Salvador Dalí oder Clive Barker entsprungen.

»Wie lange regt es sich schon nicht mehr?«, fragte Amy.

»Seit Loquas' Leute sie überwältigt und in diese Spezialzelle geschafft haben.«

»Also fast drei Tage«, murmelte Amy. »Wie konnte die Gefangennahme überhaupt gelingen?«

»Es ging sehr blutig ab. Und man muss es wohl einen Glücksfall nennen.«

»Wie viele Tote hat es gekostet?«

David kam näher. Sie sah sein Spiegelbild. »Sechs. Und komm mir jetzt nicht damit, über den *Glücksfall* zu diskutieren, Amy. Das hier« – er tippte gegen die Scheibe – »kann Milliarden Leben retten.«

»Ist das nicht ein bisschen zu dramatisch ausgedrückt?«, fragte sie.

»Glaubst du?«

Vor Kurzem hätte sie noch mit Ja geantwortet, aber seine Ernsthaftigkeit ließ diese Überzeugung schwinden. »Warum bin ich hier? Und wieso hält sich da drin kein Heer von Biologen auf, um dieses Wesen zu analysieren?« Nun drehte sie sich doch zu David um.

Er sah müde aus. »Erstens, ich habe dich in diese Basis geholt, weil ich deinen Rat schätze, wie dir ja klar sein sollte. Zweitens, es *ist* ein Heer von Wissenschaftlern an der Arbeit. Sie beobachten das Kollektiv von ihren Labors ein Stockwerk unter uns mit gefühlten tausend Kameras und Sensoren, untersuchen Gewebeproben und … ach, frag mich nicht, was sie alles tun! Aber in die Zelle sind nur ein paar Soldaten in Spezialkörperschutzpanzern gegangen. Willst du das Ergebnis des bislang letzten Versuchs sehen?«

Sie nickte.

»Komm mit.« Er ging die wenigen Schritte bis zum anderen Ende des Beobachtungsraumes. Dort stand ein einfacher Holztisch im nierenförmigen Design, wie er zuletzt in den 2030ern modern gewesen war. In der Mitte war ein gläserner Abschnitt als Benutzerfläche des Computers eingelassen, mit dem sich der Zellenbereich steuern ließ. David tippte sich ins Menü und aktivierte die Sprachsteuerung, indem er sich mit Passwort und Spracherkennung legitimierte. Er setzte sich auf einen der vier Schreibtischsessel mit den abgewetzten Rückenlehnen, die sich um den Tisch verteilten. »Spiel Sequenz 43–2«, sagte er.

Ein Display klappte hoch, darauf lief ein Video ab.

Es zeigte die Zelle, in der das außerirdische Kollektivwesen gefangen saß; nur aus einem anderen Blickwinkel als durch die Sichtscheibe. Die Aufnahmekamera befand sich etwa auf Bodenniveau und filmte schräg nach oben. Die Kreatur verhielt sich ebenso reglos wie im Augenblick und verharrte, soweit Amy es auf die Schnelle beurteilen konnte, in derselben Position. Jemand trat ein. Amy fühlte sich bei der Gestalt an einen Astronauten im Raumanzug erinnert, nur erschien die Rüstung klobiger. Auf der metallischen Oberfläche spiegelte sich das Licht der eingebauten Deckenlampen. Der Mann – sie ging unwillkürlich davon aus, dass es sich nicht um eine Frau handelte – genoss dennoch einige Bewegungsfreiheit, die Schritte wirkten geradezu geschmeidig.

»Unnötig zu sagen, dass der Schutzanzug das Beste ist, was es auf dem Markt gibt«, sagte David. »Genauer gesagt, auf dem freien Handelsmarkt wäre nichts Vergleichbares zu erwerben. Ich erspare dir die exakten Spezifikationen, nur so viel: Der Soldat kann die Explosion einer Handgranate in einem Meter Entfernung mit ein wenig Glück völlig unverletzt wegstecken.«

Jeder Schritt krachte. Das Aufnahmemikro übertrug in perfekter Qualität, genau wie die Kamera.

Die kugelförmig zusammengezogene Kollektivkreatur blieb reglos. Nur eine der Extremitäten bewegte sich leicht. Etwas wie eine lang gezogene Kralle schabte über den Boden. Zwischen den Schritten des Soldaten war ein leise kratzendes Geräusch zu hören. Ansonsten blieb die Kreatur geradezu unheimlich stumm und reglos.

»Er ist dort, um eine Gewebeprobe zu nehmen.« David kannte das Video gut genug, um die Worte genau in dem Augenblick zu sagen, als der Besucher aus einer Art Waffengürtel einen Laserschneider entnahm. »Die Biologen haben ihm detaillierte Anweisungen gegeben. Ihre Forschungen beweisen übrigens eine zelluläre Grundstruktur der Außerirdischen, aber keine DNA, wie wir sie kennen. Diese Wesen müssen sich auf eine noch gänzlich unbekannte Weise entwickelt haben und bauen auf einem völlig anderen System auf, das die Wissenschaftler nicht begreifen können. Um es zu erforschen, brauchen sie Proben aus verschiedenen Körperbereichen. Dem Panzer. Dem schwarzen Blut. Dem ...«, er zögerte kaum merklich, »... Auge.«

»Der Soldat wird ein Auge entnehmen?«

»Ich dachte, es ist sinnvoll, wenn du verstehst, warum er tut, was er tut.«

»Ich verstehe es nicht«, sagte Amy, während sie sich vorstellte, wie der Soldat die Kreatur verstümmeln wollte.

David stoppte die Videowiedergabe per Zuruf. Das Bild fror ein, als der Laserschneider etwa eine Handspanne vom Körper des Kollektivs entfernt war. »Es ist nicht angenehm, Amy, das ist mir ebenso klar wie dir und jedem anderen, einschließlich Admiral Loquas und der Präsidentin höchstpersönlich! Aber glaub keine Sekunde länger, dass es noch irgendeine Art von Skrupel gibt.« Er lehnte sich im Sessel zurück und verschränkte die Hände im Nacken.

»Wie können wir …«

»Wir müssen uns der Realität stellen«, fiel David ihr ins Wort. »Warren hat auf Grundlage aller Daten eine Prognose erstellt.«

»Warren?«

»Kington.«

Als ob sie das nicht wüsste. Sie hatte für Warren mehr empfunden als für die meisten anderen Menschen in den letzten Jahren, abgesehen von Eric und Chayne. Und Eve, natürlich.

Natürlich.

Seit dem Ende der Jagd hatte sie Warren zwar nicht wiedergetroffen, aber sie würde nicht vergessen, wie sie mit ihm im Hubschrauber und vorher auf den Steinen am Meer gesessen hatte. »Und was vermutet der beste Zukunftsprognostiker der NASA?«

»Nicht der NASA, sondern der gesamten Welt«, verbesserte David. »Und er vermutet nicht. Er *errechnet*, obwohl es das auch nicht genau trifft, weil …«

»Wie lautet die Prognose?«, unterbrach sie genervt. Das Letzte, das sie momentan interessierte, war eine haarspalterische Diskussion über korrekte Bezeichnungen. Darüber konnte man sich in wissenschaftlichen Fachaufsätzen oder in öffentlichen Stellungnahmen streiten, aber nicht im echten Leben. Nicht *jetzt*! Amys Mund fühlte sich immer trockener an. Sie sehnte sich nach den Besprechungsräumen der NASA, wo ständig Getränke bereitstanden. Auf derlei Luxus legte das Militär in seinen Hochsicherheitsanlagen offenbar keinen Wert.

»Die Kurz- oder die Langversion?«

»So knapp wie möglich.«

»In einem offenen Krieg werden uns die Außerirdischen besiegen.«

»*Uns?* Wen meinst du damit? Die Amerikaner?«

»Die Menschheit. Und zwar zuerst in erdrutschartigen Siegen, die unsere Zivilisation und Technologie binnen weniger Monate zusammenbrechen lassen. Danach bleibt eine Zeitspanne zwischen drei und fünf Jahren. Sie könnten uns ausrotten, Amy, genau wie Hunderte Spezies auf unserer Welt in den letzten Jahrzehnten ausgestorben sind!«

»Es gibt aber einen Unterschied zwischen ... Tierarten und dem Menschen«, sagte sie. Aber gab es den wirklich?

Er nickte. »Und deswegen ist es dem Militär vollkommen egal, ob dieser gefangenen Kreatur ein Auge ausgeschnitten wird oder nicht. Und mir auch.«

»Das ist nicht dein ...«

»Doch, Amy, es ist mein Ernst. Willst du das Video bis zum Ende ansehen?«

Sie fühlte sich elend. »Spiel es ab.«

»Es wird dir nicht gefallen. Vielleicht hätte ich dich nicht rufen sollen, um dich zu schonen. Aber wir gehen davon aus, dass in einigen Wochen jeder Mensch die Wahrheit kennt. Oder spätestens in drei bis vier Monaten. Die einzige Möglichkeit, der Menschheit diesen kollektiven Schock von Warrens Analyse nicht zu verpassen, sehen wir darin, die Außerirdischen möglichst rasch aufzuhalten. Deswegen bist du hier. Ich glaube, du kannst helfen.«

»Du erschreckst mich, David.«

Sein Gesicht blieb unbewegt. »Ich habe gesehen, wozu sie fähig sind. An exakt diesem Ort ...« Er deutete durch den Raum auf die Scheibe. Sie blickte ihm in die Augen. Sie waren kühl und grau. »... und an mehreren anderen Stellen genauso. Warrens Prognose ist nur das i-Tüpfelchen. Wir müssen endlich aufwachen, und es tut mir leid, wenn ich dich ein wenig zu brutal wachrüttele.«

»Ich verbessere mich: Du machst mir Angst.«

Statt einer Antwort ließ er das Video weiterlaufen.

Der Soldat führte den Laserschneider näher an die kugelartig zusammengezogene Kollektivkreatur. Als nur noch einige Zentimeter fehlten, jagte blitzschnell eine der Extremitäten vor. Das Ende klaffte auseinander. Tentakelartige Greiffinger packten das Werkzeug, entrissen es dem Soldaten, drehten es um und schnitten in die Körperrüstung.

Durch die Körperrüstung.

Der Arm wurde einige Zentimeter oberhalb des Handgelenks durchtrennt. Die Hand fiel auf den Boden. Die Finger bewegten sich noch, als wollten sie das Blut ertasten, in dem sie schwammen. Der Soldat schrie, wankte rückwärts.

Das Wesen richtete den Laserschneider in Richtung der Sichtscheibe, die von dieser Seite eine massive Wand zu sein schien.

Das Innenschott der Schleuse öffnete sich. Ein weiterer Soldat stürmte hindurch. Er feuerte unablässig mit einer Waffe. Die Extremität, die den Schneider hielt, barst in einer schwarzen Wolke. Das Gerät explodierte. Flammen züngelten in der Luft. Sie verpufften aber schnell wieder. Der Soldat packte seinen Kameraden und zerrte ihn mit sich zurück. In derselben Bewegung bückte er sich und griff nach der abgetrennten Hand. Die Kreatur kümmerte sich nicht darum. Sie zog die verstümmelte Extremität an den Kugelleib, ohne ein Zeichen, dass sie Schmerz oder Verlust empfand, und verharrte regungslos.

»Was haben wir eben gesehen, Amy?«, fragte David.

»Das Wesen hat ganz gezielt angegriffen.« Sie stockte. »Nein. Hat sich verteidigt. Es hat außerdem die Funktion des Schneiders exakt begriffen.« Amy schloss die Augen. Es half nichts. Sie sah trotzdem vor sich, wie die Hand in einem Regen aus Blut zu Boden fiel. »Hat danach noch jemand die Zelle betreten? Was ist mit dem Soldaten? Lebt er?«

»Nach einer komplexen Operation und mikrochirurgischer Unterstützung sieht es so aus, als könnte er seine Hand wieder benutzen. Wir haben einen Reinigungsroboter in den Raum geschickt, um das Blut zu beseitigen und die Trümmer des Geräts einzusammeln. Er blieb unbehelligt.«

»Weil er nicht angegriffen hat«, sagte Amy.

»Oder aus einem anderen Grund. Vielleicht, weil er harmlos war. Kein Gegner, und nicht als Waffe zu benutzen.«

»Wie sollte die Kreatur das wissen?«

»Es gibt vieles, was sie eigentlich nicht wissen kann. Wir gehen davon aus, dass eine kollektive Bewusstseinsverbindung besteht, auch zwischen Einzelkreaturen, die nicht direkt körperlich verbunden sind.«

»Mit echtem Wissenstransfer zwischen den unabhängigen *Aktionskörpern*?« Amy schüttelte den Kopf. »Das ist ...«

»Unmöglich?«, fiel David ihr ins Wort. »Streich diese Vorstellung aus deinem Verstand, Amy, sonst hast du hier nichts zu suchen.«

»Ist vielleicht sowieso besser, wenn ich gehe und das Feld euch überlasse.« Sie stand tatsächlich auf, aber sie ging nicht zu der schlichten Tür, die in den noch schlichteren Korridor im unterirdischen Bereich der Militäranlage führte, sondern zurück zur Sichtscheibe. Dort starrte sie die Kreatur an, mit derselben düsteren Faszination wie zuvor.

»Du willst aufgeben?«, rief ihr David hinterher. »Wir können nicht davor fliehen, Amy! Wir haben uns dieses Wesen auf unseren Planeten geholt, und jetzt müssen wir ...«

»David!«

»Es ist die Wahrheit! Verschließ nicht deine ...«

»Komm her und sieh dir das an!« Sie konnte den Blick nicht von dem bizarren Anblick lösen. Sie starrte in die vielen Augen des Kollektivs.

Kein Zweifel.

Sie täuschte sich nicht.

Seit wenigen Momenten pulsierten die Pupillen. Sie weiteten sich, schrumpften, vergrößerten sich wieder ...

Genau, wie es die Astronauten auf dem Asteroiden beobachtet hatten.

»Es sendet«, sagte Amy.

2

Eric stand unter der heißen Dusche, als Chayne ins Bad kam. Er sah sie durch das Milchglas der Duschwand. Üblicherweise störten sie sich gegenseitig nicht im Bad – so lautete ihre Abmachung; diese Minuten gehörten ihnen ganz allein. Ursprünglich war es Chaynes Wunsch gewesen, und er hatte es von ihr übernommen und genoss das Alleinsein. Als er ihren ernsten Gesichtsausdruck bemerkte, stellte er das Wasser ab und sah sie fragend an.

»Amy ruft an«, sagte sie. »Sie würde gern mit dir reden.«

»Ist sie noch ...«

»Ja. Im militärischen Hochsicherheitstrakt.«

Ihr Chef David Norris hatte sie vor einem Tag dorthin abberufen. Ihr war nur die Zeit geblieben, sich rasch bei ihnen zu melden und sich dann auf unbestimmte Dauer zu verabschieden. Sie hatte gewusst, dass es um die Invasion ging – worum auch sonst? Einzelheiten hatte David ihr nicht genannt. Natürlich nicht. Das alte Geheimhaltungsspiel. Und der alte hektische Rückzug aus dem normalen Leben.

Wobei Eric sich durchaus fragte, ob es für sie jemals wieder so etwas wie ein normales Leben geben würde. Oder für irgendjemanden, im Zeitalter der Invasion. So nannten es inzwischen eine Menge Presseleute. Die offiziellen Stellen zeigten sich mit dieser Namensgebung alles andere als glücklich und Eric als Sprachphilosoph wegen der unausweichlichen Assoziationen ebenso wenig. Aber einmal im Alltagsbewusstsein angekommen, ließ sich diese Benennung nicht mehr wegdiskutieren.

»Ich rede solange im Wohnzimmer mit ihr«, sagte Chayne. »Beeil dich.«

Er spülte sich hastig den letzten Schaum vom Körper, aktivierte den Heißluftwirbel, gönnte sich jedoch nicht die nötigen dreißig Sekunden, um sich gründlich zu trocknen. Sondern schlüpfte in Unterhose und T-Shirt und eilte zu seiner Frau.

»Es macht uns verrückt, dass wir es nicht verstehen«, sagte Amy gerade. Das Pod stand auf Lautsprecher und Videoübertragung. Fast in der Mitte war ihre Unterlippe geschwollen; sie hatte sich gebissen, und das heftig.

Eric setzte sich. »Tschuldige.«

Sie grinste humorlos. »Man kann dir ja kaum zum Vorwurf machen, dass du duschst.«

»Worum geht's? Ich meine, ich freue mich, von dir zu hören, aber ...«

»Sie haben ein kleineres Kollektiv gefangen genommen. Es befindet sich hier in einem Militärstützpunkt, und zwar in einem Spezialgefängnis.«

»Wo bist du?«

»In der Patrick Air Force Base.«

Das war kaum weiter als einen Katzensprung entfernt. »Untersuchen sie es? Kannst du es sehen? Versuchen sie zu kommunizieren?«

»Langsam, Bruder.«

Ihm lagen noch eine Menge Fragen mehr auf der Zunge,

aber er verkniff sie sich. Amy würde ihm schon erzählen, was immer sie durfte, egal, wie viele Fragen er stellte. Also presste er die Lippen aufeinander und schloss mit Daumen und Zeigefinger den imaginären Reißverschluss davor. Gleichzeitig sah er seine Schwester auffordernd an.

»Ich hätte dich gern bei mir«, sagte sie.

»Was?«

»Das Kollektiv sendet, genau wie damals auf dem Asteroiden. Wir verstehen es nicht – natürlich nicht. Ich habe mit David gesprochen und ihm gesagt, deine Intuition und dein Verständnis von Sprache wären exakt das, was wir brauchen. David war zuerst alles andere als begeistert, jemanden von außen dazu zu holen, und mir ist klar, dass eine Menge Gründe dagegensprechen, aber ...«

»Man hat Jahrzehnte lang versucht, es zu übersetzen«, unterbrach er sie. »Wie kommst du auf die Idee, ich könnte ...«

»Weil uns das Wasser bis zum Hals steht, Eric. Weil es die ganze Zeit über nicht funktioniert hat und jetzt frische Ideen und Blickwinkel nötig sind.«

»Das ist lächerlich. Ich kann unmöglich ...«

Das Bild wackelte – jemand drehte das Pod. Ein neues Gesicht tauchte auf. »Mr Allamore. Sie erinnern sich an mich?«

»Mr Norris.«

»Sagen Sie David.«

Er nickte. »Eric.«

»Amy meint, Sie seien der Richtige. Ich kann Sie nicht verpflichten, aber auch wenn ich es könnte, würde ich es nicht tun, ehe Sie den folgenden Test bestanden haben.«

»Ein Test?« Er kam sich vor wie in einer dieser bizarren Medienshows versetzt – *Überlebe nackt vier Stunden in einem verlassenen Fabrikgebäude mit einer Horde Wildschweine* oder vergleichbarer Müll.

»Das Kollektivwesen sendet, und wir verstehen es nicht. Mit welcher Nachricht würden Sie sich an es wenden?«

Eric stieß ein tonloses Lachen aus. »Wie viele Tage geben Sie mir zum Nachdenken?«

»Eine Minute, ab jetzt.«

»Das ist albern! Wie lange denken Ihre Wissenschaftler bereits darüber nach, ohne ein Ergebnis zu finden?«

»Es bleiben dreiundfünfzig Sekunden.«

Eric schwieg. Es gab nicht die ultimative Botschaft, die man zurücksenden konnte. Er kannte jede Menge Theorien und Untersuchungen von Sprachwissenschaftlern und -philosophen aus den letzten Jahrzehnten. Ein Ansatz ging davon aus, möglichst viele Informationen zu bündeln, indem Sprache in ihre kleinsten Teile – einzelne Laute als Entsprechung von Buchstaben – zerlegt wurde; andere Ideen schworen auf bedeutungstragende Morpheme oder die Universalität von Mathematik.

»Dreißig Sekunden«, sagte David.

»Die brauche ich nicht. Spiegeln Sie, indem Sie die Botschaft zurückschicken, die all die Jahre von dem Asteroiden ausgegangen ist. Sowohl die erste Version als auch die zweite, in der der Fremde unsere ursprüngliche Nachricht integriert hat.«

»Siehst du?« Amy war nach wie vor nicht zu sehen, aber deutlich zu hören.

»Erstaunlich«, sagte David. »Genau so sind wir vorgegangen, nach stundenlanger Beratung mit allen Fachleuten.«

»Und?«, fragte Eric. »Wie ist es ausgegangen?«

»Das erzähle ich Ihnen vor Ort. Sobald Sie hier sind.«

»Ich kann nicht einfach …«

Wieder verschob sich der Aufnahmebereich des Pods, bis Amys Gesicht auftauchte. War sie vorhin auch so bleich gewesen? »Die Welt geht unter, wenn wir es nicht stoppen. Egal warum du glaubst, nicht kommen zu können, das Argument zieht nicht. Wir schicken dir einen Hubschrauber. Ich erklär dir, wo er landen wird.«

»Das ist ...«

»Er wird sich auf den Weg machen«, fiel ihm Chayne ins Wort.

Eric sah sie an. *Die Welt geht unter*, dachte er. Wenn das tatsächlich der Fall sein sollte, würde ganz gewiss nicht ausgerechnet er derjenige sein, der ... es aufhielt. Genau das wollte er auch sagen, aber er wusste, wann er sich besser geschlagen gab. Also nickte er.

Amy gab den exakten Ort durch, eine Sekunde später starrte er auf das schwarze Display.

3

Warren Kington stellte sich vor. Eric ergriff die ausgestreckte Hand. »Freut mich. Amy hat mir von Ihnen erzählt.«

»Hat sie?« Warren lächelte. »Wie sagt man bei solchen Gelegenheiten? *Nur Gutes, hoffe ich.*«

Amy winkte ab. »Es ging weniger um dich, als vielmehr um deine Art der Zukunftsprognose. Die kann man mögen oder nicht.«

»Wieso sollte man sie nicht mögen? Es würde doch auch niemand ein Geschmacksurteil darüber ablegen, dass eins und eins zwei ergibt. Das *ist* einfach so.«

Irgendwie fand Amy dieses absolute Selbstvertrauen sogar charmant. Trotz der verzweifelten Lage stellte sie sich unwillkürlich vor, wie es wäre, an ihre Strandmomente anzuknüpfen. Stattdessen sagte sie zu ihrem Bruder: »Wenn du irgendetwas über seinen Charakter wissen möchtest, hat er dir eben seinen Charakter demonstriert. Wie auch immer, die NASA hält große Stücke auf ihn.«

»Und du?«, fragte Eric.

Amy nutzte die Gelegenheit, Warren von oben bis unten zu mustern. »Ich gehöre zur NASA. Also schließe ich mich an.«

Warren legte ihr die Hand auf die Schulter. Eine seltsame Vertraulichkeit. Doch es fühlte sich angenehm an. »Ihre Schwester mag mich, und das beruht auf Gegenseitigkeit.«

»Vielleicht sollten wir das später unter vier Augen besprechen«, sagte Amy. »Falls irgendwann Zeit dafür bleibt. Jetzt dürfen wir nicht vergessen, dass wir nur das Empfangskomitee bilden und meinen Bruder zur Besprechung abholen sollen.«

»Gute Idee«, meinte Eric. »Ich könnte mir ohnehin einen gemütlicheren Ort vorstellen als ... das hier.« Er machte eine umfassende Handbewegung.

Amy fragte sich, was er empfinden mochte. Sie selbst hatte sich an vergleichbare Anblicke in diversen Militärbasen bereits gewöhnt – falls man sich überhaupt jemals an eine derartig hässliche Nüchternheit gewöhnte. Ein Asphaltmeer hinter gestaffelten Sicherheitszäunen; Betonklötze in Braun-Grau; Flure mit Schlachthaus-Charme; Soldaten mit geschulterten Schnellfeuerwaffen in Sichtweite. In der Tat war das nicht gerade die ideale Umgebung für ein idyllisches Familienweihnachtsfest.

Amy ging voran und bat ihren Bruder, ihr zu folgen. Aus dem Augenwinkel sah sie, dass Warren noch stehen blieb, sein Pod zog und darauf tippte. Sie erreichte die erste geschlossene Tür. In den äußeren Sicherheitsbereichen kannte sie den nötigen Code und gab ihn in das Feld ein. Die Tür öffnete sich. Dahinter stand ein Soldat. Er erkannte Amy und stellte keine Fragen, als sie weiterging. Inzwischen folgte Warren, und Amy hörte, dass er telefonierte, aber er war zu weit entfernt und sprach zu leise, als dass sie die Worte hätte verstehen können.

Noch bevor sie den vereinbarten Besprechungsraum erreichten, eilte Warren näher heran. »Marylinne hat mich kontaktiert.«

»Aus unserem alten Jagdteam?«

Er grinste. »Wie viele Marylinnes kennst du außer Miss Eisklotz Harson?«

»Punkt für dich. Seit wann ist sie so kommunikativ?«

»Ich habe ihr einen Gefallen getan«, antwortete Warren ausweichend. »Da wollte sie sich wohl revanchieren, indem sie dich vorgewarnt hat.«

»Sie tut *dir* einen Gefallen, indem sie *mich* vorwarnt?«

»Jetzt bleib erst mal stehen! Und ja, genau so – sie weiß eben, dass ich dich mag.«

»Akzeptiert. Und wovor warnt sie mich?«

»Admiral Loquas wird an dem Gespräch mit deinem Bruder teilnehmen.«

»Er ist hier?«

Warren schüttelte den Kopf. »Der hockt in Washington wie eine Spinne im Netz seiner Militäroperation. Marylinne sagt, er klinge nicht gerade begeistert darüber, dass David *noch einen Zivilisten* hierherschafft.« Er hob die Schultern. »Seine Formulierung.«

»Woher weiß sie überhaupt davon?«

»Sie saß vorhin neben David und wartete mit ihm auf uns. Jetzt ist sie auf der Toilette.«

»Sie ist pinkeln gegangen, um dich zu warnen. Also … mich.«

»Genau.«

»Muss ein toller Gefallen gewesen sein, den du ihr getan hast.«

»Hat mich kaum eine Stunde gekostet.«

»So schnell ging das?«, fragte Amy.

Eric räusperte sich. »Wollt ihr euch ein Zimmer nehmen?«

Amy spürte, wie ihr plötzlich Hitze in die Wangen schoss, als wäre sie ein Schulmädchen. Warren rettete die Situation, indem er ihr den Ernst der Lage vor Augen hielt: »Wenn Loquas sich querstellt, kann er uns gewaltige Probleme bereiten. Und vor allem das Projekt schädigen – die ganze Sache rückt sowieso mehr und mehr in die Hände des Militärs, wir können froh sein, dass die NASA überhaupt noch irgendetwas mitzusprechen hat. Also sollten Sie genau aufpassen, was Sie sagen, Eric.«

»Danke für den zusätzlichen Druck. Ich habe übrigens nicht darum gebeten, hier zu sein!«

»Das stimmt«, sagte Amy. »Aber wenn wir Millionen Leben retten, fragt danach hinterher niemand.«

»Milliarden«, verbesserte Warren. »Meine Prognose ist in dieser Hinsicht eindeutig. Entweder wir stoppen die Außerirdischen in den nächsten Tagen, längstens Wochen, oder …« Er sprach den Satz nicht zu Ende, sondern schnippte mit den Fingern.

Amys Pod meldete einen eingehenden Anruf. David versuchte sie zu erreichen. Sie nahm an. »Ja?«

»Vergiss den Besprechungsraum, Amy. Ich hatte ein Gespräch mit Fleet Admiral Loquas.«

Sie schluckte das *Ich weiß*, das ihr auf der Zunge lag, hinunter. Marylinnes Vorwarnung hatte am Ende kaum mehr als eine Minute gebracht.

»Er will keine Zeit verlieren, sondern sehen, wie dein Bruder im Angesicht des Kollektivs reagiert und welche Vorschläge er unterbreitet.«

»Er kann natürlich nicht zaubern«, sagte Amy und sah, wie Eric ihr den hochgereckten Daumen entgegenhielt.

»Das erwartet auch niemand.«

»Ganz sicher?«

David zögerte kurz. »Ich erwarte es nicht«, verbesserte er. »Für Loquas lege ich in dieser Hinsicht nicht meine Hand ins Feuer. Kommt zum Beobachtungsraum. Ich instruiere die Wachtposten, euch zu dritt durchzulassen.«

4

Ihn quälten Kopfschmerzen.

Diese ganze Situation war verrückt, und der Anblick hinter der Scheibe war noch viel verrückter: Diese Kugel, gebildet aus einigen vorher autark gewesenen außerirdischen Leibern.

Ihm kam ein bizarrer Gedanke. Konnte man diese Wesen überhaupt außerirdisch nennen, wenn sie doch eindeutig auf der Erde entstanden waren, offenbar in rasendem Tempo gewachsen, Nachkommen oder Abspaltungen der ursprünglichen fremden Kreatur?

»Wie lange sendet es schon?«, fragte er.

»Achtunddreißig Stunden«, antwortete David, ohne auch nur eine Sekunde nachdenken zu müssen.

Die Frau, die an die Wand gelehnt stand – blonde Haare, eine knabenhaft schmale Figur –, schwieg weiter. Sie hatte sich knapp mit ihrem Nachnamen vorgestellt – »Harson« – und andeutungsweise genickt, sonst hatte sie nichts geäußert, als wollte sie demonstrieren, dass Amys und Warrens Urteil über sie stimmte. Sie starrte unentwegt durch die Scheibe, als könnte sie etwas entdecken, das ihr und jedem anderen bislang entgangen war.

»Hat sich das Muster verändert?«

»Ist von Anfang an identisch geblieben. Es wiederholt sich alle sechzehn Sekunden.«

»Siebzehn«, korrigierte Marylinne, ohne den Blick zu wenden.

»Wurde bei anderen Kollektiven etwas aufgefangen?«, fragte Eric. »Senden sie ebenfalls, und wenn ja, ab genau demselben Zeitpunkt?«

Für einen Augenblick herrschte Schweigen, und obwohl niemand etwas sagte, konnte Eric die Verblüffung der vier Menschen im Raum geradezu hören. Warren, Amy und David wechselten Blicke, Marylinne Harson ballte die Rechte zur Faust und klopfte sich damit mehrfach an die Stirn.

»Wir wissen es nicht«, gab David schließlich zu. »Das ist … verdammt, wieso hat sich keiner von uns diese Frage gestellt?«

»Weil eine Perspektive von außen fehlt«, sagte Amy. »Und aus genau diesem Grund habe ich Eric eingeladen.«

»Der Admiral muss es wissen«, sagte Warren. »Hat er denn nichts dazu gesagt, David?«

»Natürlich nicht, sonst hätte ich …«

Sie redeten durcheinander, die Worte verschmolzen zu einem Kauderwelsch.

Eric legte die Stirn an die Scheibe. Unter seinem Atem beschlug sie. »Wer bist du?«, flüsterte er, und dann: »Was bist du?«

Er lauschte beiden Fragen nach und konnte nicht entscheiden, welche besser klang. Das Kollektiv richtete mehrere Augen auf ihn. Die Pupillen pulsierten. »Siehst du mich?«, fragte er, obwohl er wusste, dass das nicht der Fall war, zumindest nicht auf einem normalen optischen Weg. Verfügte das Wesen über andere Sinne, die Eric dennoch wahrnahmen? Er wollte gerade fragen, ob es bereits Erkenntnisse in dieser Hinsicht gab, als David Norris die Stimme erhob.

Der NASA-Leiter forderte Ruhe und hob sein Pod. »Der Fleet Admiral!« Er wartete kurz, ehe er das hereinkommende Gespräch annahm. Das Bild des Admirals wurde auf die Sichtscheibe zum Gefangenenraum projiziert, fast so, als würde Marcel Loquas in Fleisch und Blut vor ihnen stehen.

Eine so brillantscharfe Wiedergabe in Lebensgröße hatte Eric nie zuvor bei einem Bildtelefonat gesehen; kein Wunder, denn Universitäten leisteten sich eine dermaßen teure Technologie nicht, zumindest nicht im philosophisch-geisteswissenschaftlichen Bereich, und Privatpersonen schon gar nicht. Loquas strahlte eine militärische Autorität aus, die ihn unwillkürlich einschüchterte.

»Mr Allamore«, sagte der Admiral, »danke, dass Sie so rasch gekommen sind.« Er klang trotz des höflichen Wortes weniger dankbar als vielmehr befehlsgewohnt. Für diesen Mann war es die Normalität, etwas zu befehlen. »Mr Norris hält große Stücke auf Sie.«

»Gut«, sagte Eric. Er kam sich wie ein Trottel vor. *Reiß dich zusammen!*

»Was ist Ihre Meinung zur Kommunikation mit den Fremden?«

»Sie ist vorrangig wichtig. Wenn eine Verständigung mit den Außerirdischen gelingt, kann eventuell eine gemeinsame Basis gefunden werden.«

»Und alles stellt sich als ein Missverständnis heraus?«, fragte Loquas spöttisch.

»Das glaube ich nicht, Sir. Aber ich halte für realistisch, dass sich eine neue Perspektive eröffnen könnte. Eine Verhandlungsbasis.«

»Wissen Sie, was da draußen los ist, Mr Allamore?«

»Wie sollte ich, wenn die Nachrichten nicht öffentlich verbreitet werden?«

Auf diese Spitze ging der Admiral nicht ein. »Es besteht kein Zweifel, dass die Aliens inzwischen in achtundvierzig Ländern aufgetaucht sind. Möglicherweise sind es sogar mehr. Noch zehn Tage, und man findet sie überall. Sie bilden Kollektive aus, wie das, das Sie vor sich sehen.« Loquas' Abbild hob die rechte Hand und deutete über die Schulter nach hinten – als könnte er in die Zelle blicken. Vielleicht war es sogar so. Welche Kameramöglichkeiten standen ihm zur Verfügung? »Nur größer. Sehr viel größer, üblicherweise.«

»Wie groß?«, fragte Amy.

»Das größte Exemplar bildet eine Art Wall, hoch wie ein zweistöckiger Bus und vor wenigen Minuten über neunzig Meter lang. Es wächst ständig, indem sich weitere Aktionskörper anschließen. Einige hundert Einzelkörper haben sich bereits gesammelt, vielleicht tausend. Woher sie Energie und Material für ihr Wachstum beziehen, ist uns ein Rätsel – ihre Ernährung und Stoffwechsel laufen ...«, er stockte, »... anders ab, als es sich unsere Biologen bislang erklären können. Es wurde nur vereinzelt beobachtet, dass sie Nahrung aufnehmen – wozu Fleisch ebenso zählt wie pflanzliche Nährstoffe. Für ein so rasches Wachstum müssen aber einerseits Unmengen von Nahrung aufgenommen werden, andererseits wäre es trotzdem keiner uns bekannten Art möglich, so raschen Stoffwechsel zu betreiben. Theorien gehen von einer Art ...«, ein erneutes Stocken, »... einer Art zusätzlichen Fotosynthese aus, wobei das ein höchst unpassender Begriff ist, weil die Mechanismen völlig anders ablaufen müssen. Kurz – es gibt keine Antworten. Noch nicht.«

Wie viele Außerirdische mochte es in all den Ländern insgesamt geben? Eric verkniff sich die Frage, wie das überhaupt möglich sein konnte nach so kurzer Zeit. »Um die Kommunikationsmöglichkeiten zu beurteilen, muss ich wissen, ob andere Wesen ebenfalls eine Nachricht ausstrahlen.« Nach kurzem Nachdenken ergänzte er: »Bitte.«

»Tun sie«, sagte Loquas. »Zuerst hier in Amerika, wobei wir das nicht mit absoluter Gewissheit sagen können. Jedenfalls ist das gefangene Exemplar nicht das erste gewesen. Inzwischen ebenfalls in Europa, Afrika und Asien.«

»Überall dieselbe Sendung?«

»Es gibt identische Sequenzen, aber auch jeweils individuelle Abschnitte.«

»Darüber muss ich alles wissen«, forderte Eric und fragte sich, ob er mit seinem forschen Ton zu weit ging. Andererseits, was konnte er schon verlieren? Wenn sie ihn rauswarfen, würde er zu Chayne zurückkehren, sich auf die Couch setzen und vergessen, dass er jemals diese Militäreinrichtung besucht hatte. Nur dass das eine Lüge war, die er nicht einmal selbst glaubte. Er würde diesen Besuch im Zentrum der Macht niemals vergessen. In diesem Augenblick stand er im Herzen *der* Gruppe, die versuchte, die Invasion zu stoppen, ehe es keine Hoffnung mehr gab. Die Vorstellung wühlte sich durch seine Gedärme, und mit Mühe verhinderte er, dass er sich unter dem Krampf in seinem Bauchraum zusammenkrümmte. Er hielt die Luft an, ließ sie dann langsam entweichen.

»Ich sende das aktuelle Dossier über die Sendungen an Mr Norris.« Marcel Loquas' Blick bohrte sich in Erics Augen, und es war, als dringe der andere in seinen Verstand vor.

»Admiral«, sagte David. »Warum haben Sie mich vorhin nicht darüber informiert?«

»Es gibt viele Dinge, Mr Norris, über die ich Sie nicht in Kenntnis setzen kann, weil wir keine Zeit haben.«

»Sie weichen mir aus.«

»Und Sie befinden sich in einer Militärbasis, die unter meinem Kommando steht.«

»Ist das eine Drohung?«

»Es gibt genügend Bedrohungen von außen, als dass wir uns gegenseitig bekämpfen müssten, finden Sie nicht auch?«

Die Spannung zwischen den beiden Männern war unüberhörbar. Eric wollte nicht wissen, welche Art Kämpfe sich erst hinter den Kulissen abspielte.

»Das sehe ich genauso«, lenkte Norris ein. »Ich danke für das Dossier und bitte darum, auf dem Laufenden gehalten zu werden, damit wir an diesem Thema sinnvoll weiterarbeiten können.«

»Tun Sie das«, sagte der Admiral. »Ich habe einen guten Eindruck von Ihnen gewonnen, Mr Allamore.«

Tatsächlich? Als Antwort nickte Eric nur.

»Ich erwarte Ihren Bericht. Jede potenzielle Lösung des Konflikts ist willkommen.«

»Danke, Sir«, sagte Eric, doch er sprach bereits zu einem dunklen Bildschirm.

»Was tun wir jetzt?«, fragte Amy.

»Ich folge meinem Bauchgefühl.« Eric räusperte sich. »Falls Sie es erlauben, David.«

»Kommt darauf an.«

»Gibt es eine Tonübertragung von hier zu dem … Kollektivwesen?«

»Aktuell nicht, aber selbstverständlich kann ich eine Verbindung schalten.«

»Tun Sie das.«

»Was haben Sie vor?«

»Marylinne Harson hat mich auf eine Idee gebracht.«

Die Amerikanerin, die das Gespräch bislang schweigend verfolgt hatte, drehte sich überrascht um. »Ach?«

Eric versuchte zu lächeln. Es fühlte sich falsch an. »Ich stelle mich dem Wesen dort drinnen höflich vor.«

»Soll das ein Witz sein?«, fragte Harson.

»Keinesfalls. Verstehen Sie doch: Wir versuchen, seine Sprache zu übersetzen, aber natürlich immer unter der Voraussetzung, dass es sich tatsächlich um eine Sprache handelt. Vielleicht ist der umgekehrte Weg der bessere. Bringen wir ihm unsere Sprache bei. Ich werde mit ein paar grundlegenden Äußerungen beginnen und muss mich danach in das Thema Spracherwerb einarbeiten. Es ist mir natürlich nicht fremd, aber ich benötige Zugriff auf einige aktuelle Forschungsergebnisse. Ich nehme an, Sie können mir ein Pod mit Zugang zu den wissenschaftlichen Landesbibliotheken verschaffen? Zunächst brauche ich die Arbeiten von Professor Norean zur Theorie des kulturellen Übergangs im Kleinkindalter.«

Er sah seine Schwester lächeln. »Hab ich es nicht gesagt, David? Er ist der Richtige.«

»Kann ein Teil der Scheibe auch von innen transparent geschaltet werden? Nur dort, wo ich stehe. Es soll mich sehen, wobei es uns alle wahrscheinlich sowieso wahrnimmt.«

»Das ist möglich.«

»Tun Sie es und schalten Sie die Sprachverbindung. Und lassen Sie nur mich sprechen. Wenn ich Ihnen zunicke, David, beenden Sie beides.«

Alle bestätigten, und der NASA-Leiter ging ans andere Ende des Raums, zu einem Tisch in hässlichem Dreißigerjahre-Design. Er setzte sich und teilte Sekunden später mit: »Die Scheibe ist in dem Bereich unmittelbar vor Ihnen von der Zelle aus transparent geschaltet. Ich öffne die akustische Übertragung in drei, zwei, eins, *jetzt.*«

»Mein Name lautet Eric«, sagte er, während er auf das kugelförmige Etwas starrte. »Ich möchte reden. Wir verstehen nicht, was Sie senden.« Es fühlte sich seltsam an, das fremdartige Kollektivwesen direkt anzusprechen, wie eine Person. Er streckte beide Hände aus, die Handflächen zur Scheibe und damit auf den Außerirdischen gerichtet. »Ich kehre bald wieder zurück und werde versuchen zu helfen.« Nun legte er die Hände auf die Brust. »Eric«, wiederholte er, ehe er David zunickte.

»Keine Sprachverbindung mehr«, sagte dieser nach wenigen Sekunden, »und die Scheibe ist wieder undurchsichtig.«

»Das waren Ihre gesammelten Weisheiten?«, fragte Marylinne Harson. »Dieser Kommunikationsversuch kommt mir vor wie aus einem Film. Mit schlechtem Drehbuch.«

»Mag sein, dass es nicht die besten Worte waren«, gab Eric zu. »Oder dass dieses Wesen gar nicht begreift, dass wir als Einzelpersonen Namen tragen. Oder dass es längst unsere Sprache perfekt versteht, aber …«

»Woher sollte es?«

»Lassen Sie mich eine Frage stellen, Mrs Harson: Haben Sie bereits alles versucht und sich außerdem direkt an den Außerirdischen gewandt? Auf klügere Weise als ich?«

»Ich verstehe«, sagte sie. »Nein, das habe ich nicht, aber ich wünsche Ihnen Glück mit Ihren Versuchen. Wirklich.« Sie drehte sich um und verließ den Raum.

Noch ehe die Tür wieder zufiel, hörten sie ein fernes Grollen. Und der Laut danach, war das ein Schrei?

Eine Sekunde später gellte Alarm auf.

5

Amy spürte, wie ihr Herz unter dem schrillen Lärm des Alarms hastiger schlug. Unwillkürlich wandte sie den Blick, starrte durch die Scheibe, aber das Wesen verhielt sich nach wie vor ruhig, verharrte in derselben unwirklichen Kugelformation, die Gliedmaßen unbeweglich auf dem Boden oder kurz darüber.

Dass der ferne Lärm, den sie nun hörten, von Schüssen stammte, ließ sich keine Sekunde leugnen, und das zweite Donnergrollen war keineswegs so leise wie das erste.

Der Boden bebte. Amy wankte. Die Tür flog auf, krachte gegen die Wand. Etwas schlug auf Amys Brustkorb, wie der dröhnende Bass von zu lauter Musik, nur tausendfach stärker. Ein dumpfes Wummern drang von der Scheibe, und für einen Augenblick war Amy überzeugt, dass das Einzige, was sie von dem mörderischen Alien trennte, unter der Druckwelle, die soeben durch den Raum raste, in tausend Scherben geborsten war.

Aber die Scheibe hielt, und Amys rasender Herzschlag beruhigte sich zumindest ansatzweise.

Es blieb seltsam still. Marylinne kam zurück, die Augen weit aufgerissen. Sie bewegte die Lippen, doch Amy hörte nichts. Etwas in ihren Ohren knackte, dann nahm sie den noch immer heulenden Alarm wieder wahr. Nur ein paar Sekunden konnten vergangen sein.

Erneut Schusslärm – ganze Salven aus Schnellfeuergewehren. Und ein Schrei, diesmal unverkennbar.

»Was ist hier los?«, fragte Eric. Er starrte David an, aber natürlich wusste der es ebenso wenig.

»Jemand greift an«, vermutete Amy, »um den Außerirdischen in seine Gewalt zu bringen.«

»Wer könnte einen Hochsicherheitsstützpunkt mitten in Amerika stürmen?«

Warren deutete auf die Scheibe. »Andere wie er.«

»Du meinst …«, setzte Amy an.

»Allen Fakten nach ist das am wahrscheinlichsten. Aber selbst wenn ich mich irre, es wird auf jeden Fall um das Wesen gehen. Und damit stehen wir an dem gefährlichsten Ort der ganzen Anlage.«

»Also verschwinden wir von hier«, sagte Eric.

»Draußen im Korridor ... sind ... Soldaten.« Das war Marylinne, und die Worte kamen abgehackt. »Sie werden aufhalten ... was immer kommt.«

»Glaubst du das wirklich?« Warren schüttelte den Kopf. »Einen der Aktionskörper, ja, vielleicht auch zwei. Aber sie sind zu schlau, um eine Attacke ohne die absolute Übermacht zu starten.«

»Gehen wir«, sagte David. »Wir dürfen keine Sekunde verlieren und ...«

Ein ohrenbetäubendes Kreischen schnitt ihm die Worte ab. Das Kollektiv *zerfiel*. Ein schwarzes Etwas, das dem insektenhaften Wesen ähnelte, erhob sich schwirrend und stieß sirrende Laute aus. Es näherte sich der Scheibe, prallte dagegen, rutschte hinab. Zwei, fünf, acht Gliedmaßen an der Kugel verbogen sich, wurden länger, brachen ab und klatschten auf den Boden, wo sie wie Schlangen weiterkrochen. Inzwischen krachten vier weitere Insektenkreaturen gegen die Scheibe. Sie blieb unbeschädigt.

Fragte sich, wie lange noch.

Amy starrte wie hypnotisiert darauf, und als wieder Explosionslärm donnerte, riss sie die Druckwelle, die in den Raum fegte, fast von den Füßen.

Wie nah ist der Kampf schon? Der Gedanke durchzuckte sie blitzartig, dann sah sie die diesmal tatsächlich vibrierende Scheibe, und die Körper, die dagegenschmetterten, und auch den feinen Riss, der am unteren Rand aufplatzte. Die gezackte Linie kroch höher, verästelte sich dabei.

Eric packte sie und zerrte sie mit sich zur Tür. David stand bereits dort, sah hinaus. Der Schusslärm war viel zu nah. Übelkeit stieg in Amy hoch wie eine Welle. David drehte sich um. »Sie stehen an der Abzweigung.« Er deutete nach rechts. Amy versuchte sich zu erinnern. Das hieß, etwa zehn Meter entfernt. »Sie schießen.«

»Hast du gesehen, wer angreift?«, fragte Warren.

»Oder *was*?« Marylinne schrie auf, als erneut schwarze Insektenleiber gegen die Scheibe anstürmten.

Amy bildete sich ein, das Knirschen zu hören, mit dem sich der Riss weiterarbeitete, aber das konnte nicht sein, es musste in dem chaotischen Lärm untergehen.

»Nur die Soldaten«, sagte David.

»Dann raus«, forderte Warren. »Nach links. Dort ist ein Aufzug.«

Marylinnes rechte Hand verkrampfte sich in ihrem Shirt. »Er geht nur nach unten.«

»Willst du etwa nach oben?«, fiel David ihr ins Wort. »Unten ist gut. Wir verschanzen uns in den Forschungslaboren.« Er eilte durch die Tür. »Kommt mit!«

Warren winkte die anderen an sich vorbei, folgte als Letzter nach draußen. Während Amy nach links ging, in Richtung des Aufzugs, sah sie über die Schulter zurück zu den Soldaten. Die feuerten unablässig. Wie in einer Serie von Momentaufnahmen sah Amy die verzerrten Gesichter. Einen aufgerissenen Mund. Die sich aufbäumenden Waffenläufe. Dann ein schwarzes Zischen, einen abgehackten Schrei, eine Blutfontäne.

Das Letzte, das sie sah, als sie sich grauenerfüllt umschaute, war eine hornige Gliedmaße, die in den Brustkorb eines Soldaten eindrang und am Rücken herausbrach.

Der Eingang zum Aufzug lag etwa zehn Meter entfernt. David hatte die Kabine bereits gerufen, sie sah seine noch erhobene Hand.

Nur zehn Meter.

Ein paar Schritte.

Sie hörte ein Klirren und das Prasseln von Scherben.

»Weg! Weg, zum Aufzug!«

Die erste Kreatur raste aus dem Beobachtungsraum in den Korridor.

»Vorsicht!«, schrie Warren den Soldaten entgegen. »Angriff von –« Ein schwarzer Körper prallte gegen ihn, riss ihn mit sich und schmetterte ihn an die gegenüberliegende Wand.

Einer der Soldaten drehte sich um, die Waffe erhoben, und bemerkte das Wesen. Der erste Schuss schlug in den hornigen Insektenkörper und schleuderte ihn von Warren weg. Der zweite zischte vorbei, in den Boden, gar nicht weit von Amy entfernt.

»Nein!«

Sie hörte Erics Schrei in demselben Moment, als eine Kugel in Warrens Arm einschlug und ihn in einem Blutschwall zurückriss.

Die Aufzugstür öffnete sich.

Weitere Kreaturen brachen in den Korridor – aus dem Beobachtungsraum und durch die Soldaten, die in diesem Augenblick endgültig überrannt wurden.

»Rein!«, schrie David, hetzte aber selbst zurück, zu Warren, der an der Wand entlangtaumelte und eine rote Spur hinterließ.

»Zurück, David«, rief Amy, und es hörte sich an, als wären das Worte, die eine völlig fremde Frau in einem Film sprach. »Ich helfe ihm!« Sie stand viel näher, griff Warrens unverletzten Arm, zog ihn mit sich, dem Aufzug entgegen. Eric war da, packte ihn ebenfalls.

Hinter ihnen gurgelte ein Soldat einen blutigen Schrei. Eine der Kreaturen wimmelte auf Amy zu. Sie drehte den Kopf. Das Wesen raste heran, viel zu schnell, als dass sie den Aufzug noch erreichen könnten. Warren riss sich los, warf sich der Kreatur entgegen.

Sie prallten zusammen.

Ein Zischen in der Luft, dann ein schrecklich reißendes Geräusch, und Warrens Kopf kippte nach hinten, viel zu weit nach hinten.

Amys Augen weiteten sich.

Diesmal packte ihr Bruder sie. Willenlos ließ sie sich mitziehen, sah die glänzenden, nackten Metallwände der Liftkabine, hörte die bizarr seelenlose, verrückt ruhige Computerstimme, die verkündete: »Tür schließt sich.«

David, Marylinne und Eric waren mit ihr im Aufzug. Warren nicht. Er würde niemals wieder irgendwo sein.

Die Tür schloss sich, und als die Kabine in die Tiefe fuhr, drehte sich die Welt um Amy.

Ein letzter, einsamer Schuss, dann: Stille.

6

Die Türen des Aufzugs öffneten sich. Zwei Männer standen davor, mit Skalpellen in der Hand. Eric stellte sich vor, wie sie damit gegen eines der außerirdischen Wesen angetreten wären. Sie hätten keine Minute bestehen können. »Ihr seid nicht in Gefahr«, sagte er. Angesichts dessen, was sich einige Meter über ihnen abspielte, klang es hohl.

Einer der Männer zitterte so sehr, dass ihm seine improvisierte Waffe fast aus der Hand fiel. Er hielt beide Arme vor den Brustkorb. »W-wir haben geglaubt, dass ...« Er brach mitten im Satz ab. Seine Lippen waren blass. Die Augen bewegten sich unruhig.

»Wir sind allein im Aufzug«, erklärte David. »Gibt es einen anderen Weg nach oben?«

Der zweite Mann schüttelte den Kopf. Wie sein Kollege trug er einen orangefarbenen Laborkittel. Das Namensschild lag in einer Falte. Nur Titel, Vorname und die ersten beiden Buchstaben des Nachnamens waren zu lesen: *Dr Efran Da.*

»Kein Notausgang?«, hakte David nach. »Es kann doch nicht sein, dass dies der einzige ...«

»Ja, ja. Ein Treppenhaus. Aber die Tür ist verriegelt, wird nie benutzt.«

»Wo führt es hin?« Eric stellte sich zwischen die Türen, sodass sie sich nicht automatisch schließen konnten. »Direkt an die Oberfläche?«

»Ich weiß es nicht.«

»Wie können Sie das nicht wissen?«, fragte Eric.

»Lesen Sie etwa den Notfallevakuierungsplan in Hotels?«

Eric verzichtete auf den Hinweis, dass sie sich nicht in einem Hotel befanden. »Wir müssen dafür sorgen, dass die Türen offenbleiben, damit die Kabine nicht weiterfährt. Und was diese Tür zum Treppenhaus angeht ...«

»Sie ist alarmgesichert«, unterbrach Marylinne Harson. »Und natürlich gibt es eine Verbindung zu dem Geschoss über uns, bevor man die unterirdischen Bereiche verlässt und die Oberfläche erreicht. Und ehe irgendjemand fragt, ja, ich lese Evakuierungspläne, bevor ich mich zum ersten Mal hinlege. Darum weiß ich, dass wir uns um zwei Gefahrenstellen kümmern müssen, an denen diese Kreaturen zu uns vordringen können.« Sie verließ den Aufzug, und die anderen folgten, abgesehen von Eric, der stehenblieb, um die Türen zu blockieren. David stützte Amy, deren Gesicht wie erstarrt aussah.

»Dass die Kabine hierbleibt, ist gut«, fuhr Marylinne fort, die sich unerwartet kommunikativ zeigte. Sicherheitsdenken schien tatsächlich ihr Steckenpferd zu sein. »Der Schacht nach oben liegt trotzdem frei und stellt damit ein Risiko dar. Es ist ebenso unsicher wie die Verbindung zum Treppenhaus. Dieser Labortrakt ist eine Todesfalle. Wir sollten den Notausgang ins Freie nutzen.«

»Ganz bestimmt nicht.« Das war die Stimme einer Frau. Sie kam durch eine offen stehende Glastür aus einem wintergartenähnlichen Glasbau rechts vom Aufzug, am Ende des Korridors, und sie war gelinde gesagt voluminös. Noch ein paar Kilogramm mehr, und sie hätte sich vermutlich nicht aus eigener Kraft auf den Beinen halten können. »Da oben lauern die Außerirdischen. Dutzende.«

»Woher wissen Sie das, Andrea?« Das waren Amys erste Worte seit der Ankunft. Sie lehnte gegen die kunstholzgetäfelte Wand, dicht neben einer Nische, in der ein Wasserspender stand. Das Deckenlicht fiel direkt auf den metallenen Zapfhahn und ließ ihn glänzen. Sie wirkte erstaunlich ruhig, oder eher konzentriert. »Gibt es eine Bildverbindung?«

Die Frau – Andrea – nickte. »Im Labor ist Zugriff auf das Netz der Beobachtungskameras möglich. Ich konnte auch euren Kampf ...« Plötzlich brach sie ab, wandte sich zur Seite, krümmte und übergab sich. Sie atmete hastig und stützte sich mit zitternden Fingern an der Wand ab, bevor sie erneut würgen musste. Erst Sekunden später drehte sie sich wieder um. »Tut mir leid.« Ihr Kinn war verschmiert. »Ich habe verfolgt, wie sie gestorben sind. Und diese Kreaturen ... sie werden auch uns ...« Sie stockte.

»Gar nichts werden sie«, sagte Amy. »Hören Sie zu – wir kennen uns schon ein paar Jahre, und ich weiß, dass Sie eine logisch denkende Frau sind. Wir kommen hier raus, und wir werden überleben. Ist das klar?«

Andrea nickte mit weit aufgerissenen Augen. »Aber wir können nicht nach oben gehen. Da ist alles voll von ihnen. Und sie t-t-t...«

»Zeigen Sie mir die Bildübertragung«, forderte Amy.

Eric staunte, wie ruhig seine Schwester wirkte. So, als hätte sie die Situation im Griff und wisse, was zu tun sei. Wahrscheinlich kannte nur er sie gut genug, um die Unsicherheit hinter dem entschlossenen Gesichtsausdruck zu erkennen – dieses leichte Rümpfen der Nase, das sie bei einer Lüge verriet. Im Poker verlor sie immer gegen ihn. Mein Gott, wann hatten sie zuletzt gepokert? »Amy hat recht«, sagte er, während er überlegte, womit sie die Fahrstuhltüren blockieren könnten. »Sehen wir uns an, was dort oben los ist. Notfalls bleiben wir hier unten. Wir leben nicht in einem Monsterfilm. Die Wesen haben kein Interesse daran, uns zu töten. Sie wollten ihre Artgenossen befreien und werden abziehen, ehe militärische Verstärkung eintrifft. Sie sind schlau genug, um zu wissen, dass das passieren wird. Ich gehe davon aus, dass eine Tausendschaft bereits hierher unterwegs ist.«

Amy ging los, in Richtung des Glasbaus. Als sie an ihm vorbeikam, hauchte sie ihm ein »Danke« zu.

Er packte sie am Arm. »Wir kommen hier raus«, wiederholte er ihre Worte. »Für Eve und für Chayne.«

Seine Schwester sah ihm in die Augen. »Und für uns. Warren ist gestorben. Ich werde nicht zulassen, dass diese Kreaturen gewinnen.«

7

Amy schüttelte den Griff ihres Bruders ab. David hatte die Wahrheit gesagt, dort oben, vor dem Chaos, als die Welt irgendwo in einem versteckten Winkel möglicherweise noch in Ordnung gewesen war: Moralische Skrupel spielten keine Rolle

mehr. Ob man dem gefangenen Kollektiv ein Auge heraus-
schnitt oder nicht, war keine Frage der Ethik, sondern des
Überlebens. Jeder Weg, der zu Informationen über diese Kreaturen führte, war gerechtfertigt.

Jeder.

Sie ging mit Andrea Winter, einer Neurobiologin, wenn
sie sich richtig erinnerte, zum Glasbau. Der NASA-Klatsch
brachte die allgemeine Meinung zu dieser Frau treffend und
uncharmant auf den Punkt: *ebenso fett wie genial.*

An der rückwärtigen Wand des Glaskasten-Labors hingen
zahlreiche Bildschirme.

Einer zeigte den Flur vor dem Beobachtungsraum der Zelle,
in dem sich Amy vor wenigen Minuten noch aufgehalten hatte.
Kein einziges der fremden Wesen war zu sehen, nur Blut und
Leichen. Amy erkannte Warrens reglosen Körper und wusste,
dass es ebenso gut sie hätte treffen können. Wenn er sich nicht
losgerissen und ihnen durch sein Opfer einige Sekunden verschafft hätte, würde sie tatsächlich dort liegen. Kein gemeinsames Versinken in das Rauschen der Wellen mehr. Kein Sitzen
am Meer. Keine Zukunft.

Der Nachbarbildschirm übertrug aus der Zelle, leer bis auf
einzelne Scherben am Boden. Der Blick ging frei in den Beobachtungsraum.

Zwei Displays zeigten verlassene Korridore, eines einen gewaltigen Blutfleck – vielleicht nur ein Tropfen, der das Objektiv
der Kamera verschmierte. Das Letzte blieb schwarz.

»Wo ist das Freigelände?«, fragte Amy.

Andrea setzte sich an das Eingabedisplay eines Computers.
»D-die … die …« Sie schluckte, ballte die Hände zu Fäusten.
»Die Kameras wechseln automatisch, wenn man keine Aus-
wahl trifft. Moment, ich … ja, hier.«

Der Blutfleck verschwand und wich einer Aufnahme des

Außengeländes. Das Gebäude, durch das sie die unterirdischen Anlagen betreten hatten, war ein ebenso hässlich-funktionaler Klotz wie die Nachbarhalle; der Raum dazwischen ein zehn Meter breites und sicher dreimal so langes Asphaltfeld.

»Der Notausgang befindet sich an der Seite des Hauses«, sagte Andrea. »Siehst du den Treppenabgang hinter dem Geländer, ungefähr in der Mitte der Aufnahme?«

Amy erahnte ihn zumindest, und sie erwartete auch, dass nach wenigen Stufen eine massive, geschlossene Tür folgte, die jeden Unbefugten am Betreten der unterirdischen Bereiche hinderte. Wobei ein Unbefugter nicht gerade leicht auf die Patrick Air Force Base gelangen könnte – vorher musste er eine Menge gut gesicherter Sperren überwinden. Was die Außerirdischen offenbar nicht vor große Hindernisse gestellt hatte, so rasch, wie die Kämpfe nach dem ersten Alarm eskaliert waren.

Andreas grundlegende Einschätzung der Lage stimmte zu hundert Prozent. Sie durften den Notausgang nicht benutzen. Es wimmelte von den fremden Kreaturen. Ein schwarzes, wogendes Meer trieb zwischen den Gebäuden. Nur hin und wieder lugte ein Teil des Asphaltbodens hervor oder Details wie der Treppenabgang.

»Wie können es so viele sein?«, fragte Eric. »Sie verteilen sich auf der ganzen Welt, und auch noch hier so eine Unzahl? Das ist doch einfach nicht möglich!«

Andrea sah vom Computer auf. »Ich gehöre zu dem Biologenteam, das die Wesen untersucht. Wir sind uns ziemlich sicher ... ich weiß, das ist eine ungewöhnliche Formulierung für eine Wissenschaftlerin, aber ich versuche, mich verständlich auszudrücken ... also, es ist ziemlich sicher, dass sie weder lebend gebären noch Eier legen, sondern sich schlichtweg teilen. Wie Zellen, verstehen Sie? Aus der Kreatur, die wir zur Erde gebracht haben, wurden zwei. Dann vier, acht, sechzehn.

Ein exponentielles Wachstum, es geht rasend schnell. Zweiunddreißig, vierundsechzig, hundertachtundzwanzig. Zehn Vorgänge weiter sind wir bei mehr als hunderttausend Exemplaren, noch zehnmal später bei hundert Millionen. Zehn weitere bei über hundert Milliarden.«

Amy erinnerte sich daran, dass sie dieses Prinzip als Kind in einer Donald-Duck-Geschichte gelernt hatte, in der ein magisches Schachbrett pro Feld die Anzahl der Reiskörner verdoppelte. Sie hatte ganze Stunden damit verbracht auszurechnen, wie viele Reiskörner nach den vierundsechzig Feldern am Ende vorlagen.

»Die einzige Einschränkung«, fuhr Andrea fort, »liegt in der Tatsache, dass die Körpermasse wachsen muss. Also vereinfacht gesagt: Ein geteiltes Wesen ergibt zwei, die allerdings nur halb so viel Masse besitzen. Das Nachwachsen basiert auf einem uns noch unbekannten Maß an Nahrungsaufnahme und einem extrem schnell ablaufenden Stoffwechsel, dessen Mechanismen wir zu entschlüsseln versuchen, um einen Ansatzpunkt zu finden, wie wir ...« Sie stockte. »Entschuldigung. Ich kann mich kaum bremsen, wenn mich die Begeisterung packt. A-also, rein fachlich. Was wir da erleben, ist ein biologisches Wunder, aber es ist entsetzlich, und ich bin nicht begeistert, dass ...«

»Schon gut«, erlöste David sie. »Wir verstehen. Danke für die Information.«

»Wie diese Teilung funktioniert, ist uns noch unklar«, sagte Andrea. »Wir kennen das Prinzip sonst nur bei recht primitiven Organismen. Es darf kein zentrales Gehirn geben, zum Beispiel, oder ...« Sie räusperte sich. »Wir stehen vor anderen Problemen.« Damit versank sie in brütendes Schweigen.

Inzwischen versammelten sich alle in dem Glasbau am Ende des Korridors im sechsten unterirdischen Stockwerk der Militärbasis: Amy, Eric, David und Marylinne, Andrea und die beiden Männer mit den Skalpellen, deren Name Amy nicht kannte – wahrscheinlich waren es Wissenschaftler oder Andreas Assistenten. Es spielte keine Rolle.

Gemeinsam bildeten sie einen zufällig zusammengewürfelten Haufen an einem ganz und gar unwahrscheinlichen Ort. Den einzigen Weg in die Freiheit versperrten Hunderte von mörderischen außerirdischen Wesen. Eine Situation wie aus einem der Comics, die sie als Kind verschlungen hatte. Solche Comicfiguren, dachte Amy, mussten üblicherweise über sich selbst hinauswachsen, indem sie ihr Leben änderten und Dinge taten, die sie für unmöglich hielten. Vielleicht wartete dasselbe auf sie.

»Okay«, sagte sie, »momentan sieht es nicht danach aus, als könnten wir diesen Ort verlassen. Also verschanzen wir uns und überleben so lange, bis wir einen Weg finden. Die Wesen haben, was sie wollen ... nämlich ihre Artgenossen befreit. Mit etwas Glück ziehen sie ab.«

»Und mit etwas Pech«, meinte Marylinne, »kommen sie hier runter und schlachten uns ebenso ab wie die Soldaten da oben?«

»Mit etwas Pech«, sagte Amy, »müssen wir uns verteidigen. Gibt es Waffen? Dies ist immerhin eine militärische Anlage.«

»Die Soldaten hatten Waffen. Was hat es ihnen genutzt?«

»Egal wie schnell und brutal diese Wesen eingedrungen sind«, sagte Eric, »sind wir garantiert nicht die einzigen Überlebenden. Wo halten sich die anderen auf? Andrea, gibt es Verbindungen? Eine Art ... Rundruf? Oder können Sie irgendwelche Stellen außerhalb informieren? Es kann doch sowieso nicht sein, dass niemand mitbekommen hat, wie ...«

»Bleib ganz ruhig«, forderte Amy, die merkte, dass ihr Bruder sich in Rage redete. »Selbstverständlich ist dieser Überfall nicht unbemerkt geblieben.«

»Das kann ich bestätigen.« David, der ein wenig abseits an der gläsernen Seitenwand gestanden hatte, hielt jetzt sein Pod hoch. »Admiral Loquas weiß, dass wir leben. Und so ungern ich das sage, es sieht so aus, als wären wir tatsächlich die letzten Überlebenden in der gesamten Anlage.«

Amy ignorierte die Übelkeit, die in ihr hochstieg.

»Loquas hat bereits einen Angriffstrupp losgeschickt. Das Gelände rundum wird evakuiert. Aber …«

»Was ist?«, fragte Amy, als David mitten im Satz abbrach.

Er sah auf. »Dies ist nicht die einzige gezielte Attacke der Aliens. Es gibt eine Menge anderer Brennpunkte.« Er ging in den Raum, ließ sich auf einen freien Stuhl am Tisch fallen. »Genauer gesagt läuft weltweit an zahllosen Stellen ein zeitlich exakt koordinierter Großangriff.«

Kapitel 2: Befreiung

10. November 2063

1

Am verrücktesten, fand Eric, war die Stille.

Mehr noch als die Tatsache, dass sie über ihre Pods ganz selbstverständlich die weltweite Entwicklung mitverfolgen konnten, als säßen sie zuhause oder in einem öffentlichen Café. Nur dass niemand kam, um Getränke und Knabbereien zu servieren. Ein Manko, das sich spätestens übermorgen zu einem echten Problem auswachsen würde. Die ersten sechs Tage hatten sie zwar auf wundersame Weise überlebt, hier unten, aber die Vorräte, die zufällig in diesem Laborbereich lagerten – im Wesentlichen ein nicht mal mittelmäßig gefüllter Kühlschrank im kleinen Aufenthaltsraum zwischen den Einzellaboren – gingen rapide zur Neige.

Eric lag auf der winzigen Couch keine zwei Meter von diesem Kühlschrank entfernt. Er hatte in den letzten Tagen mit Chayne gesprochen, mehr als einmal, und auch wenn sich ihre Lage demnächst zunehmend verzweifelt gestalten sollte, konnte er sie jederzeit anrufen. Noch so ein bizarres Detail. Erwartete man von der Gruppe, die eingesperrt und von den bösen Jungs belagert wurde, nicht, dass sie von der Außenwelt abgeschnitten waren? Egal, ob diese bösen Jungs in Form von Verbrechern, ausgeflippten Kindern mit Messern, Monstern, Dinosauriern oder – Treffer! – Aliens auftraten?

Stattdessen genossen sie zu siebt alle Freiheiten in der Kommunikation und Information. Wenn man von *genießen* sprechen konnte, solange es darum ging, dabei zuzusehen, wie die Welt unterging. Wohin immer man schaute, welches Medium man auch wählte, ob man die offiziellen Kanäle bevorzugte oder private Feeds … überall gab es nur ein Thema.

Der Untergang beherrschte alles, und er ging rasend schnell voran.

Warren Kington, der Welt größter Zukunftsforscher, hatte sich geirrt. Wahrscheinlich, weil er es nicht für möglich gehalten hatte, wie rasch sich die außerirdischen Wesen vermehrten. Niemand hätte das vermuten können, auch nicht Andrea, immerhin eine der wenigen Biologinnen, die bereits vor dem Beginn des Untergangs die Kreaturen studiert hatte. Sie betonte immer wieder, wie sehr es sie verblüffte und dass es keinen vergleichbaren Fall auf der Erde gab – und dass es bei irdischer Biologie unmöglich wäre. Darum war Warren ein – durchaus verständlicher – Fehler unterlaufen, als er von Wochen sprach, die noch blieben, um die Aliens zu besiegen, ehe die weltweite Katastrophe ihren Lauf nahm. Tatsächlich hätte er *Tage* errechnen müssen.

Der Krieg tobte, und unter den Eindrücken und Bildern, die überall im Netz kursierten, stumpften Erics Sinne ab.

Eines davon tauchte öfter auf als alle anderen: der Eiffelturm, der sich zur Seite neigte, kippte und aufschlug, Menschen und Aliens unter sich begrub und mit seiner Spitze ein Schiff in der Seine zerschmetterte.

Ein wackelndes Video, aufgezeichnet mit einem Pod, hielt aus einem Winkel, den kein Regisseur besser inszenieren könnte, die Katastrophe fest, und die Bilder demonstrierten markant, dass es zu Ende ging – mit einer Zivilisation, wie sie Milliarden Menschen für selbstverständlich hielten.

Mit dem Leben, wie es seit Generationen *normal* gewesen war.

Und mit der Freiheit.

Gerüchte verbreiteten mehrere Versionen darüber, was den Eiffelturm zum Einsturz gebracht hätte. Eines behauptete, es wäre das Werk einer Sekte, die den Untergang als die lange angekündigte Apokalypse deutete – wahlweise aufgrund der Überlieferung der Maya oder der Bibel. Weder das eine noch das andere passte, doch darum scherte sich die Massenhysterie nicht. Eine zweite Fraktion legte Dutzende, wenig überzeugende Beweise vor, dass die Aliens die Träger des Turms systematisch zerschmettert hatten – so lange, bis er kippte.

Es spielte keine Rolle. Das Gebäude war gefallen. Das Ergebnis war das, was zählte, ebenso wie bei der Atombombe, die das weltweit größte Kollektiv vernichtet hatte, das auf einer der philippinischen Inseln mit dem unaussprechlichen Namen bis zuletzt minütlich gewachsen war. Die Insel existierte nicht mehr. Ausgleichende Gerechtigkeit, sagten manche: Die Aliens hatten jeden einzelnen Bewohner getötet, die Bombe dagegen das Kollektiv.

Die Nachrichten aus Südamerika widersprachen sich zwar, aber es kristallisierte sich heraus, dass in drei der ärmsten Länder Bürgerkriege tobten. Fast so oft wie den fallenden Eiffelturm sah man die marodierenden Horden mit Schlägern oder Eisenstangen in der Hand durch dunkle Straßen ziehen. In Afrika stand es nicht besser, und es hieß, eine der chinesischen Millionenstädte sei bereits völlig überrannt worden. Aber nicht einmal eine Nachricht dieser Größenordnung ließ sich in dem allgemeinen Informationschaos zuverlässig verifizieren.

Eric ignorierte den Hunger, trotz der Schwäche in den Gelenken und den Schmerzen im Hinterkopf. Am Oberkörper schwitzte er, während sich seine Füße wie Eisklötze anfühlten. Seltsam, welche Symptome ein wenig Nahrungsmangel hervorrief. Es gab noch einige Päckchen Nuss-Honig-Mischung, aber er wollte sie lieber den anderen lassen. Was das betraf, waren ihm Bruce und Efran Vorbilder, die beiden Wissenschaftler, die er zum ersten Mal mit Skalpellen in den Händen vor dem Aufzug gesehen hatte. Ihre Nachnamen hatten sie am Anfang genannt; er erinnerte sich aber nicht daran. Je mehr die Schwäche zunahm, desto schwerer fiel es ihm, sich zu konzentrieren.

Wenigstens litt ihre kleine Gruppe keinen Durst. Das fließende Wasser funktionierte im Bad ebenso wie in der Küchenzeile, genau wie der Strom. In dieser Hinsicht saßen sie in einem Luxusgefängnis. Sechs Tage ohne akute Gefahr. Fast eine Woche, in der kein einziges der Wesen versucht hatte, nach unten vorzudringen. Tage im Kunstlicht, in denen sich wenige Meter *über* ihnen, beschienen von herrlichem Sonnenlicht, ein Kollektiv bildete, das unablässig wuchs. Das Befreiungskommando, von Loquas gleich in der ersten Stunde geschickt, war erfolglos wieder abgezogen, ohne den Angriff überhaupt zu versuchen – warum auch? Es wäre Selbstmord gewesen. Bomben größerer Zerstörungskraft, von einem Militärjäger abgeworfen, verboten sich von selbst, solange die sieben Menschen hier unten festsaßen. Die Sturmeinheiten des Admirals wurden außerdem an vielen Stellen im gesamten Land in ihrem Einsatz entsetzlich dezimiert.

Eric schloss die Augen.

Ein wenig Schlaf sollte ihm guttun.

Vielleicht, dachte er, wäre es gut, sich bald von Chayne zu verabschieden. Wer wusste, wann die Netzversorgung zusammenbrach. Würde er fehlende Abschiedsworte nicht bereuen, wenn er auf sein Pod tippte und es schwarz blieb?

Schlaf, Eric, sagte er sich.

Alles war besser, als nachzudenken.

Alles war besser, als im Internet dem Untergang völlig hilflos zuzusehen.

2

Da lag er und schlief.

Leise schloss Amy die Tür des Aufenthaltsraumes und setzte sich auf den Rand der Couch. »Eric.«

Die Augäpfel bewegten sich unter den geschlossenen Lidern. Er träumte. Hoffentlich von einer besseren Zeit.

Sie legte ihm die Hand auf die Schulter und wiederholte seinen Namen. Diesmal wachte er auf. »Gute Nachrichten«, sagte sie.

»Kann man gebrauchen.« Vom Schlaf klang seine Stimme verwaschen. »Meinst du ein *gut* wie: *Wir haben noch eine Scheibe Toastbrot gefunden?* Oder eher: *Die Welt geht doch nicht unter?*«

»Ich meine ein *Wir-kommen-hier-raus*-gut.«

Er setzte sich auf. »Oh.«

Das *Vielleicht sterben wir auch* verschwieg sie ihm. Er würde es bald selbst verstehen. Aber der Versuch war ihr lieber als die Aussicht, ohne ein Anzeichen äußerer Gewalt langsam zu verhungern. Oder in einigen Tagen, wenn das Verlangen nach Nahrung übermächtig wurde, einen von vornherein zum Scheitern verurteilten Versuch zu unternehmen, aus eigener Kraft zu entkommen.

»Ziehen sie ab?«, fragte Eric. Er klang nicht so, als glaube er ernsthaft an diese Möglichkeit. Nicht, nachdem das Kollektiv in der Air Force Base so sehr zugenommen hatte.

»Was denkst du?«

»Ganz sicher nicht. Was also sonst? Sind wir auf der Prioritätenliste des Admirals nach oben gerutscht?«

»Du sagst es.« Wobei sie gegen Loquas nicht einmal einen Vorwurf erheben könnte. Sie waren in dieser von den Außerirdischen fast völlig eliminierten Militärbasis noch sieben Leute. Anderswo ging es um Tausende Menschenleben. Oder buchstäblich Millionen, wenn eine Großstadt verteidigt und nach Kräften evakuiert werden sollte. »Was wohl daran liegt, dass man unser Wissen braucht.« Sie versuchte zu lächeln. »Fachleute sind wertvoll.«

»So fühle ich mich nicht.«

»Gefühle spielen keine Rolle, sobald es um Tatsachen geht«, sagte Amy.

»Sie beeinflussen aber die Wahrnehmung von sogenannten Tatsachen.«

»Wollen wir uns wirklich über philosophischen Krimskrams streiten?«

Eric lächelte matt. »Vertagen wir es auf morgen.«

»Wenn wir dann noch leben, gern.« Jetzt war es ihr doch herausgerutscht.

Er wirkte nicht überrascht. »Für wie wahrscheinlich hältst du es?«

»Dass wir hier rauskommen?«

»Dass wir morgen noch leben.«

Amy zögerte kurz. »Fifty-fifty.«

»Klingt fair. Bleibt mir noch Zeit, mit Chayne zu sprechen?«

»Deshalb habe ich dich geweckt. Der militärische Angriff auf das Kollektiv startet in einer Stunde.«

»Wissen es die anderen?«

»Alle bis auf Andrea. Sie ist in Labor 2 und …« Amy winkte ab. »Keine Ahnung, was sie dort tut. Ich gehe gleich zu ihr.«

»Danke, Amy.« Er griff hinter sich, wo auf der Rückenlehne sein Pod lag. »Ich weiß nicht, was ich zu Chayne sagen soll.«

»Die Wahrheit«, schlug sie vor. »Dass du sie bald wiedersiehst oder bei dem Versuch stirbst.«

»Ich …«

»Die Zeit der Schonung ist vorbei, Bruder.«

Er griff nach ihrer Hand. »Wir schaffen es. Und wenn nicht, ist es besser als zu verhungern.«

»Genau das denke ich auch.«

Er lächelte, und es erreichte sogar seine Augen. »Ein Zwillingsding.«

Sie fand, das klang angemessen für die vielleicht letzten Worte, die sie privat miteinander wechselten. Also stand sie rasch auf und verließ den Raum, ohne sich noch einmal umzudrehen. Amy hatte bereits mit Eve gesprochen; ihre Tochter war sofort ans Pod gegangen. Es hatte sich gut angefühlt. Jahrelang war es anders gewesen. *Wenn ich hier rauskomme, erleben wir den Weltuntergang immerhin gemeinsam*, dachte sie.

Sie brachte ihre Pflicht hinter sich und informierte Andrea.

»Ich habe eine Bitte«, sagte die Biologin. »Schließ die Tür und hör mir zwei Minuten zu. Nur du und ich.«

Amy nickte. »Zwei Minuten. Dann müssen wir uns vorbereiten.«

»Wir können sowieso nichts tun, außer abzuwarten.«

Zuerst wollte Amy widersprechen, aber wem sollte sie damit etwas vormachen? Andrea war viel zu intelligent, um sich von Lügen täuschen zu lassen. »Ich höre.«

»Vor weniger als einem Monat habe ich sämtliche Beziehungen ausgenutzt, um in dieses Labor zu kommen. Alle Gefallen eingefordert, die man nur einfordern kann. Wenn ich ehrlich bin, arbeite ich seit Jahren darauf hin. Ich habe immer daran geglaubt, dass auf dem Asteroiden Leben gefunden wird.

Schon als Kind wollte ich nur deshalb die beste Biologin werden, mit der idealen Qualifikation, außerirdische Biomasse zu untersuchen. *Das hier* war mein Lebenstraum.« Sie machte eine umfassende Handbewegung – die Instrumente, die Quarantäneboxen, das Labor. »Ich habe so lange studiert und experimentiert, dass ich keine Zeit für vernünftige Ernährung oder Sport hatte oder überhaupt für ein *Leben*, Amy.« Sie biss sich auf die Oberlippe, ihre Augen glitzerten. »Scheiße, was?«

»Ich auch«, sagte Amy. »Mir kam nur etwas dazwischen.«

»Hm?« Tränen liefen über Andreas Gesicht.

»Ich hatte genau denselben Plan, nur dass ich als Astronautin auf dem Asteroiden stehen wollte. Aber ich war dumm genug, mit einem Kerl ins Bett zu steigen und schwanger zu werden. Es hat mich Jahre gekostet. Sonst hätte ich es geschafft.«

»Du hattest Glück.«

»Stimmt. Ich lebe noch. Ich habe eine Tochter.«

»Wir waren Närrinnen. Beide.«

Amy umarmte die weinende Frau. »Aber wir sind es nicht mehr. Wir stehen jetzt auf. Wir verlassen dieses Gefängnis, fangen neu an und schlagen zurück.«

»Du hast ja auch einen Grund dafür. Aber ich? Auf mich wartet niemand.« Sie drückte Amy von sich. »Außerdem bin ich fett. Und unbeweglich. Wenn wir rennen müssen, bin ich zu langsam.«

»Dann schieben wir dich.«

Andrea öffnete den Mund, wohl um zu widersprechen. Sie sagte kein Wort und schloss die Augen. »Warren Kington hat sich den Aliens in den Weg gestellt, um euch Zeit zu verschaffen. Deshalb lebt ihr. Wenn ich das auch tun muss, sollst du wissen, dass ich es nicht bereuen werde. Dann war ich am Ende doch noch zu etwas gut.«

»Du bist ...«

»Still jetzt. Meine zwei Minuten sind um.« Geräuschvoll zog sie die Nase hoch und wischte sich über die Augen. »Gehen wir zu den anderen. Danke fürs Zuhören.«

3

»Was hast du zu Chayne gesagt?«, fragte Amy.

Eric wollte nicht darüber sprechen, aber Amy verdiente eine Antwort. »Dass ich sie liebe.«

»Sonst nichts?«

»War nicht nötig.«

»Weil ihr euch gut genug kennt.«

»Und weil wir uns bald sehen.«

»Bist du so zuversichtlich?«

»Ja«, log er.

Sie versammelten sich zu siebt im Korridor, dem größten Raum im Labortrakt. David wartete nahe bei der Notausgangstür und würde zuerst gehen, wenn er das Zeichen dazu erhielt. Er hielt direkte Pod-Verbindung mit Loquas; der Admiral befehligte diese Befreiungsmission höchstpersönlich. Sie hatten alles genau abgesprochen.

»Hört mir zu«, sagte David. »Oder besser gesagt – ihm.« Er drehte das Pod, damit die anderen auf den Bildschirm blicken konnten.

Marcel Loquas sah sie an. »Wir sind unterwegs. Die erste Bombe fällt in weniger als zwanzig Minuten. Was dann passiert, erklärt Ihnen Wanda.« Sein Gesicht verschwand, das einer Frau tauchte auf. Ihre Gesichtszüge waren sanft, die Haare hingen lang und glatt über die Schultern. Sie sah gar nicht so aus, als gehöre sie zum Militär. »Ich will sofort zum Punkt kommen. Ich habe die Pläne der Air Force Base studiert, und damit meine ich, dass ich sämtliche Winkel architektonisch nachberechnet und jeden Fehler in der Statik erkannt habe. Darauf basierend konnte ich bestimmen, an welchen Punkten des Geländes Bomben welcher Sprengkraft detonieren können, ohne dass alles über ihnen einstürzt. Zu wenig Zerstörung, und das Kollektiv überlebt. Zu viel, und nicht nur diese Viecher, sondern auch Sie sind tot. Machen Sie sich keine Sorgen, mein Abschluss war summa cum laude.«

»Welches Fach?«, fragte Marylinne mit einem Anflug von Galgenhumor. Ihre Eisklotzmentalität war in den letzten Tagen unter Hunger und Verzweiflung zerschmolzen.

»Ägyptologie«, antwortete Wanda. Offenbar war sie nicht nur gut im Berechnen von Zerstörungskraft, sondern auch in Schlagfertigkeit. Nicht, dass das irgendwem weiterhalf. »Wir gehen davon aus, dass bis zu 95 Prozent des Kollektivs im ersten Bombenschlag vernichtet werden. Für Sie dort unten wird es sich anfühlen, als stürze alles ein. Aber ich versichere Ihnen, das ist noch nicht das Ende dieser verdammten Welt. Bleiben Sie ruhig, atmen Sie durch, halten Sie sich bereit.«

Fleet Admiral Loquas übernahm das Gespräch. »Ein Trupp Soldaten wird dann im Einzelkampf das Gelände säubern. Ich koordiniere den Einsatz. Sobald ich Mr Norris den Startschuss gebe, kommen Sie nach oben. So schnell es geht. Meine Leute werden Sie am Treppenaufgang abfangen und zu den Fluchthelikoptern bringen. Wenn alles gut läuft, sind Sie in weniger als einer Stunde frei.«

Und dann?, dachte Eric, sprach es jedoch nicht aus.

Was wartete auf sie? Die Rückkehr in den Alltag, den es nicht mehr gab, um ein paar Tage oder Wochen weiterzuleben, bis sie wieder irgendwo festsaßen, weil die Aliens weiter vordrangen und den Planeten überrannten? Wie war das mit der exponentiellen Vermehrungsrate? Und mit Atombomben, die zwar Kollektive, aber ebenso ganze Inseln zerstörten?

Ihm fiel ein Klassiker ein – *Krieg der Welten*. Als Kind hatte er eine der zahllosen Verfilmungen gesehen und eine Comic-umsetzung gelesen. Auch dort waren die Außerirdischen über-all und hatten eigentlich längst gewonnen, als sie an irgend-einem für Menschen harmlosen irdischen Bakterium starben. Ein Wunder, sozusagen – eine schöne Illusion, geschaffen von einem Autor, der die Fäden in der Hand hielt. Leider gab es das in der Realität nicht.

Nach Loquas' Rede richtete David einige Worte an die klei-ne Gruppe. Er blieb erstaunlich positiv, der geborene Motivator, und für einen Augenblick – davon war Eric überzeugt – fühl-ten sie sich alle wie Helden. Sie konnten es schaffen. Es würde weitergehen. Und was der morgige Tag brachte, wusste heute sowieso noch niemand. So war es immer. *Nichts Neues unter der Sonne*, dachte er. Woher stammte dieses Zitat?

Dann bebten die Wände.

4

»Es geht los.« Andreas Stimme zitterte. Sie war leichenblass.

»Du schaffst es«, sagte Amy, die das Bild nicht aus dem Kopf bekam, wie sich Andrea am ersten Tag zur Seite drehte und sich übergab, nachdem sie den Kampf und die Leichen er-wähnt hatte. Wie sie vorhin im Gespräch angekündigt hatte, dass sie zu langsam sein würde. Was, wenn ihr Kreislauf ver-sagte und sie vor Schwäche oder Entsetzen kollabierte? Eine Horrorvorstellung, sie bei einer hektischen Flucht, weil Aliens angriffen, zurücklassen zu müssen. Könnten sie Andrea im Notfall tragen? »Hörst du? Du schaffst das!«

Die Biologin nickte hastig mit aufeinandergepressten Lippen. Am Haaransatz glänzten Schweißtropfen. Sie machte mit den Fingern unruhige Bewegungen, rieb den Daumen in der leicht geschlossenen Faust. Ihr Atem ging schneller.

Kein Zweifel, sie stand kurz vor einer Panikattacke. Amy nahm ihre Hand, die kalt und nass war. »Hör mir zu. Die Soldaten erledigen die Kämpfe. Sie säubern das Gelände, geben uns ein Signal, wir gehen hoch, werden von ihnen empfangen und geschützt, steigen in einen Helikopter, und das war's. Niemand erwartet von uns, dass wir ...«

Während ihrer letzten Worte dröhnte ein Krachen und Wummern, so laut, dass es in den Ohren schmerzte. Amy bezweifelte, dass Andrea sie verstand.

Endlich kehrte wieder Stille ein, abgesehen von einem gequälten Ächzen, von dem Amy nicht sagen konnte, wer es ausstieß – David oder Eric, nahm sie an.

»Ich hyperventiliere«, sagte Andrea zwischen zwei hastigen, flachen Atemzügen. »Ich weiß das zwar, aber ich kann nicht aufhören.« Die Worte kamen abgehackt. »Was ist mit ... Mist, mir ist klar, dass ...« Sie stockte, schluckte schwer, schloss die Augen. »Ich bin bereit.«

»Bist du.«

»Bin ich.« Sie sah Amy an, und tatsächlich lag Entschlossenheit in ihrem Blick.

David öffnete die Notausgangstür. »Wir gehen noch nicht«, erklärte er. »Aber sobald ich den Startschuss erhalte ...«, er hob sein Pod, und in diesem Augenblick hallte ferner Schusslärm durch den Treppenaufgang bis zu ihnen, »... zögern wir keine Sekunde. Ist das klar?«

Amy sah alle an – Andrea neben ihr, dann Marylinne, Eric,

Bruce, Efran und David. Sie hatten Tage miteinander verbracht, als letzte Überlebende dieser Air Force Base, eingeschlossen unter der Erde. Nun ging ihre Zeit als zusammengewürfelte Gruppe zu Ende. Etwas Besseres wartete auf sie. Als Amy darüber nachdachte, kam ihr ein pathetischer Slogan in den Sinn: *Freiheit oder Tod.* Unwillkürlich sprach sie die Worte aus.

»Was?«, fragte Marylinne.

Amy winkte ab. »Nichts. Vergiss es.«

Detonationslärm hallte nach unten, aber sie spürte keine Erschütterung. Vielleicht eine Handgranate. Oder doch nur ein Schuss aus einer großkalibrigen Waffe?

»Das Warten macht mich verrückt«, sagte Efran. »Die Soldaten kämpfen da oben, und wir stehen hier und können nichts tun. Es macht mich verrückt!«

»Das hast du schon gesagt«, meinte Andrea.

»Es kommt mir wichtig genug vor, es zu wiederholen.«

»Ruhe jetzt!«, herrschte Amy die beiden an. »Wir müssen uns konzentrieren.«

»Aufs Warten?«, fragte Bruce.

»Sie hat recht«, sagte David. »Seid still.«

Efran sah auf. »Ich wusste nicht, dass du Befehle erteilen kannst.«

»Ist das dein Ernst? Ich mühe mich ab, dass wir hier rauskommen! Mir ist völlig egal, ob ich ...«

»Ruhe!« Das war Eric. »Reißt euch zusammen.«

»Aber ...«

»Das Signal«, rief David. »Wir gehen. Jetzt!« Schon während des letzten Wortes eilte er los, die ersten Treppenstufen nach oben. Marylinne folgte, dann die beiden Wissenschaftler.

»Du gehst vor«, sagte Amy zu Andrea.

»Ich ...«

»Geh schon!« Sie stieß sie voran.

Andrea gehorchte, und tatsächlich bewegte sie ihren massigen Körper Stufe für Stufe nur extrem langsam weiter. Amy und Eric hätten doppelt so schnell sein können, mindestens. Die beiden gingen als Letzte.

»Alles frei«, rief David von oben. Amy vermochte nicht abzuschätzen, wie viele Kehrungen der Treppe er sich bereits über ihr befand. Acht Stufen, dann ein Absatz, eine Wende, wieder acht. So ging es hinauf, wie in einem schmalen Turm, nur dass er unter der Erde lag. Die kleine Gruppe eilte weiter. Andrea hielt ihr Tempo, immerhin das, Amy hörte sie allerdings schwerer atmen.

Amy kam es vor, als nähme die Treppe kein Ende. Zwar gab es nur zwei unterirdische Geschosse in dieser Anlage, aber sie lagen tiefer als ein gewöhnlicher Kellerbereich. Sonst hätte Admiral Loquas das Bombardement erst gar nicht starten können, ohne die Labore zu zerstören und zu verschütten.

Irgendwann hörte sie Lärm von oben. Die andere Gruppe war offenbar langsamer geworden – die drei Nachzügler waren nicht mehr abgeschlagen. Andrea hielt ihr Tempo eisern durch, das Gesicht war puterrot.

»Keine Angst«, erklang der Schall einer rauen Männerstimme nach unten. »Der Weg ist gesichert. Ich komme Ihnen entgegen. Benötigen Sie Hilfe?«

»Alles in Ordnung«, rief David. »Halten Sie uns den Weg frei, damit …« Er verstummte, als der ratternde Lärm einer Maschinenpistole erklang.

Marylinne blieb, wohl vor Schreck, abrupt stehen. Bruce, der hinter ihr ging, stieß gegen sie; Efran stoppte gerade noch rechtzeitig. Sein Kollege allerdings stolperte zur Seite, kippte an die Wand und rutschte aus. Er übertrat eine Stufe, ruderte mit den Armen. Efran packte ihn und gab ihm Halt.

Sie eilten weiter. Als Amy wieder um eine der Kehren bog,

stand ein Soldat über ihr und winkte die anderen an sich vorbei. David und Marylinne waren schon nicht mehr zu sehen, die Wissenschaftler erreichten eben die nächste Kehre.

»Helfen Sie ihr«, sagte Amy und deutete auf Andrea. »Mein Bruder und ich sind die Letzten.«

Der Soldat zog die Biologin zur Seite. »Sie beide gehen an uns vorbei, schnell!«, befahl er Amy und Eric. »Ich bleibe bei ihr und helfe ihr nach oben. Am Ausgang stehen Wachen.«

Amy und Eric hasteten weiter, Stufe um Stufe. Ihre Unterschenkel schmerzten. Sie ignorierte es, so gut es ging. Es war schön, überhaupt etwas zu fühlen. Sie hoffte, dass sie es auch in einigen Stunden noch konnte. Und dass sie die müden Beine in der Nacht auf einem Bett ausstrecken durfte. Auf irgendeinem, egal wie schäbig und verwanzt.

Die Tür ins Freie stand offen. Sonnenlicht fiel herein. Amy zitterte bei der Vorstellung, dass sie seit Tagen unter der Erde gewesen war. Ein Pulk Soldaten empfing sie, der den Bereich zwischen den Bauten in alle Richtungen absicherte. Oder das, was davon übrig geblieben war.

Ein gewaltiger Krater lag vor Amy, etliche Meter tief. Die Trümmer *ihres* Gebäudes verteilten sich an seinem Rand, rutschten teilweise noch immer nach unten. Staubwolken hingen in der Luft. Jenseits des Abgrunds standen weitere Bewaffnete und feuerten. Über ihnen kreisten einige gepanzerte Army-Helikopter, fast so langsam, als würden sie sich nicht bewegen.

Die Soldaten wiesen die kleine Gruppe an, sich zu beeilen. Einer kam auf sie zu; nein, eine Frau. Ihr Gesicht war staubig. Sie hielt eine Waffe in beiden Händen. »Sie kommen mit mir! Auf uns warten zwei Helikopter. Sie werden sich aufteilen. Das Kollektiv ist weitgehend tot, aber es …«

Schüsse rissen ihr die weiteren Worte von den Lippen.

Amy sah, dass ein Soldat in den Abgrund feuerte. Eines der außerirdischen Wesen erreichte den Kraterrand und wurde vom Feuerstoß zurückgeschleudert. Es überschlug sich, einige Gliedmaßen zuckten, es änderte die Richtung in der Luft, schlug etwa zehn Meter entfernt auf – dort, wohin die kleine Gruppe laufen sollte. Es stand erschreckend nah und kam sofort herangerast. Die Soldatin riss die Waffe hoch. »Hinter mich!« Sie schoss. Die erste Salve ging daneben, die zweite zerfetzte die Kreatur. Die Panzerfetzen regneten auf den Boden, schwarze Tropfen, zähflüssig wie Öl, spritzten durch die Luft – das Blut des Wesens, wenn man es so nennen konnte. Andrea hatte ihnen in den letzten Tagen einen Vortrag darüber gehalten, der für Amy ungefähr so verständlich gewesen war wie eine politische Rede in Suaheli. Kaum dachte Amy an die Biologin, ließ auch diese das Treppenhaus hinter sich und kam ins Freie.

»Mitkommen«, sagte die Soldatin. »Wenn es einen weiteren Angriff gibt, werden meine Kameraden Sie decken.«

Sie eilten los, aber Amy konnte nicht anders. Sie *musste* einen Blick in diesen Bombenkrater werfen. Dorthin, wo das Kollektiv zerfetzt worden war. Also ging sie nicht zielgenau in Richtung ihrer Rettung, sondern ein wenig zur Seite.

Sofort rannte einer der Posten auf sie zu. »Bleiben Sie bei der Gruppe!«

Amy starrte in die Tiefe.

Geröll.

Schutt.

Und ein See aus schwarzer Masse, in dem feste Teile schwammen, zerborstene Körperpanzer. Und trieben im See nicht – ihr wurde übel bei dem Anblick – graue Fäden? Sie wollte genauer hinsehen. Der Krater war mindestens zehn Meter tief, eher mehr.

Der Soldat packte sie an der Schulter und riss sie zurück. »Gehen Sie mit den anderen! Das ist keine Sightseeingtour!«

»Ich muss nur ...«

Er stieß sie vom Kraterrand weg, und als Letztes sah Amy wimmelnde, huschende Bewegung, unten in dem schwarzen See. Etwas brach daraus hervor. Der Soldat fluchte, zielte und feuerte. Die Projektile schlugen in die Flüssigkeit, in den Schutt. Amy hatte den Anschluss verloren und rannte der Gruppe hinterher. Ihr Bruder ging hinten, nur noch von Bewaffneten gefolgt. Andrea lief vor ihm.

Sie umrundeten das nächste Gebäude – zu einem Stück der Welt, das sie in ihrem eingeschränkten Blickwinkel der vergangenen Tage nicht hatten sehen können. Dort warteten zwei wuchtige Fluggefährte, für den Kampfeinsatz spezialisierte, gepanzerte Armeehelikopter.

Bruce und Efran stiegen zuerst ein, gefolgt von Marylinne und Andrea. Die Soldatin leitete David und Eric zum zweiten Helikopter. Amy folgte. Sie konnte es kaum fassen. Sie würden tatsächlich von hier wegkommen. Sie alle. Der Fluchtplan war ein voller Erfolg.

Amy erreichte den Einstieg.

Ein Schrei ertönte weit hinter ihr, dann Schüsse. Sie drehte sich um und sah, wie sich etwas Dunkles rasend schnell bewegte, sie sah Blut, hörte Gewehrfeuer. Sie stand wie erstarrt, aber jemand packte sie, zerrte sie mit sich durch den Einstieg. Den Blick konnte sie jedoch nicht von dem Alien abwenden, das so plötzlich angegriffen hatte. Drei Soldaten lagen auf dem Boden. Einem fehlte ein Arm. Die Welt schien auf ein winziges Detail zusammenzuschrumpfen, und das war nicht der entsetzliche Anblick der Leichen, sondern die Hände des Mannes, der vor seinem verstümmelten Kameraden stand, in wilder Panik die Waffe hob und feuerte. Auf das schwarze, heranstürmende

Wesen. Und damit auch auf die Menschen, die dahinter Wache hielten, am Kraterrand. Die Treffer schleuderten zwei von ihnen in den Krater. Sie verschwanden aus Amys Sichtfeld. Zuletzt sah sie, wie der Schütze von einer hornigen Extremität durchbohrt wurde, dann schloss sich die Tür des Helikopters.

5

»Wir ... wir können doch nicht einfach ...« Eric war übel. Das Blut rauschte ihm in den Ohren. Sein Brustkorb schmerzte. Alles drehte sich um ihn, als der Helikopter abhob und steil in die Höhe aufstieg. Er merkte, dass er flüsterte, darum setzte er neu an, diesmal lauter: »Wir dürfen nicht gehen und sie hier zurücklassen.«

»Dies ist ein Befreiungsteam mit einer Mission«, sagte die Soldatin, die mit ihnen in den Hubschrauber gestiegen war. »Diese Leute wissen, was sie tun.«

»Sie sterben«, sagte Eric.

»Sie säubern«, verbesserte die Frau, während sie sich auf einem der an der Wand aufgereihten Sitze niederließ und sich anschnallte. »Und sie werden bald das Gelände verlassen, ebenso wie wir.«

»Aber ...«

»Wir befinden uns im Krieg, Mr Allamore. Und nun setzen Sie sich hin, verdammt. Das gilt für Sie alle.«

Eric gehorchte. Rechts von ihm saß Amy, links David Norris. Das Befreiungsteam hatte sie alle gerettet, die anderen starteten soeben im zweiten Helikopter. In dieser Hinsicht war die Mission ein voller Erfolg.

»Dieses Kollektiv«, sagte die Soldatin, »ist weitgehend zerstört.«

»Zerstört«, wiederholte Eric. »Das ist nicht die richtige Bezeichnung. Als wäre eine Roboterarmee zunichtegemacht worden.«

Die Soldatin streckte den rechten Arm abwehrend aus. »Ich werde garantiert nicht mit Ihnen über Worte streiten. Jetzt hören Sie mir zu! Ich bin befugt mitzuteilen, wie es nun weitergeht. Sie alle gelten als VIPs zur Bekämpfung der Außerirdischen. Vor uns liegt ein Flug von einigen Stunden Dauer. Admiral Loquas erwartet sie in einem Militärlager in gesichertem Gebiet. Wir ...«

»Nein«, sagte Eric. Er war draußen, ehe er richtig darüber nachdachte. Es sprach weniger sein Verstand, als vielmehr sein Herz. »Ich werde ohne meine Frau nicht mitfliegen.«

Die Soldatin starrte ihn an. Ihr Blick blieb eiskalt. »Dann steigen Sie aus. Ich kann Rücksprache halten. Vielleicht überreiche ich Ihnen sogar im Namen des Militärs, das soeben Ihren Arsch gerettet hat, einen Fallschirm.«

»Ich bin kein Angehöriger des Militärs«, sagte Eric. »Und darum fordere ich, dass ...«

Amy legte ihm die Hand aufs Bein: *Sei still!* Aber das würde er nicht. Lieber starb er, als dass er ohne Chayne in eine ungewisse Zukunft flog. Seine Schwester überraschte ihn, indem sie sich ebenfalls zu Wort meldete: »Ich schließe mich meinem Bruder an. Ich weigere mich, ohne meine Tochter mitzugehen. Sie hält sich bei meiner Schwägerin auf, es ist also leicht möglich, beide abzuholen.«

»Das ist kein Familientreffen!«, herrschte die Soldatin sie an.

»Und Sie können uns zu nichts zwingen. Danke für die Rettung, aber wir sind Mitarbeiter der NASA.«

»Sie wollen ernsthaft an Strukturen festhalten? Ist Ihnen klar, wie es auf der Welt aussieht? Noch eine Woche, vielleicht zwei, und es gibt überhaupt keine Strukturen mehr. Keine Regierungen. Kein *fucking* Internet!«

»Beruhigen Sie sich«, forderte David. »Momentan existieren sowohl die NASA noch als auch die Zusammenarbeit. Melden Sie sich bei Fleet Admiral Loquas.«

»Wie stellen Sie sich das vor?«

»Wenn Sie ihn nicht erreichen, dann reden Sie mit jemandem, der ...«

Sie löste den Gurt und stand auf. »Sitzenbleiben! Und halten Sie den Mund, alle drei!« Sie stampfte durch den Raum, schwankend, weil der Flug nicht sonderlich ruhig verlief. Sie riss die Tür auf, die in den zweiten Bereich des Fluggefährts führte, zum Piloten. Die Tür schlug zu.

»Da haben wir unsere Retter ja begeistert.« Eric drehte sich zu David. »Danke für die Unterstützung.«

»Sie werden darauf eingehen«, sagte der NASA-Chef.

»Sicher?«

»Machen wir uns nichts vor. Loquas hätte diese Mission nie befohlen, wenn er uns nicht bräuchte. Er hat diesen Befreiungstrupp nicht aus Freundlichkeit geschickt, sondern aus militärischer Notwendigkeit. Ein kleiner Abstecher, um Chayne und Eve einzuladen, ist das geringste Problem.«

»Was ist mit dir?«, fragte Eric. Trotz der Tage, die sie gemeinsam unter der Erde verbracht hatten, wusste er kaum etwas über das Privatleben dieses Mannes. »Gibt es niemanden, der ...«

»Niemanden«, unterbrach David. »Und dabei belassen wir es auch.«

Die Soldatin kehrte nicht zurück, aber ihre Stimme klang via Lautsprecher auf. »Wir ändern den Kurs zum nächstmöglichen Landepunkt nahe Ihrer Adresse, Mr Allamore. Sorgen Sie dafür, dass Ihre Frau und Nichte dort sind. Wir werden uns dort nicht lange aufhalten. Dies ist die einzige Chance. Sie tragen Ihr Pod bei sich und können Sie erreichen? Antworten Sie, ich kann sie hören.«

»Ich habe es«, sagte Eric. »Ich werde versuchen, meine ...«

»Tun Sie es einfach. Ich gebe Ihnen nun den genauen Landeplatz durch.« Das tat sie, und er kannte die Wiese inmitten des kleinen Parks. Es würde nur Minuten dauern, falls Chayne und Eve sofort aufbrechen konnten. Also bestätigte er, und die Verbindung wurde unterbrochen.

»Eric?«, fragte Amy.

»Hm?«

»Du hast vorhin die Soldatin verbessert. Das *zerstörte* Kollektiv. Und bevor es losging, bevor ... all das passierte, hast du versucht, mit den gefangenen Kreaturen zu kommunizieren. Dir ist doch klar, dass das keinen Sinn mehr ergibt? Die Zeiten sind vorbei, sich über Wortwahl und Kommunikation Gedanken zu machen?«

»Wir wissen nicht ...«

»Aber du hast doch gesehen, was daraus geworden ist. Für solchen Mist ist die Zeit abgelaufen.«

»Dafür ist es nie zu spät. Es kann die Welt retten.«

Amy schüttelte den Kopf. »Wach auf«, sagte sie.

Aber er fühlte sich wacher als je zuvor in seinem gesamten Leben. »Egal, wie die Umstände aussehen, wir dürfen nicht vergessen, wer wir sind, Amy.«

»Ich weiß nicht mehr, wer ich bin. Vielleicht habe ich es noch nie gewusst.«

Der Helikopter landete. Es ging so senkrecht bergab, dass Amy sich wie in einem Aufzug fühlte, der zu schnell nach unten raste, und das über unfassbar viele Stockwerke. Sie setzten auf. Zwei Polizisten hatten die Wiese geräumt. Soviel zur pessimistischen Aussage der Soldatin, dass alle Strukturen zusammenbrachen – offenbar funktionierte die Kommunikation zwischen Militär und Polizei noch. Und auch zwischen Privatmenschen, denn Chayne und Eve waren tatsächlich vor Ort. Es erleichterte Amy unendlich, die beiden zu sehen.

Wenn man verdrängte, dass es bei der Befreiungsaktion Todesopfer gegeben hatte – und das musste man, denn es herrschte Krieg, egal, ob ihr Bruder das in letzter Konsequenz wahrhaben wollte oder nicht – liefen einige Dinge an diesem Tag wirklich gut.

Kaum standen sie, öffnete die Soldatin den Einstieg. Eric und Amy ließen es sich nicht nehmen, aufzustehen und ihre Gäste zu empfangen.

Chayne wirkte verloren, eingeschüchtert. Ihre Wangen waren blass, als sie Amy zunickte und ihren Mann umarmte. Die beiden zogen sich ins Innere des Helikopters zurück.

Anders Eve. Sie blieb vor dem Einstieg stehen, wirkte selbstbewusst und erstaunlich ruhig – sah ihre Mutter an und sagte: »Ich freue mich, dass du frei bist.«

»Es ist gut, dich zu sehen.«

Und in diesem Augenblick, während sich die Rotorblätter über ihnen ausdrehten, hätte Eve kein Wort sagen müssen. Amy begriff auch so, und sie fühlte sich, als würde sie den Boden unter den Füßen verlieren.

»Ich bin hier, um mich zu verabschieden«, sagte Eve. »Ich komme nicht mit.«

»Aber ...«

»Vielleicht überleben wir alle, und wenn das hier ein Ende hat, sehen wir uns wieder. Ich wünsche dir das Beste und bin dankbar für die letzten Wochen, in denen wir uns nähergekommen sind.«

Sofort kamen Amy tausend Gedanken in den Sinn. Am liebsten wollte sie ihre Tochter anschreien, in den Helikopter zerren, ihr klarmachen, wie gefährlich der Krieg gegen die Aliens war, der doch gerade erst seinen Anfang nahm. Sagen, dass es noch schlimmer werden würde. Blutiger. Dass Städte untergehen und Bomben fallen mussten. Aber sie sah ihrem Kind in die Augen, sah die Entschlossenheit darin. Also schwieg sie.

»Es ist mein Leben«, sagte Eve, »und ich habe es neu begonnen. Ich muss herausfinden, was ich daraus machen kann.«

Endlich fand Amy die richtigen Worte – die besten, davon war sie überzeugt. »Ich liebe dich, Eve. Du schaffst es.« Dann drehte sie sich um, ging zu ihrem Platz zurück und schnallte sich an.

Sie hielt die Augen geschlossen, als die Soldatin den Einstieg schloss und der Helikopter wieder abhob.

Dienstagmittag-Video vom 5. Januar 2064

[Transkription der Sprachspur:]

Einige von euch können mich noch empfangen und dieses Video abspielen, und dafür bin ich dankbar, obwohl es mir auch Angst einjagt, denn es hält mir die Realität vor Augen. Vor wenigen Monaten noch hatte nahezu jeder Mensch Zugang zum Internet, konnte Millionen Dinge nachlesen und ansehen, sinnvolle und schwachsinnige. Wir lebten vor uns hin und sahen uns Filme über den Weltuntergang an, aber dass er schon auf uns wartet, glaubte keiner ernsthaft.

Und jetzt?

Die meisten Provider brechen zusammen, die Anbieter existieren gar nicht mehr. Erinnert ihr euch an IndiaStream? Sie hatten den größten Media-Deal in der Geschichte der Menschheit, als sie Amisha auf den Asteroiden schicken durften. Ihr wisst, wie unsicher die Nachrichtenlage ist, aber es steht fest, dass Neu-Delhi überrannt worden ist. Dort gibt es nichts mehr.

Nichts.

Das Kollektiv auf dem zerstörten Stadtgebiet hat Ausmaße von einigen Kilometern.

Willkommen im Jahr 2064, ihr alle, die ihr mich noch seht und hört.

Keine Feuerwerke haben dieses Jahr begrüßt, nur Blut.

Ich kann nicht in die Zukunft schauen, aber an einem zweifle ich nicht. Es ist das letzte Jahr, in dem es so etwas wie diese Videos geben wird.

Was in einer Woche sein wird, vermag ich mir nicht vorzustellen. Wahrscheinlich werden bis dahin weitere Großstädte fallen. Es heißt, dass Schanghai nach wie vor Widerstand leistet und die erste Welle der Außerirdischen zurückgeschlagen hat. Möge es noch oft gelingen, auch wenn ich daran zweifle.

Ich möchte ein Gerücht erzählen und danach einige letzte Worte an euch richten. Sie sind die wichtigsten, die ich je in meinen Videos verbreitet habe.

Zuerst das Gerücht.

In der mongolischen Steppe soll es eine bislang unzerstörte Forschungsbasis geben, ein Geheimprojekt mehrerer asiatischer Staaten, das noch aus der Zeit stammt, in der wir voller Hoffnung den Asteroiden erreichen wollten. Ein Hightechzentrum mitten in der Einöde.

Vielleicht stimmt es nicht, aber ihr wisst, wer ich früher einmal gewesen bin, und ich genieße immer noch den Kontakt zu Quellen, habe einige gute Verbindungen. Wenn diese Leute recht haben, entsteht dort in der Steppe eine Waffe. Eine Bombe, von der man sich einiges verspricht.

Ob sie alles ändert? Hoffnung, das steht bereits in der Bibel, lässt sich nicht zerstören. Das heißt, Hoffnung schadet auch nicht.

Und das sollen meine Abschiedsworte an euch sein.

Seit meiner Rede vom fallenden Stern wisst ihr, dass ich an Gott glaube. Ich habe es nachgerechnet – diese Worte haben damals wahrscheinlich mehr Menschen gehört, als heute überhaupt noch am Leben sind.

Der Krieg hat bisher unendlich viele Opfer gefordert und tut das nach wie vor, in jeder Sekunde. In jedem einzelnen Augenblick. Auch jetzt.

Lasst mich euch zum Abschied erklären, warum ich immer noch ein gläubiger Mensch sein kann, obwohl doch all diese Leute sterben und die Welt untergeht. Ich kann es ganz einfach sagen, in einem einzigen Satz: Weil es nichts an der Wahrheit ändert.

Wir haben den ersten Außerirdischen auf die Erde geholt. Ja, Gott hat das Raumfahrzeug auf dem Weg zum Asteroiden nicht sabotiert, und er hat die ISS nicht explodieren lassen... aber hört mir zu, *wir* haben es getan.

Wir!

Schaut euch doch an, wie der Mensch funktioniert. Wo noch Städte stehen und die sogenannte Zivilisation herrscht, brechen Bürgerkriege aus. Regime stürzen. Das Militär ist hilflos. Blut und Chaos überall, und es gibt Länder, in denen wir dazu nicht einmal die Aliens brauchen. Dafür reichen schon Angst und Egoismus völlig aus, wir schlachten uns gegenseitig ab.

Ich verstehe vieles nicht, das gebe ich ganz offen zu. Aber das muss ich auch nicht, denn das ändert ebenfalls nichts an der Wahrheit.

Sind das die Worte eines Fanatikers?

Oder die eines Mannes, der nun, am Ende aller Dinge, zur Ruhe gefunden hat?

Das müsst ihr selbst entscheiden. Ich bitte euch nur um eines: Bleibt bei der Hoffnung. Vielleicht kommt ja aus der mongolischen Steppe die Bombe, die das Ruder herumreißt. Ich weiß zwar nicht, wie das vor sich gehen sollte, aber das ist ja das alte Thema: Ich weiß so vieles nicht.

Darum noch einmal: Bleibt bei der Hoffnung.

Das wünscht sich

Euer

Dax

Kapitel 3: Krater

16.–24. August 2066

1

Im Hintergrund rauschte der Wasserfall – wie immer, aber an diesem Ort hörte man es besonders laut. Der Trampelpfad führte steil nach oben, Wurzeln überwucherten ihn. Je nach Stimmung betrachtete Eric sie als Stolperfallen oder als Tritthilfen.

Er genoss den Weg und die sauerstoffreiche, oft feuchte Luft. An Tagen wie heute, wenn die Sonne zwischen den Wolken und den Schleiern ihren Weg fand, brach er schon auf halbem Weg in Schweiß aus. Sein Herz hämmerte, aber er fühlte sich beinahe glücklich. So glücklich man eben sein konnte, in dieser Zeit. Ein solches Gefühl verknüpfte sich stets mit schlechtem Gewissen, wegen der Milliarden Toten, die der Untergang gefordert hatte und den Gedanken an die vielen, die ihnen Tag für Tag ins Grab folgten. Oder doch zumindest in den Tod. Begraben wurden die wenigsten.

Auf dieser Seite der Kraterwand wuchsen keine Bäume, sondern nur kniehohe, oft dornige Büsche. Oft ragten sie so weit in den Trampelpfad, dass dieser kaum noch zu erkennen war und man dringend robuste Hosen brauchte. Mehr als ein oder zwei Meter sah Eric den Weg vor sich fast nie. Er genoss die Zeit mitten in der urwüchsigen Natur und die Ruhe, die sie seiner Seele schenkte.

Wenn man die Augen schloss, könnte man glatt denken, es hätte die letzten drei Jahre nicht gegeben.

Es blieb nur ein Tag bis zum 17. August, dann jährte sich der Stichtag zum dritten Mal. Die Euphorie, mit der die Menschheit damit jenem Ereignis entgegengefiebert hatte, erschien ihm im Nachhinein unwirklich. Wie überhaupt die Erinnerung an das Alltagsleben damals von Tag zu Tag mehr an Realität verlor. Nach einigen weiteren Jahren – sollte es dann noch Menschen geben – würden Filme, Restaurants, elektrischer Strom und Flugzeuge nur ein ferner Traum sein. Ein Gedankenspiel.

Erzähl mir von früher, würde der kleine Jack vielleicht sagen, das erste Kind, das im Krater geboren worden war, unter den primitiven Bedingungen, die hier zurzeit herrschten, und die der Mutter fast das Leben gekostet hatten. Doch Winnie und Zach waren wohlauf, und all die anderen sahen in dem Jungen je nach Alter einen Neffen, Bruder oder Enkel. So gesehen konnte sich Jack glücklich schätzen – wer genoss schon die Fürsorge von sechsundachtzig Familienmitgliedern?

Erzähl mir von früher. Diese Worte würden in einigen Jahren ungefähr dasselbe bedeuten wie: *Erzähl mir ein Märchen. Erfinde eine Geschichte für mich, ich will träumen.*

Eric setzte sich.

Sonnenstrahlen fielen ihm aufs Gesicht. Er schloss die Augen, genoss es, nichts zu tun, und versuchte, das Denken zu vergessen. Ein Luxus, den er sich einmal am Tag gönnte. Mal gelang es gut, mal fuhren seine Gedanken Karussell; er nahm es hin, wie es kam.

Ohnehin war er gelassener geworden als früher, in den ersten Monaten des Untergangs. Verzweiflung brachte weder ihn noch sonst irgendjemanden weiter. Er empfand Dankbarkeit, dass er zu den Privilegierten gehörte, und das gleich auf so vielen Ebenen. Er hatte überlebt – anders als geschätzte 93 Prozent der Menschheit. Belastbare Zahlen kannte natürlich niemand. Woher hätten sie auch kommen sollen? Außerdem hauste er nicht in Kellerverstecken oder U-Bahn-Schächten in verlassenen und zerbombten Städten. Und das Beste von allem, nicht nur seine Frau, sondern auch seine Schwester waren bei ihm.

Die wärmenden Strahlen auf seinem Gesicht verschwanden. Unwillkürlich sah er nach, ob sich eine Wolke oder ein dunkler Schleier vor die Sonne schob. Er wusste nicht, warum er sich das angewöhnt hatte, schließlich machte es keinen Unterschied. Allerdings ging es den meisten Menschen so. Eigentlich eine interessante Fragestellung, die man durchaus psychologisch untersuchen könnte. Doch die Wissenschaften waren auch so etwas, das im Traum der Vergangenheit versank und in Vergessenheit geriet.

Aber Eric war an diesen Ort gewandert, um eben gerade *nicht* nachzudenken. Um nichts zu *tun*, sondern einfach nur zu *sein*. Darum schob er alle Überlegungen beiseite. Er wollte weder seine eigene Lage noch die der gesamten Menschheit reflektieren.

Aber sofort meldete sich der nächste Gedanke, mit unausweichlicher Logik: Drei Jahre waren seit dem Stichtag vergangen – anfangs die kurze Phase des heimlichen Krieges, gefolgt vom Untergang. Als das letzte Aufbäumen der alten Zivilisation betrachtete er die mongolische Bombenattacke. Sie hatte der Welt ein minimales Aufatmen, die Zerstörung der Großzahl der außerirdischen Kollektive, die hundert Tage der Stürme und die Staubschleier in der Atmosphäre verschafft.

Zeitgleich waren damals die Maschinen losgezogen, um kleinere Ansammlungen und Einzelwesen zu vernichten. Diese metallenen Ungeheuer fuhren immer noch, mit Sonnenkollektoren versorgt, meist unbemannt und von KIs gesteuert. Angeblich befanden sich sogar einige der Maschinen in der Gewalt der Außerirdischen.

Die Aliens wiederum hatten die Bombenattacke und den Maschineneinsatz scheinbar mühelos überstanden – ein Knick in der weltweiten Wachstumsrate, nicht mehr.

Eric stand auf. An diesem Tag kam er nicht zur Ruhe, doch er wollte nicht die Vergangenheit durchleben, sondern sich auf die Gegenwart und Zukunft konzentrieren. Der morgige Jahrestag zwang seine Gedanken allerdings mit geradezu hypnotischer Kraft ständig zurück.

Er sah von der Höhe der Kraterwand aus in die Tiefe. Gegenüber zogen Nebelfelder über den üppigen Baumbestand. Unten, auf der anderen Seite des grün schillernden Sees, neben den dampfenden heißen Quellen, wohnte ihre kleine Gemeinschaft der Überlebenden in einer ehemaligen Ferienanlage, zwischen der Kirchenruine und dem Wasserfall. Der Gedanke an Chayne, die sich in der Anlage aufhielt, brachte ihn zu der Entscheidung, wieder nach Hause zu gehen.

Wenn alles nach Plan lief, musste in den kommenden Stunden auch Amy zurückkehren – sie war mit Marcel Loquas unterwegs, in ihrer unermüdlichen Mission, das zu bündeln, was von den weltweiten militärischen Streitkräften noch existierte. Sie glaubten an eine kriegerische Lösung des Konflikts. Er hielt das für Narretei. Der letzte Versuch hatte zahllose Todesopfer gefordert, auf beiden Seiten, Landschaften zerstört, Naturkatastrophen ausgelöst und die Lage ganz allgemein verschlimmert – was man jeden Tag sah, wenn man den Blick in den Himmel hob. Der triste Staub dort oben, den die Prediger des Untergangs *die schwarzen Kinder des Krieges in der Luft* nannten.

Auf dem Weg den Trampelpfad herunter kam ihm John entgegen. Der Künstler schnitzte aus dem abgestorbenen Baumstamm seit Wochen schon unermüdlich die Delfinschule, die seinen Worten zufolge von Anfang an darin gesteckt hatte. Eric überzeugte sich jeden Morgen von den Fortschritten des Kunstwerks, und immer wieder staunte er über die Schönheit, die John dem Holz entriss. Und über den hageren, glatzköpfigen Mittachtziger selbst, der stets ein Lächeln zwischen den Falten seines braun gebrannten Gesichts trug. Sein Leben lang hatte er nie einen zufriedeneren Menschen gesehen.

»Junge«, sagte der Künstler, »wie ist es oben?«

»Herrlich«, meinte Eric. Von seinen unruhigen Gedanken erzählte er nichts. »Aber wenn die Sonne durchkommt, wird es ziemlich heiß. Bist du sicher, dass du es schaffst?«

»Sehe ich deiner Meinung nach aus wie eine alte Klapperkiste, die bei einer anstrengenden Wanderung zusammenbricht?«

Ja, dachte Eric. »Nein«, sagte er.

»Lügner.«

»Ich lüge nie«, erwiderte Eric, und mit dieser Lüge verabschiedeten sie sich. John setzte den Aufstieg fort, für Eric ging es nach unten. Bald hörte er das Blubbern der kochenden Quellen, noch ehe er den Schwefelgestank roch.

Und er entdeckte den Militärjeep an der Einfahrt zur Wohnanlage. Amy und Marcel waren also zurück, ein wenig früher als erwartet. Er beeilte sich. Vielleicht hatten die beiden von David und den anderen gehört. Im Unterschied zu diversen militärischen Träumen interessierte ihn das Wohlergehen der alten Freunde sehr.

Er fand seine Schwester bei Chayne. Sie saßen am Seeufer, die Füße im Wasser. Er ging zu ihnen, küsste seine Frau, umarmte Amy und setzte sich neben sie, nur ein wenig rückte er nach hinten, damit die winzigen Wellen nicht auf seine Schuhe schwappten. »Wie geht's dir?«

»Müde«, sagte Amy. »Die Reise war anstrengend.«

»Habt ihr David getroffen?«

»Chayne weiß längst alles – Details gibt es bei ihr. Die Kurzfassung: Nein. Wir mussten einen Kilometer vor dem Forschungszentrum abbrechen. Ein Schwarm sucht die Gegend heim. Wir hoffen, dass sich dort kein neues Kollektiv bildet. Immerhin konnten wir kurz Kontakt über Funk aufnehmen. David und die anderen verhalten sich still, um nicht entdeckt zu werden.«

Eric setzte sich zu den beiden. »Also gibt es keine guten Nachrichten.«

»Doch«, meinte Amy. »Wir haben einen Abgesandten des japanischen Militärs getroffen. Dort wissen sie von dem Widerstand in Australien. Das Netzwerk wird dichter. Die Schlinge zieht sich zu.«

Er verspürte nicht die geringste Lust, mit Amy das alte Thema zu diskutieren. Also schwieg er und hoffte, dass seine Schwester diese lautlose Botschaft verstand.

Falls es so war, ließ sie sich nicht beirren. »Ein erster koordinierter Anschlag ist damit greifbar nah. Er wird die Viecher stärker treffen als damals die …«

»Lass gut sein«, bat Eric. »Du weißt, dass ich …«

Amy stand auf. »Was willst du sonst tun?« Sie schüttelte Wassertropfen von den Füßen. »Nur hier im Krater sitzen und mit dem alten Narren an Bäumen rumschnitzen?« Sie deutete in Richtung des halb fertigen Kunstwerks.

»John verschönert unsere Anlage«, sagte Eric. »Die Häuser. Das Ufer. Und auch unsere Leben.«

»Meines nicht.«

»Doch, Amy, ob du es merkst oder nicht, es ist so. Schönheit ist wichtig.«

»Auch in einer Welt des Todes?«

»Gerade dort.«

»Das ist lächerlich.«

Eric schüttelte den Kopf.

»*Du* bist lächerlich«, sagte Amy. »Und ich Idiotin hatte mich darauf gefreut, für einen Tag nach Hause zu …«

»Hört auf!«, rief Chayne, die bis zu diesem Augenblick stumm zugehört hatte. »Ich komme mir vor wie damals, als wir alle Kinder waren! Hat denn keiner von uns irgendwas dazugelernt?«

»Doch«, sagte Amy. »Der Untergang hat mich so einiges gelehrt. Ich zumindest weiß jetzt, dass wir uns wehren müssen. Und Marcel genauso. Vielleicht ist es besser, wenn ich zu ihm gehe. Mit etwas Glück schläft er noch nicht. Er war nämlich völlig fertig von der Tour, die wir für euch gemacht haben, um eure verdammte Zukunft zu retten.« Damit eilte sie barfuß zu ihrem Haus. An ihre Schuhe, die am Ufer zurückblieben, dachte sie offenbar keinen Augenblick.

Eric sah ihr nach. »Nicht gerade gut gelaufen.« Wie meistens. Seit Amy ihren militärischen Traum träumte, entfernten sie sich immer weiter voneinander.

»Setz dich zu mir«, bat Chayne.

Gemeinsam sahen sie aufs Wasser.

Irgendwann nahm sie seine Hand.

2

Amy wachte auf. Sie hatte geschlafen wie ein Stein. Das erste Gefühl an dem neuen Tag war unangenehm: Sie ärgerte sich, dass sie gestern am Nachmittag, kurz nach ihrer Rückkehr, so impulsiv auf ihren Bruder reagiert hatte. Eric konnte einen aber auch zur Weißglut treiben mit seiner Uneinsichtigkeit!

Im Haus angekommen, hatte sie Marcel voll angezogen auf dem Bett liegend gefunden. Na ja, eine Menge Stunden Schlaf später war er dann vor ihr aufgewacht. Durch einen Schlitz des Rollladens fiel ein Streifen Sonnenlicht ins abgedunkelte Zimmer. Staubkörnchen tanzten darin. Sie stand auf, schlüpfte in Unterwäsche, Hosen und Shirt, und ging in den Wohnbereich.

Marcel saß auf der Couch, einen Kaffeebecher in der Hand. Was das betraf, würden die Vorräte noch mindestens ein Jahr reichen. Wahrscheinlich länger, als irgendjemand von ihnen lebte.

»Willst du?«, fragte er.

Sie nahm ihm die Tasse ab und nippte. »Viel zu heiß. Wie immer.«

»Du auch«, sagte er und lächelte.

Amy erinnerte sich noch genau an das Gefühl, den Menschen hinter dem Fleet Admiral zum ersten Mal kennenzulernen. *Eine Menge Leute kennen Admiral Loquas*, hatte er gesagt, *kaum jemand kennt Marcel.* Amy hatte das Glück gehabt, die Fassade zu durchschauen. Eines der wenigen guten Dinge während des Untergangs. Es erstaunte sie immer wieder, wie er auf sein Militär-Ich umschalten konnte.

»Ich wünsch dir einen schönen Jahrestag«, sagte er. Sie mochte seinen Galgenhumor. »Drei Jahre Landung auf dem Asteroiden.« Er schnippte mit Daumen und Mittelfinger der rechten Hand. »Das letzte Meisterstück der Menschheit.«

»Ich feiere ein anderes Jubiläum«, konterte sie. »Zwei Jahre Plan B.« Denn sie hatten damals den 17. August 2064 als symbolisches Datum für ihr erstes Netzwerktreffen der weltweit zerschlagenen Militärorganisationen gewählt. »Zwei Jahre Arbeit im Untergrund. Und im Hintergrund. Gut gemacht, Admiral.«

»Nur dass ich gar kein Admiral mehr bin. Wer sollte mich bezahlen?«

Sie fand es weitaus wichtiger, dass er noch in begrenztem Maß auf das militärische Equipment und die Verbindungen zugreifen konnte. »Ich bin auch nicht wegen deines Geldes zu dir gezogen.«

»Sondern?«

Sie grinste. »Wenn du auf deinen Charme gehofft hast, vergiss es. Dir stehen Waffen zur Verfügung. Und du befehligst eine der letzten Hubschrauberflotten der Welt. Das macht dich unwiderstehlich.« Sie küsste ihn auf die Wange. »Ich muss zu meinem Bruder. Wir haben uns gestern mal wieder gleich mit einem Streit begrüßt.«

»Viel Spaß bei der Versöhnung. Ich widme mich meinem Kaffee«, sagte er, während sie durch die Terrassentür ins Freie trat.

Die Luft roch frisch, das Gras glänzte noch leicht feucht vom Morgentau. Vögel sangen in der Krone des Feigenbaums, und sehr leise, in der Ferne jenseits der Kraterwände, hörte sie das Kreischen der Maschinen. Wälzten die Kolosse also wieder einmal über die Insel. Die Amphibienmodelle tauchten alle paar Wochen auf.

Sie klopfte bei Eric.

Chayne öffnete. »Da bist du ja.«

Amy grinste matt. »Habt ihr mich erwartet?«

»Ich schon.«

»Es tut mir leid.« Sie machte eine wegwerfende Handbewegung. »Ich habe zwar recht, aber ich hätte es nicht so ...«

»Lass gut sein«, fiel ihr Chayne ins Wort. »Sag das Eric, nicht mir.«

»Wo ist er?«

»An seinem Lieblingsplatz.«

Amy bedankte sich und machte sich auf den Weg, an den feuchtglänzenden Bäumen und diesen Büschen mit den roten Beeren vorbei. Das Rauschen des Wasserfalls wurde lauter. Erics Lieblingsplatz lag einen kurzen Spaziergang von zehn Minuten entfernt, am Pool des Wasserfalls, seitlich auf den Steinen, wo ihm der Wind manchmal einen Tropfen ins Gesicht blies.

Dort sah sie ihn schon von Weitem sitzen, so in Gedanken versunken, dass er ihre Annäherung gar nicht bemerkte.

Sie ging zu ihm. »Was denkst du?«

Er zuckte zusammen und wirkte erschrocken, als er zu ihr aufsah. Er öffnete den Mund, als wolle er etwas sagen, schwieg aber. Offenbar suchte er nach der passenden Antwort.

»Du hast Glück, weißt du das?«, fragte Amy, des Wartens überdrüssig.

»So?«

»Jemand wie du müsste längst tot sein.«

»Jemand wie ich?«

»Ein Narr, der hier sitzt, nachdenkt und nicht bemerkt, dass sich ein Feind nähert.«

»Du bist kein Feind.«

»Ich hätte aber einer sein können.«

In der Ferne heulte der Maschinenlärm wieder auf. Offenbar kamen die Kolosse näher. Sollten sie doch!

Eric stand auf und nahm Amys Hand. Sie ließ es zu, was sie selbst überraschte. Obwohl sie ihn oft nicht verstand, änderte das ihr früheres gutes Verhältnis nicht. Oder die Tatsache, dass er ihr Zwillingsbruder war. »Wir haben uns einmal vertraut«, sagte er.

»Tun wir das nicht immer noch?«

Er schwieg, und so kam ihr der berstend-krachende Lärm der Maschine, die sich auf den Kraterrand wälzte, umso lauter vor. Für einen Augenblick verdunkelte der gewaltige Koloss die Sonne; es war eines der philippinischen Modelle, erkannte Amy. Dass es so nahe herankam, beunruhigte sie zwar, aber sie ließ es sich nicht anmerken. Wahrscheinlich entfernte sich das Ding bald wieder, weil die KI keine Ziele entdeckte. Im Krater gab es keine Außerirdischen, und sollten sie irgendwann eindringen, müssten sie sofort die Alarmsysteme auslösen.

Müssten.

Dieses kleine Wort, das in ihren Gedanken bohrte, erschreckte sie noch mehr als der Anblick der Maschine.

»Erinnerst du dich?«, fragte er. »Heute vor drei Jahren war Stichtag.«

Natürlich erinnerte sie sich. Gab es irgendeinen Überlebenden, auf den das nicht zutraf?

Er hielt nach wie vor ihre Hand. »Fürchtest du dich?«

»Nur ein Idiot hätte keine Angst.«

»Weißt du noch, was du mehr als alles andere wolltest, als wir klein waren?«

Sie löste sich von ihm. »Ein Stück des Himmels«, sagte sie. Die Worte kamen in einem zu hohen Tonfall aus ihrem Mund, und ihr Blinzeln verriet ihre Erregung. Damals waren sie sechs oder sieben Jahre alt gewesen und träumten von irgendeinem idyllischen Paradies. »Der dumme Wunsch eines Kindes. Irgendwann ist es zu uns gekommen, das Stück des Himmels. Und?« Natürlich hatten sie als Kinder keinen Gesteinsbrocken gemeint, der durchs All reiste, und Amy wartete darauf, dass er genau das betonte. Doch er schwieg. Wahrscheinlich träumte er immer noch von einer Idylle, dieser Narr. »Was ist daraus geworden, Eric?«, fragte sie leise.

Am Kraterrand zerbrachen Bäume. Etwas heulte in der Luft, das Sirren eines Doppelmantelgeschosses, und eine Explosion tauchte den Himmel in grelles Flammenlicht.

»Ein Stück des Himmels«, sagte Amy nachdenklich, »das uns allen gezeigt hat, wie wir wirklich sind.« Schon während dieser Worte drehte sie sich um. Sie mussten zur Anlage zurück. Dass die Maschine gefeuert hatte, bewies, dass etwas nicht stimmte.

Eric war aufgesprungen. »Was …«

»Gehen wir.« Er eilte bereits vor in Richtung der Anlage. Sie hetzte ihm nach. »Drei Möglichkeiten! Entweder das Ding hat eine Fehlfunktion. Oder es hat bei einer Routinemission einen Alien entdeckt, der von den Schutzsystemen unbemerkt geblieben ist.«

»Und drittens?«, fragte er, ein wenig atemlos.

»Die Aliens haben die Maschine unter Kontrolle.«

»Ist das möglich?«

»Es gibt Gerüchte.«

»Glaubst du daran?«

»Das spielt keine Rolle.«

»Doch!«

»Ich kann mir vorstellen, dass sie eine Maschine übernehmen und steuern, ja. Aber nicht ausgerechnet hier!«

»Warum nicht?«

Eine Antwort darauf musste sie nicht geben, denn noch ehe sie die Anlage erreichten, hörten sie ein hohes Sirren und Kreischen, und eine Wolke aus Außerirdischen schwappte über den Kraterrand und verdunkelte den Himmel.

Das war also das Ende.

Das Ende aller Dinge.

Einem solchen Ansturm konnte die kleine Gruppe von Überlebenden nichts entgegensetzen. Auch nicht mithilfe der Maschine, die offenbar doch nicht zufällig hierhergekommen war, sondern sich auf der Spur des Schwarms befunden haben musste.

So sah also der Tod aus: ein schwarzes Wimmeln über der Landschaft.

Angesichts des Endes bedauerte sie nur eines – dass sie Eve seit jenem Tag im Helikopter nicht mehr gesehen hatte. Die Chancen, dass ihre Tochter noch lebte, waren zwar verschwindend gering, aber Amy hätte sich Gewissheit gewünscht, auf die eine oder andere Weise.

Sie rannten schneller, und Amy war klar, dass es Eric genauso ging wie ihr. Er wollte ein letztes Mal den geliebten Menschen sehen, ihm vielleicht im Tod Trost spenden. Seine Zeit mit Chayne war länger, intensiver und tiefer gewesen als ihre mit Marcel, aber am Ende zählte das nicht.

Sie hörten Schreie.

Hinter ihnen explodierte etwas. Die Maschine jagte brennende Geschosse in den Schwarm. Wahrscheinlich starben gerade ein Dutzend oder auch hundert Kreaturen, doch Amy musste nicht zurückschauen, um zu wissen, dass sie über genügend Nachschub verfügten. So war es immer. Die Außerirdischen erachteten die Existenz eines Einzelnen offenbar für nichts, für sie zählte nur die Gesamtheit. Bei ihrem letzten Treffen war Andrea überzeugt gewesen, dass sie keine Individualität kannten, obwohl auch die Einzelwesen Intelligenz besaßen. Sie strebten nach Vollkommenheit in der Gemeinschaft, was sich einerseits auf der körperlichen Ebene, andererseits im Verhalten ausdrückte.

Nun sah Amy doch zurück. Der Kraterrand brannte in lodernden Flammen, wo nicht das Schwarz der Kreaturen wimmelte.

Sie erreichten die Siedlung. Die anderen flüchteten, obwohl es kein Ziel gab, keine Hoffnung, kein Versteck. Nur einer blieb still – der alte John saß mit dem Rücken an den toten Stamm gelehnt, an dem er Tag für Tag arbeitete. Sie sah ihn im Augenwinkel, und bemerkte, dass er gelassen wirkte, den Blick auf den See gerichtet.

»Eric!«, hörte sie Chayne rufen.

Ihr Bruder rannte zu seiner Frau.

Marcel eilte an den beiden vorbei, ein Maschinengewehr in den Händen. Es hatte zwar keinen Sinn, gegen diese Übermacht anzufeuern, aber natürlich würde er es versuchen. Sie genauso. Bis zum Tod wollte sie kämpfen.

Eine zweite Waffe hing ihm um die Schulter. »Danke«, sagte Amy, als er sie ihr reichte.

»Ich liebe dich.« Er jagte die erste Salve in die sich nähernde Wolke.

»Für immer«, sagte sie.

Dann waren sie da.

Es blieb nur noch ein Atemzug, zwei vielleicht.

Amy wappnete sich, aber sie fühlte keinen Schmerz, und die Außerirdischen griffen auch gar nicht an. Sie verfolgten nicht einmal die Flüchtlinge in Richtung Wald. Stattdessen ballte sich die Wolke an einer einzigen Stelle, und Amy erkannte genau, wo es war.

Bei Eric und Chayne.

3

Eric umarmte Chayne. Sie schwiegen und wussten, was der andere dachte. Die Zeit war gekommen, wie für Milliarden vor ihnen in den letzten drei Jahren.

Eric schloss die Augen. Ihn umtobte der Lärm von tausend Gliedmaßen, die über den Boden schabten und in der Luft peitschten.

Er roch Chaynes Haar.

Was für eine Gnade, dachte er, *dass wir so lange zusammen sein durften.*

Sogar durch die geschlossenen Lider merkte er, dass es dunkler wurde. Die schiere Masse aus Leibern in dem Schwarm raubte jedes Licht.

Aber es kam kein Schmerz. War er schon tot? Hatte sein Gehirn den Moment des Sterbens abgeblockt?

Unsinn, dachte er. Er fühlte Chayne, immer noch.

Er öffnete die Augen. Es blieb schwarz, doch er glaubte, eine Bewegung zu erahnen, ein unruhiges Schnappen und Schlagen.

»Chayne«, sagte er.

»Ich bin hier. Was – was ist das?«

Er hätte es ihr zu gerne gesagt, aber er konnte es sich nicht einmal ansatzweise vorstellen.

Für einen Augenblick blitzte Licht auf, wie durch einen Riss in dem schwarzen Sarg, der sie umgab. Nein, in dem rundum geschlossenen Kokon aus Alienkörpern. Vor seinem geistigen Auge sah Eric die Kugel in der Zelle der Patrick Air Force Base, jenes erste kleine Kollektiv. Genau das musste es sein ... nur dass sie sich diesmal *darin* befanden.

»Eric?«

Chaynes Stimme zitterte bei dem einen Wort, und er hörte so viel Angst, dass es ihm das Herz zerriss.

Sie wollen etwas von uns, dachte er, und ehe er es aussprechen konnte, packte ihn eine Gliedmaße und zog ihn von Chayne weg. Er griff die Hand seiner Frau, aber sie wurden auseinandergerissen.

Die Finger lösten sich.

Licht überflutete ihn, als sich das Kugelkollektiv öffnete und Chayne ins Freie stieß. Es schloss sich augenblicklich, und die Schwärze schlug erneut über ihm zusammen.

Die Gliedmaße, die ihn gepackt hielt, hob ihn hoch.

Die Kehle verengte sich. Er konnte nicht mehr atmen. Eine Welle von Panik trug ihn hinweg.

Etwas blitzte in der Finsternis auf, weil es weniger dunkel war als die hornigen Panzer. Graue Schlieren trieben wie wabernde Tentakel auf ihn zu. Die erste erreichte ihn an der Hand, tastete über die Haut, glitt wie eine hauchdünne Schlange darüber, wickelte sich um seine Finger und bohrte sich in Erics Handfläche. Die anderen trafen ihn im Nacken, an der Wange, der Stirn, dem Bein, krochen unter die Kleider.

Als sie zustachen, explodierte ein Farbenmeer vor seinen Augen.

So sah es zumindest aus.

Nur dass es in Wirklichkeit mitten in seinem Gehirn ausgegossen wurde und sein Bewusstsein überflutete.

4

»Chayne!« Amy ging neben ihr auf die Knie, packte ihre Hände, ihren Kopf. Vor wenigen Sekunden hatte sich das kugelartige Kollektiv der Außerirdischen geöffnet und Chayne ... ausgespuckt. Nur sie. Amy hatte einen Blick auf ihren Bruder werfen können, den eine hornige Extremität umklammerte.

Sie hatte erwartet, Chaynes Leiche zu sehen, aber es gab kein Blut, und sie wirkte völlig unversehrt.

Tatsächlich war sie es auch. Nur ihr Shirt war über der Schulter zerrissen. »Was ist passiert?«

»Du lebst«, sagte Amy. Etwas Besseres fiel ihr nicht ein.

»E-eric?«

»Er ist ... noch drin.«

Chayne drehte den Kopf.

Die Kugel wuchs, weil Hunderte der Kreaturen die Hülle verdickten. Marcel stand plötzlich neben ihnen, die Waffe erhoben. Aber er schoss nicht. Die Aliens griffen ja nicht an – ein Verhalten, das niemand zuvor an ihnen beobachtet hatte. Es wäre töricht gewesen, auf sie zu feuern und damit vielleicht den tödlichen Gegenschlag zu provozieren.

Die Maschine wälzte sich näher, und sie feuerte sehr wohl auf die Kreaturen, die sich noch außerhalb der Anlage aufhielten. Und sie würde auch das Kugelkollektiv angreifen, ohne Rücksicht darauf, auch einige Menschen zu treffen.

Marcel beurteilte die Lage offenbar genau wie Amy. »Wir müssen von hier weg!«

»Eric«, sagte Chayne. »Er ist … da drin.«

»Wir müssen trotzdem weg«, wiederholte Marcel, in einem Tonfall, als rede er mit einem begriffsstutzigen Kind.

Amy drehte sich um. »Wir können meinen Bruder nicht …«

»Wenn wir bleiben, sterben wir. Töten uns die Aliens nicht, dann die Maschine.«

Ein Baum zerbarst knackend, als der Koloss darüberwälzte.

»Wir fliehen nicht«, sagte Chayne. »Wir halten die Maschine auf.«

»Das ist lächerlich!«

»Etwas wie das hier ist noch nie passiert! Wir müssen herausfinden, was die Aliens von uns wollen.« Chayne deutete mit zitternden Händen auf die Kugel, deren Hülle sich weiter verstärkte. »Von ihm«, verbesserte sie.

»Wir können die Maschine nicht stoppen«, sagte Marcel. »Wie stellst du dir das vor?«

Im selben Moment brachen schwirrende Gliedmaßen wie stumpfe Flügel aus der Kugel, und das Kollektiv hob vom Boden ab.

Eric schwamm in Farben, und sie waren wunderschön.

Ein Regenbogen brach vor ihm auf, aber er zeigte sich auf verwirrende Weise kantig, und es gab ein breiteres Spektrum an Farbtönen darin.

Er hörte ein Rauschen, wie Wellen an einem Strand, und als diese Wellen näherkamen, verstand er, dass er das Geräusch ebenso wenig mit den Ohren aufnahm, wie er die Farben mit den Augen sah.

Das Wasser des unsichtbaren Meeres floss in einem Rhythmus, der das Blut in seinen Adern beschleunigte und abbremste. Es erreichte sein Herz, und ein Trommeln überflutete ihn, wie die Melodie des schnellsten Liedes, das je erklungen war.

Mit einem Mal konnte Eric nicht mehr atmen. Der Herzschlag wollte seinen Brustkorb zerbersten lassen. Die Farben verdunkelten sich, als ihn die Angst zu ersticken lähmte.

Ihn und das Meer.

Das Meer und die Wellen.

Die Wellen und den Fluss seines Blutes.

Sein Blut und sein Herz.

Es schlug nicht mehr, doch das musste es auch nicht. Er atmete nicht, aber wozu sollte er das tun, in diesem einen, ewigen, zeitlosen Augenblick?

Die Farben flossen aus dem Meer in ihn hinein, in seine Adern, in seinen Verstand.

Du bist hier, sagten sie, ohne ein einziges Wort zu benutzen.

Eric. Mein Name ist Eric.

Wir tragen keinen Namen. Wir brauchen ihn nicht.

Wer seid ihr?

Von so weit her, rauschten die Farben und pulsierten heller und dunkler, heller und dunkler, heller und dunkler, *so lange im Nichts geschlafen.*

Wir haben euch geweckt.

Dafür sind wir dankbar.

Warum tötet ihr uns?

Was ist das? Töten? Die Welle erstrahlte in einem schwarzleuchtenden Fluss aus Unverständnis.

Ihr beendet unser Leben. Unsere Existenz.

Was ist Leben?

Ihr habt geschlafen, auf dem Asteroiden.

Asteroid?

Im … Nichts.

Draußen, plätscherte es ans Ufer des Meeres, das es nicht gab, und die Farben versickerten in das konturlose Schwarz des Weltalls. Nur ganz in der Ferne, Lichtjahrmillionen entfernt, blitzten Sterne, rot, blau und lilafarben. *Ich wollte dort nicht sein. Dort war ich nur eines. Allein.*

Warst du ein Gefangener?

Was ist das?

Ein Krieger?

Verständnislos wogte das Meer.

Ein Sendbote? Hast du uns gesucht?

Ich war ich. Unvollständig. Jetzt sind wir da. Es ist gut.

Wir haben euch aus dem Schlaf gerettet. Aber wir möchten weiterleben. Wir sind Menschen. Wir tragen Namen.

Warum?

Damit wir lernen, wer wir sind.

Wir sind wir, explodierte die Erkenntnis im Farbenrausch. *Und wir wollen nicht zurück in den Schlaf.*

Wir können alle gemeinsam wach sein. Und weiterleben. Wir haben Raum genug.

Raum?

Platz zum Leben. Ihr müsst nicht schlafen.

Wir sind traurig, lachte die Welle und versprühte in tanzender Gischt.

Ich auch. Ich möchte meine Frau wiedersehen.

Frau?

Sie war eben noch bei mir. Ihr habt sie von mir weggerissen. Es hat mir wehgetan.

Das verstehen wir nicht.

Eric wusste, dass es keine Worte gab, die es den Farben erklären konnten, also dachte er nur. An das Mädchen, das Chayne einst gewesen war, wie sie mit dem Fahrrad zu Amy kam, mit verschwitzten Haaren. Wie er sie angeschaut und sie ihn geküsst hatte. Wie sie zusammen erwachsen geworden waren und geweint hatten, weil sie kein Kind bekommen konnten.

Ihr seid ein Kollektiv, verstand das Gelb und verschmolz mit dem Rot zu Orange, das sich mit einer Farbe paarte, die Eric nie gesehen hatte, weil es sie auf der Erde nicht gab.

Wir können alle leben, malte er einen Gedanken. *Ihr und wir.*

Ein neues Kollektiv, dachte jede Farbe, dachte das Meer, dachten die Außerirdischen, dachte Eric.

Dann floss das Farbenmeer ab, und er empfand unendliche Trauer. »Bleibt«, rief er, und diesmal nicht mit seinem Verstand, sondern mit dem Mund, den er wieder bewegen konnte, weil sein Herz schlug und seine Lungen atmeten.

Der Augenblick war vergangen, und die nächste Sekunde brach an.

6

»Eine Woche, Amy«, sagte Chayne. »Es ist sieben Tage her, und er kommt nicht mehr zurück. So ist es doch, oder?«

Amy wollte widersprechen, um ihr Hoffnung zu machen, aber sie brachte es nicht über sich zu lügen. »Ich glaube nicht. Warum immer sie ihn geholt und uns verschont haben, wir müssen damit zurechtkommen.«

»Ich vermisse ihn.«

»Ich auch«, sagte Amy, und es war die Wahrheit. Diese Kreaturen hatten ihr Eric genommen, und im Ausgleich würde sie ihnen das Leben nehmen.

Allen.

Sie hatte mit Marcel gesprochen, und er stimmte mit ihr überein. Der weltweite Widerstand konnte zuschlagen. Noch einen Tag mehr, und sie würden das Funknetz schließen, um sich zu koordinieren. Dann durften die Waffen wieder sprechen, lauter als damals aus der mongolischen Steppe. Den alten Fehler würden sie nicht wiederholen, obwohl er verständlich gewesen war. Die Verantwortlichen hatten sich davor gefürchtet, dass die Bomben nicht nur die Aliens, sondern die ganze Erde zerstören könnten. Und was war das Ergebnis dieser Angst gewesen? Die Feinde lebten und töteten weiter. Diesmal jedoch wollte das Militär die Zerstörungskraft der Bomben nicht drosseln. Vielleicht hielt der Planet den neuen Waffenschlag aus, vielleicht auch nicht.

Furcht jedenfalls war Schwäche, und damit ein schlechter Ratgeber. Wenn als Kollateralschaden nicht nur die Außerirdischen starben, sondern auch der Rest der Menschheit unterging, dann sollte es eben so sein. Möglicherweise überlebten ein paar, irgendwo.

Hoffentlich würden es Menschen sein.

Aber der Krieg fand ein Ende, soviel stand fest.

»Was soll ich tun, Amy?« Sie saßen wieder am See, Chayne hielt die Arme vor der Brust verschränkt. »Am liebsten möchte ich aufstehen und …« Sie brach ab.

»Und was?«

Chayne streckte einen Arm aus und wies auf den See hinaus. Dabei schloss sie die Augen. »Untergehen. Wie der Rest der Welt.«

»Nein«, sagte Amy. »Das darfst du nicht.«

»Aber wie kann ich …«

»Wir sind noch nicht am Ende.« Wie nahe es war, verschwieg Amy allerdings. »Es gibt Hoffnung für uns«, log sie.

»Das würde ich gern glauben.«

Ich nicht. Ich habe mir lange genug etwas vorgemacht.

Im nächsten Augenblick erstarrte Amy.

Das war Eric! Er kam zurück, aber nicht allein. Auf seinem Rücken saß eine der Kreaturen.

Sie sah, wie Tränen über Chaynes Wangen liefen, dann revoltierte ihr Magen, und sie erbrach sich.

Chayne stand zitternd auf, wollte ihrem Mann entgegeneilen. Amy packte sie am Bein, und sie fiel hin. Ihre Arme klatschten ins Wasser.

»Lass mich!«

»Das ist nicht Eric!«

»Aber du siehst doch …«

»Das ist nicht mehr mein Bruder!«

»Du bist verrückt!« Chayne trat mit dem freien Bein gegen Amys Arm, kam frei, kroch auf allen vieren durchs flache Wasser, kam auf die Füße und rannte Eric entgegen.

Besser gesagt, sie näherte sich der Hülle, die einen Außerirdischen auf dem Rücken trug, der Dutzende wimmelnder grauer Fäden in die Haut des Körpers seines Trägers gebohrt hatte.

Ein Bild, wie sie es seit ihrer Kindheit kannte, wie aus einem der alten Horrorcomics: der Dybbuk, der wie ein Vampir seinen Wirt aussaugte. Oder, wie es die Biologie lehrte, der Parasit.

Amy rannte Chayne hinterher und wollte sie aufhalten. Doch ihre Schwägerin erreicht das Wesen und streckte die Hand nach ihm aus.

7

Eric ergriff Chaynes Hand. Sie fühlte sich warm an, warm und wundervoll. Als er sie berührte, roch er ihr Haar und sah die Farbe ihres Blutes und ihres Herzens. Die Freude in ihr war violett, die Angst tiizhra.

Düstergrau, verbesserte er sich.

»Danke«, sagte er. »Du brauchst dich nicht zu fürchten.«

»Was ist mit dir?«

Eric hob die freie Hand. Zwei der grauen Schlieren verschwanden in den Adern auf dem Handrücken. Als wären sie die Fäden einer Marionette, zog er mit ihnen das Alien vom Rücken auf die Schulter. Seine Fingerspitzen berührten den Panzer.

»E-eric, was ist mit dir?« Sie weinte.

»Ich verstehe«, sagte er. »Ich verstehe sie endlich.«

»Aber du ...«

»Ich bin immer noch ich selbst«, sagte er, weil er wusste, was sie hatte einwenden wollen. »Aber ich bin ...« Er suchte die richtigen Worte. »Ich bin auch *wir*. Das Kollektiv.«

»Wie kannst du ...«

Wieder ließ er sie nicht aussprechen. Ihre Stimme war so laut, wenn sie den Mund nutzte und nicht nur dachte, und er wusste ja ohnehin, was sie sagen wollte. »Sie töten nicht mehr. Nirgendwo. Nur an einem einzigen Ort, in Venezuela, dort müssen sie sich verteidigen, jetzt in diesem Augenblick. Aber sie ziehen sich schon vom Kampf zurück.«

Chaynes Lippen zitterten. Ihr Gesicht war leichenblass.

»Sie verstehen nun, was es heißt, einen von uns zu ermorden. Wenn einer von *ihnen* stirbt, ist es anders. Das Einzelne ist nichts, nur das Ganze. Sie denken, Amy, aber nicht so wie wir, und sie haben nie gewusst, dass wir uns so sehr unterscheiden. Es war für sie ein … Ringkampf. Ein Sport, und der Sieger bekommt die Arena.«

»Die Arena?«

»Die Erde. Den letzten Kampf hatten sie verloren, darum mussten sie auf dem Asteroiden schlafen.«

»Woher …«

»Ich weiß es, weil er sich erinnert.« Er schüttelte den Kopf. »Weil sie sich erinnern. Der Erste von ihnen war allein dort draußen im All. Einsam. Für eine Million Jahre. Die vorherige Welt …«, Eric schloss die Augen und sah die dunkelrote Sonne und die vier Planeten, die sie umkreisten, der letzte war von einem Asteroidenring umgeben, »… ist so weit weg und so lange her.«

Du machst mir Angst. Er sah Chaynes Gedanken völlig klar, und noch ehe sie es aussprechen konnte, antwortete er ihr: »Du brauchst dich nicht zu fürchten. Die Dinge kommen in Ordnung, weil …« Mitten im Satz brach er ab und schrie.

8

Amy war vor Entsetzen stehengeblieben und hatte den Lügen zugehört, mit denen das Wesen aus dem Mund ihres Bruders Chayne umgarnte. Deshalb also hatten sie Eric geholt – sie wollten ihn als Marionette nutzen, um sie und Marcel zu beeinflussen. Um den entscheidenden Militärschlag zu verhindern, der sie sonst auslöschen würde. Doch nach den ersten Lügen war Amy zurückgerannt, in ihr Haus, und dort hatte sie gefunden, was sie suchte. Sie rannte zurück zu Chayne, und als sie dort ankam, schrie Eric.

Er krümmte sich, und die Kreatur kroch wieder auf seinen Rücken, suchte Schutz wie ein in die Enge getriebenes Beutetier.

»Nein, Amy!«, sagte Eric, als habe er ihre Gedanken gelesen, »sie sind nicht zu mir gekommen, damit sie euch durch mich beeinflussen können.«

Da begriff sie, dass er tatsächlich ihre Gedanken las, und sie empfand Scham, Entsetzen und glühenden Hass.

»Sie wissen, was ihr vorhabt, Amy, und es würde die ganze Arena zerstören. Die ... die Erde. Deshalb haben sie mich gesucht, weil ich der Einzige bin, der mit ihnen kommunizieren wollte, damals, in der Air Force Base! Zu der Zeit konnten sie es noch nicht begreifen, aber die Erfahrung ging im Kollektiv nicht verloren, und sie lernen ständig, darum verstehen sie es jetzt im Nachhinein und ...«

»Lüge!«

»Amy, du musst Marcel aufhalten.«

»Lüge!«, wiederholte Amy. »Chayne, hör dir das doch an! Das ist nicht Eric. Diese Viecher haben Angst, weil wir sie besiegen können! Geh weg von ihm!« Sie zog die Pistole und richtete sie auf Eric. Ein einfacher Schuss würde den Panzer nicht durchschlagen, das wusste sie aus Erfahrung. Aber er konnte die Hülle töten, die von ihrem Bruder geblieben war. Und damit wenigstens Chayne retten. »Geh weg von ihm!«

Eric packte Chayne, riss sie an sich, und drei, vier der grauen Fäden lösten sich aus seiner Haut. Blutstropfen schwirrten durch die Luft, und die Auswüchse der Kreatur stießen in Chaynes Körper.

Amy schrie, als sie abdrückte.

9

Das Farbenmeer hinter Erics Augen explodierte, als eine neue Fülle hinzukam und Chayne aus den Fluten auftauchte, in Rot und Himmelblau und leuchtendem Gelb. Als sie die Luft ausstieß, war sie bunt und hell.

Es verging kein Augenblick, bis Chayne alles wusste, was er wusste, und noch ehe Amys abgefeuerte Kugel herangeschossen war, stimmte sie zu.

Der Außerirdische huschte von Erics Rücken, schneller als ein Blick ihm folgen könnte. Das Projektil schlug in seinen Panzer, brach ein Stück der Hülle ab und jagte als Querschläger zur Seite.

Als die Fäden überall aus seinem Körper platzten, schmerzte es, weil das Wesen sich lösen musste, um eine Aufgabe zu erledigen.

Die Farben erloschen.

Chayne erlosch und existierte plötzlich nur noch außerhalb.

Der Verlust ließ Eric wanken, und er sah, wie Chayne unter einem Schock zitterte.

Der Außerirdische, ebenso allein, erreichte Amy und schlug

ihr die Waffe aus der Hand. Eric wusste, wie schwer es war, eine so schwache Kreatur wie einen Menschen nicht zu verletzen. Die Waffe fiel in einem Schwall aus Blut.

Amy schrie, stolperte rückwärts und stürzte, landete halb im Wasser. Ihr fehlten einige Finger.

Der Lärm von Schüssen gellte.

Das Alien wurde zur Seite geschleudert. Eric krümmte sich, weil er den Schmerz mitempfand.

Marcel Loquas rannte am Ufer auf sie zu, das Maschinengewehr erhoben, und jagte eine weitere Salve auf das Wesen.

»Hör auf!«, schrie Chayne.

Um Amy trieb eine Wolke aus Blut im Wasser. Sie versuchte aufzustehen und hielt die verletzte Hand am Brustkorb. Die Augen waren geweitet, die Lippen bleich.

Schüsse peitschten in die Erde am Ufer. Grassoden schleuderten hoch, und Sand spritzte. Kugeln rissen das Wesen zur Seite. Es klatschte in den See.

Eric rannte auf Marcel zu. Er musste ihm die Waffe wegnehmen, die Situation erklären.

Der Außerirdische stieß aus dem Wasser, raste auf den Schützen zu, und im nächsten Augenblick verstummten die Schüsse in einem Schwall aus Blut. Marcel brach zusammen, keine zehn Meter von Amy entfernt, und blieb reglos liegen.

»Sie wissen nicht, was sie tun!«, schrie Eric. Er sprach nicht zu den beiden verletzten Menschen, sondern zu dem Alien, in entsetzlicher Angst, dass die Verständigung im letzten Augenblick doch noch scheiterte.

Das Wesen raste auf ihn zu und sprang auf seinen Rücken. Der kurze Schmerz der Verbindung wich der Erleichterung des Farbenmeers.

Sie wissen nicht, was sie mit dem Angriff auf dich getan haben!
Ich weiß. Ich habe sie ... am Leben gelassen. Nach wie vor

klang Unverständnis über das Konzept von individueller Existenz und Tod in den Worten mit.

Danke. Lass es uns ihnen erklären.

Eric ging auf seine Schwester zu.

Amy zitterte unter dem Schock des Verlusts der halben Hand. Aber sie sah, dass ihr Bruder sich näherte, und mit ihm der Außerirdische. »Geh weg«, presste sie heraus, ohne jede Widerstandskraft.

Ich werde es dir erklären, jubelten die Farben.

Doch das konnte Amy ja nicht hören.

»Wir werden es dir erklären«, sagte Eric.

Epilog: Ein Stück der Welt

16. Mai 2073

Die erste Phase des Wiederaufbaus war abgeschlossen, Eurasien gehörte dem Kollektiv, die anderen Kontinente den Menschen. Hin und wieder traf man sich an den Küsten, und der Gedanke von Botschaftersiedlungen stand im Raum. David Norris hatte momentan die besten Aussichten, Botschafter des Volkes der Menschheit zu werden, mit Sitz im Mahnmal bei den Trümmern des Eiffelturms.

»Hättest du es für möglich gehalten?«, fragte Amy. Sie saßen zu viert im Wintergarten ihres Hauses, und zwischen den Palmenblättern blickten sie in der Ferne auf die schneebedeckten Spitzen des Himalayagebirges. Eine so freie Sicht genoss man selten. »Hier sitzen wir und feiern unseren fünfzigsten Geburtstag.«

Eric grinste. »Ich habe keine Sekunde daran gezweifelt.«

Ob er log? Manchmal durchschaute Chayne ihn immer noch nicht. Und das trotz der Tatsache, dass sie seit ziemlich genau neun Monaten jeden seiner Gedanken kannte. Aber bewusste Gedanken, die sie telepathisch auslas, entsprachen eben nicht dem echten, tiefsten Selbst im Farbenmeer.

Es gab Tage, da sehnte sie sich dorthin zurück, in die vollkommene Verbindung. Jahrelang waren sie häufig darin geschwommen, bis der Wettkampf vor einem knappen Jahr geendet war und beide Seiten zufrieden den *Ring* verlassen hatten.

Eric nahm Chaynes Hand. »Und du?«, fragte er. »Was denkst du?«

»Hm?«

»Amy und ich, wir feiern zusammen unseren Hundertsten.« Das Lächeln vertiefte die Falten um seine Augenwinkel. »Dafür haben wir uns doch gut gehalten.«

»Habt ihr.«

»Und du erst.« Er legte ihr die Hand aufs Knie.

Marcel schwieg, wie er es meistens tat, sah aber zufrieden aus, an Amys Seite, mit der Flasche alkoholfreiem Bier auf der Armlehne seines Rollstuhls.

Chayne sah Eric an. »Hast du dich jemals gewundert?«

»Worüber?«

Sie strich über ihren Bauch. »Wir konnten nie Kinder bekommen. Und jetzt, wo ich eigentlich schon zu alt bin, warten wir jeden Tag auf die Geburt.«

»Es ist Gnade«, meinte Eric. »Ein Geschenk. Ich will mich gar nicht wundern. Nur genießen. Ich betrachte es als Belohnung dafür, dass wir die Welt gerettet haben.«

»Vielleicht«, sagte Chayne.

Das Kind lag ausgezeichnet, das wusste sie dank der letzten Ultraschalluntersuchung. Den Kopf nach unten, sozusagen gemütlich im Becken eingerichtet. Es trat, weil es merkte, dass sie über es redeten.

Der Tritt fühlte sich orangefarben an.

Nachwort

Im vergangenen Jahrzehnt hörte ich während zahlloser Lesungen, die ich vor allem mit meinen Büchern aus der Reihe »Die drei ???« gehalten habe, sehr häufig die Frage: »Was tun Sie, wenn Sie eine Schreibblockade haben?«

Manchmal wollen das übrigens Kinder wissen, die dieses schlaue Wort noch nicht kennen, aber ahnen, dass einem Autor so etwas passieren kann. Um es freundlich zu formulieren. Man könnte auch sagen, dass diese Blockade einem die Seele umklammern und einen kräftigen Tritt in den Hintern versetzen will.

Schriftsteller kennen kluge Antworten auf diese Frage.

»Einfach weitermachen«, heißt es gern, oder »Ja, das ist schwer, aber irgendwann legt es sich, sobald man XYZ.« Man setze irgendeine Weisheit für XYZ ein.

Was allerdings, wenn diese Schreibblockade so gar nicht endet? Ich habe in dieser Situation zwei Dinge getan.

Erstens bin ich ein Semester lang jede Woche einen Tag zur Universität Mainz gefahren und habe zwei Vorlesungen von Professoren besucht, bei denen ich vor vielen Jahren meine Magisterprüfung abgelegt hatte. Eine bei dem Buchwissenschaftler Stephan Füssel zum Thema *Bestseller* – möge es ein

Omen für dieses Buch sein. Die zweite bei dem Komparatisten Dieter Lamping, betitelt *Europäische Literatur und Weltliteratur*. Ich stellte erstaunt fest, wie lebensnah es für mich klang, wenn es um Theorien und Konzepte dieser Begriffe seit Goethe ging. Professor Lamping sprach glasklar in meine Situation hinein – als hielte er die Vorlesung nur für mich. Ich fand mich in vielen Konzepten wieder, mein Denken, meine Art, mit Geschichten umzugehen. Das gab mir einen Kick in die richtige Richtung.

Zweitens bin ich verreist, und Leser dieses Buches könnten den Ort an diversen Details wiedererkennen, obwohl ich ihn ein wenig verfremdet habe. Darum sitze ich gerade ein paar tausend Kilometer von zuhause entfernt, in meinem Lieblingsdorf Furnas auf der Azoreninsel São Miguel, durch das ein Thermalfluss fließt und in dem man in heißen Quellen Essen kocht. Ein Bach plätschert im Grundstück von Quinta da Mó, das mir als Schreibexil dient, und zehn Meter von meinem Schreibplatz entfernt rauscht ein kleiner Wasserfall. Geradezu tropische Vegetation umgibt mich, rechts neben mir hängt eine Hängematte, ein wenig weiter steht ein schmales Bambuswäldchen. Wände braucht es auf dieser Terrasse nicht, nur Tragpfosten und ein Dach. Ich höre bloß den Wasserfall.

Das hat beim Schreiben dieses Buches kräftig mitgeholfen.

Noch wichtiger war meine Frau, die Geduld bewies, als ich grummelig wurde, weil ich nicht gut vorankam. Sie war es auch, die mich auf Reisen geschickt und es auch ertragen hat, als ich so tief im Text versunken war, dass ich jene Entrücktheit an den Tag legte, die Schriftsteller gern an den Tag legen, wenn alles gut läuft.

Eine Menge Geduld zeigte auch der Piper-Verlag, namentlich meine Redakteurin Catrin Abert – und Joern Rauser, der das Buch lektoriert hat, als es mit einiger Verspätung endlich in seine Hände wanderte. Danke an euch beide. Und ebenso an die Chefetage. Auch wenn euch allen ja nichts anderes übrig geblieben ist, als zu warten, seid ihr *richtig* gut darin gewesen.

Christoph Dittert,
São Miguel, Furnas, Quinta da Mó,
im Oktober 2019

PIPER

BESUCHE
FREMDE
WELTEN

Piper🪐Science-Fiction.de

© gremlin/istock